W0196258

IP Addressing & Subnetting

J. D. Wegner; Robert Rockell

IP Addressing & Subnetting

Übersetzung von MediaMate

Die Deutsche Bibliothek – CIP-Einheitsaufnahme

J. D. Wegner; Robert Rockell
IP Addressing & Subnetting
Übersetzung aus dem Amerikanischen von MediaMate, Düsseldorf
– 1. Aufl. – Bonn : MITP-Verlag, 2000
   ISBN 3-8266-4077-2

ISBN 3-8266-4077-2
1. Auflage 2000

Übersetzung der amerikanischen Originalausgabe
J. D. Wegner, Robert Rockell
IP Addressing & Subnetting
Original English language edition published by Syngress Media, Inc..
Copyright © 1999-2000 by Syngress Media, Inc. All rights reserved.

Printed in Germany
© Copyright 2000 by MITP-Verlag GmbH, Bonn
Ein Unternehmen der verlag moderne industrie AG & Co. KG, Landsberg

Druck: Media-Print, Paderborn
Umschlaggestaltung: Two B, St. Augustin
Satz und Layout: reemers publishing services gmbh, Krefeld

Inhaltsverzeichnis

8 Multicast-Adressierung 323

Adressierung und Grundlagen der Subnets

1

Die Themen dieses Kapitels:

- Grundlagen der IP-Adressierung
- Aufgabe der Subnets
- Subnet Masks mit fester Länge

1.1 Grundlagen der IP-Adressierung

Mit Hilfe der IPv4-Adressierung werden physischen Geräten logische Adressen zugewiesen. Das mag auf den ersten Blick zwar kompliziert erscheinen, ist aber in Wirklichkeit recht einfach. Zwei Geräte eines Ethernet-Netzwerks können miteinander Informationen austauschen, weil beide über eine Netzwerkkarte mit einer im physikalischen Ethernet-Netzwerk eindeutigen Ethernet-Adresse verfügen. Möchte etwa Gerät A Informationen an Gerät B senden, benötigt es hierfür lediglich die Ethernet-Adresse von Gerät B. Protokolle wie Microsoft NetBIOS verlangen, dass jedes Gerät seine Adresse über Rundsendungen mitteilt, damit sie allen anderen Geräten bekannt ist. IP verwendet das so genannte Adresse Resolution Protocol (ARP). In beiden Fällen handelt es sich um Hardware-Adressen, die im lokalen physikalischen Netzwerk verwendet werden können.

Für IT-Profis

RFCs

In diesem Kapitel finden Sie Verweise auf die so genannten RFCs. Ein RFC (Request For Comment) ist ein im Internet veröffentlichtes Dokument, mit dem Prozesse, Prozeduren und Normen für das Internet und die verwendeten Protokolle festgelegt werden. Jedes RFC erhält eine Nummer und einen den Inhalt beschreibenden Titel. Das RFC 791 trägt zum Beispiel den Titel »Internet Protocol« und beschreibt die Normen für die Eigenschaften, Funktionen und Prozesse des IP-Protokolls. RFCs stehen kostenlos zur

Verfügung und der vollständige Text jedes RFC kann aus dem Internet heruntergeladen werden. Sie finden sie unter der folgenden Adresse: http://www.isi.edu/in-notes.

Als EDV-Profi werden Sie sich oft die Frage stellen, warum bestimmte Dinge in einer bestimmten Weise festgelegt wurden. Da es sich bei den RFCs um die offizielle Dokumentation des Internet handelt, finden Sie in diesen Dokumenten die Antworten auf solche Fragen.

Was geschieht, wenn ein Gerät B in einem Ethernet-Netzwerk Nachrichten an ein Gerät C in einem Token-Ring-Netzwerk senden möchte? In diesem Fall können beide nicht direkt miteinander kommunizieren, weil sie sich in unterschiedlichen physikalischen Netzwerken befinden. Zur Lösung der Adressierungsprobleme der Geräte A und B wird ein Protokoll einer höheren Ebene benutzt, beispielsweise IPv4. IPv4 erlaubt die Zuweisung einer logischen Adresse für ein physikalisches Gerät. Unabhängig davon, welche Kommunikationsmethode eingesetzt wird, kann ein Gerät für die Übertragung von Informationen über die Umwandlung einer eindeutigen logischen in eine physikalische Adresse erreicht werden.

1.1.1 Aufbau und Umfang der Adressklassen

Die Entwickler von IPv4 standen vor einem großen Adressierungsproblem. Zur Zeit der Entstehung des Internet waren die Netzwerke klein und die Netzwerkrechner groß. Außerdem waren die zukünftigen Entwicklungen nicht vorhersehbar. In den frühen 70er-Jahren ahnten die Entwickler nichts von den bevorstehenden Veränderungen in der Computer- und Kommunikationstechnik. Die Einführung der lokalen Netzwerke und der Personalcomputer sollte unmittelbaren Einfluss auf die Zukunft der Netzwerke haben. Das logische Adressierungsschema wurde auf der Grundlage des damaligen Verständnisses der Netzwerke entwickelt.

Die Entwickler erkannten die Notwendigkeit einer logischen Adressierung und kamen zu dem Schluss, dass eine Adresse in der Größe von 32 Bit für ihre Bedürfnisse ausreichend war. In der Tat stellt eine 32-Bit-Adresse 2^{32} oder 4.294.967.296 einzelne Adressen zur Verfügung. Da nicht alle Netzwerke gleich groß waren, mussten die Adressen aus administrativen Gründen in Gruppen, so genannte Adressklassen, unterteilt werden: Adressgruppen für große, mittlere und kleine Netzwerke.

Für IT-Profis

Adressierung

Aus RFC 791, Seite 7:

Unterschieden wird zwischen Namen, Adressen und Routen [4]. Ein Name gibt an, was wir suchen, und eine Adresse gibt an, wo es sich befindet. Die Route gibt an, wie wir dorthin gelangen. Das Internet-Protokoll arbeitet in erster Linie mit Adressen. Für die Zuordnung von Namen zu Adressen sind die Protokolle der höheren Schichten zuständig (z.B. die Verbindungs- oder Anwendungsprotokolle). Das Internet-Modul ordnet Internet-Adressen lokalen Netzadressen zu. Die Prozeduren der unteren Schichten (z.B. der lokalen Netzwerke oder Gateways) weisen den lokalen Netzwerkadressen Routen zu. Adressen haben eine feste Länge von vier Oktetten (32 Bit). Eine Adresse beginnt mit einer Netzwerknummer gefolgt von einer lokalen Adresse (dem so genannten »Restfeld«). Es gibt drei Formate oder Klassen von Internet-Adressen. Bei Adressen der Klasse A ist das höchste Bit gleich Null, die nächsten sieben Bits entsprechen dem Netzwerk und die verbleibenden 24 Bits der lokalen Adresse. Bei Adressen der Klasse B haben die beiden höchsten Bits die Werte 1 und 0, die nächsten 14 Bits entsprechen dem Netzwerk und die verbleibenden 16 Bits der lokalen Adresse. Bei Adressen der Klasse C haben die drei höchsten Bits die Werte 1, 1 und 0, die folgenden 21 Bits entsprechen dem Netzwerk und die letzten acht Bits der lokalen Adresse.

Für IPv4-Adressen wird die durch Punkte getrennte dezimale Schreibweise verwendet. Eine 32-Bit-Adresse kann binär beispielsweise folgendermassen aussehen:

`01111110100010000000000100101111`

Zur besseren Lesbarkeit werden 32-Bit-Adressen in Gruppen zu jeweils acht Bit unterteilt:

`01111110 10001000 00000001 00101111`

Jeder 8-Bit-Block wird schließlich in eine Dezimalzahl umgewandelt und die Dezimalwerte werden durch Kommata oder Punkte voneinander getrennt. Die so umgewandelte IPv4-Adresse sieht wie folgt aus:

126.136.1.47

Sicherlich fällt es Ihnen leichter, sich die IP-Adresse 126.136.1.47 an Stelle der Bitfolge 01111110100010000000000100101111 zu merken.

Was ist ein Netzwerk?

Für die IP-Adressierung ist der Begriff »Netzwerk« von zentraler Bedeutung. Ein Netzwerk besteht aus einer Reihe von Rechnern und Geräten, die über ein Telekommunikationsmedium miteinander verbunden sind. Es kann sich auf die kleine Buchhaltungsabteilung einer Firma beschränken oder alle Rechner eines großen Unternehmens wie beispielsweise General Motors umfassen. Bezüglich der Adressierung gehören alle Rechner eines Netzwerks zur Verwaltung der gleichen Organisation. Möchten Sie Informationen an einen Rechner senden, dann können Sie die IP-Adresse angeben, die der Firma zugewiesen wurde. Das IP-Netzwerk findet den Rechner über das Netzwerk, welches mit einer Netzwerknummer angegeben wird.

Bei den Netzwerknummern handelt es sich eigentlich um IP-Adressen, die alle IP-Ressourcen innerhalb einer Organisation angeben. Wie Sie in Abbildung 1.1 erkennen können, benötigen manche Organisationen sehr große Netzwerke mit vielen Adressen. Andere Netzwerke sind kleiner oder benötigen nur eine beschränkte Anzahl von Adressen. Diese Aspekte wurden bei der Festlegung des IPv4-Adressraums berücksichtigt.

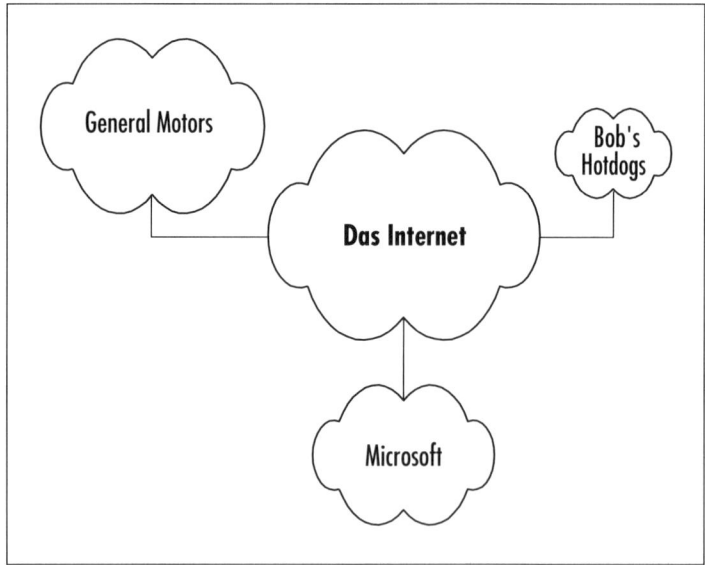

Abb. 1.1: Netzwerke und das Internet

Klasse A

Die größte Adressklasse stellt die Klasse A dar. Netzwerkadressen der Klasse A sind am eindeutigen Bit-Muster der 32-Bit-Adresse zu erkennen.

Onnnnnnn 11111111 11111111 11111111

Die vorangegangene Abbildung zeigt die 32-Bit-Darstellung einer Adresse der Klasse A. Die ersten acht Bit geben die Netzwerknummer an. Die verbleibenden 24 Bit können vom Netzwerkadministrator dieser Adresse so geändert werden, dass sie den Adressen der »lokalen« Geräte entsprechen. In der Darstellung entsprechen die Buchstaben »n« den Bit-Stellen der Netzwerknummer innerhalb der Adresse. Die Buchstaben »l« stehen für den lokal verwalteten Teil der Adresse. Somit hat das erste Bit einer Adresse der Klasse A immer den Wert 0.

Da das erste Bit einer Adresse der Klasse A immer gleich null ist, beginnen die Netzwerknummern der Klasse A mit 1 und enden mit 127. Die 24-Bit für den lokal verwalteten Adressraum lassen insgesamt 2^{24} oder 16.777.216 Adressen für ein Netzwerk der Klasse A zu. Jeder Netzwerkadministrator, dem ein Netzwerk der Klasse A zur Verfügung steht, kann 16 Millionen Rechner verwalten. Allerdings sind bei diesem Modell nur 127 Netzwerke der Klasse A bzw. 127 große Netzwerke möglich.

Es folgt eine Liste von Netzwerknummern für Netzwerke der Klasse A:

```
10.0.0.0
44.0.0.0
101.0.0.0
127.0.0.0
```

Beachten Sie, dass diese Netzwerknummern innerhalb des Bereichs der kleinsten (1.0.0.0) und der größten Nummer (127.0.0.0) liegen.

Klasse B

Die nächste Gruppe bilden die Adressen der Klasse B. Auch ein Netzwerk der Klasse B ist am eindeutigen Bit-Muster der 32-Bit-Adresse zu erkennen.

10nnnnnn nnnnnnnn 11111111 11111111

Das vorangegangene Beispiel zeigt die 32-Bit-Darstellung einer Adresse der Klasse B. Die ersten 16 Bit einer Adresse der Klasse B geben die Netzwerknummer an. Die verbleibenden 16 Bit können vom Netzwerkadministrator für die Adressen der »lokalen« Rechner verwendet werden. Eine Adresse der Klasse B ist an den Werten 1 und 0 für die ersten beiden Bits zu erkennen.

Da die ersten beiden Bits einer Adresse der Klasse B die Werte 1 und 0 haben, beginnen die Netzwerknummern der Klasse B mit 128 und enden mit 191. Bei einer Adresse der Klasse B ist auch die zweite Dezimalgruppe Bestandteil der Netzwerknummer. Auf Grund der 16 Bit für den lokal verwalteten Adressraum umfassen Netzwerke der Adressklasse B 2^{16} oder 65.536 Adressen. Insgesamt stehen 16. 384 Netzwerke der Klasse B zur Verfügung.

Es folgt eine Liste mit Netzwerknummern der Klasse B:

```
137.55.0.0
129.33.0.0
190.254.0.0
150.0.0.0
168.30.0.0
```

Diese Netzwerknummern liegen innerhalb des Minimalwertes von 128.0.0.0 und des Maximalwertes von 191.255.0.0. Beachten Sie außerdem, dass die ersten beiden Dezimalgruppen zur Netzwerknummer gehören, da die Netzwerknummer einer Adresse der Klasse B 16 Bit lang ist.

Klasse C

Die nächste Adressgruppe bildet die Klasse C. Netzwerkadressen der Klasse C sind ebenfalls am eindeutigen Bit-Muster der 32-Bit-Adresse erkennbar.

110nnnnn nnnnnnnn nnnnnnnn 11111111

Das vorangegangene Beispiel zeigt die 32-Bit-Darstellung einer Adresse der Klasse C. Die ersten 24 Bit geben die Netzwerknummer an. Die verbleibenden 8 Bit können vom Netzwerkadministrator für die Bezeichnung der lokalen Rechner verwendet werden. Eine Adresse der Klasse C enthält in den ersten drei Bits den Wert 110.

Da die ersten drei Bits einer Adresse der Klasse C den Wert 110 enthalten, beginnen die Netzwerknummern der Klasse C mit 192 und enden mit 223. Bei einer Adresse der Klasse C gehören auch die zweite und die dritte Dezimalgruppe zur Netzwerknummer. Auf Grund des 8 Bit großen lokalen Adressraums umfasst jedes Netzwerk der Klasse C 2^8 oder 256 Adressen. Insgesamt stehen 2.097.152 Netzwerknummer für Netzwerke der Klasse C zur Verfügung.

Es folgt eine Liste von Netzwerknummern der Klasse C:

```
204.238.7.0
192.153.186.0
199.0.44.0
```

```
191.0.0.0
222.222.31.0
```

Beachten Sie, dass diese Netzwerknummern im Bereich des Minimalwertes von 192.0.0.0 und des Maximalwertes von 223.255.255.0 liegen. In diesem Fall gehören die ersten drei Dezimalgruppen zur Netzwerknummer, da eine Netzwerknummer der Klasse C 24 Bit lang ist.

Tabelle 1.1 fasst die Merkmale der drei IP-Adressklassen zusammen.

Klasse	Netzwerk-Bits	Host-Bits	Netzwerke gesamt	Adressen gesamt
A	8	24	127	16.777.216
B	16	16	16.384	65.536
C	24	8	2.097.152	256

Tab. 1.1: Merkmale der Adressklassen

Für IT-Profis

Internet-Adressen lokalen Netzadressen zuweisen

Aus RFC 791, Seite 7:

Die Zuweisung der Internet-Adressen zu lokalen Netzwerkadressen muss umsichtig erfolgen. Ein einzelner physikalischer Rechner muss so agieren können, als handele es sich um mehrere unterschiedliche Rechner. Er muss also mehrere unterschiedliche Internet-Adressen verwenden können. Manche Rechner verfügen auch über mehrere Netzwerkschnittstellen (Mehrfachvernetzung). Daher müssen Vorkehrungen getroffen werden, damit ein Rechner mit mehreren Schnittstellen zum Netzwerk über mehrere logische Internet-Adressen verfügen kann.

1.1.2 Adresszuweisungen

Eine Aufgabe der Adressverwaltung ist das Zuweisen von Adressen. Um mit der Zuordnung der Adressen beginnen zu können, müssen Sie wissen, wie Adressen im Netzwerk verwendet werden. Einige Geräte erhalten eine Adresse für eine einzige Schnittstelle. Andere Geräte verfügen über mehrere Schnittstellen, die jeweils eine eigene Adresse benötigen. Wieder andere Geräte besitzen mehrere Schnittstellen, von denen einige mehrere Adressen benutzen.

Schnittstellen mit einer Adresse

Ein mit einem Netzwerk verbundenes Gerät kann mit einer oder mehreren Netzwerkkarten ausgestattet sein, die jeweils eine IP-Adresse benötigen. Eine Arbeitsstation, die in Ihrem Netzwerk für die Textverarbeitung eingesetzt wird, verfügt über eine einzige Ethernet-Netzwerkkarte (siehe Abbildung 1.2). In diesem Fall ist nur eine IP-Adresse erforderlich.

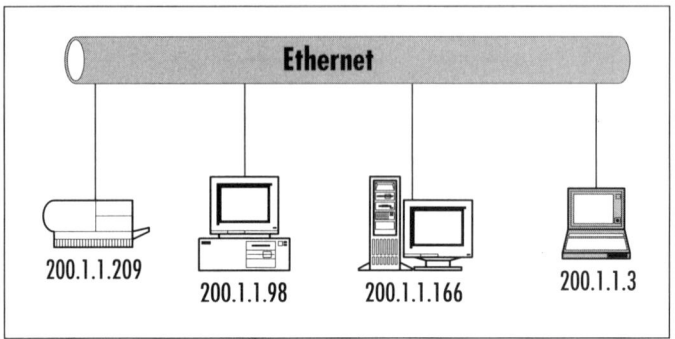

Abb. 1.2: Eine Adresse pro Schnittstelle

Mehrfach vernetzte Geräte

Ein Router ist ein Netzwerkgerät für die Übertragung von IP-Datagrammen aus einem physikalischen Netzwerk in ein anderes. Der Router verfügt auf Grund seiner Eigenart und Funktion über mehr als eine Schnittstelle und benötigt für jede Schnittstelle eine IP-Adresse. Geräte mit mehr als einer Schnittstelle werden als *mehrfach vernetzt* und der Vorgang als *Mehrfachvernetzung* bezeichnet.

Der Router in Abbildung 1.3 besitzt zwei Schnittstellen. Die eine ist mit dem Token-Ring-Netzwerk und die andere mit dem Ethernet-Netzwerk verbunden. Dieses Gerät ist somit mehrfach vernetzt.

Die Zuweisung von IP-Adressen für die einzelnen Geräte ist ein einfacher Vorgang (siehe Abbildung 1.4). Wenn das neue Gerät im Netzwerk installiert wird, wählt der Netzwerkadministrator aus den verfügbaren Adressen eine nicht genutzte Adresse aus. Der Benutzer des Gerätes wird darüber informiert und das Gerät konfiguriert. Die dem Benutzer mitgeteilte Adresse muss zur gleichen Adressgruppe gehören wie alle anderen Geräte des gleichen Netzwerks auch, andernfalls funktionieren die Regeln der IP-Datenübertragung nicht. Diese Regeln werden an anderer Stelle in diesem Kapitel noch erläutert.

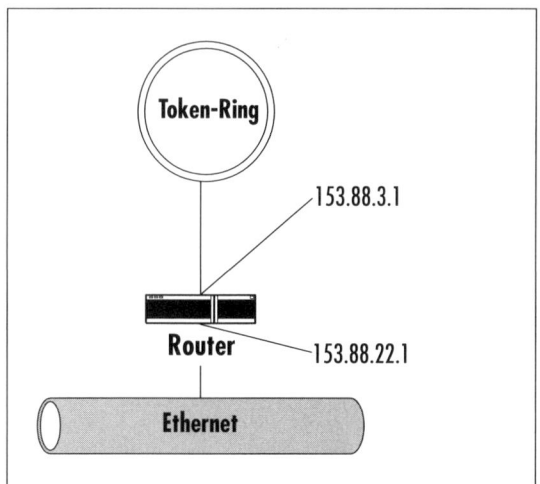

Abb. 1.3: Ein mehrfach vernetztes Gerät

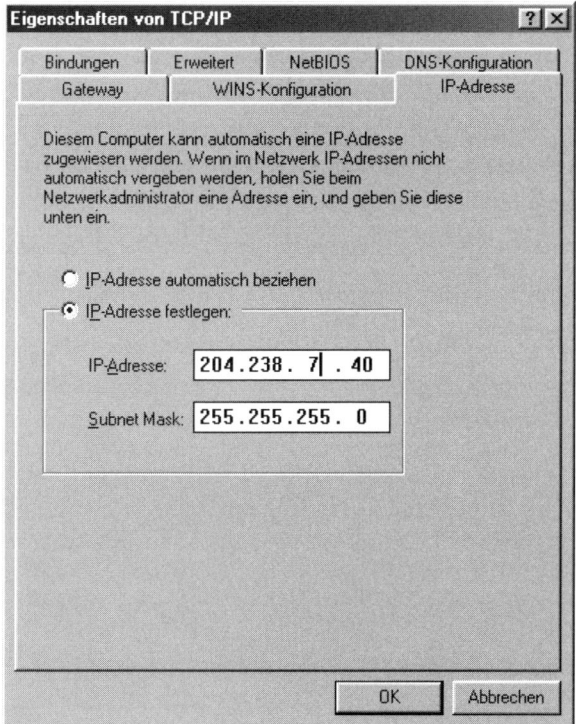

Abb. 1.4: IP-Adress-Konfiguration

Die eigentliche Konfiguration der IP-Adressen gestaltet sich für die einzelnen Betriebssysteme unterschiedlich. Hinweise hierzu finden Sie in den entsprechenden Handbüchern. Sehr wichtig ist es, dass nach Abschluss der Konfiguration die Zuweisung der Adresse in der Dokumentation des Systemadministrators aufgezeichnet wird, damit diese Adresse keinem zweiten Gerät mehr zugewiesen wird.

Mehrfachvernetzung

Bestimmte Geräte besitzen Schnittstellen mit mehreren IP-Adressen. Betrachten wir folgendes Beispiel:

Ein kleineres Unternehmen richtet eine neue Internet-Site ein. Dem Netzwerkadministrator ist klar, dass die Site später größer werden wird, zurzeit aber kein umfangreiches Netzwerk notwendig ist. Aus diesem Grund wird vorerst nur ein Server für den Web-, FTP-, E-Mail- und DNS-Dienst installiert. Wenn die Netzwerkdienste später erweitert werden, kommen weitere Server für die einzelnen Dienste hinzu.

Für die Adressierung des derzeitigen Servers stehen dem Administrator mehrere Möglichkeiten zur Verfügung. Zum einen kann er dem Server eine IP-Adresse und den später hinzugefügten Servern entsprechend viele neue IP-Adressen zuweisen. Er kann aber auch dem neuen Server vier IP-Adressen zuweisen, die jeweils den IP-Adressen der zukünftigen neuen Server entsprechen. Da der Systemadministrator somit weiß, welche Adressen verwendet werden, kann er für die neuen Geräte DNS-Einträge mit den richtigen Adressen einrichten. Dieser Vorgang, bei dem einer Schnittstelle mehr als eine IP-Adresse zugewiesen wird, wird auch als *Mehrfachvernetzung* oder *Sekundäradressierung* bezeichnet

1.1.3 Beispiele

Sekundäre Adressen werden bei einem Cisco-Router mit Hilfe der IOS-Konfigurationsbefehle zugewiesen. Das folgende Beispiel zeigt, wie einer Ethernet-Schnittstelle eine primäre und zwei sekundäre IP-Adressen zugewiesen werden:

```
interface ethernet 0
IP-Adresse 183.55.2.77 255.255.255.0
IP-Adresse 204.238.7.22 255.255.255.0 secondary
IP-Adresse 88.127.6.209 255.255.255.0 secondary
```

Die Ethernet-Schnittstelle 0 verfügt jetzt über Adressen in den Netzwerken 183.55.0.0, 204.238.7.0 und 88.0.0.0.

1.2   Aufgabe der Subnets

Die Netzwerke und Rechner aus der Zeit, als das IP-Protokoll entwickelt wurde, unterschieden sich erheblich von den heutigen. Mit dem Aufkommen der lokalen Netzwerke (LANs) und der Personalcomputer veränderte sich der Aufbau der Netzwerke. An die Stelle der großen Rechner, die über langsame WANs (Wide Area Networks) miteinander kommunizierten, traten kleine Rechner, die innerhalb von lokalen Netzwerken miteinander in Verbindung standen.

Die Notwendigkeit der Subnet-Adressierung veranschaulichen wir am Beispiel des Versendens von IP-Datagrammen. Als Vergleich für diesen Vorgang bietet sich die Zustellung eines Briefes an. Wenn Sie zu Hause einem Familienmitglied etwas mitteilen möchten, können Sie die Mitteilung auf einem Blatt Papier notieren und dieses der entsprechenden Person übergeben. IP-Netzwerke erfüllen die gleiche Aufgabe. Wird ein IP-Datagramm an einen Rechner des gleichen physikalischen Netzwerks gesendet, können die beiden Rechner direkt miteinander kommunizieren (siehe Abbildung 1.5).

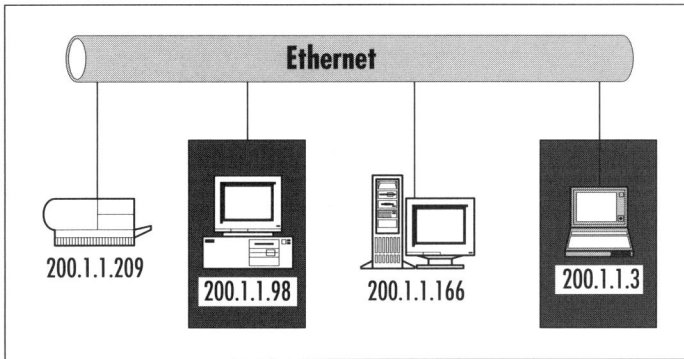

Abb. 1.5: Ein IP-Netzwerk ohne Subnet

Gerät 200.1.1.98 möchte mit Gerät 200.1.1.3 kommunizieren. Beide befinden sich im gleichen Ethernet-Netzwerk und können direkt miteinander Kontakt aufnehmen. Da sie sich auch im gleichen IP-Netzwerk befinden, sind für die Kommunikation keine zusätzlichen Geräte erforderlich.

Wenden wir uns noch einmal dem Beispiel der Briefzustellung zu. Wenn eines Ihrer Kinder nicht mehr zu Hause wohnt und in einer anderen Stadt ein Studium begonnen hat, benötigen Sie für die Kommunikation Unterstützung. Sie schreiben einen Brief, stecken ihn in einen Umschlag und verschicken ihn per Post. Die Post sorgt dafür, dass der Brief an der richtigen Adresse ankommt.

Die Kommunikation zwischen Rechnern erfolgt nach dem gleichen Prinzip. Wollen zwei Rechner aus unterschiedlichen physikalischen Netzwerken miteinander kommunizieren, benötigen sie ebenfalls Unterstützung. Betrachten Sie zur Veranschaulichung Abbildung 1.6.

In diesem Beispiel möchte Jörg eine Nachricht an Sarah senden. Beide befinden sich im gleichen IP-Netzwerk mit der Netzwerknummer 153.88.0.0, sie gehören jedoch nicht zum gleichen physikalischen Netzwerk. Der Rechner von Jörg steht in einem Token-Ring-Netzwerk in München, Sarahs PC gehört zu einem Ethernet-Netzwerk in Hamburg. Zwischen diesen beiden Netzwerken ist eine Verbindung erforderlich.

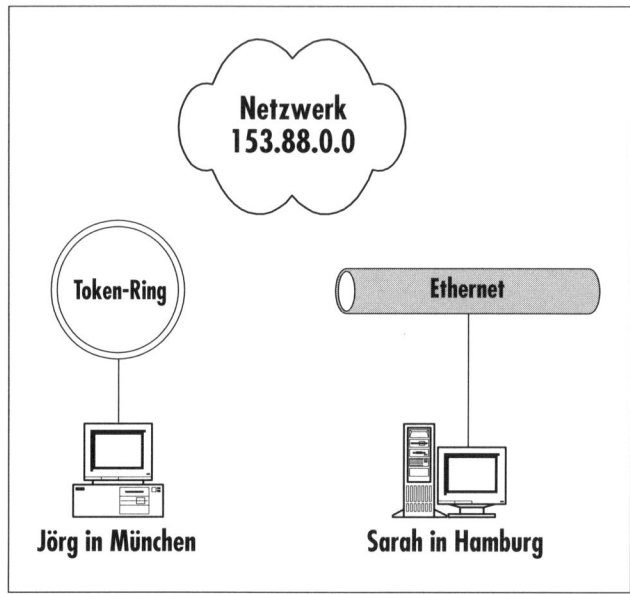

Abb. 1.6: Zwei Netzwerke an unterschiedlichen Standorten

Ähnlich wie die Post den Brief in der anderen Stadt zustellt, so wird diese Aufgabe bei der Zustellung der Nachricht von Jörg an Sarah über das Wide Area Network von München nach Hamburg durch Router übernommen (siehe Abbildung 1.7). Die IP-Verarbeitung muss Jörgs Nachricht an den Router seines Netzwerks senden. Dieser sendet Sie an andere Router, bis die Nachricht schließlich den Router in Sarahs Netzwerk erreicht. Dieser Router stellt dann die Nachricht dem Rechner von Sarah zu.

Mit Hilfe der Router werden über das IP Informationen von einem physikalischen Netzwerk an ein anders gesendet. Woher weiß das IP-Protokoll, dass sich Sarahs Rechner nicht im gleichen physikalischen Netzwerk wie Jörgs Rechner befindet? Das IP-Protokoll stellt anhand des IP-Adressierungsschemas fest, dass sich Sarahs Rechner in einem anderen physikalischen Netzwerk befindet. An dieser Stelle muss der Adressverwalter den Netzwerkadministrator durch eine Unterteilung des Netzwerks 153.88.0.0 in kleinere Abschnitte unterstützen und einen Adressblock für jedes physikalische Netzwerk vorsehen. Jeder Adressblock der einzelnen physikalischen Netzwerke wird als Subnet bezeichnet.

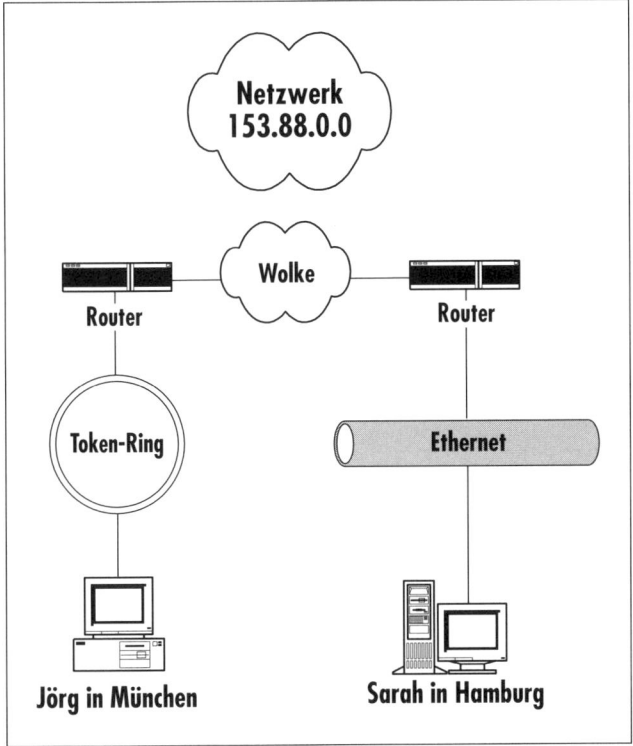

Abb. 1.7: Internet- und Intranet-Connectivity

In Abbildung 1.8 befindet sich Jörgs Rechner im Subnet 153.88.240.0 und der von Sarah im Subnet 153.88.3.0. Sendet Jörg eine Nachricht an Sarah, wird bei der IP-Verarbeitung festgestellt, dass sich Sarah in einem anderen Subnet befindet und die Nachricht zur Weiterleitung an den Router geschickt.

Betrachten wir im Einzelnen, wie Subnets eingerichtet werden und wie IP-Geräte entscheiden, ob Datagramme an einen Router weitergeleitet werden.

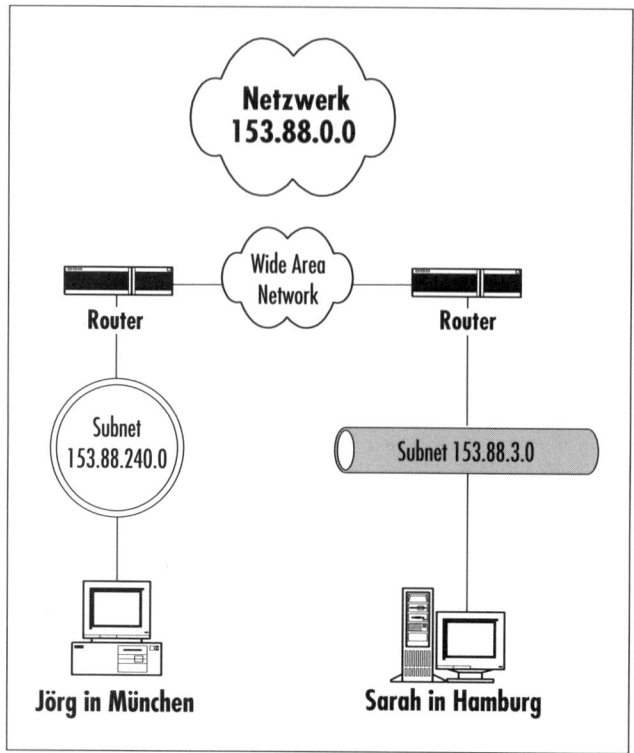

Abb. 1.8: Zwei Standorte mit Subnets

Für IT-
Profis

Dezimales und binäres Zahlensystem

Bevor wir uns den Subnets zuwenden, befassen wir uns kurz mit
den Zahlensystemen. Unser dezimales Zahlensystem basiert auf
zehn Zahlen. Rechner arbeiten mit dem binären Zahlensystem,
welches auf den Zahlen 0 und 1 basiert. Um Rechnerdaten effektiver gliedern zu können, wurde das hexadezimale System mit 16
Zahlen entwickelt. Bestimmte Elemente des dezimalen Zahlensys-
tems verstehen wir, ohne dass wir uns darüber im Klaren sind, was
ihnen zu Grunde liegt. Wenn Sie die Zahl 1245 lesen, dann sagen
Sie: »Eintausendzweihundertfünfundvierzig«. Woher wissen Sie
das? Weil Sie das dezimale Zahlensystem verwenden, welches auf
folgenden Informationen beruht:

Merkmale der Adressklassen

Basis	10^3	10^2	10^1	10^0
Dezimal	1000	100	10	1
	1	2	4	5
1245	1000	200	40	5

Die Zahl 1245 setzt sich also eigentlich wie folgt zusammen:

1000	(1 Tausender)
200	(2 Hunderter)
40	(4 Zehner)
5	(5 Einer)
1245	

Das binäre Zahlensystem ist ähnlich aufgebaut, basiert jedoch auf der Zahl 2. Binärzahlen müssen manchmal in Dezimalzahlen umgewandelt werden. Die folgende Tabelle enthält die Binärzahlen mit ihren dezimalen Entsprechungen. Die Binärzahl 11001011 können Sie mit Hilfe dieser Tabelle in eine Dezimalzahl umwandeln.

Merkmale der Adressklassen

Basis	2^7	2^6	2^5	2^4	2^3	2^2	2^1	2^0
Dezimal	128	64	32	16	8	4	2	1
	1	1	0	0	1	0	1	1
11001011	128	64	0	0	8	0	2	1

Die Umwandlung der Binärzahl 10010101 ergibt also folgenden Dezimalwert:

128
64
8
2
1
203

1.3 Subnet Mask mit fester Länge

Der richtige Umgang der IP-Geräte mit den Subnet-Adressen des Netzwerks wurde von den IP-Entwicklern im RFC 950 beschrieben.

Für IT-Profis

Subnets in Internet-Netzwerken

Aus RFC 950, Seite 1 – Übersicht:

Diese Mitteilung beschreibt das Konstrukt der Subnets für Internet-Netzwerken, bei denen es sich um logische, erkennbare Unterabschnitte eines einzigen Internet-Netzwerks handelt. Aus administrativen oder technischen Gründen haben sich viele Organisationen dazu entschlossen, einzelne Internet-Netzwerke in mehrere Subnets zu unterteilen, anstatt mehrere Internet-Netzwerknummern in Anspruch zu nehmen. Diese Mitteilung legt die Prozeduren für den Einsatz von Subnets fest. Diese Prozeduren beziehen sich auf Rechner (bzw. Arbeitsstationen). Die Prozeduren innerhalb oder zwischen Subnet-Gateways werden nicht vollständig beschrieben. Wichtige Gründe und Hintergrundinformationen für eine Normierung der Subnets sind im RFC 940 zu finden.

1.3.1 Wozu dient die Subnet Mask?

Einfach ausgedrückt gibt die Subnet Mask den Standort des Subnet-Feldes in einer IP-Adresse an. Was heißt das? In den vorangegangenen Abbildungen hatte das Netzwerk die Adresse 153.88.0.0. Dabei handelt es sich um eine Adresse der Klasse B, was bedeutet, dass die ersten sechzehn Bit der Adresse die Netzwerknummer angeben. Jörgs Rechner befindet sich im Subnet 153.88.240.0. Woran ist das zu erkennen?

Jörg befindet sich im Netzwerk 153.88.0.0. Der Netzwerkadministrator hat die folgenden acht Bit für die Subnet-Nummer reserviert. In diesem Beispiel lautet Jörgs Subnet-Adresse 240. Hätte er die IP-Adresse 153.88.240.22, befände er sich im Subnet 240 des Netzwerks 153.88.0.0 und hätte in diesem Subnet die Rechneradresse 22. Alle Geräte des Netzwerks 153.88.0.0, deren drittes Adress-oktett den Wert 240 hat, müssen sich im gleichen physikalischen Netzwerk und im gleichen Subnet mit der Nummer 240 befinden.

Mit Hilfe der Subnet Mask werden Adressen interpretiert, um die Unterteilung in Subnets zu ermitteln. Diese Maske besteht wie eine IP-Adresse aus bis zu 32 Bits. Für die drei Adressklassen gibt es bestimmte natürliche bzw. Standardmasken.

Die standardmäßige oder natürliche Subnet Mask für eine Adresse der Klasse A lautet 255.0.0.0. Diese Maske zeigt an, dass die ersten acht Bit die Netzwerknummer angeben und bei der Auswertung einer Adresse der Klasse A bezüglich der Subnets berücksichtigt werden müssen. Besitzt ein Gerät eine Adresse der Klasse A und eine Subnet Mask mit dem Wert 255.0.0.0, dann ist dieses Netzwerk nicht in Subnets unterteilt. Besitzt eine Gerät eine Adresse der Klasse A und die Subnet Mask ist ungleich 255.0.0.0, wurde das Netzwerk in Subnets unterteilt und das Gerät befindet sich in einem Subnet eines Netzwerks der Klasse A.

Keine Subnets 88.0.0.0 255.0.0.0

Subnets   125.0.0.0 255.255.255.0

Im vorangegangenen Beispiel wurde das Netzwerk 125.0.0.0 in Subnets unterteilt. Die Subnet Mask entspricht nicht der Standardmaske, sodass das Netzwerk in Subnets unterteilt sein muss. Wozu dient der Rest der Maske?

Wie bereits erwähnt wurde, zeigt die Maske den Standort des Subnet-Feldes in der IP-Adresse an. Betrachten wir die Subnet Mask etwas genauer.

Für IT-Profis

Der Wert 255

Subnet Masks enthalten häufig den Wert 255. Dieser Wert gibt einfach an, dass alle acht Bit dieses Teils der Maske den Wert 1 haben. Der binäre Ausdruck für die Subnet Mask 255.0.0.0 lautet beispielsweise   11111111000000000000000000000000,   bzw. 11111111111111110000000000000000 für die Subnet Mask 255.255.0.0.

1.3.2   Bestandteile einer Subnet Mask

Die Subnet Mask ist eine 32 Bit große Binärzahl, die mit durch Punkte getrennten Dezimalgruppen angegeben wird. Standardmäßig enthält die Subnet Mask zwei Felder: das Netzwerkfeld und das Host-Feld. Diese entsprechen der Netzwerknummer und dem lokal verwalteten Teil der Netzwerkadresse. Beim Einrichten von Subnets bestimmen Sie das Aussehen der IP-Adresse selbst. Arbeiten Sie mit einem Netzwerk der Klasse B und verwenden Sie die standardmäßige Subnet Mask, findet keine Unterteilung in Subnets statt. Die Adresse und Subnet Mask des Netzwerks in der folgenden Abbildung werden beispielsweise durch die ersten beiden Einträge mit dem Wert 255 und dem Host-Feld mit dem Wert 0.0 angegeben.

153.88.4.240.255.255.0.0

Die Netzwerknummer lautet 153.88 und die Rechnernummer 4.240. Die ersten sechzehn Bit geben also die Netzwerknummer und die verbleibenden sechzehn die Rechnernummer an.

Durch die Unterteilung eines Netzwerks in Subnets wird die Hierarchie aus Netzwerk und Rechner zu einer Hierarchie aus Netzwerk, Subnet und Rechner erweitert. Wenn wir das Netzwerk 153.88.0.0 mit Hilfe der Subnet Mask 255.255.255.0 unterteilen, fügen wir eine zusätzliche Information hinzu. Für das Erscheinungsbild der Adresse bedeutet dies, dass das Feld für das Subnet hinzukommt. Wie im vorangegangenen Beispiel bleibt 153.88 nach wie vor die Netzwerknummer. Bei der Subnet Mask 255.255.255.0 gibt das dritte Oktett an, wo sich die Subnet-Nummer befindet. Die Subnet-Nummer hat also den Wert 4 und die Rechnernummer lautet 240.

Der lokal verwaltete Teil der Netzwerkadresse kann weiter in Subnets unterteilt werden, indem mit der Maske der Ort des Subnet-Feldes angegeben wird. Wir ordnen dem Subnet-Feld eine bestimmte Bit-Anzahl zu, sodass der Rest des Subnet-Feldes das neue Host-Feld bildet. Im folgenden Beispiel wurden die 16 Bit des Host-Feldes der Adresse der Klasse B in ein Subnet- und ein Host-Feld von jeweils 8 Bit unterteilt.

255.255.255.0. für ein Netzwerk der Klasse B

Netzwerk	Netzwerk	Subnet	Host
255	255	255	0
11111111	11111111	11111111	0000000

1.3.3 Binäre Bestimmung der Subnet Mask

Wie ermitteln Sie die zu verwendende Subnet Mask? Oberflächlich betrachtet erscheint dieser Vorgang ganz einfach. Sie stellen zuerst fest, wie viele Subnets Sie für ihr Netzwerk benötigen. Hierfür müssen Sie gegebenenfalls den Aufbau des Netzwerks und dessen Struktur genau untersuchen. Wenn Sie wissen, wie viele Subnets Sie benötigen, können Sie festlegen, wie viele Bits Sie für das Subnet-Feld benötigen, damit es groß genug ist, um die Anzahl der erforderlichen Subnets aufzunehmen.

Während der Entwurfsphase eines Netzwerks diskutieren der Netzwerkadministrator und der Adressverwalter die geplante Struktur. Sie kommen überein, dass für diese Struktur insgesamt 73 Subnets erforderlich sind und dass eine Adresse der Klasse B verwendet werden soll. Zur Festlegung der Subnet Mask muss bekannt sein, wie groß das Subnet-Feld sein muss. Der lokal verwaltete Teile einer Adresse der Klasse B umfasst 16 Bit.

Beachten Sie also, dass das Subnet-Feld Bestandteil dieser 16 Bit ist. Sie müssen als Nächstes festlegen, wie viele Bits für die Dezimalzahl 73 erforderlich sind. Anschließend können Sie die Subnet Mask festlegen.

73 dezimal = 1001001 binär

Im ersten Schritt wandeln Sie die Dezimalzahl 73 in eine Binärzahl um. Die Binärzahl umfasst sieben Stellen, also müssen Sie die ersten sieben Bits des lokal verwalteten Teils der Subnet Mask für das Subnet-Feld und den Rest für das Host-Feld reservieren.

11111110 0000 0000

In diesem Beispiel werden die ersten sieben Bits für das Subnet-Feld (angezeigt durch die Einsen) und die verbleibenden Bits für das Host-Feld reserviert (erkenntlich an den Nullen). Wenn Sie diese Binärzahl in die Dezimalzahl für die Subnet Mask umwandeln und den Anteil der Maske für die Netzwerknummer hinzufügen, erhalten Sie die vollständige Subnet Mask.

11111110 = 254 dezimal

00000000 = 0   dezimal

Subnet Mask: 255.255.254.0

Beachten Sie, dass 255.255.0.0 der Standardmaske einer Adresse der Klasse B entspricht. Im lokal verwalteten Teil der Maske wurde .0.0 durch 254.0 für das Subnet-Schema ersetzt. Dieser Abschnitt der Adresse teilt der Software mit, dass die ersten sieben Bits des lokal verwalteten Adressteils der Adresse dem Subnet-Feld und die restlichen sieben Bits dem Host-Feld entsprechen. Bei einer Veränderung der Subnet Mask verändert sich selbstverständlich auch die Interpretation des Subnet-Feldes.

1.3.4   Die Dezimalwerte der Subnet Masks

Die Tabellen 1.2, 1.3 und 1.4 führen die möglichen Subnet Masks für Netzwerke der Adressklassen A, B und C auf.

Subnets	Rechner	Subnet Mask	Subnet-Bits	Host-Bits
2	4.194.302	255.192.0.0	2	22
6	2.097.150	255.224.0.0	3	21
14	1.048.574	255.240.0.0	4	20
30	524.286	255.248.0.0	5	19
62	262.142	255.252.0.0	6	18
126	131.070	255.254.0.0	7	17
254	65.534	255.255.0.0	8	16
510	32.766	255.255.128.0	9	15
1.022	16.382	255.255.192.0	10	14
2.046	8.190	255.255.224.0	11	13
4.094	4.094	255.255.240.0	12	12
8.190	2.046	255.255.248.0	13	11
16.382	1.022	255.255.252.0	14	10
32.766	510	255.255.254.0	15	9
65.534	254	255.255.255.0	16	8
131.070	126	255.255.255.128	17	7
262.142	62	255.255.255.192	18	6
524.286	30	255.255.255.224	19	5
1.048.574	14	255.255.255.240	20	4
2.097.150	6	255.255.255.248	21	3
4.194.302	2	255.255.255.252	22	2

Tab. 1.2: Subnet-Tabelle für Klasse A

Subnets	Rechner	Subnet Mask	Subnet-Bits	Host-Bits
2	16.382	255.255.192.0	2	14
6	8.190	255.255.224.0	3	13
14	4.094	255.255.240.0	4	12

Tab. 1.3: Subnet-Tabelle der Klasse B

Subnets	Rechner	Subnet Mask	Subnet-Bits	Host-Bits
30	2.046	255.255.248.0	5	11
62	1.022	255.255.252.0	6	10
126	5.10	255.255.254.0	7	9
254	254	255.255.255.0	8	8
510	126	255.255.255.128	9	7
1.022	62	255.255.255.192	10	6
2.046	30	255.255.255.224	11	5
4.094	14	255.255.255.240	12	4
8.190	6	255.255.255.248	13	3
16.382	2	255.255.255.252	14	2

Tab. 1.3: Subnet-Tabelle der Klasse B

Subnets	Rechner	Subnet Mask	Subnet-Bits	Host-Bits
2	62	255.255.255.192	2	6
6	30	255.255.255.224	3	5
14	14	255.255.255.240	4	4
30	6	255.255.255.248	5	3
62	2	255.255.255.252	6	2

Tab. 1.4: Subnet-Tabelle der Klasse C

Diese Tabellen mit den Subnet Masks können ihnen die Entscheidung erleichtern, welche Subnet Mask Sie in einer bestimmten Situation wählen müssen. Wenn Sie sich die Tabellen genauer anschauen, werden Sie feststellen, dass mit abnehmender Anzahl der Subnets die Anzahl der Rechner ansteigt. Die Begründung finden Sie auf der rechten Seite der Tabelle. Nimmt die Anzahl der Bits für die Subnets zu, dann vermindert sich die Anzahl der Bits für die Rechner. Da jede Adressklasse über eine feste Bitanzahl für verfügt, kann jedes Bit nur in der von der Subnet Mask festgelegten Form verwendet werden. Jedes Bit gehört entweder zum Subnet- oder zum Host-Feld. Erhöht sich die Anzahl der Bits für das Subnet, wird dementsprechend die Anzahl der Rechner reduziert.

Die drei Tabellen unterscheiden sich in ihrer Größe, weil es sich um Adressklassen unterschiedlicher Größe handelt, bzw. weil die Host-Felder der Klassen A, B und C jeweils 24, 16 und 8 Bit groß sind.

1.3.5 Subnet Masks für unterschiedliche Situationen wählen

Die Tabellen helfen Ihnen bei der Auswahl der richtigen Subnet Mask für Ihr Netzwerk. Betrachten Sie folgendes Beispiel:

Robert verwaltet ein Netzwerk der Klasse A. Er muss das Netzwerk in 1.045 Subnets mit 295 Geräten im größten Subnet unterteilen. In der Tabelle für die Klasse A sucht er nach der Subnet- und Rechneranzahl und stellt fest, dass die folgenden fünf Einträge für diese Situation passen. Für welche Lösung sollte er sich entscheiden?

Subnet-Tabelle der Klasse C

2.046	8.190	255.255.224.0	11	13
4.094	4.094	255.255.240.0	12	12
8.190	2.046	255.255.248.0	13	11
16.382	1.022	255.255.252.0	14	10
32,766	510	255.255.254.0	15	9

Bei der Auswahl der Subnet Mask muss Robert noch einen weiteren Faktor berücksichtigen, nämlich das zukünftige Wachstum des Netzwerks. Kommen weitere Subnets hinzu, werden die vorhandenen größer oder trifft beides zu?

Nimmt die Anzahl der Subnets bei gleich bleibender Anzahl der Geräte in den einzelnen Subnets zu, sollte sich Robert für die Subnet Mask 255.255.254.0 entscheiden. Nimmt die Anzahl der Geräte in den einzelnen Subnets zu, sollte er die Subnet Mask 255.255.252.0 wählen. Je nach dem Protokoll der physikalischen Schicht des Netzwerks kann es jedoch Beschränkungen für die tatsächliche Anzahl der Geräte pro Subnet geben. In einigen Fällen können 100 oder mehr Geräte pro Netzwerksegment oder Subnet die Funktion des gesamten Netzwerks ernsthaft beeinträchtigen. Realistische Schätzungen für die zukünftig zu erwartende Anzahl der Geräte in den einzelnen Subnets ist Voraussetzung für eine erfolgreiche Untergliederung in Subnets.

Im nächsten Beispiel ist Sarah für ein kleines Firmennetzwerk mit zwei Ethernet- und drei Token-Ring-Segmenten verantwortlich. Beide Segmente stehen über einen Router miteinander in Verbindung. Jedes Subnet beherbergt maximal 15 Geräte. Sarah wurde eine Netzwerkadresse der Klasse C zugewiesen. Sie wirft einen Blick in die Tabelle der Klasse C und stellt fest, dass sie ihre Probleme mit der folgenden Zeile lösen kann:

Subnet-Tabelle der Klasse C

6	30	255.255.255.224	3	5

Nur die Subnet Mask 255.255.255.224 lässt fünf Subnets mit jeweils 15 Geräten zu.

Wenn Sie eine klare Vorstellung von der Anzahl der Subnets und der Anzahl der Rechner pro Subnet haben, können Sie anhand dieser Tabelle die richtige Subnet Mask ermitteln. Dabei muss immer berücksichtigt werden, ob die Anzahl der Subnets oder die Anzahl der Rechner pro Subnet in Zukunft zunehmen wird. Erhöhen Sie den aktuellen Bedarf um die zu erwartende Zunahme und wählen Sie die Subnet Mask mit Hilfe der Tabelle.

1.3.6 Das Zusammenspiel von Adressen und Subnet Masks

Untersuchen wir noch einmal das Konzept der IP-Adressen. Eine IP-Adresse bezeichnet ein Gerät in einem Netzwerk. IP-Adressen werden über unterschiedliche Adressklassen zugewiesen. Jedes IP-Netzwerk besitzt eine Netzwerknummer. Jedes IP-Subnet wird mit der Netzwerknummer des übergeordneten Netzwerks und einer Subnet-Nummer angegeben. Die Subnet-Nummer kann über das Subnet-Feld der Subnet Mask ermittelt werden.

Bei der IP-Adresse 153.88.4.240 mit der Subnet Mask 255.255.255.0 wissen Sie, dass es sich um das Netzwerk mit der Adresse 153.88.0.0 handelt. Sie wissen außerdem, dass es sich um das Subnet 4 handelt, weil alle acht Bits des dritten Oktetts der Maske die Subnet-Nummer enthalten. Nebenbei bemerkt befinden sich alle Geräte mit den Werten 153.88 in den ersten beiden Oktetten im gleichen Netzwerk und all Geräte mit einer 4 im dritten Oktett im gleichen Subnet. Warum ist das so?

In einem Netzwerk der Klasse B enthalten die ersten 16 Bit die Netzwerknummer. Unterscheiden sich Geräte in den ersten 16 Bit nicht, dann befinden sie sich im gleichen Netzwerk der Klasse B. Möchten Sie ein Datagramm von einer Absenderadresse an eine Empfängeradresse senden, muss das Internet-Protokoll eine Routing-Entscheidung treffen. Werfen Sie einen Blick auf das folgende Beispiel.

Subnet-Tabelle der Klasse C

	Netzwerk	Netzwerk	Subnet	Host
Absender 153.88.4.240	10011001	01011000	00000100	1110000
Empfänger 153.89.98.254	10011001	01011001	01100010	11111110

Beachten Sie, dass es sich in diesem Fall um unterschiedliche Netzwerke handelt. Beide gehören zwar zur Adressklasse B, sie unterscheiden sich aber in den ersten 16 Bits. Aus diesem Grund »vermutet« das Internet-Protokoll, dass sie sich in unterschiedlichen Netzwerken befinden und sendet das Datagramm an einen Router zur Weiterleitung an den Zielrechner. IP berücksichtigt die Subnet-Adressen nur, wenn die Netzwerknummern der beiden Adressen gleich sind.

Es wurde bereits darauf hingewiesen, dass die Subnet-Nummer anhand der Subnet Mask ermittelt werden kann.

Im Folgenden ein weiteres Beispiel hierfür.

Subnet-Tabelle der Klasse C

	Netzwerk	Netzwerk	Subnet	Host
Absender 153.88.4.240	10011001	01011000	00000100	11110000
Empfänger 153.88.192.254	10011001	01011000	11000000	11111110
Maske 255.255.255.0	11111111	11111111	11111111	00000000

In diesem Beispiel wurde die Zieladresse geändert und die Subnet Mask 255.255.255.0 hinzugefügt, mit Hilfe derer die Subnet-Nummer ermitteln werden kann. Da es sich um ein Netzwerk der Klasse B handelt, verweisen. die ersten beiden Oktette der Subnet Mask (255.255.) auf den Netzwerkanteil der Adresse. Das dritte Oktett gibt die Position des Subnet-Feldes im lokal verwalteten Teil der Adresse und die Einsen in der Maske geben die Subnet-Bits an. Befinden sich beide Geräte im gleichen Subnet? Betrachten Sie die Bits des dritten Oktetts beider Adressen. Bei der Absenderadresse steht im Subnet-Feld die Binärzahl 00000100 und in der Empfängeradresse die Binärzahl 11000000. Da diese Binärzahlen nicht gleich sind, befinden sich die Geräte in unterschiedlichen Subnets, sodass der Absender die Datagramme zur Weiterleitung an den Zielrechner an den Router des Zielnetzwerks sendet.

Bisher haben wir uns mit der einfachsten Form eines Subnets beschäftigt, nämlich mit der Subnet Mask 255.255.255.0. Bei dieser Subnet Mask kann die Adresse anhand der dezimalen Schreibweise ermittelt werden. Die Adresse 165.22.129.66 besteht zum Beispiel aus der Netzwerkadresse 165.22.0.0, der Subnet-Nummer 129 und der Rechnernummer 66. Jeder Teil der dezimalen Schreibweise enthält leicht zu interpretierende Informationen.

Wie sieht es aber aus, wenn die Subnet Mask nicht so einfach aufgebaut ist? Im nächsten Beispiel befassen wir uns mit der Adresse 160.149.0.0 eines Netzwerks der Klasse B und der vom Netzwerkadministrator gewählten Subnet Mask 255.255.252.0. Dieses Netzwerk besteht aus 62 Subnets mit jeweils 1022 Geräten.

Versuchen wir, die Subnet-Zugehörigkeit zweier Geräte zu ermitteln.

Subnet-Tabelle der Klasse C

	Netzwerk	Netzwerk	Subnet	Host
Absender 160.149.115.8	10100000	10010101	01110011	00001000
Empfänger 160.149.117.201	10100000	10010101	01110101	11001001
Maske 255.255.252.0	11111111	11111111	11111100	00000000

Der Netzwerkanteil beider Adressen in obiger Abbildung ist identisch, daher gehören beide zum gleichen Netzwerk. Der Anteil der Subnet Mask umfasst sechs Bits, sodass die ersten sechs Bits des dritten Oktetts die Subnet-Nummer angeben. Die ersten sechs Bits des dritten Oktetts lauten 011100 für dezimal 115 und 011101 für dezimal 117. Diese Geräte befinden sich demnach in unterschiedlichen Subnets. Deshalb müssen Datagramme vom Absender an einen Router gesendet werden, damit sie ihr Ziel erreichen.

Warum befinden sich diese beiden Geräte in unterschiedlichen Subnets? Sie befinden sich zwar im gleichen Netzwerk und könnten daher möglicherweise auch zum gleichen Subnet gehören. Der Anteil der Subnet Mask an der Adresse gibt jedoch an, dass die ersten sechs Bits des dritten Oktetts jeder Adresse die Subnet-Nummer enthalten. Beim Vergleich der Subnet-Anteile der Adressen stellt sich heraus, dass sich diese unterscheiden und folglich zu unterschiedlichen Subnets gehören müssen.

Nachfolgend ein weiteres Beispiel.

Subnet-Tabelle der Klasse C

	Netzwerk	Netzwerk	Subnet	Host
Absender 160.149.115.8	10100000	10010101	01110011	00001000
Empfänger 160.149.114.66	10100000	10010101	01110101	11001001
Maske 255.255.252.0	11111111	11111111	11111100	00000000

In diesem Beispiel befinden sich die Adressen 160.149.115.8 und 160.149.114.66 im gleichen Netzwerk und im gleichen Subnet. Beachten Sie das dritte Oktett: wo Einsen in der Maske stehen, sind die Bits beider Adressen identisch, also gehören beide zum gleichen Subnet. Obwohl das dritte Oktett für die eine Adresse 114 und für die andere 115 angibt, befinden sich beide im gleichen Subnet, da die entscheidenden Bits in beiden Adressen gleich sind.

Für IT-Profis

Was ist ein Gerät?

IP-Adressen werden den Schnittstellen der Geräte eines IP-Netzwerks zugewiesen. Die im Zusammenhang mit dieser Zuweisung benutzten Begriffe können manchmal verwirrend sein. In den RFCs, die sich auf IP beziehen, werden die Geräte auch als *Hosts* bezeichnet. Ein Host oder Rechner ist eine Einheit, der eine IP-Adresse zugewiesen wird. Den mehrfach vernetzten Geräten bzw. deren Schnittstellen können gleichfalls mehrere Adressen zugewiesen werden. Der Begriff *Host-Adresse* bezeichnet die IP-Adressen des Rechners eines IP-Prozesses, unabhängig von der tatsächlichen physischen Struktur des Geräts oder der Schnittstellen. Lassen Sie sich also nicht verwirren, wenn von Host-, Rechner- oder Geräteadressen gesprochen wird. Es handelt sich hierbei lediglich um unterschiedliche Bezeichnungen der Einheiten, denen IP-Adressen zugewiesen werden.

1.3.7   Reservierte und gesperrte Adressen

Einige Adressen dürfen den Geräten eines Netzwerks und/oder Subnets nicht zugewiesen werden. Zwei Adressen sind in jedem Netzwerk oder Subnet für spezielle Aufgaben reserviert. Die erste dieser Adressen ist die Netzwerk- oder Subnet-Adresse. Die Netzwerkadresse besteht aus der Netzwerknummer und einem Host-Feld, das mit binären Nullen gefüllt ist. Die Adressen 200.1.1.0, 153.88.0.0 und 10.0.0.0 sind Netzwerkadressen. Sie bezeichnen das Netzwerk und dürfen keinem Gerät zugewiesen werden.

Eine weitere reservierte Adresse ist die Rundsendungsadresse. Ihre Verwendung soll die Aufmerksamkeit aller Geräte des Netzwerks auf sich ziehen. Die Rundsendungsadresse eine Netzwerks besteht aus der Netzwerknummer gefolgt von einem Host-Feld mit binären Einsen. Bei den Adressen in der folgenden Abbildung handelt es sich um Rundsendungsadressen: 200.1.1.255, 153.88.255.255 und 10.255.255.255. Da diese Adresse die Aufmerksamkeit aller Geräte auf sich ziehen soll, darf sie nicht für ein einzelnes Gerät verwendet werden.

Auch für die Adressen eines Subnets gibt es Einschränkungen. Jedes Subnet besitzt eine Subnet-Adresse und eine Rundsendungsadresse. Wie die Netzwerkadresse und Rundsendungsadresse des Netzwerks dürfen auch diese Adressen keinem Gerät zugewiesen werden. Sie enthalten ebenfalls Host-Felder mit Nullen und Einsen für die Subnet-Adresse und Subnet-Rundsendungsadresse.

Subnet-Tabelle der Klasse C

	Netzwerk	Netzwerk	Subnet	Host
Subnet-Adresse 153.88.4.0	10011001	01011000	00000100	00000000
Rundsendung 153.88.4.255	10011001	01011000	00000100	11111111
Maske 255.255.255.0	11111111	11111111	11111111	00000000

In diesem Beispiel enthält die Subnet-Adresse im Host-Feld nur Nullen und die Rundsendungsadresse ausschließlich Einsen. Egal, wie groß das Subnet- oder Host-Feld auch ist, die Nullen des Host-Feldes bezeichnen die Subnet-Adresse und alle Einsen die Rundsendungsadresse des Subnet.

1.3.8 Den Adressbereich eines Subnet festlegen

Nachdem Sie die zu verwendende Maske festgelegt und dabei die besonderen Adressen für Subnet und Rundsendungen berücksichtigt haben, können Sie die Adressen für die einzelnen Geräte festlegen. Hierfür müssen Sie »berechnen«, welche Adressen zu den Subnets gehören.

Für jedes Subnet steht ein Adressbereich mit der gleichen Netzwerk- und Subnet-Nummer zur Verfügung. Sie unterscheiden sich in den Rechnernummern. Die folgende Abbildung zeigt Beispiele für Adressen in einem Subnet eines Netzwerks der Klasse C.

Netzwerk-Adresse 200.1.1.0

Subnet Mask 255.255.255.248

Subnet 1 Adresse

Mask	11111000		
	00001000	200.1.1.8	Subnet Adresse
	00001001	200.1.1.9	Host 1
	00001010	200.1.1.10	Host 2
	00001011	200.1.1.11	Host 3
	00001100	200.1.1.12	Host 4
	00001101	200.1.1.13	Host 5
	00001110	200.1.1.14	Host 6
	00001111	200.1.1.15	Subnet-Rundsendung

Diesem Beispiel liegt die Adresse 200.1.1.0 eines Netzwerks der Klasse C zu Grunde. Die Subnet Mask lautet 255.255.255.248. Die Unterteilung in Subnets wird bei einem Netzwerk der Klasse C mit dem vierten Oktett vorgenommen. Bei dieser Maske kann jedes Subnet sechs Geräte umfassen. Beachten Sie, dass die Adressen für das Subnet mit der Nummer 1 im Subnet-Feld jeweils die Adresse 00001 haben. Das Subnet-Feld entspricht dem Teil 11111 des vierten Oktetts der Maske. Es umfasst die ersten fünf Bits des vierten Oktetts. Die verbleibenden drei Bits entsprechen dem Host-Feld.

Das Host-Feld jeder Adresse liegt im Bereich zwischen der Subnet-Adresse (000) und der Rundsendungsadresse des Subnet (111). Den einzelnen Rechnern können also die Adressen von 001 bis 110 zugewiesen werden, wobei der binären 1 die Dezimalzahl 6 entspricht. Wie kommt es zu diesem Aufbau der Adressen? Wir kombinieren einfach die Subnet-Nummer 00001 mit der Rechneradresse aus dem Bereich zwischen 000 bis 111 und wandeln jede Adresse in den Dezimalwert um. Wir beginnen mit 200.1.1.8 (00001000) und hören bei 200.1.1.15 (00001111) auf. In diesem Fall ändern wir den Teil 200.1.1. der Adresse nicht, da es sich hierbei um die Netzwerknummer handelt.

Weitere Informationen und Maßnahmen für eine Adressierungsstrategie finden Sie in Kapitel 2.

1.3.9 Ermitteln der Subnet-Adressen einer einzelnen Adresse und Maske

Anhand der IP-Adresse und einer Subnet Mask können Sie mit den folgenden Schritten das Subnet ermitteln, in dem sich ein Gerät befindet:

1. Wandeln Sie den lokal verwalteten Teil der Adresse in den binären Wert um.

2. Wandeln Sie den lokal verwalteten Teil der Maske in den binären Wert um.

3. Ermitteln Sie in der binären Adresse das Host-Feld, und setzen Sie Nullen ein.

4. Wandeln Sie die binäre Adresse in die durch Punkte getrennte dezimale Schreibweise um. Als Ergebnis erhalten Sie die Subnet-Adresse.

5. Ermitteln Sie in der binären Adresse das Host-Feld, und setzen Sie Einsen ein.

6. Wandeln Sie die binäre Adresse in die durch Punkte getrennte dezimale Schreibweise um. Als Ergebnis erhalten Sie die Rundsendungsadresse des Subnet.

Alle IP-Adressen, die sich innerhalb dieses Bereichs befinden, können den Geräten zugewiesen werden.

Die folgende Abbildung enthält ein Beispiel für den Ablauf dieses Vorgangs. Die Adresse des Geräts lautet 204.238.7.45 und die Subnet Mask 255.255.255.224. Da es sich um eine Adresse der Klasse C handelt, bezieht sich das vierte Oktett auf das Subnet.

Adresse 200.1.1.45	001**01101**	
Mask 255.255.255.224	111**00000**	
Host in Nullen umwandeln	00100000	.32 Subnet-Adresse
Host in Einsen umwandeln	00111111	.63 Subnet-Rundsendung

Das Host-Feld umfasst die letzten fünf Bits der Adresse. Wenn Sie ins Host-Feld Nullen einsetzen und die Binärzahl in eine Dezimalzahl umwandeln, erhalten Sie die Subnet-Adresse. Ersetzen Sie das Host-Feld mit Einsen, dann erhalten Sie die Rundsendungsadresse des Subnet. Die Adresse 200.1.1.45 in Verbindung mit der Maske 255.255.255.224 ergibt das Subnet 200.1.1.32. In diesem Subnet können die Adressen 200.1.1.33 bis 200.1.1.62 zugewiesen werden.

1.3.10 Subnet Masks interpretieren

Dezimal	Binär
0	00000000
128	10000000
192	11000000
224	11100000
240	11110000
248	11111000
252	11111100
254	11111110
255	11111111

Jede Subnet Mask besteht aus dezimal dargestellten Binärzahlen. Obige Abbildung zeigt die für die Maske zulässigen Dezimalwerte. Diese Werte können nur genutzt werden, wenn unmittelbar links daneben der Wert 255 steht. Das Bit der Subnet Mask muss unmittelbar folgen. Die Maske 255.255.0.224 wäre beispielsweise nicht zulässig.

Häufig wird die Frage gestellt, wie viele Bits die Maske umfasst. Die Antwort hängt von der Anzahl der Bits innerhalb der Maske und der jeweiligen Adressklasse ab. Wird beispielsweise die Subnet Mask 255.255.254.0 für eine Adresse der Klasse B verwendet, umfasst die Maske sieben Bit. Es mag so aussehen, als stünden insgesamt 23 Bit zur Verfügung. Bei einer Adresse der Klasse B stehen aber nur sieben Bit für das Subnet zur Verfügung. Nur sieben der insgesamt 23 Bit werden für das Subnet verwendet, die verbleibenden 16 Bit gehören zur Adresse der Klasse B.

Dieser Umstand mag nebensächlich erscheinen, er kann jedoch zu großen Missverständnissen führen. Ohne Angabe der Adressklasse sind für eine Subnet Mask im Umfang von sechs Bit die Werte 255.252.0.0, 255.255.252.0 oder 255.255.255.252 möglich. Jede dieser Masken umfasst sechs Bit, sie gehören jedoch zu unterschiedlichen Adressklassen, was zu völlig unterschiedlichen Subnets führt.

1.3.11 Reservierte Adressen

Es wurde bereits erwähnt, dass bestimmte Adressen reserviert sind. Insbesondere wurde darauf hingewiesen, dass die Netzwerkadresse, die Rundsendungsadresse des Netzwerks, die Subnet-Adresse und die Rundsendungsadresse des Subnets keinem Gerät oder Host zugewiesen werden dürfen. Dadurch soll eine Störung der Funktion der IP-Software vermieden werden, die für den Transport der IP-Datagramme verantwortlich ist. Diese Adressen bezeichnen kein bestimmtes Gerät. IP-Geräte können über die Rundsendungsadresse Datagramme an jeden IP-Empfänger versenden. Ein einzelnes Gerät muss dagegen eine eindeutige Adresse besitzen.

Die reservierten Adressen dürfen bei der Adressberechnung nicht mit einbezogen werden. Um dies zu vermeiden, wird eine besondere Formel für die Berechnung der für ein Subnet oder Netzwerk zur Verfügung stehenden Anzahl der Hosts verwendet. Wenn Sie die Anzahl der Bits des Host-Feldes einer Adresse kennen, können Sie auch die Anzahl der Geräte des Netzwerks oder Subnet berechnen. Folgende Formel wird hierfür benutzt:

$$2^n - 2$$

In dieser Formel steht **n** für die Anzahl der Bits des Subnet- oder Host-Feldes. Durch Subtraktion von **2** werden die beiden reservierten Adressen abgezogen. Der folgende Auszug aus der Tabelle der Subnet-Adressen der Klasse C zeigt das Resultat, zu dem diese Formel führt.

Subnets	Rechner	Maske	Subnet-Bits	Host-Bits
14	14	255.255.255.240	4	4

Bei der Subnet Mask 255.255.255.240 umfasst das Subnet-Feld vier Bit. Vier Bit ergeben 2^4 oder 16 mögliche Bit-Muster:

0000	0100	1000	1100
0001	0101	1001	1101
0010	0110	1010	1110
0011	0111	1011	1111

Werden die beiden reservierten Bit-Muster 0000 und 1111 von den möglichen Werten für die Subnets abgezogen, bleiben 14 Subnet-Nummern übrig. Die gleiche Berechnung gilt auch für das Host-Feld.

Für IT-Profis

Subnet-Nummer ausschließlich aus Nullen oder Einsen

RFC 950 legt fest, dass Subnet-Nummern, die ausschließlich aus Nullen oder Einsen bestehen, gesperrt sind und keinem Subnet zugewiesen werden dürfen. In beiden Fällen enthält das Subnet-Feld ausschließlich Nullen oder Einsen. Bei älteren IP-Implementierungen wurden diese Adressen häufig mit den Rundsendungsadressen verwechselt, was die Entwickler des RFC 950 durch Sperren dieser Adressen beenden wollten. Heutzutage ist die Verwendung von Subnet-Nummern ausschließlich aus Nullen oder Einsen zulässig. Ihre tatsächliche Verwendung hängt von der IP-Software der Geräte solcher Subnets ab. In bestimmten Fällen muss die Verwendung dieser gesperrten Subnet-Nummern zuvor für die Geräte aktiviert werden. Schlagen Sie in der Gebrauchsanleitung der entsprechenden Geräte nach, um festzustellen, ob Sie diese Nummern in Ihrem Netzwerk benutzen können.

1.4 Zusammenfassung

In diesem Kapitel wurden die 32-Bit-Adressstruktur von IPv4, sowie die Bestandteile einer IPv4-Adresse, die Adressklassen und die genaue Anzahl der Adressen für die einzelnen Klassen beschrieben.

Sie haben erfahren, warum und wie Subnets eingerichtet werden. Es wurde erläutert, was eine Subnet Mask ist und wie sie eingerichtet wird. Des Weiteren wurde erklärt, wie Dezimalzahlen in Binärzahlen und umgekehrt Binär- in Dezimalzahlen umgewandelt werden. Es wurde erörtert, wie für eine bestimmte Situation eine Subnet Mask ausgewählt wird, wobei als Hilfestellung die Tabellen mit den Subnet Masks vorgestellt wurden.

Abschließend haben Sie gelernt, wie Adressen des gleichen Subnet ermittelt werden und welche Adressen zu einem Subnet gehören. Außerdem wurde erläutert, welche Adressen IP-Geräten nicht zugewiesen werden dürfen.

1.5 Häufig gestellte Fragen

Frage: Kann ich für ein Netzwerk der Klasse B die Subnet Mask 255.255.255.139 verwenden?

Antwort: Die Regeln für IP-Subnets verbieten Ihnen nicht, eine beliebige Bit-Folge für eine Subnet Mask zu benutzen. Das Subnet-Feld dieser Maske enthält in den letzten beiden Oktetten nur Einsen. Die Bits der letzten beiden Oktette sind nicht zusammenhängend, d.h. sie folgen nicht direkt aufeinander.

255	139
11111111	10001011

Der Adressverwalter muss jede Adresse gesondert berechnen. Außerdem ist der Adressbereich der einzelnen Subnets nicht fortlaufend. Es ist zu verwirrend und zu kompliziert, wenn so außergewöhnliche und eigenartige Subnet Masks verwendet werden. Sie sollten die Masken mit Hilfe der Tabellen aus diesem Kapitel auswählen.

Frage: Ich verwechsle Adressen und Masken. Woran erkenne ich den Unterschied?

Antwort: Das erste Oktett der Subnet Mask ist immer 255, was für das erste Oktett der Adresse niemals zutrifft.

Frage: Wie kann ich sicher gehen, dass ich die richtige Subnet Mask für mein Netzwerk gewählt habe?

Antwort: Diese Frage ist berechtigt. Die Antwort lautet: Dies ist nicht möglich. Selbst wenn Sie richtig recherchiert und anhand der Informationen die momentan geeignetste Maske gewählt haben, können Sie durch Veränderungen im Netzwerk und in der Netzwerkverwaltung gezwungen sein, die Adressstruktur zu ändern. Das kann bedeuten, dass die von Ihnen gewählte Maske nicht mehr die richtige ist. Bei der Auswahl der Subnet Mask sollten Sie darauf achten, dass die Anzahl der Subnets und der dazugehörigen Rechner zunehmen kann.

Frage: Wozu muss ich wissen, wie Dezimalzahlen in Binärzahlen umgewandelt werden?

Antwort: Damit Sie eine Unterteilung in Subnets vornehmen können, müssen Sie wissen, wie die Bits der Subnet Mask in Beziehung zur Adresse stehen. Zur Verdeutlichung dieser Beziehung ist es oft notwendig, die Adressen und die Subnet Mask in binärer Darstellung zu betrachten. Ohne eine Umwandlung der dezimalen in eine binäre Darstellung werden diese Beziehungen nicht deutlich.

Einen Adressplan für Netzwerke mit einer Adressmaske von fester Länge erstellen

2

In diesem Kapitel:

- Die Anzahl der erforderlichen Adressen ermitteln
- Festlegen der richtigen Blockgröße für die Adressen
- Auswahl der korrekten Adressmaske
- Den Netzwerkkomponenten Adressen zuweisen
- Anlegen einer Dokumentation
- Arbeitshilfen

2.1   Einführung

In vielen Unternehmen, insbesondere in kleineren, werden feste Adressmasken verwendet. Sie sind leichter zu verstehen und einfacher anzuwenden als Adressmasken mit variabler Länge. In Netzwerken mit Adressmasken fester Länge wird für jedes Gerät die gleiche Maske verwendet und allen Subnets steht die gleiche Anzahl von Adressen zur Verfügung, d.h. alle haben die gleiche Größe.

Kapitel 1 befasste sich mit den IP-Adressen und den Grundlagen der Adressmasken sowie mit den Subnets. Dieses Kapitel behandelt die einzelnen Schritte für die Zuweisung der richtigen IP-Adressen zu den Geräten. Außerdem stellen wir Ihnen einige effektive und überraschend einfache Hilfsmittel vor, die Ihnen die Arbeit erleichtern sollen.

Die Wahl der Adressmaske kann von der Entscheidung für die Routing-Protokolle abhängig sein. Die beliebten Routing-Protokolle RIP (Version 1) und IGRP stellen bestimmte Anforderungen an die Adressierung: alle Geräte aller Subnets müssen die gleiche Adressmaske verwenden. Das bedeutet, dass Sie gezwungen sind, Adressmasken mit fester Länge zu verwenden. Wenn Sie RIP (Version 2), OSPF oder EIGRP einsetzen, *können* Sie sich für die gleiche Adressmaske entscheiden, das Protokoll schreibt Ihnen dies jedoch nicht vor.

2.2 Anforderungen an die Adressierung

Wenn Sie einen Plan für die IP-Adressierung entwickeln, müssen Sie zuerst einmal feststellen, welche Anforderungen dieser Plan erfüllen muss. Dies gilt unabhängig davon, ob es sich um ein Netzwerk mit Subnet Masks von variabler oder fester Länge handelt. Wie Sie bereits erfahren haben, enthalten die IP-Adressen Informationen, mit deren Hilfe die Router Datagramme an das gewünschte Netzwerk oder Subnet weiterleiten. Da es zwischen den IP-Adressen und den Segmenten des Zielnetzwerks eine so enge Beziehung gibt, müssen Sie den Adressbereich für jedes Netzwerk oder Subnet sorgfältig festlegen.

2.2.1 Berücksichtigen Sie die Struktur Ihres Intranet

Ziehen Sie als Erstes die Dokumentation Ihres Netzwerks zu Rate. Handelt es sich um ein neu aufgebautes IP-Netzwerk, müssen Sie die Spezifikation für den Aufbau kennen. Ist das Netzwerk bereits einige Zeit in Betrieb, können Sie die vorhandene Dokumentation verwenden. Folgende Angaben sollten Sie berücksichtigen:

- Anzahl und Art der Geräte jedes LAN-Segments
- Hinweise auf Geräte, die IP-Adressen benötigen
- Geräte, welche die Segmente miteinander verbinden, z.B. Router, Bridge und Verteiler

Spezifikationen für den Netzwerkaufbau

Für Manager

Sie sollten über eine vollständige und aktuelle Beschreibung der Grundlagen und Spezifikationen für die Struktur Ihres Netzwerks verfügen.

2.2.2   Wie viele Subnets sind erforderlich?

Notieren Sie sich beim Sichten des Aufbaus, des Bestands und der Komponenten für jedes Subnet die Anzahl der jeweils erforderlichen IP-Adressen. Werfen Sie hierzu einen Blick auf Abbildung 2.1.

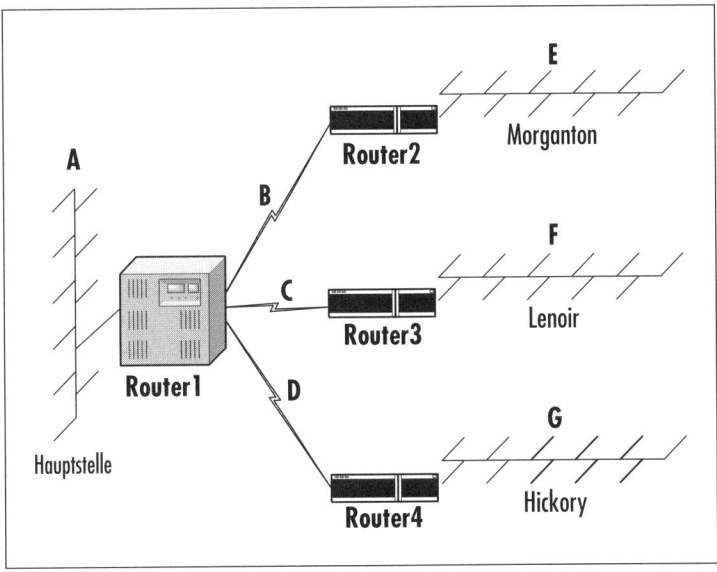

Abb. 2.1: Beispiel für den Aufbau eines Netzwerks

Aufgabe von Routern ist es, Netzwerke miteinander zu verbinden. Router und Verteiler der dritten Schicht leiten Datenpakete von einem Netzwerk an ein anderes weiter, wobei die Pakete immer einen Schritt näher an ihr Ziel gelangen. Jede Router-Schnittstelle benötigt eine eindeutige IP-Adresse. Außerdem muss die IP-Adresse jeder Schnittstelle zu unterschiedlichen Netzwerken oder Subnets gehören. Das bedeutet, dass jede Router-Schnittstelle ein Netzwerk oder Subnet *definiert*. Diese Tatsache bereitet den Administratoren von IP-Netzwerken viel Kopfzerbrechen.

Betrachten Sie Abbildung 2.1 noch einmal im Hinblick auf die erforderliche Konfiguration der Router. Router 1 besitzt vier Schnittstellen: eine LAN-Schnittstelle und drei WAN-Schnittstellen. Also benötigt Router 1 vier IP-Adressen, die jeweils zu unterschiedlichen Netzwerken oder Subnets gehören müssen. Router 2 verfügt über zwei Schnittstellen: eine LAN und eine WAN-Schnittstelle. Daher sind zwei Adressen in jeweils zwei unterschiedlichen Netzwerken oder Subnets erforderlich. Das Gleiche gilt für die beiden Router in den Zweigstellen.

Fassen wir das bisherige Ergebnis zusammen: Der Router der Hauptstelle benötigt vier und die Router der Zweigstellen benötigen jeweils zwei Adressen, das macht insgesamt zehn Adressen. Folgt daraus, dass zehn Subnets erforderlich sind? Betrachten Sie die Abbildung noch einmal: Die Router 1 und 2 sind mit dem gleichen Subnet verbunden (Subnet B). Router 1 teilt die Verbindungen in der gleichen Weise mit den Routern 3 und 4.

Insgesamt gibt es also ~~zehn~~ *sieben* Subnets: vier sind LAN- und drei WAN-Verbindungen. Muss nun jedem der Subnets ein IP-Adressbereich zugewiesen werden? Im Allgemeinen trifft dies zu, aber wie bei vielen anderen Fragen der Datenverarbeitung auch ist die genauere Antwort etwas komplizierter.

2.2.3 Wie viele IP-Adressen benötigt jedes Subnet?

Da Sie jetzt wissen, wie viele unterschiedliche Subnets (Adressbereiche) Sie benötigen, ist es jetzt an der Zeit festzustellen, wie viele Geräte jedes Subnets Adressen benötigen. Als Grundregel gilt, dass jede Schnittstelle, die IP-Datagramme versendet, eine IP-Adresse benötigt. Es folgen einige Beispiele:

- Router: eine IP-Adresse pro Schnittstelle (beachten Sie die im nächsten Abschnitt erörterten *nicht nummerierten Schnittstellen*).

- Arbeitsstationen: im Allgemeinen eine Adresse.

- Server: normalerweise eine Adresse, es sei denn, der Server ist *mehrfach vernetzt* (verfügt über mehr als eine Schnittstelle).

- Drucker: eine Adresse, wenn die Kommunikation über einen IP-Druckserver stattfindet oder der Drucker über einen integrierten Druckserver verfügt (z.B. einen HP JetDirect-Drucksever). Ist der Drucker an die serielle oder parallele Schnittstelle eines anderen Geräts angeschlossen, benötigt er keine IP-Adresse.

- Bridges: normale Bridges verwenden das IP-Protokoll nicht, sodass keine Adresse erforderlich ist. Wird die Bridge jedoch über ein auf SNMP basierendes Netzwerkverwaltungssystem gesteuert, ist eine IP-Adresse erforderlich, weil der Agent für die Sammlung der Daten als IP-Host fungiert.

- Verteiler: für Verteiler gilt das Gleiche wie für Bridges.

- Verteiler der zweiten Schicht: für diese Verteiler gilt das Gleiche wie für Bridges.

- Verteiler der dritten Schicht: für diese Verteiler gilt das Gleiche wie für Router.

Tabelle 2.1 zeigt die Anzahl der unterschiedlichen Geräte der einzelnen LANs unserer Beispielfirma.

LAN	Geräte
Zentralen	20 Arbeitsstationen, 2 Server, 1 verwalteter Verteiler, 1 Netzwerkdrucker, 1 Router
Zweigstelle Morganton	11 Arbeitsstationen, 2 Netzwerkdrucker, 1 Router
Zweigstelle Lenoir	12 Arbeitsstationen, 1 Router
Zweigstelle Hickory	5 Arbeitsstationen, 1 Server, 1 Router

Tab. 2.1: Die Geräte des Beispielnetzwerks

Diese Tabelle ist jedoch nicht vollständig, da jede Router-Schnittstelle ebenfalls eine IP-Adresse benötigt. Außerdem müssen Sie die WAN-Verbindungen berücksichtigen.

Tabelle 2.2 fasst die tatsächlichen Anforderungen geordnet nach den Subnets zusammen.

Subnet	IP-Adressen
Zentralen	25
Morganton	14
Lenoir	13
Hickory	7
WAN1	2
WAN2	2
WAN3	2

Tab. 2.2: Anzahl der erforderlichen IP-Adressen

Nachdem wir die WAN-Verbindungen und Router-Adressen hinzugefügt haben, stellen wir fest, dass sieben Subnets mit jeweils zwei bis 25 IP-Adressen erforderlich sind.

Zukünftige Erweiterungen

Netzwerke besitzen scheinbar eine gewisse Eigendynamik. Nur wenige Netzwerke verändern sich nicht oder wachsen nicht. Wenn sich die Benutzer an die über das Netzwerk benutzten Anwendungen gewöhnt haben, fordern sie alsbald weitere Leistungen. Normalerweise werden einem Netzwerk ständig neue Benutzer, Anwendungen, Server und Netzwerkgeräte hinzugefügt.

Wenn Sie einen Adressierungsplan entwickeln, müssen Sie sowohl genügend Spielraum für zusätzliche Subnets als auch für die dafür benötigten Adressen einplanen. Die Wachstumsrate hängt dabei ausschließlich von dem Unternehmen ab. Welche Pläne für Firmenerweiterungen gibt es? Ist es wahrscheinlich, dass neue Benutzer und Server oder neue Zweigstellen hinzukommen? Sind Firmenzusammenlegungen oder Neuerwerbungen geplant?

2.3 Auswahl der richtigen Maske

Der nächste Schritt beim Entwurf des Adressierungsplans ist die Auswahl der Adressmaske für das Netzwerk.

Gemäß der Funktion einer Maske legt jedes Bit der Maske die Interpretation des entsprechenden Bits der IP-Adresse fest. Wo ein Bit mit dem Wert 0 in der Maske steht, entspricht dieses Bit der IP-Adresse einem Bestandteil der Schnittstellenbezeichnung (Geräteadresse). Ein Bit mit dem Wert 1 in der Maske entspricht einem Teil der Netzwerk- oder Subnet-Adresse.

Die Anzahl der Bits mit dem Wert 0 in der Maske legt also die Anzahl der Bits des Host-Feldes einer IP-Adresse fest und somit die Anzahl der möglichen IP-Adressen für jedes Subnet. Beachten Sie die bereits erwähnte Formel 2^n-2 (wobei n die Anzahl der Bits angibt). Von diesem Punkt aus rückwärts rechnend, können Sie die Anzahl der in der IP-Adresse erforderlichen Host-Bits für die erforderliche Anzahl der Adressen ermitteln. Ziel ist es, den niedrigsten Wert für n zu finden, wobei die Formel 2^n-2 die Anzahl der erforderlichen Adressen angibt.

Benötigen Sie beispielsweise 25 Adressen für ein Subnet, dann sind mindestens fünf Host-Bits in der IP-Adresse erforderlich. Das bedeutet, dass die Maske mindestens fünf Nullen enthalten muss: $2^4-2 = 14$ (nicht ausreichend), $2^5-2 = 30$ (ausreichend). Benötigen Sie 1.500 Adressen, muss die Maske mindestens elf Nullen enthalten ($2^{11}-2 = 2.046$).

2.3.1 Ziehen Sie Tabellen zu Rate

Steht Ihnen der Adressblock einer ganzen Klasse zur Verfügung (d.h. eine Netzwerkadresse der Klasse A, B, oder C), dann können Sie die entsprechenden Tabellen für die Subnets am Ende dieses Kapitels zu Rate ziehen. Diese Tabellen helfen Ihnen bei der Auswahl der richtigen Maske und bei der Zuweisung der Adressbereiche.

Werfen Sie einen Blick auf unser Beispielnetzwerk in Abbildung 3.1. Die Analyse hat ergeben, dass entsprechend der Tabelle 3.2 sieben Subnets erforderlich sind und dass die maximal in einem Subnet erforderliche Anzahl der Adressen 25 beträgt. Es wird davon ausgegangen, dass für das Netzwerk der Firma die Adresse 192.168.153.0 der Klasse C zur Verfügung steht.

Tabelle 2.3 zeigt eine traditionelle Subnet-Tabelle für die Adressklasse C (RFC 950). Mit Hilfe dieser Tabelle können Sie die richtige Adressmaske ermitteln.

Anzahl der Subnet-Bits	Anzahl der Subnets	Anzahl der Host-Bits	Anzahl der Rechner	Subnet Mask
2	2	6	62	255.255.255.192
3	6	5	30	255.255.255.224
4	14	4	14	255.255.255.240
5	30	3	6	255.255.255.248
6	62	2	2	255.255.255.252

Tab. 2.3: Subnet-Tabelle für die Adressklasse C

Kann eine Maske für sieben Subnets mit jeweils 25 Hosts festgelegt werden? Dies ist nicht möglich. Die Maske 255.255.255.224 liefert zwar genug Host-Adressen, aber nicht genügend Subnets. Die Maske 255.255.255.240 unterstützt genug Subnets, aber die Anzahl der Host-Adressen reicht nicht aus. In einer solchen Situation stehen Ihnen vier Möglichkeiten zur Verfügung:

1. Sie benutzen nicht nummerierte Schnittstellen.

2. Sie fordern einen größeren Adressblock an.

3. Sie setzen den Router trickreich ein.

4. Sie verwenden das »Subnet Null«.

Nicht nummerierte Schnittstellen

Viele Router bieten heutzutage die Eigenschaft *nicht nummerierter Schnittstellen* oder *nicht nummerierter IP-Verbindungen*. Diese Eigenschaft kann eingesetzt werden, wenn die Schnittstelle eine Punkt-zu-Punkt-Verbindung zu einem Netzwerk über einen Modem- oder ISDN-Anschluss herstellt. Setzen Sie diese Eigenschaft ein, benötigen Sie für die Punkt-zu-Punkt-Verbindung keine IP-Adressen und müssen diese bei der Gesamtzahl der Subnets nicht berücksichtigen. Würden wir diese Eigenschaft für unser Beispielnetzwerk einsetzen, müssten wir nur Adressen für die LAN-Segmente zur Verfügung stellen, was zu einer wesentlichen Verringerung der Gesamtzahl der IP-Adressen führen würde. Im nächsten Abschnitt werden einige Beispiele erörtert.

Ein Nachteil der nicht nummerierten Schnittstellen besteht darin, dass Sie für Test- oder Verwaltungszwecke nicht direkt auf diese Schnittstellen zugreifen können. Sie müssen sich also für die bessere Verwaltbarkeit oder die Verringerung der erforderlichen Adressen entscheiden. Bei den meisten Netzwerken ist diese Entscheidung aufgrund der Anforderungen des Unternehmens vorgegeben. In anderen Fällen müssen Sie eine klare Entscheidung treffen.

In unserem Beispiel wird durch den Einsatz der nicht nummerierten Schnittstellen die Anzahl der Subnets um die drei WAN-Verbindungen reduziert. Wir benötigen nur noch vier Subnets, und die Maske 255.255.255.224 wäre in diesem Fall geeignet.

Einen größeren Adressblock anfordern

Verfügen Sie über zwei Adressen der Klasse C, dann können Sie die eine für das LAN der Zentrale verwenden, die andere für die LANs der Zweigstellen und die WAN-Verbindungen in Subnets unterteilen. Stünden Ihnen die beiden Adressen 192.168.8.0 und 192.168.9.0 der Klasse C zur Verfügung, könnten Sie z.B. die Adresse 192.168.8.0 mit der Maske 255.255.255.0 für das LAN der Zentrale verwenden. Für die übrigen LANs und WAN-Verbindungen unterteilen Sie die Adresse 192.168.9.0 mit der Maske 255.255.255.224 in Subnets. Sie erhalten auf diese Weise sechs Subnets mit jeweils 30 Host-Adressen, womit die Anforderungen hinreichend erfüllt sind.

Geschickter Einsatz der Router

Bei den meisten Routern können einer Schnittstelle mehrere IP-Adressen zugewiesen werden. Diese Eigenschaft wird *Mehrfachvernetzung* oder *sekundäre Schnittstellen* genannt. Auf diese Weise können Sie mit einer einzelnen Router-Schnittstelle mehr als nur ein Subnet unterstützen. In unserem Beispiel könnten Sie die Maske 255.255.255.240 verwenden (die Ihnen 14 Subnets und 14 Host-Adressen zur Verfügung stellt) und anschließend der Router-Schnittstelle des LANs der Zentrale zwei Adressen zuweisen.

 Die Auswahl der zwei Adressen ist sehr wichtig. Die erste Adresse muss eine gültige Adresse in einem Subnet sein, während die Zweite eine gültige Adresse eines *anderen* Subnet sein muss.

Für das LAN der Zentrale stehen jetzt 28 Adressen zur Verfügung. Diese praktische Lösung hat allerdings ihren Preis.

Beachten Sie, dass das Internet Protocol (IP) die lokale und die entfernte Auslieferung anhand der IP-Adresse unterscheidet. Kommuniziert Ihre Arbeitsstation mit einem Host eines anderen Subnet (was sich aus der gewählten
Maske und der IP-Zieladresse ergibt), werden die Datagramme an das Standard-Gateway (den Router) weitergeleitet. Werfen Sie einen Blick auf Abbildung 2.2.

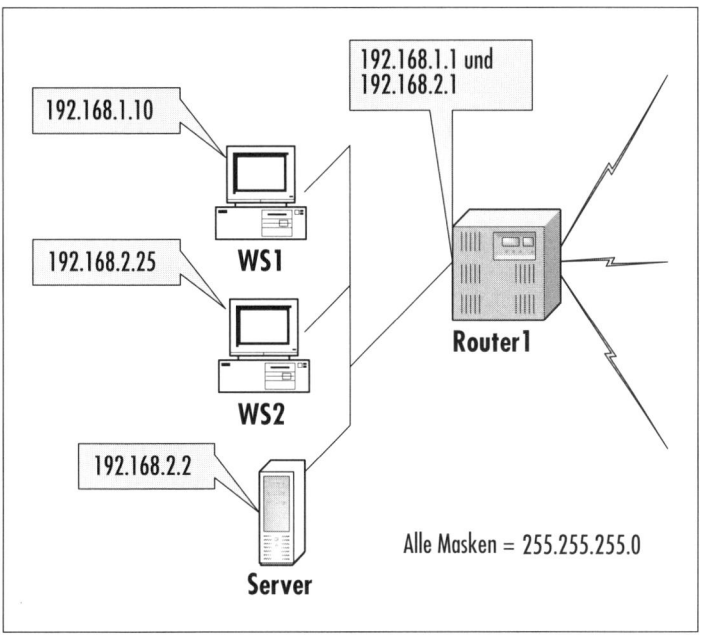

192.168.1.1 und
192.168.2.1

192.168.1.10

192.168.2.25   **WS1**

WS2

192.168.2.2

Router1

Alle Masken = 255.255.255.0

Server

Abb. 2.2: Mehrere Subnets eines LAN-Segments

WS1 befindet sich in dem einen IP-Netzwerk und WS2 und der Server in
einem anderen. *Alle* (einschließlich des Routers) befinden sich in einem einzigen LAN-Segment (was bedeutet, dass alle mit dem gleichen Ethernet-Vertei-
ler verbunden sind).

Möchte WS2 mit dem Server kommunizieren, dann entscheidet die IP-Software des Rechners WS2 anhand der Maske 255.255.255.0, ob sich der Server
im gleichen IP-Netzwerk oder Subnet befindet. Der Rechner WS2 sendet also
ein Paket direkt an den Server.

Was geschieht, wenn der Rechner WS1 mit dem Server kommunizieren
möchte? Befinden sich beide Rechner im gleichen IP-Netzwerk? Das ist nicht
der Fall, daher sendet WS1 die Pakete an das Standard-Gateway (Router1).
Router1 leitet die Pakete an das richtige Netzwerk des Servers weiter. Daher

erscheint jedes zwischen WS1 und dem Server übertragene Paket *zweimal* im Ethernet-Segment: einmal auf dem Weg von WS1 zum Router und ein weiteres Mal auf dem Weg vom Router zum Server (und umgekehrt).

 Wenn Sie sich für diesen Trick entscheiden, müssen Sie sorgfältig darauf achten, welche Geräte Sie in welchem Netzwerk oder Subnet unterbringen. Versuchen Sie, Geräte, die miteinander kommunizieren, im gleichen Subnet unterzubringen.

Subnet Null

Um mögliche Probleme bei der Zusammenarbeit zu vermeiden, halten sich konservative Netzwerkadministratoren weiterhin an die ursprüngliche Norm und vermeiden Subnet-Nummern, die ausschließlich aus Nullen oder Einsen bestehen. Entscheiden Sie sich für diese Lösung, müssen Sie den Wert 2 von der in den einzelnen Zeilen der Tabellen am Ende dieses Kapitels angegebenen Anzahl der Subnets abziehen. In einigen Fällen (wie in unserem Beispiel) kann es jedoch erforderlich sein, diese zusätzlichen Subnets zu verwenden.

In unserem Beispiel können Sie die Maske 255.255.255.224 verwenden, die Ihnen genügend Host-Adressen zur Verfügung stellt. Verwenden Sie die Subnet-Nummer, die ausschließlich aus Nullen besteht, dann stehen Ihnen auch genügend Subnets zur Verfügung.

Die Übungen am Ende dieses Kapitels bieten Ihnen weitere praktische Beispiele für die richtige Auswahl der Maske für Ihr Netzwerk.

 Die ursprüngliche Norm für Subnets (RFC 950) ließ die Verwendung einer Subnet-ID aus entweder nur Nullen oder nur Einsen nicht zu (daher der Term -2 in der Formel 2^n-2 für die Subnets). Mit dem RFC 1812 wurde diese Einschränkung aufgehoben. Es folgt ein Auszug aus dem RFC 1812:

»Frühere Versionen dieses Dokumentes legten auch fest, dass die Subnet-Nummern weder den Wert 0 noch den Wert -1 haben durften und mindestens zwei Bits lang sein mussten. In einer CIDR-Umgebung ist die Subnet-Nummer eindeutig eine Erweiterung des Netzwerkpräfixes, welche nicht ohne den restlichen Teil des Präfixes interpretiert werden kann. Diese Einschränkungen für die Subnet-Nummern ist daher aus der Sicht von CIDR bedeutungslos und darf ruhig ignoriert werden.«

2.4   IP-Adressen anfordern

Steht Ihnen bereits ein Ihren Bedürfnissen entsprechender Adressblock zur Verfügung, können Sie mit dem nächsten Schritt fortfahren (Berechnen der entsprechenden Adressbereiche für die einzelnen Subnets).

Stehen Ihnen noch keine Adressen zur Verfügung oder stellen Sie fest, dass die vorhandenen Adressen nicht ausreichen, dann müssen Sie einen oder mehrere Adressblöcke anfordern. Hierfür stehen Ihnen die folgenden Quellen in der entsprechenden Reihenfolge zur Verfügung:

1. Der Netzwerkadministrator Ihrer Firma

2. Ihr Internet-Dienstanbieter

3. Die Internet-Adressregistrierung

Beachten Sie eine wichtige Tatsache: IP-Adressen stehen nur in begrenzter Anzahl zur Verfügung und sind eine nützliche Annehmlichkeit. Unabhängig davon, wer Ihnen die Adressen zur Verfügung stellt, sie müssen in jedem Fall effektiv zugewiesen werden. Sie werden sehr wahrscheinlich aufgefordert werden, Ihre Anforderung zu begründen. Ihre Anforderung ist meist dann erfolgreich, wenn Sie belegen können, dass Sie in naher Zukunft mindestens die Hälfte der angeforderten Adressen tatsächlich benutzen werden.

2.4.1   IP-Adressen vom Netzwerkadministrator anfordern

Unabhängig von der Größe einer Firma sollte es in jedem Fall einen oder eine kleine Gruppe von Verantwortlichen für die Zuweisung von IP-Adressen an einzelne Personen oder Gruppen geben, die für Sie der erste Ansprechpartner für die Beschaffung von IP-Adressen sind.

2.4.2   IP-Adressen vom Internet-Dienstanbieter anfordern

Gibt es in Ihrer Firma keinen zentralen Ansprechpartner für die Zuweisung von Adressen oder sind Sie selbst dieser Ansprechpartner, müssen Sie sich die Adressen außerhalb Ihrer Firma beschaffen.

Für den geplanten Anschluss ans Internet können Sie entweder global eindeutige Adressen oder private Adressen und eine Umwandlung in Netzwerkadressen einsetzen (siehe Kapitel 3 und 4). Planen Sie keinen Anschluss an das Internet (sind Sie sich da auch ganz sicher?), dann können Sie theoretisch beliebige Adressen benutzen. Das RFC 1918 rät jedoch dazu, die für diese Zwecke vorgesehenen Adressblöcke zu benutzen. Weitere Einzelheiten hierzu finden Sie ebenfalls in Kapitel 3.

Global eindeutige Internet-Adressen sollten Sie über Ihren Internet-Dienstanbieter anfordern. Sie erhalten dann einen Adressblock, der zum Adressblock Ihres Internet-Dienstanbieters gehört.

Für IT-Profis

Hierarchische Zuweisung von IP-Adressen

Die hierarchische Zuweisung von IP-Adressen durch die Internet-Registrierung an größere oder kleinere Dienstanbieter sowie an Endbenutzer erhöht die Effektivität des gesamten Internets durch Bündelung großer IP-Adressblöcke, die den Umfang der wichtigen Routing-Tabellen reduzieren.

2.4.3 IP-Adressen über die Internet-Registrierung beziehen

Die IP-Adressen werden letztlich von der für Ihr Land zuständigen Internet-Registrierungsstelle vergeben. Zurzeit gibt es drei regionale Registrierungsstellen:

- ARIN: American Registry of Internet Numbers (http://www.arin.net). Die ARIN ist für Nord- und Südamerika, afrikanische Länder südlich der Sahara und die Karibik zuständig.
- RIPE NCC: Zuständig für Europa (http://www.ripe.net).
- APNIC: Zuständig für den asiatischen und pazifischen Raum (http://www.apnic.net).

Die direkt von einer Registrierungsstelle wie z.B. der ARIN bezogenen Adressen sind garantiert eindeutig. Allerdings ist nicht garantiert, dass die Adressen *global routingfähig* sind. Tatsächlich kann in aller Regel davon ausgegangen werden, dass die Adressen *nicht global routingfähig* sind. Damit sie im globalen Internet funktionieren, müssen Sie ein »Peer« im Internet sein, der über andere Internet-Dienstanbieter mit dem Internet verbunden ist.

RFC 2050 beschreibt im Einzelnen die Richtlinien für die Zuweisung von IP-Adressen.

2.5 IP-Adressbereiche für die Subnets berechnen

Zusammengefasst haben wir bisher

- die Anforderungen an die Adressen ermittelt,
- die richtige Maske ausgewählt und
- für eine ausreichende Anzahl von IP-Adressen gesorgt.

Jetzt ist es an der Zeit, den Adressbereich für jedes Subnet festzulegen.

2.5.1 Die komplizierte Lösung

Stehen Ihnen keine Hilfsmittel zur Verfügung, dann können Sie immer noch auf die manuelle Methode zurückgreifen. Es sind Tricks im Umlauf, die unter bestimmten Umständen funktionieren, in anderen jedoch versagen. Die im Folgenden beschriebene Prozedur funktioniert mit allen Adressklassen und Masken. Wenden Sie diese Prozedur für unser Beispielnetzwerk an.

Zuerst ermitteln Sie die Anzahl der lokal verwalteten Bits der Netzwerkadresse. In unserem Beispiel wurde eine Netzwerkadresse der Klasse C zugewiesen (192.168.153.0). Netzwerke der Klasse C benutzen 24 Bits für das Netzwerk und 8 lokale Bits.

Im zweiten Schritt schaffen Sie Platz für jedes lokale Bit (in unserem Beispiels sind dies acht Bits):

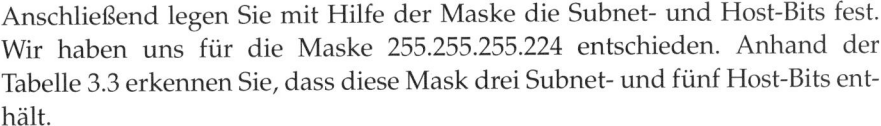

Anschließend legen Sie mit Hilfe der Maske die Subnet- und Host-Bits fest. Wir haben uns für die Maske 255.255.255.224 entschieden. Anhand der Tabelle 3.3 erkennen Sie, dass diese Mask drei Subnet- und fünf Host-Bits enthält.

```
Subnet  |  Host
_ _ _   | _ _ _ _ _
```

Jetzt können Sie verschiedene Kombinationen gültiger Bit-Muster erstellen, wie Sie dies in Kapitel 1 gelernt haben. Drei Bits ergeben 2^3 (8) Kombinationen:

```
000    100
001    101
010    110
011    111
```

Wir haben uns in diesem Beispiel dazu entschlossen, das Subnet Null zu verwenden und beginnen mit diesem. Tragen Sie die gültigen Subnet-Bits in die Vorlage ein, dann erhalten Sie folgendes Muster:

```
Subnet  |   Host
0  0  0 | X  X  X  X  X
```

Vergessen Sie nicht, dass es für jedes Subnet vier wichtige Adressen gibt:

- Die Subnet-Adresse (die Host-Bits haben alle den Wert 0)
- Die erste zuweisbare IP-Adresse
- Die letzte zuweisbare IP-Adresse
- Die Rundsendungsadresse (alle Host-Bits haben den Wert 1).

Das erste Subnet sieht also wie folgt aus:

```
Subnet  |   Host
0  0  0 | 0  0  0  0  0 = 0  (Subnet-Adresse)
0  0  0 | 0  0  0  0  1 = 1  (Subnet + 1)
   ...  |
0  0  0 | 1  1  1  1  0 = 30 (Rundsendungsadresse - 1)
0  0  0 | 1  1  1  1  1 = 31 (Rundsendungsadresse)
```

Die erste Subnet-Adresse lautet 192.168.153.0 und der den unterschiedlichen Geräten zuzuweisende Adressbereich liegt zwischen 192.168.153.1 und 192.168.153.30. Die Rundsendungsadresse des Subnet lautet 192.168.153.31.

Wiederholen Sie diesen Vorgang für die übrigen Subnets und verwenden Sie dabei einfach ein anderes Bit-Muster für jedes Subnet. Das zweite Subnet wird wie folgt berechnet:

```
Subnet | Host
0 0 1  | 0  0  0  0  0 = 32 (Subnet-Adresse)
0 0 1  | 0  0  0  0  1 = 33 (Subnet + 1)
   ... |
0 0 1  | 1  1  1  1  0 = 62 (Rundsendung - 1)
0 0 1  | 1 1 1 1 1 = 63 (Rundsendungsadresse)
```

Tabelle 2.4 faßt die Ergebnisse zusammen, die sich für alle acht möglichen Subnets ergeben.

Subnet-Adresse	Erste zuweis-bare Adresse	Letzte zuweis-bare Adresse	Rundsendungs-adresse
192.168.153.0	192.168.153.1	192.168.153.30	192.168.153.31
192.168.153.32	192.168.153.33	192.168.153.62	192.168.153.63
192.168.153.64	192.168.153.65	192.168.153.94	192.168.153.95
192.168.153.96	192.168.153.97	192.168.153.126	192.168.153.127
192.168.153.128	192.168.153.129	192.168.153.158	192.168.153.159
192.168.153.160	192.168.153.161	192.168.153.190	192.168.153.191
192.168.153.192	192.168.153.193	192.168.153.222	192.168.153.223
192.168.153.224	192.168.153.225	192.168.153.254	192.168.153.255

Tab. 2.4: Zusammenfassung der Adressen des Beispielnetzwerks

Die Tabelle 2.4 sowie alle weiteren Kombinationsmöglichkeiten für die Netzwerkadresse und die Maske finden Sie am Ende dieses Kapitels.

2.5.2 Arbeitsblätter

Die Wahl des komplizierten Lösungsweges kann zwar intellektuell befriedigend sein, wenn es jedoch darum geht, praktische Aufgaben zu bewältigen, können einige einfache Hilfsmittel viel Zeit sparen. Eine Reihe von tabellarischen Arbeitsblättern kann beispielsweise den doppelten Zweck erfüllen, die Adressbereiche zu berechnen und die den Geräten zugewiesenen Netzwerkadressen zu dokumentieren. Tabelle 2.5 enthält einige Anfangszeilen eines Arbeitsblattes für die Subnet-Zuweisungen. Das vollständige Arbeitsblatt (mit den Adressen von 0 bis 255) finden Sie am Ende dieses Kapitels.

Adresse	.128	.192	.224	.240	.248	.252	Zugewiesen an
0							
1							
2							
3							
4							

Tab. 2.5: Arbeitsblatt für Subnetz-Zuweisungen

Adresse	.128	.192	.224	.240	.248	.252	Zugewiesen an
5							
6							
7					▓	▓	
8					▓	▓	
9							
10							
11						▓	
12						▓	
13							
14							
15				▓	▓	▓	
16				▓	▓	▓	

Tab. 2.5: Arbeitsblatt für Subnetz-Zuweisungen (Forts.)

Dieses Arbeitsblatt veranschaulicht die für jedes Subnet gültigen Adressen, wobei die gewählte Maske nicht von Bedeutung ist. Hätten Sie beispielsweise die Maske 255.255.255.248 gewählt, läge der Adressbereich des ersten Subnet zwischen 192.168.153.1 und 192.168.153.6, der des zweiten zwischen 192.168.153.9 und 192.168.153.14. Zum gleichen Ergebnis wären wir auch mit Hilfe des komplizierten Lösungswegs oder der Subnet-Tabellen gelangt.

Ein weiterer Vorteil eines Arbeitsblattes liegt darin, dass die Dokumentation mehr oder weniger automatisch durchgeführt wird. Wenn Sie die Subnets zuweisen, können Sie in der Spalte (unter der entsprechenden Maske) Informationen zum Subnet eintragen: wo es sich befindet, wer der Ansprechpartner bei technischen Problemen ist usw. Sie können auch individuelle Adresszuweisungen aufzeichnen, indem Sie in der Spalte »Zugewiesen an« die entsprechenden Informationen eintragen.

Das Arbeitsblatt ist darüber hinaus auch *anpassungsfähig.* Jedes einzelne Arbeitsblatt kann zur Dokumentation eines einzelnen Netzwerks der Klasse C verwendet werden. Müssen Sie die Zuweisungen für ein Netzwerk der Klasse B aufzeichnen, können Sie ein Arbeitsblatt zur Dokumentation jeder der 256 Adressgruppen benutzen und jeweils ein weiteres Arbeitsblatt für eine Zusammenfassung der einzelnen Gruppen.

2.5.3 Subnet-Taschenrechner

Die einfachste Lösung zur Berechnung der Adressbereiche ist wahrscheinlich der Einsatz eines Subnet-Taschenrechners. Im Internet werden viele dieser Taschenrechner als Free- oder Shareware angeboten. (Die Bezugsquellen werden unter den FAQs angegeben.) Mit dem IP-Subnet-Standardtaschenrechner der Net3 Group (`http://www.net3group.com`) können Sie die Adressbereiche der Subnets unseres Beispielnetzwerks berechnen.

Zuerst teilen Sie dem Taschenrechner mit, dass Sie das Netzwerk 192.168. 153.0 (eine Netzwerkadresse der Klasse C) und die Maske 255.255.255.224 verwenden (siehe Abbildung 2.3).

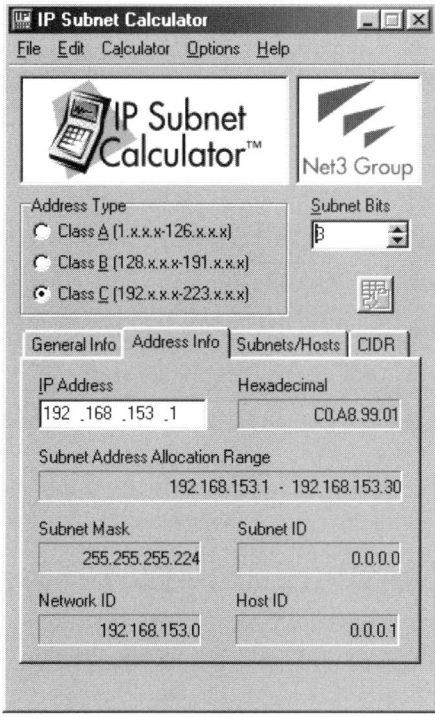

Abb. 2.3: IP-Subnet-Taschenrechner

Anschließend klicken Sie einfach auf die Registerkarte SUBNETS/HOSTS, um die verwendbaren Adressbereiche zu ermitteln (siehe Abbildung 2.4).

Auch in diesem Fall stimmen die ermittelten Ergebnisse mit den manuell errechneten und denen des Arbeitsblatts überein. Klicken Sie auf die Schaltfläche oberhalb der Registerkarte CIDR, kopiert der Taschenrechner die gezeigte

Tabelle in die Zwischenablage von Windows. Anschließend können Sie diese Tabelle in ein Arbeitsblatt oder eine andere Anwendung zur weiteren Bearbeitung einfügen.

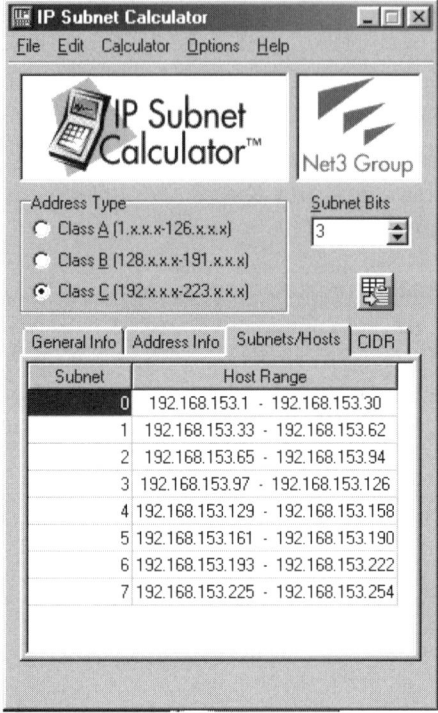

Abb. 2.4: Zuweisbare Adressbereiche

2.6 Den Geräten Adressen zuweisen

Wir kommen nun zum eigentlichen Ziel unserer Arbeit: der Zuweisung individueller Adressen für die IP-Geräte des Netzwerks.

2.6.1 Subnets zuweisen

Zuerst werden den entsprechenden Netzwerksegmenten Subnets zugewiesen. Betrachten wir die Netzwerksegmente aus Tabelle 2.2 noch einmal genauer, dann können wir jetzt eine dritte Spalte für die Subnet-Zuweisungen zu den einzelnen Segmenten hinzufügen (siehe Tabelle 2.6).

Dies ist durchaus nicht die einzige Möglichkeit, wie Sie Subnets zuweisen können. Sie können jedes der acht Subnets jedem der sieben Netzwerksegmente zuweisen. Technisch betrachtet ist es egal, welches Subnet welchem Segment zugewiesen wird, es sollte lediglich berücksichtigt werden, welche Zuweisung einfacher und leichter zu dokumentieren ist.

Beachten Sie, dass das Subnet Null einer der WAN-Verbindungen zugewiesen wurde. An dieser Stelle weichen wir von der traditionellen Regel ab. Da wir dieses Subnet benutzen müssen, weisen wir es einem Netzwerksegment zu, von dem keine Probleme bei der Zusammenarbeit zu erwarten sind. Dem liegt der Gedanke zugrunde, dass Router neueren Datums das Subnet Null ohne weitere Probleme unterstützen.

Subnet	IP-Adressen	Subnet(s)
Zentralen	25	192.168.153.32
Morganton	14	192.168.153.64
Lenoir	13	192.168.153.96
Hickory	7	192.168.153.128
WAN1	2	192.168.153.160
WAN2	2	192.168.153.192
WAN3	2	192.168.153.0

Tab. 2.6: Subnet-Zuweisungen

2.6.2 Geräteadressen zuweisen

Wenn Sie den unterschiedlichen Netzwerksegmenten die Subnets zugewiesen haben, müssen Sie den einzelnen Geräten Adressen zuweisen. Auch hierfür ist ein Arbeitsblatt sehr praktisch. Wir wollen dem Subnet Hickory unseres Beispielnetzwerks Adressen zuweisen. Tabelle 2.7 enthält einen weiteren Auszug aus dem Arbeitsblatt für die Adresszuweisung.

Adresse	.128	.192	.224	.240	.248	.252	Zugewiesen an
128							Hickory LAN
129			R				Router
130			S				Server
131			W				WS: John

Tab. 2.7: Arbeitsblatt für die Subnet-Zuweisungen für das LAN Hickory

Adresse	.128	.192	.224	.240	.248	.252	Zugewiesen an
132			W				WS: Laurie
133			W				WS: David
134			W				WS: Sarah
135			W				WS: Val
136							
137							

Tab. 2.7: Arbeitsblatt für die Subnet-Zuweisungen für das LAN Hickory (Forts.)

Auch in diesem Fall gilt, dass es nicht nur *einen* richtigen Weg für diese Zuweisungen gibt, sondern dass die Entscheidung, welchen Weg Sie wählen, bei Ihnen liegt. Hinsichtlich der Vorgehensweise lassen sich drei Richtungen unterscheiden: die sequentielle Zuweisung, reservierte Adressen und die »Zunahme zur Mitte hin«.

Sequentielle Zuweisung

In Tabelle 2.7 wurde einfach jedem Gerät ohne Rücksicht auf dessen Typ oder Funktion die nächste freie IP-Adresse zugewiesen. Die Vorzüge dieser Vorgehensweise sind ihre Flexibilität und die Tatsache, dass keine Adressen verschenkt werden. Nachteilig ist, dass es für die Zuweisungen keine Reihenfolge und kein Schema gibt, mit Hilfe dessen die Funktion eines Geräts anhand der Adresse erkannt werden kann.

Reservierte Adressen

Bei der zweiten Methode wird für jedes Subnet ein Adressbereich für die unterschiedlichen Funktionen reserviert. Zum Beispiel:

Router:	die ersten drei Adressen
Server:	die nächsten fünf Adressen
Verschiedene:	die nächsten fünf Adressen (Drucker, intelligente Verteiler usw.)
Arbeitsstationen:	alle übrigen Adressen.

Der Vorteil dieser Methode liegt darin, dass Sie (und die zuständigen Mitarbeiter) anhand der Adresse leicht die Art des Geräts ermitteln können. Umgekehrt können Sie über den Gerätetyp auch dessen Adressen feststellen. Der eigentliche Nachteil besteht darin, dass reservierte Adressen ungenutzt bleiben, obwohl andere funktionale Gruppen weitere Adressen benötigen.

Zunahme zur Mitte hin

Bei der dritten Vorgehensweise wird dem Router des Subnet die erste verfügbare Adresse des Subnet und den übrigen Geräten des Intranet werden der Reihe nach die jeweils höheren Adressen zugewiesen. Arbeitsstationen erhalten nach Bedarf vom Beginn des Adressbereichs an die jeweils folgenden Adressen.

Bei dieser Technik werden alle verfügbaren Adressen genutzt, es wird aber dennoch eine gewisse funktionale Konsistenz gewahrt.

Wählen Sie die Vorgehensweise, die Ihren Bedürfnissen am besten entspricht. Viele Administratoren entscheiden sich für eine Kombination der drei Techniken.

2.7 Dokumentieren Sie Ihre Arbeit

Herzlichen Glückwunsch! Sie haben die Zuweisung der IP-Adressen für alle Geräte abgeschlossen, die solche benötigen. Sie sind fast am Ziel angelangt.

2.7.1 Zeichen Sie die einzelnen Arbeitsschritte auf

Sie haben bereits viel Zeit für die Einzelheiten dieses Projekts aufgewendet. Ein geringer Mehraufwand kann Ihnen auf lange Sicht große Vorteile bieten. Gemeint ist wiederum das Dokumentieren.

Haben Sie für die Adresszuweisungen Arbeitsblätter verwendet, ist die Arbeit bereits getan. Beim Einsatz eines IP-Taschenrechners oder der manuellen Methode sollten Sie die Arbeitsergebnisse noch etwas ausführlicher festhalten.

2.7.2 Papier

Halten Sie zum Abschluß die Ergebnisse fest:

- Die verfügbaren Adressblöcke
- Die gewählten Subnet Masks
- Die zugewiesenen Subnets
- Die zugewiesenen IP-Adressen (und wem diese zugewiesen wurden)

Bewahren Sie Ihre Notizen so auf, dass Sie bei Aktualisierungen auf dem neusten Stand gehalten werden können.

2.7.3   Arbeitsblätter

Wenn Sie die Zuweisungsdaten in einem Arbeitsblatt notieren, können Sie mit geringem Aufwand eine wichtige Informationsquelle bereitstellen. Legen Sie Spalten für die folgenden Informationen an:

- IP-Adresse
- Datum der Zuweisung
- Zugewiesen an
- Ansprechpartner (Telefonnummer, Faxnummer, E-Mail-Adresse)
- Gerätetyp

Viele Tabellenkalkulationsprogramme verfügen über einfache Formulare für die Datenerfassung. Im späteren praktischen Einsatz können Sie die Informationen abfragen, sortieren und Berichte über die Zuweisungen nach Name, Adresse, Typ, Datum usw. erstellen. Auf diese Weise können beispielsweise im Fall einer Aufrüstung der Router sehr schnell die Adressen und Standorte ermittelt werden.

2.7.4   Datenbanken

Alle Dinge, die Sie mit einem Arbeitsblatt einer Tabellenkalkulation durchführen können, sind auch mit einer Datenbank durchführbar. Die meisten Datenbankprogramme erlauben das Erstellen von Eingabeformularen mit einer Gültigkeitsüberprüfung der eingegebenen Daten, mit der Fehler vermieden werden sollen. Außerdem bieten sie die Möglichkeit Standard- und ad-hoc-Berichte zu erstellen.

Eine Datenbank für IP-Adresszuweisungen muss nicht kompliziert, sondern effektiv aufgebaut sein. Eine einfache, mit Microsoft Access angelegte Tabelle kann beispielsweise alle Informationen eines größeren Unternehmens aufnehmen.

Viele neuere Netzwerkverwaltungsprogramme umfassen Verwaltungsfunktionen für Gebäude und deren Netzwerkgeräte. Zeichnen Sie mit Hilfe dieser Programme die Standorte und die entsprechenden, bereits aufgeführten Informationen auf.

2.7.5   Für alle Fälle

Kein Netzwerk ist statisch. Benutzer kommen und gehen, Anwendungen werden weiterentwickelt und die Technik wandelt sich. Viele Netzwerkadministratoren ersetzen Router durch Verteiler der Schicht 2 oder 3. Halten Sie Ihre Dokumentation daher auf aktuellem Stand! Veraltete Informationen können in gewisser Hinsicht schlimmer sein als das Fehlen jeglicher Information.

2.8   Zusammenfassung

In diesem Kapitel wurden die erforderlichen Schritte für die Entwicklung eines effektiven IP-Adressierungsplans für Netzwerke mit Subnet Masks mit fester Länge vorgestellt. Zuerst wurde die Anzahl der tatsächlich benötigten IP-Adressen und Subnets ermittelt, wobei einige Hinweise für die optimale Nutzung der zur Verfügung stehenden Adressen erörtert wurden. Anhand der Subnet-Tabellen haben wir die richtige Subnet Mask festgelegt. Anschließend wurden die entsprechenden Adressbereiche manuell, mit Hilfe von Arbeitsblättern oder Subnet-Taschenrechnern berechnet. Danach wurden den Geräten die IP-Adressen zugewiesen, die sie benötigen. Abschließend wurde die Notwendigkeit einer korrekten Dokumentation der Arbeitsergebnisse erläutert.

2.9   Häufig gestellte Fragen

Frage: Was ist zu tun, wenn der Internet-Dienstanbieter oder der Netzwerkadministrator nicht bereit sind, die erforderliche Anzahl von Adressen bereit zu stellen?

Antwort: Überprüfen Sie zuerst, ob Ihre Anforderung realistisch ist. Zahlen Sie nur 10 DM monatlich für eine Einwählverbindung ins Internet, müssen Sie sich nicht wundern, wenn der Dienstanbieter Ihnen keine 16 Präfixe der Klasse C zur Verfügung stellt. Haben Sie lediglich eine Einwählverbindung für den monatlichen Zugriff auf das Internet gemietet, wird der Dienstanbieter nicht gewillt sein, Ihnen eine dauerhafte IP-Adresse zur Verfügung zu stellen. Anders ist die Situation, wenn Sie über eine Standleitung verfügen. In diesem Fall ist die Wahrscheinlichkeit größer, dass Ihnen großzügigerweise ein Adressblock zur Verfügung gestellt wird. Können Sie belegen, dass Sie *mindestens die Hälfte* der angeforderten IP-Adressen innerhalb von sechs Monaten in Anspruch nehmen, wird Ihre Anforderung in der Regel berücksichtigt. Zeigt Ihr Dienstanbieter auch in diesem Fall keine Bereitschaft, Ihnen genügend Adressen zur Verfügung zu stellen, müssen Sie vielleicht auf andere Techniken ausweichen wie zum Beispiel auf Subnet Masks mit variabler Länge (Kapitel 5) oder auf private Adressen (Kapitel 3).

Frage: Wo erhalte ich einen Subnet-Taschenrechner?

Antwort: Einen Subnet-Taschenrechner erhalten Sie unter folgenden URLs:

```
http://www.net3group.com/download.asp
```

(Eine eigenständige Anwendung zum Herunterladen, die unter Win 95/98 und Win NT ausgeführt werden kann.)

```
http://www.cisco.com/techtools/ip_addr.html
```

(Ein online-Taschenrechner.)

```
http://www.ccci.com/subcalc/download.htm
```

(Ein Java-Taschenrechner.)

```
http://www.ajw.com/ipcalc.htm
```

(Ein Taschenrechner für den Palm Pilot.)

2.10 Übungen

1. Ihnen wurde ein »/23« CIDR-Block zugewiesen. Für wie viele herkömmliche Netzwerke der Klasse C steht dieser Block? Wie lautet die dazugehörige Maske? Wie viele Host-Adressen umfasst der Block insgesamt?

2. Welche Maske würden Sie verwenden, wenn Sie ein Netzwerk der Klasse B in 200 Subnets mit jeweils 100 Adressen unterteilen müssen?

3. Zwei Router sind über eine ISDN-Leitung miteinander verbunden. Benötigen die Schnittstellen dieser Router eine IP-Adresse? Wie lautet die Begründung für die Antwort?

4. Unter welchen Umständen verwenden Sie Subnet Masks mit fester Länge?

5. Berechnen Sie mit einer beliebigen Methode die Adressbereiche für alle Subnets in einem Netzwerk der Klasse B mit der Subnet Mask 255.255.254.0. Benutzen Sie die Subnets mit ausschließlich Nullen und Einsen.

6. Sie benötigen 420 Subnets mit jeweils 170 Host-Adressen. Wie groß muss der CIDR-Block sein, den Sie anfordern?

7. Warum können Sie die Subnet Mask 255.255.255.254 nicht benutzen?

8. Warum sollten Sie Ihre Adresszuweisungen dokumentieren?

Antworten

1. Zwei Netzwerke der Klasse C, 255.255.254.0, 512 Adressen

2. Zwei Masken sind möglich: 255.255.255.0 und 255.255.255.128. Da keine Informationen über das zukünftige Wachstum zur Verfügung stehen, müssen Sie die Maske wählen, die den zukünftigen Anforderungen am wahrscheinlichsten gerecht wird. Die Wahl wird in der Regel auf die Subnet Mask 255.255.255.0 fallen, weil diese leicht zu verwenden ist und einen gewissen Anstieg der Anzahl der Subnets und einen deutlichen Anstieg des Umfangs der einzelnen Subnets zulässt

3. In der Regel lautet die Antwort »ja«. Unterstützt der Router jedoch nicht nummeriertes IP, ist keine IP-Adresse erforderlich.

4. Subnet Masks mit fester Länge müssen verwendet werden, wenn ein Routing-Protokoll eingesetzt wird, das keine Subnet Masks mit variabler Länge unterstützt. Die heute weit verbreiteten Routing-Protokolle RIP (v. 1) und IGRP von der Firma Cisco erfordern Subnet Masks von fester Länge. RIP2, EIGRP und OSPF unterstützen eine variable Länge. Setzen Sie diese Protokolle ein, können Sie aus Gründen der Einfachheit trotzdem Subnet Masks fester Länge benutzen.

5. Die folgenden 128 Subnets sind möglich:
N.N.0.0 – N.N.1.255
N.N.2.0 – N.N.3.255
N.N.4.0 – N.N.5.255
…
N.N.254.0 – N.N.255.255

6. Aufgrund der geforderten 170 Adressen müssten Sie sich für die Subnet Mask 255.255.255.0 entscheiden. Das heißt, Sie benötigen acht Bit für die Host-Adressen. Weitere neun Bit benötigen Sie für die Subnets, macht insgesamt 17 Bit. Da eine IP-Adresse 32 Bit lang ist und Sie 17 für den eigenen Bedarf benötigen, müssen Sie einen (32 – 17) oder einen 15-Bit-Block anfordern(/15 nach der CIDR-Notation).

7. Das Host-Feld muss mindestens zwei Bit lang sein. Ein Host-Feld, das ausschließlich Nullen enthält, kennzeichnet die Subnet-Adresse und eine Host-Feld, welches ausschließlich Einsen enthält, gibt die Rundsendungsadresse dieses Subnet an.

8. Um zukünftige Zuweisungen zu erleichtern, zur Unterstützung bei der Fehlersuche, zur Erleichterung von Upgrades und um doppelte Adresszuweisungen zu verhindern.

2.11 Subnet-Tabellen

Diese Tabellen stehen im Einklang mit dem RFC.

2.11.1 Subnet-Tabelle Klasse A

Anzahl der Subnet-Bits	Anzahl der Subnets	Anzahl der Rechner-Bits	Anzahl der Rechner	Subnet Mask
1	2	23	8.388.608	255.128.0.0
2	4	22	4.194.302	255.192.0.0
3	8	21	2.097.150	255.224.0.0
4	16	20	1.048.574	255.240.0.0
5	32	19	524.286	255.248.0.0
6	64	18	262.142	255.252.0.0
7	128	17	131.070	255.254.0.0
8	256	16	65.534	255.255.0.0
9	512	15	32.766	255.255.128.0
10	1.024	14	16.382	255.255.192.0
11	2.048	13	8.190	255.255.224.0
12	4.096	12	4.094	255.255.240.0
13	8.192	11	2.046	255.255.248.0
14	16.384	10	1.022	255.255.252.0
15	32.768	9	510	255.255.254.0
16	65.536	8	254	255.255.255.0
17	131.072	7	126	255.255.255.128
18	262.144	6	62	255.255.255.192

Anzahl der Subnet-Bits	Anzahl der Subnets	Anzahl der Rechner-Bits	Anzahl der Rechner	Subnet Mask
19	524.288	5	30	255.255.255.224
20	1.048.576	4	14	255.255.255.240
21	2.097.152	3	6	255.255.255.248
22	4.194.304	2	2	255.255.255.252

Subnet	Erster Rechner	Letzter Rechner	Rundsendungs-adresse
1 Bit (255.128.0.0)			
N.0.0.0	N.0.0.1	N.127.255.254	N.127.255.255
N.128.0.0	N.128.0.1	N.255.255.254	N.255.255.255
2 Bit (255.192.0.0)			
N.0.0.0	N.0.0.1	N.63.255.254	N.63.255.255
N.64.0.0	N.64.0.1	N.127.255.254	N.127.255.255
N.128.0.0	N.128.0.1	N.191.255.254	N.191.255.255
N.192.0.0	N.192.0.1	N.255.255.254	N.255.255.255
3 Bit (255.224.0.0)			
N.0.0.0	N.0.0.1	N.31.255.254	N.31.255.255
N.32.0.0	N.32.0.1	N.63.255.254	N.63.255.255
. . .			
N.192.0.0	N.192.0.1	N.223.255.254	N.223.255.255
N.224.0.0	N.224.0.1	N.255.255.254	N.255.255.255
4 Bit (255.240.0.0)			
N.0.0.0	N.0.0.1	N.15.255.254	N.15.255.255
N.16.0.0	N.16.0.1	N.31.255.254	N.31.255.255
. . .			
N.224.0.0	N.224.0.1	N.239.255.254	N.239.255.255
N.240.0.0	N.240.0.1	N.255.255.254	N.255.255.255

Subnet	Erster Rechner	Letzter Rechner	Rundsendungs-adresse
5 Bit (255.248.0.0)			
N.0.0.0	N.0.0.1	N.7.255.254	N.7.255.255
N.8.0.0	N.8.0.1	N.15.255.254	N.15.255.255
. . .			
N.240.0.0	N.240.0.1	N.247.255.254	N.247.255.255
N.248.0.0	N.248.0.1	N.255.255.254	N.255.255.255
6 Bit (255.252.0.0)			
N.0.0.0	N.0.0.1	N.3.255.254	N.3.255.255
N.4.0.0	N.4.0.1	N.7.255.254	N.7.255.255
. . .			
N.248.0.0	N.248.0.1	N.251.255.254	N.251.255.255
N.252.0.0	N.252.0.1	N.255.255.254	N.255.255.255
7 Bit (255.254.0.0)			
N.0.0.0	N.0.0.1	N.1.255.254	N.1.255.255
N.2.0.0	N.2.0.1	N.3.255.254	N.3.255.255
. . .			
N.252.0.0	N.252.0.1	N.253.255.254	N.253.255.255
N.254.0.0	N.254.0.1	N.255.255.254	N.255.255.255
8 Bit (255.255.0.0)			
N.0.0.0	N.0.0.1	N.0.255.254	N.0.255.255
N.1.0.0	N.1.0.1	N.1.255.254	N.1.255.255
. . .			
N.254.0.0	N.254.0.1	N.254.255.254	N.254.255.255
N.255.0.0	N.255.0.1	N.255.255.254	N.255.255.255
9 Bit (255.255.128.0)			
N.0.0.0	N.0.0.1	N.0.127.254	N.0.127.255
N.0.128.0	N.0.128.1	N.0.255.254	N.0.255.255
N.1.0.0	N.1.0.1	N.1.127.254	N.1.127.255

Subnet	Erster Rechner	Letzter Rechner	Rundsendungs- adresse
N.1.128.0	N.1.128.1	N.1.255.254	N.1.255.255
. . .			
N.255.0.0	N.255.0.1	N.255.127.254	N.255.127.255
N.255.128.0	N.255.128.1	N.255.255.254	N.255.255.255

10 Bit (255.255.192.0)

N.0.0.0	N.0.0.1	N.0.63.254	N.0.63.255
N.0.64.0	N.0.64.1	N.0.127.254	N.0.127.255
N.0.128.0	N.0.128.1	N.0.191.254	N.0.191.255
N.0.192.0	N.0.192.1	N.0.255.254	N.0.255.255
N.1.0.0	N.1.0.1	N.1.63.254	N.1.63.255
N.1.64.0	N.1.64.1	N.1.127.254	N.1.127.255
. . .			
N.255.128.0	N.255.128.1	N.255.191.254	N.255.191.255
N.255.192.0	N.255.192.1	N.255.255.254	N.255.255.255

11 Bit (255.255.224.0)

N.0.0.0	N.0.0.1	N.0.31.254	N.0.31.255
N.0.32.0	N.0.32.1	N.0.63.254	N.0.63.255
N.0.64.0	N.0.64.1	N.0.127.254	N.0.127.255
. . .			
N.255.192.0	N.255.192.1	N.255.223.254	N.255.223.255
N.255.224.0	N.255.224.1	N.255.255.254	N.255.255.255

12 Bit (255.255.240.0)

N.0.0.0	N.0.0.1	N.0.15.254	N.0.15.255
N.0.16.0	N.0.16.1	N.0.31.254	N.0.31.255
N.0.32.0	N.0.32.1	N.0.47.254	N.0.47.255
. . .			
N.255.224.0	N.255.224.1	N.255.239.254	N.255.239.255
N.255.240.0	N.255.240.1	N.255.255.254	N.255.255.255

Subnet	Erster Rechner	Letzter Rechner	Rundsendungs-adresse
13 Bit (255.255.248.0)			
N.0.0.0	N.0.0.1	N.0.7.254	N.0.7.255
N.0.8.0	N.0.8.1	N.0.15.254	N.0.15.255
N.0.16.0	N.0.16.1	N.0.23.254	N.0.23.255
. . .			
N.255.240.0	N.255.240.1	N.255.247.254	N.255.247.255
N.255.248.0	N.255.248.1	N.255.255.254	N.255.255.255
14 Bit (255.255.252.0)			
N.0.0.0	N.0.0.1	N.0.3.254	N.0.3.255
N.0.4.0	N.0.4.1	N.0.7.254	N.0.7.255
N.0.8.0	N.0.8.1	N.0.11.254	N.0.11.255
. . .			
N.255.248.0	N.255.248.1	N.255.251.254	N.255.251.255
N.255.252.0	N.255.252.1	N.255.255.254	N.255.255.255
15 Bit (255.255.254.0)			
N.0.0.0	N.0.0.1	N.0.1.254	N.0.1.255
N.0.2.0	N.0.2.1	N.0.3.254	N.0.3.255
N.0.4.0	N.0.4.1	N.0.5.254	N.0.5.255
. . .			
N.255.252.0	N.255.252.1	N.255.253.254	N.255.253.255
N.255.254.0	N.255.254.1	N.255.255.254	N.255.255.255
16 Bit (255.255.255.0)			
N.0.0.0	N.0.0.1	N.0.0.254	N.0.0.255
N.0.1.0	N.0.1.1	N.0.1.254	N.0.1.255
N.0.2.0	N.0.2.1	N.0.2.254	N.0.2.255
. . .			
N.255.254.0	N.255.254.1	N.255.254.254	N.255.254.255
N.255.255.0	N.255.255.1	N.255.255.254	N.255.255.255

Subnet	Erster Rechner	Letzter Rechner	Rundsendungs-adresse
17 Bit (255.255.255.128)			
N.0.0.0	N.0.0.1	N.0.0.126	N.0.0.127
N.0.0.128	N.0.0.129	N.0.0.254	N.0.0.255
N.0.1.0	N.0.1.1	N.0.1.126	N.0.1.127
N.0.1.128	N.0.1.129	N.0.1.254	N.0.1.255
. . .			
N.255.255.0	N.255.255.1	N.255.255.126	N.255.255.127
N.255.255.128	N.255.255.129	N.255.255.254	N.255.255.255
18 Bit (255.255.255.192)			
N.0.0.0	N.0.0.1	N.0.0.62	N.0.0.63
N.0.0.64	N.0.0.65	N.0.0.126	N.0.0.127
N.0.0.128	N.0.0.129	N.0.0.190	N.0.1.191
N.0.0.192	N.0.0.193	N.0.0.254	N.0.1.255
N.0.1.0	N.0.1.1	N.0.1.62	N.0.1.63
. . .			
N.255.255.128	N.255.255.129	N.255.255.190	N.255.255.191
N.255.255.192	N.255.255.193	N.255.255.254	N.255.255.255
19 Bit (255.255.255.224)			
N.0.0.0	N.0.0.1	N.0.0.30	N.0.0.31
N.0.0.32	N.0.0.33	N.0.0.62	N.0.0.63
N.0.0.64	N.0.0.65	N.0.0.94	N.0.0.95
N.0.0.96	N.0.0.97	N.0.0.126	N.0.0.127
. . .			
N.255.255.192	N.255.255.193	N.255.255.222	N.255.255.223
N.255.255.224	N.255.255.225	N.255.255.254	N.255.255.255
20 Bit (255.255.255.240)			
N.0.0.0	N.0.0.1	N.0.0.14	N.0.0.15
N.0.0.16	N.0.0.16	N.0.0.30	N.0.0.31
N.0.0.32	N.0.0.33	N.0.0.46	N.0.0.47

Subnet	Erster Rechner	Letzter Rechner	Rundsendungs-adresse
...			
N.255.255.224	N.255.255.225	N.255.255.238	N.255.255.239
N.255.255.240	N.255.255.241	N.255.255.254	N.255.255.255

21 Bit (255.255.255.248)

Subnet	Erster Rechner	Letzter Rechner	Rundsendungsadresse
N.0.0.0	N.0.0.1	N.0.0.6	N.0.0.7
N.0.0.8	N.0.0.9	N.0.0.14	N.0.0.15
N.0.0.16	N.0.0.17	N.0.0.22	N.0.0.23
...			
N.255.255.240	N.255.255.241	N.255.255.246	N.255.255.247
N.255.255.248	N.255.255.249	N.255.255.254	N.255.255.255

22 Bit (255.255.255.252)

Subnet	Erster Rechner	Letzter Rechner	Rundsendungsadresse
N.0.0.0	N.0.0.1	N.0.0.2	N.0.0.3
N.0.0.4	N.0.0.5	N.0.0.6	N.0.0.7
N.0.0.8	N.0.0.9	N.0.0.10	N.0.0.11
...			
N.255.255.248	N.255.255.249	N.255.255.250	N.255.255.251
N.255.255.252	N.255.255.253	N.255.255.254	N.255.255.255

2.11.2 Subnet-Tabelle Klasse B

Anzahl der Subnet Bit	Anzahl der Subnets	Anzahl der Rechner-Bits	Anzahl der Rechner	Mask
1	2	15	32.766	255.255.128.0
2	4	14	16.382	255.255.192.0
3	8	13	8.190	255.255.224.0
4	16	12	4.094	255.255.240.0
5	32	11	2.046	255.255.248.0
6	64	10	1.022	255.255.252.0
7	128	9	510	255.255.254.0
8	256	8	254	255.255.255.0

Anzahl der Subnet Bit	Anzahl der Subnets	Anzahl der Rechner-Bits	Anzahl der Rechner	Mask
9	512	7	126	255.255.255.128
10	1.024	6	62	255.255.255.192
11	2.048	5	30	255.255.255.224
12	4.096	4	14	255.255.255.240
13	8.192	3	6	255.255.255.248
14	16.384	2	2	255.255.255.252

Subnet	Erster Rechner	Letzter Rechner	Rundsendungs-adresse
1 Bit (255.255.128.0)			
N.N.0.0	N.N.0.1	N.N.127.254	N.N.127.255
N.N.128.0	N.N.128.1	N.N.191.254	N.N.191.255
2 Bit (255.255.192.0)			
N.N.0.0	N.N.0.1	N.N.63.254	N.N.63.255
N.N.64.0	N.N.64.1	N.N.127.254	N.N.127.255
N.N.128.0	N.N.128.1	N.N.191.254	N.N.191.255
N.N.192.0	N.N.192.1	N.N.255.254	N.N.255.255
3 Bit (255.255.224.0)			
N.N.0.0	N.N.0.1	N.N.31.254	N.N.31.255
N.N 32.0	N.N.32.1	N.N.63.254	N.N.63.255
N.N.64.0	N.N.64.1	N.N.95.254	N.N.95.255
. . .			
N.N.192.0	N.N.192.1	N.N.223.254	N.N.223.255
N.N.224.0	N.N.224.1	N.N.255.254	N.N.255.255
4 Bit (255.255.240.0)			
N.N.0.0	N.N.0.1	N.N.15.254	N.N.15.255
N.N 16.0	N.N.16.1	N.N.31.254	N.N.31.255
N.N.32.0	N.N.32.1	N.N.47.254	N.N.47.255
. . .			

Subnet	Erster Rechner	Letzter Rechner	Rundsendungs-adresse
N.N.224.0	N.N.224.1	N.N.239.254	N.N.239.255
N.N.240.0	N.N.240.1	N.N.255.254	N.N.255.255

5 Bit (255.255.248.0)

N.N.0.0	N.N.0.1	N.N.7.254	N.N.7.255
N.N 8.0	N.N.8.1	N.N.15.254	N.N.15.255
N.N.16.0	N.N.16.1	N.N.23.254	N.N.23.255
. . .			
N.N.240.0	N.N.240.1	N.N.247.254	N.N.247.255
N.N.248.0	N.N.248.1	N.N.255.254	N.N.255.255

6 Bit (255.255.252.0)

N.N.0.0	N.N.0.1	N.N.3.254	N.N.3.255
N.N 4.0	N.N.4.1	N.N.7.254	N.N.7.255
N.N.8.0	N.N.8.1	N.N.11.254	N.N.11.255
. . .			
N.N.248.0	N.N.248.1	N.N.251.254	N.N.251.255
N.N.252.0	N.N.252.1	N.N.255.254	N.N.255.255

7 Bit (255.255.254.0)

N.N.0.0	N.N.0.1	N.N.1.254	N.N.1.255
N.N 2.0	N.N.2.1	N.N.3.254	N.N.3.255
N.N.4.0	N.N.4.1	N.N.5.254	N.N.5.255
. . .			
N.N.252.0	N.N.252.1	N.N.253.254	N.N.253.255
N.N.254.0	N.N.254.1	N.N.255.254	N.N.255.255

8 Bit (255.255.255.0)

N.N.0.0	N.N.0.1	N.N.0.254	N.N.0.255
N.N 1.0	N.N.1.1	N.N.1.254	N.N.1.255
N.N.2.0	N.N.2.1	N.N.2.254	N.N.2.255
. . .			

Subnet	Erster Rechner	Letzter Rechner	Rundsendungs-adresse
N.N.254.0	N.N.254.1	N.N.254.254	N.N.254.255
N.N.255.0	N.N.255.1	N.N.255.254	N.N.255.255

9 Bit (255.255.255.128)

Subnet	Erster Rechner	Letzter Rechner	Rundsendungs-adresse
N.N.0.0	N.N.0.1	N.N.0.126	N.N.0.127
N.N.0.128	N.N.0.129	N.N.0.254	N.N.0.255
N.N.1.0	N.N.1.1	N.N.1.126	N.N.1.127
N.N.1.128	N.N.1.129	N.N.1.254	N.N.1.255
. . .			
N.N.255.0	N.N.255.1	N.N.255.126	N.N.255.127
N.N.255.128	N.N.255.129	N.N.255.254	N.N.255.255

10 Bit (255.255.255.192)

Subnet	Erster Rechner	Letzter Rechner	Rundsendungs-adresse
N.N.0.0	N.N.0.1	N.N.0.62	N.N.0.63
N.N.0.64	N.N.0.65	N.N.0.126	N.N.0.127
N.N.0.128	N.N.0.129	N.N.0.190	N.N.0.191
N.N.0.192	N.N.0.193	N.N.0.254	N.N.0.255
N.N.1.0	N.N.1.1	N.N.1.62	N.N.1.63
. . .			
N.N.255.128	N.N.255.129	N.N.255.190	N.N.255.191
N.N.255.192	N.N.255.193	N.N.255.254	N.N.255.255

11 Bit (255.255.255.224)

Subnet	Erster Rechner	Letzter Rechner	Rundsendungs-adresse
N.N.0.0	N.N.0.1	N.N.0.30	N.N.0.31
N.N 0.32	N.N.0.33	N.N.0.62	N.N.0.63
N.N 0.64	N.N.0.65	N.N.0.94	N.N.0.95
. . .			
N.N.255.192	N.N.255.192	N.N.255.222	N.N.255.223
N.N.255.224	N.N.255.225	N.N.255.254	N.N.255.255

12 Bit (255.255.255.240)

Subnet	Erster Rechner	Letzter Rechner	Rundsendungs-adresse
N.N.0.0	N.N.0.1	N.N.0.14	N.N.0.15

Subnet	Erster Rechner	Letzter Rechner	Rundsendungs-adresse
N.N.0.16	N.N.0.17	N.N.0.30	N.N.0.31
N.N.0.32	N.N.0.33	N.N.0.46	N.N.0.47
. . .			
N.N.255.224	N.N.255.225	N.N.255.238	N.N.255.239
N.N.255.240	N.N.255.241	N.N.255.254	N.N.255.255

13 Bit (255.255.255.248)

Subnet	Erster Rechner	Letzter Rechner	Rundsendungsadresse
N.N.0.0	N.N.0.1	N.N.0.6	N.N.0.7
N.N.0.8	N.N.0.9	N.N.0.14	N.N.0.15
N.N.0.16	N.N.0.17	N.N.0.22	N.N.0.23
. . .			
N.N.255.240	N.N.255.241	N.N.255.246	N.N.255.247
N.N.255.248	N.N.255.249	N.N.255.254	N.N.255.255

14 Bit (255.255.255.252)

Subnet	Erster Rechner	Letzter Rechner	Rundsendungsadresse
N.N.0.0	N.N.0.1	N.N.0.2	N.N.0.3
N.N.0.4	N.N.0.5	N.N.0.6	N.N.0.7
N.N.0.8	N.N.0.9	N.N.0.10	N.N.0.11
. . .			
N.N.255.248	N.N.255.249	N.N.255.250	N.N.255.251
N.N.255.252	N.N.255.253	N.N.255.254	N.N.255.255

2.11.3 Subnet-Tabelle Klasse C

Anzahl der Subnet-Bits	Anzahl der Subnets	Anzahl der Rechner-Bits	Anzahl der Rechner	Subnet Mask
1	2	7	126	255.255.255.128
2	4	6	62	255.255.255.192
3	8	5	30	255.255.255.224
4	16	4	14	255.255.255.240
5	32	3	6	255.255.255.248
6	64	2	2	255.255.255.252

Subnet	Erster Rechner	Letzter Rechner	Rundsendungs-adresse
1 Bit (255.255.255.128)			
N.N.N.0	N.N.N.1	N.N.N.126	N.N.N.127
N.N.N.128	N.N.N.129	N.N.N.254	N.N.N.255
2 Bit (255.255.255.192)			
N.N.N.0	N.N.N.1	N.N.N.62	N.N.N.63
N.N.N.64	N.N.N.65	N.N.N.126	N.N.N.127
N.N.N.128	N.N.N.129	N.N.N.190	N.N.N.191
N.N.N.192	N.N.N.193	N.N.N.254	N.N.N.255
3 Bit (255.255.255.224)			
N.N.N.0	N.N.N.1	N.N.N.30	N.N.N.31
N.N.N.32	N.N.N.33	N.N.N.62	N.N.N.63
N.N.N.64	N.N.N.65	N.N.N.94	N.N.N.95
N.N.N.96	N.N.N.97	N.N.N.126	N.N.N.127
N.N.N.128	N.N.N.129	N.N.N.158	N.N.N.159
N.N.N.160	N.N.N.161	N.N.N.190	N.N.N.191
N.N.N.192	N.N.N.193	N.N.N.222	N.N.N.223
N.N.N.224	N.N.N.225	N.N.N.254	N.N.N.255
4 Bit (255.255.255.240)			
N.N.N.0	N.N.N.1	N.N.N.14	N.N.N.15
N.N.N.16	N.N.N.17	N.N.N.30	N.N.N.31
N.N.N.32	N.N.N.33	N.N.N.46	N.N.N.47
. . .			
N.N.N.224	N.N.N.225	N.N.N.238	N.N.N.239
N.N.N.240	N.N.N.241	N.N.N.254	N.N.N.255
5 Bit (255.255.255.248)			
N.N.N.0	N.N.N.1	N.N.N.6	N.N.N.7
N.N.N.8	N.N.N.9	N.N.N.14	N.N.N.15
N.N.N.16	N.N.N.17	N.N.N.22	N.N.N.23

Subnet	Erster Rechner	Letzter Rechner	Rundsendungs-adresse
. . .			
N.N.N.240	N.N.N.241	N.N.N.246	N.N.N.247
N.N.N.248	N.N.N.249	N.N.N.254	N.N.N.255
6 Bit (255.255.255.252)			
N.N.N.0	N.N.N.1	N.N.N.2	N.N.N.3
N.N.N.4	N.N.N.5	N.N.N.6	N.N.N.7
N.N.N.8	N.N.N.9	N.N.N.10	N.N.N.11
. . .			
N.N.N.248	N.N.N.249	N.N.N.250	N.N.N.251
N.N.N.252	N.N.N.253	N.N.N.254	N.N.N.255

2.11.4 Formular für die Subnet-Zuweisungen

Adresse	.128	.192	.224	.240	.248	.252	Zugewiesen an
0							
1							
2							
3							
4							
5							
6							
7							
8							
9							
10							
11							
12							
13							
14							
15							
16							

Adresse	.128	.192	.224	.240	.248	.252	Zugewiesen an
17							
18							
19						▓	
20						▓	
21							
22							
23					▓	▓	
24					▓	▓	
25							
26							
27						▓	
28						▓	
29							
30							
31				▓		▓	
32			▓	▓	▓	▓	
33							
34							
35						▓	
36						▓	
37							
38							
39					▓	▓	
40					▓	▓	
41							
42							
43						▓	
44						▓	
45							
46							
47				▓	▓	▓	
48				▓	▓	▓	
49							

Adresse	.128	.192	.224	.240	.248	.252	Zugewiesen an
50							
51						▓	
52						▓	
53							
54							
55					▓	▓	
56					▓	▓	
57							
58							
59						▓	
60						▓	
61							
62							
63		▓	▓	▓	▓	▓	
64		▓	▓	▓	▓	▓	
65							
66							
67						▓	
68						▓	
69							
70							
71					▓	▓	
72					▓	▓	
73							
74							
75						▓	
76						▓	
77							
78							
79				▓	▓	▓	
80				▓	▓	▓	
81							
82							

Adresse	.128	.192	.224	.240	.248	.252	Zugewiesen an
83						■	
84						■	
85							
86							
87					■	■	
88					■	■	
89							
90							
91						■	
92						■	
93							
94							
95			■	■	■	■	
96			■	■	■	■	
97							
98							
99						■	
100						■	
101							
102							
103					■	■	
104					■	■	
105							
106							
107						■	
108							
109							
110							
111				■	■	■	
112				■	■	■	
113							
114							
115						■	

Adresse	.128	.192	.224	.240	.248	.252	Zugewiesen an
116						■	
117							
118							
119					■	■	
120					■	■	
121							
122							
123						■	
124						■	
125							
126							
127	■	■	■	■	■	■	
128	■	■	■	■	■	■	
129							
130							
131						■	
132						■	
133							
134							
135					■	■	
136					■	■	
137							
138							
139						■	
140						■	
141							
142							
143				■	■	■	
144				■	■	■	
145							
146							
147						■	
148						■	

Adresse	.128	.192	.224	.240	.248	.252	Zugewiesen an
149							
150							
151					▓	▓	
152					▓	▓	
153							
154							
155						▓	
156						▓	
157							
158		.					
159			▓	▓	▓	▓	
160			▓	▓	▓	▓	
161							
162							
163						▓	
164						▓	
165							
166							
167					▓	▓	
168					▓	▓	
169							
170							
171					▓	▓	
172					▓	▓	
173							
174							
175				▓	▓	▓	
176				▓	▓	▓	
177							
178							
179						▓	
180						▓	
181							

Adresse	.128	.192	.224	.240	.248	.252	Zugewiesen an
182							
183					▪	▪	
184					▪	▪	
185							
186							
187						▪	
188						▪	
189							
190							
191		▪	▪	▪	▪	▪	
192		▪	▪	▪	▪	▪	
193							
194							
195						▪	
196						▪	
197							
198							
199					▪	▪	
200					▪	▪	
201							
202							
203						▪	
204						▪	
205							
206							
207				▪	▪	▪	
208				▪	▪	▪	
209							
210							
211						▪	
212						▪	
213							
214							

Adresse	.128	.192	.224	.240	.248	.252	Zugewiesen an
215					▓	▓	
216					▓	▓	
217							
218							
219						▓	
220						▓	
221							
222							
223			▓	▓	▓		
224			▓	▓	▓		
225							
226							
227						▓	
228						▓	
229							
230							
231					▓	▓	
232					▓	▓	
233							
234							
235						▓	
236						▓	
237							
238							
239				▓	▓		
240				▓	▓		
241							
242							
243						▓	
244						▓	
245							
246							
247					▓	▓	

Adresse	.128	.192	.224	.240	.248	.252	Zugewiesen an
248							
249							
250							
251							
252							
253							
254							
255							

Private Adressierung und Unterteilung großer Netzwerke in Subnets

3

In diesem Kapitel:

- Gründe für die Verwendung privater Adressen
- Die Effizienz der Adresszuweisungen einschätzen
- Private Adressbereiche nach RFC 1918
- Strategien für die Unterteilung privater Adressbereiche in Subnets

3.1 Einführung

Sie haben sicher schon einmal die Behauptung gehört, dass die vorhandenen IP-Adressen erschöpft sind. Trifft das wirklich zu? Die IP-Architektur (Version 4) benutzt 32 Bit lange Adressfelder. Bei 32 Bit stehen 2^{32} eindeutige Adressen zur Verfügung. Das sind über vier *Milliarden* Adressen! Es ist bekannt, dass sich das Internet in den letzen Jahren exponential vergrößert hat, aber selbst bei diesem beständigen Wachstum ist es unwahrscheinlich, dass demnächst bereits vier Milliarden Rechner mit dem Internet in Verbindung stehen.

Worin liegt also das Problem? Das Problem liegt in der Streuung bei den Adresszuweisungen. In der Zeit vor dem Classless Inter-Domain Routing (CIDR) wurden die Adressen auf Basis der Adressklassen zugewiesen. Benötigten Sie mehr Adressen als ein Netzwerk der Klasse C zur Verfügung stellen konnte, erhielten Sie eine Netzwerkadresse der Klasse B und war diese ebenfalls nicht ausreichend, dann erhielten Sie eine Netzwerkadresse der Klasse A. Es gab nur diese drei Möglichkeiten. (Selbstverständlich haben nur wenige Unternehmen eine Adresse der Klasse A erhalten.)

Obwohl die derzeitige Version des Internet Protocol tatsächlich über 4 Milliarden eindeutige IP-Adressen bereit stellt, ist die Anzahl der *Netzwerknummern* wesentlich geringer. Insgesamt stehen nur 126 Netzwerke der Klasse A, ca. 16.000 Netzwerke der Klasse B und ungefähr 2 Millionen der Klasse C zur Verfügung. Diese Struktur der Adressverteilung hat eine weitreichende Verschwendung global eindeutiger IP-Adressen nach sich gezogen.

3.2 Strategien für den Erhalt der Adressen

In den 70er-Jahren planten die Entwickler des Internet ein Verbundnetzwerk mit Dutzenden von Netzwerken und Hunderten von Knoten. Sie entwickelten eine Struktur bei der jeder Knoten des Verbundnetzwerks von jedem anderen Knoten aus erreichbar war. Niemand konnte jedoch voraussahnen, welche Auswirkungen neue Anwendungen wie beispielsweise das World Wide Web und die enorm gesteigerten Übertragungsraten auf die Anzahl der am Internet Interessierten haben würden. Heute umfasst das Internet mehrere Zehntausend Netzwerke und Millionen Knoten. Leider wurde die ursprüngliche Struktur nicht entsprechend angepasst. Die gestiegene Anzahl der Netzwerke im Internet hat die Router-Technik überfordert und die reine Anzahl der Teilnehmer hat die Grenzen der ursprünglichen IP-Adressierung überschritten. Daher mussten Kompromisse gefunden werden, um ein weiteres Wachstum des Internet zu ermöglichen.

Zahlreiche Strategien wurden entwickelt und implementiert, die der Internet-Gemeinschaft helfen sollten, die Wachstumsschranken zu überwinden. Diese Strategien verringern die Belastungen der Internet-Router und helfen bei der effektiveren Verwendung der global eindeutigen IP-Adressen. Zu diesen Strategien gehören:

- CIDR
- Subnet Masks mit variabler Länge (VLSM = Variable-Length Subnet Masking)
- Private Adressierung

3.2.1 CIDR

CIDR (Classless Inter-Domain Routing) wurde mit den RFCs 1517, 1518 und 1519 im September 1993 mit der Zielsetzung eingeführt, den Umfang der Router-Tabellen einzuschränken. Als Nebeneffekt wurde die Vergeudung von IP-Adressen durch eine Reduzierung der Streuung bei den Zuweisungen eingeschränkt. Den Unternehmen muss jetzt nicht mehr ein vollständiges Netzwerk der Klassen A, B oder C zugewiesen werden, sondern es kann statt dessen eine beliebige Anzahl von Adressen zugeteilt werden. (Üblicherweise werden die Adressen in Zweierpotenzen zugewiesen, wodurch die Vorteile von CIDR optimal genutzt werden. Im Prinzip kann jedoch jede beliebige Anzahl von Adressen zugeordnet werden.)

Benötigen Sie beispielsweise 3.000 Adressen für Ihr Netzwerk, wäre eine einzige Netzwerkadresse der Klasse C (256 Adressen) nicht ausreichend. Würde Ihnen jedoch ein Netzwerk der Klasse B zugewiesen (65.536 Adressen), blieben über 62.000 Adressen ungenutzt. Mit CIDR kann Ihnen ein Block von 4.096 Adressen zugewiesen werden, was 16 Klasse-C-Netzwerken entspricht (/20 in der CIDR-Notation). Dieser Adressblock deckt Ihre derzeitigen Anforderungen, lässt Raum für weiteres Wachstum und nutzt die globalen Adressen effektiv.

CIDR wird in Kapitel 6 eingehender behandelt.

3.2.2   VLSM

Bei der VLSM-Technik (Variable-Length Subnet Mask) werden IP-Adressen durch maßgeschneiderte Subnet Masks eingespart. Subnets, die viele Adressen benötigen, verwenden eine Maske, die viele Adressen zur Verfügung stellt. Diejenigen, welche weniger Adressen benötigen, benutzen eine andere Maske. Die Zielstellung ist es, für jedes Subnet genau die richtige Anzahl von Adressen bereitzustellen.

In vielen Firmen werden Punkt-zu-Punkt-WAN-Verbindungen eingesetzt. Normalerweise gehört zu diesen Verbindungen ein Subnet mit nur zwei Adressen. Die Subnet-Tabellen aus Kapitel 2 geben 255.255.255.252 als richtige Maske für diese Subnets an. Diese Mask eignet sich aber nicht für ein typisches LAN, in dem es Dutzende (wenn nicht Hunderte) von Hosts in einem Subnet gibt. Wählen wir jedoch ein Routing-Protokoll, das VLSM unterstützt, kann ein Adressblock wesentlich effektiver genutzt werden.

VLSM wird in Kapitel 5 ausführlicher erklärt.

3.2.3   Private Adressen

Die effektivste Möglichkeit zur Einsparung global eindeutiger (öffentlicher) IP-Adressen besteht darin, diese gar nicht erst zu verwenden. Werden in Ihrem Firmennetzwerk TCP/IP-Protokolle eingesetzt, ohne dass eine Kommunikation mit Rechnern im globalen Internet stattfindet, dann müssen Sie keine öffentlichen IP-Adressen benutzen. Das Internet Protocol erfordert lediglich, dass alle Hosts Ihres Netzwerks über eine eindeutige Adresse verfügen. Beschränkt sich ein Verbundnetzwerk auf ein Unternehmen, müssen die IP-Adressen nur innerhalb des Unternehmens eindeutig sein.

Heutzutage benötigen die meisten Unternehmen (wenn nicht alle) eine Verbindung zum Internet. Folgt daraus, dass in diesen Firmen öffentliche Adressen verwendet werden müssen? Das ist zwar richtig, bedeutet aber nicht, dass *alle* Geräte in diesen Netzwerken eine öffentliche Adresse benötigen. Private Adressen können weiterhin benutzt werden, wenn sie mit Hilfe der so genannten NAT-Technik (Network Address Translation) von privaten (internen) Adressen in öffentliche (externe) Adressen umgewandelt werden.

NAT wird in Kapitel 4 behandelt.

3.3 Sparsamer Umgang mit IP-Adressen

IPv6 löst das Problem des begrenzten Adressraums von IPv4. Bis IPv6 vollständige Verbreitung gefunden hat, müssen wir uns mit dem vorhandenen IP-Adressierungssystem behelfen. Nicht alle Netzwerke unterstützen IP-Adressen in geeigneter Weise. Dies gilt zum Beispiel für das Netzwerk in Abbildung 3.1.

Das Netzwerk in Abbildung 3.1 besteht aus mehreren LANs am Standort der Zentrale und einigen Zweigstellen mit nur einem LAN. Der Router der Zentrale bildet das »Rückgrat«, verbindet die LANs der Zentrale miteinander und stellt über gemietete Leitungen die Verbindung zu den Routern der Zweigstellen her. Dem Unternehmen wurde die Netzwerkadresse 172.16.0.0 der Klasse B zugewiesen, welche 65.536 eindeutige Adressen zur Verfügung stellt.

Wie bereits in Kapitel 2 erwähnt wurde, benötigen die seriellen Verbindungen der Router eigene IP-Adressen. In einem Punkt-zu-Punkt-Netzwerk mit Standleitungen, wie es die Abbildung zeigt, bildet jede Seite ein eigenes Subnet.

Für IT-Profis

Frame Relay für WAN-Technologie

Setzen Sie das Frame Relay-Protokoll für Ihr WAN ein, dann bildet das gesamte Frame Relay-Netzwerk ein Subnet, wobei jede Router-Schnittstelle über eine entsprechende Adresse für dieses Subnet verfügt.

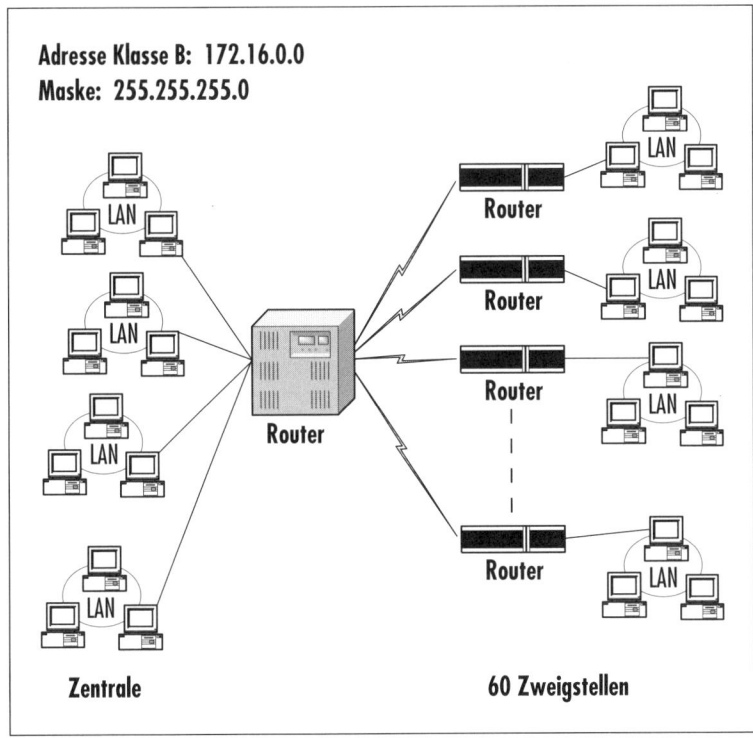

Abb. 3.1: Ein Beispiel für ein Netzwerk

Tabelle 3.1 führt die verschiedenen Subnets und die jeweiligen Adressanforderungen auf.

Standort	Anzahl der Subnets	Anzahl der Hosts
Zentralen	1	50
	1	110
	1	190
	1	150
	1	150
Zweigstellen	60	30
WAN-Verbindungen	60	2

Tab. 3.1: Beispiel für den Bedarf an Netzwerkadressen

In diesem Beispiel verwendet das Netzwerk RIP (Version 1) als Routing-Protokoll, sodass jedes Subnet die gleiche Subnet Mask verwenden muss. Mit Hilfe der in Kapitel 2 erläuterten Richtlinien, können wir das größte Subnet des Netzwerks ermitteln. Eines der Subnets am Standort der Zentrale benötigt 190 Adressen. Anhand der Tabellen aus Kapitel 2 erkennen wir 255.255.255.0 als die geeignetste Subnet Mask, weil sie 254 eindeutige Adressen für jedes Subnet bereitstellt. Tabelle 3.2 zeigt, wie ineffektiv die Verwendung einer einzigen Subnet Mask mit fester Länge für alle Subnets sein kann.

Standort	Anzahl der Subnets	Schnitt-stellen	Nicht genutzte Subnets	Insgesamt nicht genutzt
Zentralen	1	50	204	204
	1	110	144	144
	1	190	64	64
	1	150	104	104
	1	150	104	104
Zweigstellen	60	30	224	13.440
WAN-Verbin-dungen	60	2	252	15.120

Tab. 3.2: Beispiel für die Analyse der Netzwerkadressen

Die Subnets der Zentrale besitzen die richtige Größe und auch ein gewisses Wachstum. Die Subnets der Zweigstellen verfügen über wesentlich mehr Adressen als tatsächlich genutzt werden. Zur größten Verschwendung kommt es im Zusammenhang mit den WAN-Verbindungen. Da in diesem Beispiel eine Punkt-zu-Punkt-Verbindung zwischen Zentrale und Zweigstelle besteht, werden nie mehr als zwei Adressen pro Subnet benötigt. Rechnen Sie die Zahlen zusammen, ergeben sich insgesamt 2.570 benötigte Adressen. Tatsächlich werden aber 125 Subnets mit jeweils 254 Adressen zugewiesen, also insgesamt 31.750 Adressen. Wie Sie sehen, wird die Netzwerkadresse der Klasse B nicht sehr effektiv genutzt. Die Lage ist sogar noch schlimmer, sie auf den ersten Blick zu sein scheint. In den *benutzten* Subnets bleiben über 29.000 Adressen ungenutzt, aber von den zur Verfügung stehenden 256 Subnets werden lediglich 125 verwendet. Addieren wir diese *übrigen* 131 Subnets zu den jeweils 254 möglichen Adressen, ergibt sich ein Gesamtwert von 62.454 ungenutzten

Adressen. Wir benutzen also anders ausgedrückt weniger als 4 % der gesamten Adressen der Klasse B. Diese ineffektive Verwendung der Adressen ist eine der Hauptursachen für den abnehmenden Bestand der IP-Adressen.

Könnten wir VLSM einsetzen, wäre die Größe der Subnets zwar besser angepasst, aber das eigentliche Problem wäre nicht aus dem Weg geräumt. Es würden auch weiterhin nur 4 Prozent des gesamten Adressraums der Klasse B genutzt.

3.3.1 Ein Appell

Das im Februar 1996 veröffentlichte RFC 1917 trägt den Titel »Appell an die Internet-Gemeinschaft zur Rückgabe nicht genutzter IP-Netzwerke an die IANA.« Es befasst sich mit dem Problem der Verknappung der IP-Adressen und fordert die Systemadministratoren auf, sich wie gute »Netizens« zu verhalten und Blöcke freier IP-Adressen an die IANA (Internet Assigned Numbers Authority) für die Neuzuweisung zurückzugeben. Das RFC enthält drei Vorschläge:

1. Wenn Sie keine Verbindung zum öffentlichen Internet herstellen, benötigen Sie keine global eindeutigen Adressen. Benutzen Sie statt dessen private Adressen.

2. Besitzen Sie einen beweglichen Adressblock, dann geben Sie diesen an die IANA zurück und verwenden Sie statt dessen die Adressen Ihres Internet-Dienstanbieters.

3. Verfügen Sie über einen großen Block öffentlicher Adressen, von denen Sie aber nur einen geringen Anteil nutzen, dann geben Sie diesen großen Block an die IANA zurück und fordern Sie einen kleineren Adressblock an. Diese Vorgehensweise wäre in unserem oben aufgeführten Beispiel angebracht.

3.3.2 Öffentliche und private Adressräume im Vergleich

Das Internet Protocol verlangt, dass jede Schnittstelle in einem Netzwerk eine eindeutige Adresse besitzt. Steht Ihr Netzwerk in einem globalen Zusammenhang, müssen die Adressen global eindeutig sein. Dies gilt für das Internet. Da die globale Einmaligkeit sichergestellt sein muss, bedarf es einer zentralen Stelle für die korrekte und faire Vergabe der IP-Adressen.

Diese Aufgabe hat in den letzten Jahren die IANA übernommen. Das Internet hat sich sehr schnell sowohl hinsichtlich der damit verbundenen Netzwerke als auch im Hinblick auf die Anwendungen erweitert. In den 90er-Jahren kam es zu einer Kommerzialisierung und Internationalisierung des Internet. Um den Anforderungen der wachsenden Internet-Gemeinde gerecht zu werden, wurde die IANA durch die Internet Corporation for Assigned Names and Numbers (ICANN) ersetzt.

 Weitere Informationen über die ICANN finden Sie unter der Adresse `http://www.icann.com`.

Möchte ein Unternehmen IP-Protokolle und -Anwendungen im eigenen Netzwerk einsetzen, ohne das Netzwerk mit dem globalen Internet verbinden zu wollen, müssen die benutzten IP-Adressen nicht global einmalig sein. Ein Netzwerk dieser Art wird privates Netzwerk und seine Adressen werden private Adressen genannt.

3.3.3 Freie Wahl der IP-Adressen?

Wenn Sie IP in einem privaten Netzwerk einsetzen, können Sie jede beliebige IP-Adresse wählen. Die normalen Regeln für die IP-Adressierung müssen Sie allerdings berücksichtigen. Bevor Sie jedoch einfach eine Netzwerkadresse der Klasse A für jedes Subnet wählen, sollten Sie Folgendes berücksichtigen:

1. In den meisten Unternehmen wird in irgendeiner Form eine Verbindung zum Internet eingerichtet und sei es nur, um E-Mail austauschen zu können.

2. Durch Firmenzusammenschlüsse oder Erweiterung kann in der Zukunft die Notwendigkeit entstehen, Ihr Netzwerk mit einem oder mehreren anderen Netzwerken zu verbinden.

Nehmen wir beispielsweise an, Sie benötigen eine Adresse der Klasse C für ein kleines Netzwerk, das nicht mit dem Internet in Verbindung steht (siehe Abbildung 3.2). Sie wählen 207.46.130.0 als Netzwerkadresse und konfigurieren alle Geräte dementsprechend. Nachdem Sie alles eingerichtet haben, entschließt sich Ihr Chef dazu, E-Mail über das Internet auszutauschen. Sie nehmen Kontakt mit einem Internet-Dienstanbieter auf, der Ihnen versichert, Sie müssten sich keine Sorgen machen. Ein Trick (die in Kapitel 5 erwähnte Netzwerkadressumwandlung) ermöglicht es Ihnen, die Adressen bei gleichzeitigem Zugriff auf das Internet beizubehalten. Sie sind begeistert und alles funktioniert prächtig, bis Sie versuchen, unter der Adresse `http://www.micro-soft.com` auf die Web-Site von Microsoft zuzugreifen.

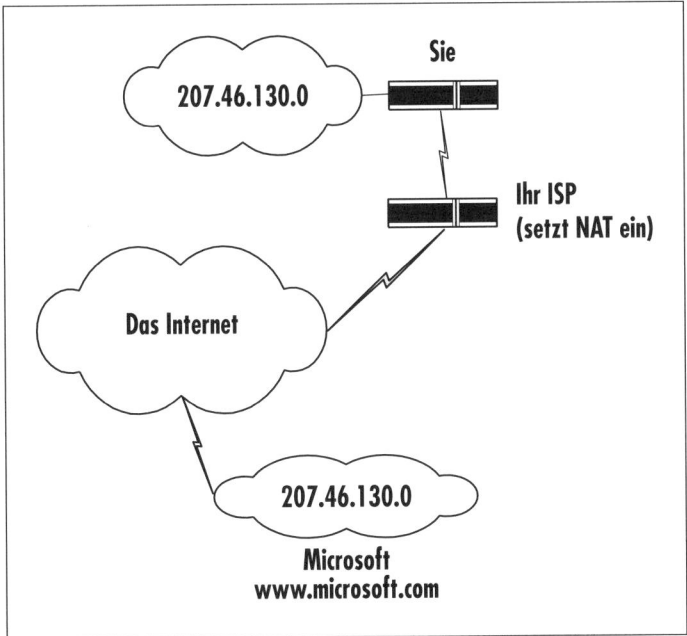

Abb. 3.2: Gefahren bei der Auswahl eigener Adressen.

Die Adresse 207.46.130.0 der Klasse C wurde offiziell Microsoft zugewiesen und wird für deren Web-Server verwendet. Wenn Sie versuchen, auf die Web-Site von Microsoft zuzugreifen, wandelt DNS (das Domain Name System) den Namen in die IP-Adresse 207.46.130.14 um. Sendet Ihr Browser eine HTTP-Anforderung an die Zieladresse, nimmt die IP-Software (zu Recht) an, dass sich die Adresse innerhalb Ihres Netzwerks befindet und leitet die Anforderung nicht an den Router weiter.

Dieses Beispiel soll die Risiken verdeutlichen, denen Sie ausgesetzt sind, wenn Sie selbst IP-Adressen auswählen, auch wenn niemals daran gedacht war, eine Verbindung zum globalen Internet herzustellen.

3.4   RFC 1918 – Private Netzwerkadressen

In der Zeit des explosionsartigen Wachstums in den frühen 90er-Jahren schlug das RFC 1597 eine Möglichkeit zur Einsparung global einmaliger IP-Adressen vor. Die Idee bestand darin, drei Adressblöcke herauszunehmen, die niemals offiziell einem Unternehmen zugewiesen werden sollten. Diese

Blöcke sollten von den privaten Netzwerken benutzt werden, sodass keine Gefahr der Übereinstimmung mit offiziell zugeteilten Adressen bestanden hätte.

 Für diesen Plan gab es keine allgemeine Übereinstimmung. Die Autoren des RFC 1627 (Juni 1994) beklagten sich, dass eine Richtlinienentscheidung für das Internet ohne den üblichen Vorgang der öffentlichen Überprüfung und Beratung getroffen werden würde. Sie wiesen außerdem darauf hin, dass der ursprüngliche, in Jahrzehnten entwickelte Entwurf des Internet vorsah, dass jeder Host eindeutig adressierbar sein müsste. Ihrer Auffassung nach verstieß RFC 1597 gegen dieses Ideal. Letztlich haben sich jedoch die Protagonisten der privaten Adressierung durchgesetzt.

Im Februar 1996 wurde das RFC 1597 aktualisiert, durch das RFC 1918 ersetzt und zur besten aller möglichen Lösungen erklärt.

3.4.1 Die drei Adressblöcke

RFC 1918 weist drei IP-Adressbereiche als privat aus:

- 10.0.0.0 – 10.255.255.255
- 172.16.0.0 – 172.31.255.255
- 192.168.0.0 – 192.168.255.255

Der Erste dieser drei Adressblöcke entspricht einer traditionellen Adresse der Klasse A. Gemäß der CIDR-Notation handelt es sich um die Adresse 10.0.0.0/8. RFC 1918 spricht von einem 24 Bit großen Adressblock, weil nur 8 der 32 Bits festgelegt sind, die Übrigen 24 Bit stehen für die lokale Verwaltung zur Verfügung. Auf jeden Fall verfügt der Bereich über 16.777.216 eindeutige Adressen, was selbst für die größten Netzwerke ausreicht.

Beim zweiten Block handelt es sich um einen 20 Bit großen Block, der 16 traditionellen Netzwerken der Klasse B entspricht bzw. einem /12-Block nach der CIDR-Terminologie. Dieser Block besitzt 1.048.576 Adressen.

Beim dritten Block handelt es sich schließlich um einen 16 Bit großen Block, der 256 Netzwerken der Klasse C entspricht. Dieses 16 Bit lange Präfix stellt 65.536 unterschiedliche IP-Adressen zur Verfügung.

Tabelle 3.3 fasst die im RFC 1918 definierten privaten Adressblöcke zusammen.

Adressblock	Entsprechende Klasse	Präfixlänge	Anzahl der Adressen
10.0.0.0 – 10.255.255.255	1 Klasse A 256 Klasse B 65.536 Klasse C	/8	16.777.216
172.16.0.0 – 172.31.255.255	16 Klasse B 4.096 Klasse C	/12	1.048.576
192.168.0.0 – 192.168.255.255	1 Klasse B 256 Klasse C	/16	65.536

Tab. 3.3: Private IP-Adressblöcke

3.4.2 Weiterführende Überlegungen

Die in Tabelle 3.3 aufgeführten Adressblöcke können von jedermann jederzeit in jedem beliebigen Netzwerk benutzt werden. Dabei ist allerdings zu berücksichtigen, dass Geräte mit diesen Adressen nicht in der Lage sind, mit Hosts aus dem Internet zu kommunizieren, wenn nicht in irgendeiner Form eine Adressumwandlung durchgeführt wird.

Wenn Sie sich für eine private Adressierung für Ihr Netzwerk entscheiden, sollten Sie die folgenden Punkte berücksichtigen:

- **Anzahl der Adressen.** Einer der Hauptvorteile privater Adressen besteht darin, dass Ihnen viele Möglichkeiten offen stehen. Da Sie keine global eindeutigen Adressen verwenden (die kostbare Ressourcen darstellen), müssen Sie sich nicht an strenge Regeln halten. Im Beispiel aus Abbildung 3.1 könnten Sie einen Adressblock wählen, der einem vollständigen Netzwerk der Klasse B entspricht, ohne Ressourcen zu verschwenden. Sie würden zwar nur 4 % der verfügbaren Adressen nutzen, das wäre aber in diesem Fall nicht weiter von Belang.

- **Sicherheit.** Durch den Einsatz privater Adressen kann auch die Sicherheit Ihres Netzwerks verbessert werden. Selbst wenn ein Teil des Netzwerks mit dem Internet verbunden ist, kann niemand von außerhalb die Geräte Ihres Netzwerks erreichen. Umgekehrt kann niemand aus Ihrem Netzwerk heraus auf Rechner im Internet zugreifen. RFC 1918 legt fest, dass »... *keine Routing-Informationen bezüglich des privaten Netzwerks über Verbindungen zwischen Unternehmen weitergegeben und Pakete mit privater Absender- oder Empfängeradresse nicht über solche Verbindungen weitergereicht werden dürfen. Router in Netzwerken, die keine privaten Adressräume verwenden, insbesondere diejenigen der Internet-Dienstanbieter, müssen so konfiguriert sein, dass Routing-Informationen über private Netzwerke herausgefiltert werden.*«

Für Manager

Innere Sicherheitsrisiken

Die vorangegangenen Informationen bezüglich der Sicherheit und Geheimhaltung mögen zwar beruhigend klingen, sollten Sie aber nicht zur Sorglosigkeit veranlassen. Sicherheitsexperten schätzen, dass ca. 50 bis 70 % aller Angriffe auf Rechnersysteme aus den Unternehmen selbst kommen. Die private Netzwerkadressierung schützt Sie nicht vor Angriffen aus den eigenen Reihen.

- **Eingeschränkter Funktionsbereich.** Alle diese Adressen stehen Ihnen deshalb zur Verfügung, weil Ihr Netzwerk nicht in Verbindung mit dem globalen Internet steht. Möchten Sie später einmal über das Internet kommunizieren, benötigen Sie offizielle (global einmalige und routingfähige) Adressen und müssen die Geräte neu nummerieren oder NAT einsetzen.

- **Neue Nummerierung.** Jedes Mal, wenn Sie von oder zur privaten Adressierung wechseln, müssen Sie alle IP-Geräte neu adressieren (die IP-Adressen der Geräte ändern). Viele Unternehmen richten die Arbeitsstationen so ein, dass sie die IP-Adressen beim Starten automatisch erhalten, anstatt den Arbeitsstationen feste IP-Adressen zuzuweisen. Hierfür muss für das Unternehmen mindestens ein DHCP-Server (Dynamic Host Configuration Protocol) eingerichtet werden. Das RFC 2131 beschreibt DHCP und in Kapitel 7 folgt eine genauere Beschreibung dieses Protokolls.

- **Netzwerke verbinden.** Wenn Sie Ihr Netzwerk mit einem anderen Netzwerk mit privater Adressierung verbinden, kann es bei einigen Geräten zu Adresskonflikten kommen. Angenommen, Sie haben sich für den privaten 24-Bit-Adressblock (Netzwerk 10) entschieden und weisen dem ersten Router des ersten Subnet die Adresse 10.0.0.1 zu. Anschließend übernimmt Ihr Unternehmen eine andere Firma, sodass beide Netzwerke miteinander verknüpft werden müssen. Unglücklicherweise hat der Administrator des anderen Netzwerks einem seiner Router ebenfalls die Adresse 10.0.0.1 zugewiesen. Gemäß den Regeln der IP-Adressierung, können beide Geräte nicht die gleiche Adresse verwenden. Außerdem befinden sich beide Router wahrscheinlich in unterschiedlichen Subnets, sodass Sie dem Router nicht nur eine andere Adresse sondern gleichzeitig noch unterschiedliche Subnet-Adressen zuweisen müssen. Auch in diesem Fall ist eine erneute Zuweisung der IP-Adressen und eine Adressumwandlung erforderlich.

3.4.3 Was wann eingesetzt werden sollte

Gemäß RFC 1918 gilt:

»Wenn eine angemessene Unterteilung in Subnets realisierbar ist und von den davon betroffenen Geräten unterstützt wird, ist es ratsam, einen 24 Bit großen Block privater Adressen (Klasse A Netzwerk) zu benutzen und einen Adressierungsplan zu entwickeln, der zukünftiges Wachstum zulässt. Stellt die Unterteilung in Subnets ein Problem dar, kann ein 16 oder 20 Bit großer privater Adressblock verwendet werden (Netzwerk der Klasse C bzw. Netzwerk der Klasse B).«

Das Konzept der Gliederung in Subnets wurde für das Internet Protocol im August 1985 eingeführt (RFC 950). Da die meisten der heute im Einsatz befindlichen IP-Software-Module nach diesem Zeitpunkt entwickelt wurden, können sie mit den Subnets umgehen. Daher sollten Sie sich bei privater Adressierung für das Netzwerk 10 entscheiden, wenn nicht andere wichtige Gründe dagegen sprechen. Verwenden Sie den 24-Bit-Block, stehen Ihnen 24 Bits für den Entwurf eines privaten Adressierungsschemas zur freien Verfügung.

3.5 Strategien zum Unterteilen eines privaten Netzwerks der Klasse A in Subnets

Wenn Sie einen Adressierungsplan für ein privates Netzwerk entwickeln müssen, gelten die gleichen Regeln wie für andere IP-Netzwerke auch. Die Zielstellungen für den Adressierungsplan lauten:

- **Übersichtlichkeit.** Der Plan soll so einfach wie möglich gehalten sein, damit er von möglichst vielen Betroffenen verstanden wird. Beim Lesen der IP-Adresse eines Gerätes sollte leicht abzuleiten sein, um was für eine Art von Gerät es sich handelt und wo sein Standort im Netzwerk ist, ohne dass hierfür umfangreiche Dokumentationen zu Rate gezogen werden müssen.

- **Einfache Verwaltung.** Der Plan muss einfach zu implementieren und leicht zu unterhalten sein. Er sollte Raum für geplantes und möglichst auch für nicht vorhergesehenes Wachstum oder eventuelle Veränderungen bieten.

- **Effektive Router.** So günstig es auch sein mag, wenn der Plan für diejenigen, die ihn umsetzen müssen, leicht verständlich ist, so muss er sich dennoch für die Router eignen, die die Pakete an die anderen Subnets weiterleiten müssen. Er sollte die Router daher nicht allzu stark belasten und sich idealerweise an Adressierungshierarchien halten, die verhältnismäßig kleine Routing-Tabellen ermöglichen.

● **Dokumentation.** Sie sollten den Plan mit einfachen Aussagen ohne viele Ausnahmen beschreiben.

Entsprechend der in Kapitel 2 beschriebenen Richtlinien, stellen wir Ihnen ein Beispiel für ein großes Unternehmen vor, welches sich für die private IP-Adressierung im firmeneigenen Intranet entschieden hat. Der Vorgang ist wiederum der gleiche: Zuerst wird eine Subnet Mask ausgewählt, anschließend werden die Subnet-Bits bestimmt und der Adressbereich für jedes Subnet festgelegt.

3.5.1 Das Netzwerk

Das Netzwerk, mit dem wir uns jetzt beschäftigen werden, ist verhältnismäßig stabil. Das Unternehmen unterhält ca. 3.000 Einzelhandelsfilialen, wobei kein Geschäft über mehr als 12 IP-Geräte verfügt. Die Berichte der Assistenten der Geschäftsleitung weisen aus, dass diese Anzahl mittelfristig ausreichend ist. Jede Filiale ist mit dem entsprechenden regionalen Warenlager über eine gemietete Punkt-zu-Punkt-Verbindung verbunden.

Zurzeit gibt es 18 regionale Warenlager, von denen jedes mehr als 200 Filialen beliefert. Die regionalen Lager besitzen zwei physikalische Netzwerke für die Verwaltung und eines für das Warenlager. Das größte Verwaltungs-LAN umfasst 80 IP-Geräte und das LAN des Lagers benötigt 120 Adressen. Jedes regionale Lager unterhält zwei parallele Hochgeschwindigkeitsverbindungen zur Zentrale.

Auf dem Firmengelände der Zentrale stehen 14 LANs über Router mit dem Backbone des Netzwerks in Verbindung. Das umfangreichste LAN der Zentrale verfügt über 230 IP-Geräte.

Tabelle 3.4 fasst die für das Netzwerk erforderlichen Adressen zusammen.

Standort	Anzahl der Subnets	Maximale Anzahl der Adressen
LANs der Zentrale	15	230
Verbindungen Zentrale – Warenlager	18 x 2 = 36	2
LANs der Warenlager	18 x 3 = 54	120

Tab. 3.4: Beispiel für die Analyse der benötigten Netzwerkadressen

Standort	Anzahl der Subnets	Maximale Anzahl der Adressen
Verbindungen Zentrale – Filialen	18 x 200 = 3.600	2
LANs in den Filialen	18 x 200 = 3.600	12
Gesamtzahl der benötigten Subnets:	7.305	
Maximale Subnet-Größe:		230

Tab. 3.4: Beispiel für die Analyse der benötigten Netzwerkadressen

Aus den Informationen der Tabelle 3.4 geht die Anzahl der erforderlichen Subnets (7.305) und der Adressen für das größte Subnet (230) hervor.

Abbildung 3.3 zeigt einen Überblick über das Firmennetzwerk.

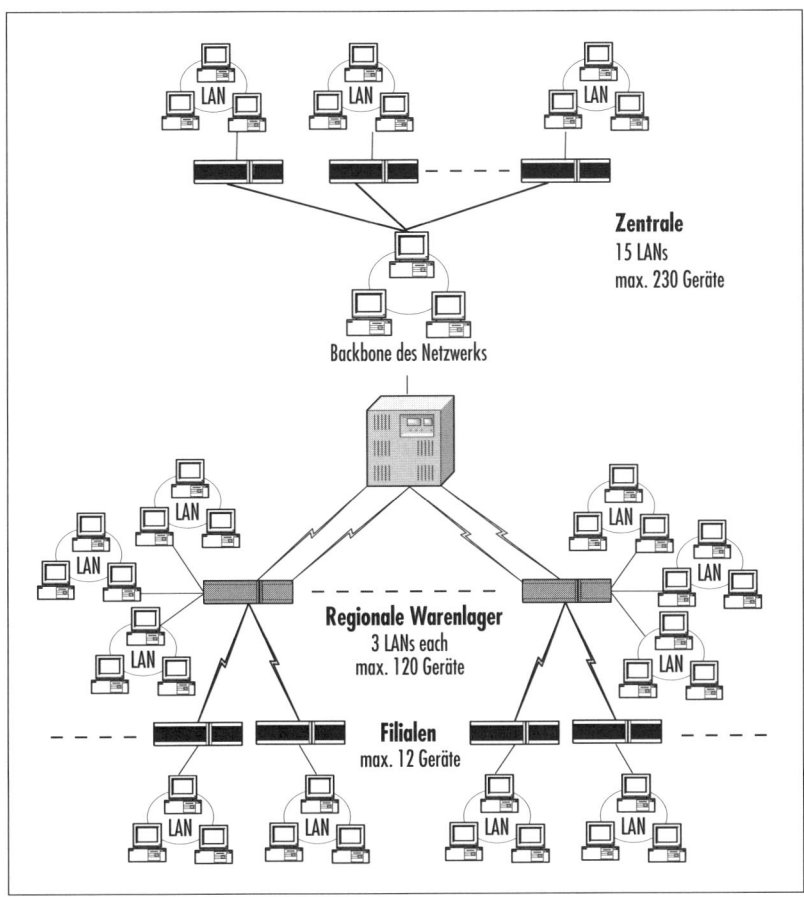

Abb. 3.3: Ein großes Netzwerk

3.5.2 Die Strategie

Für die richtige Adressierung gibt es viele Lösungen, die sich jeweils begründen lassen. Unser Hauptziel ist Übersichtlichkeit, daher bemühen wir uns, den Plan so einfach wie möglich zu gestalten. Da die eingesetzte Software Subnets unterstützt, halten wir uns an den Hinweis aus dem RFC 1918 und benutzen den 24-Bit-Block, also das Netzwerk 10.

Nachdem wir nun wissen, dass uns 24 Bit zur Verfügung stehen, stellt sich die Frage, wie diese zugewiesen werden sollen. Eine Untersuchung der Struktur unseres Netzwerks zeigt uns drei Gliederungsebenen:

- Zentrale
- Regionale Warenlager
- Filialen

Bevor wir entscheiden, ob wir diese Gliederung nutzen können, müssen wir eine Reihe von Fragen beantworten. Zuerst müssen wir uns entscheiden, ob Subnet Masks fester oder variabler Länge verwendet werden sollen. Da wir die Struktur einfach halten wollen, wählen wir die Adressmaske fester Länge, da Planung und Unterhaltung in diesem Fall einfacher sind.

Im nächsten Schritt wählen wir die Subnet Mask. Anhand der Tabellen für die Klasse A aus Kapitel 2 entscheiden wir uns für 255.255.255.0. Es wäre auch eine andere Adressmaske möglich gewesen, mit der Maske 255.255.255.0 scheint jedoch am einfachsten gearbeitet werden zu können. Die Tabellen geben 65.535 verfügbare Subnets mit jeweils 254 Adressen an, was ausreichen sollte. Die IP-Adressstruktur sieht folgendermaßen aus:

- Netzwerk-ID: 8 Bit
- Subnet-ID: 16 Bit
- Host-ID: 8 Bit

Bei dezimaler Schreibweise werden 16 Bits durch zwei durch Punkt getrennte Dezimalzahlen dargestellt. Wenn wir der Zentrale die Region 0 zuordnen, lässt sich die Gliederung des Netzwerks auf zwei Ebenen beschränken: Regionen und Filialen. Die IP-Adressen sehen dann ungefähr wie folgt aus:

```
10.R.F.H
```

R steht hierbei für die Nummer der Region, F für die der Filiale und H für die Host-ID. Wenn diese Einteilung funktioniert, sind die IP-Adressen mehr oder weniger selbsterklärend, und das ist sehr wünschenswert.

3.5.3   Adresszuweisungen

Wenden wir uns nun den Einzelheiten zu. Tabelle 3.5 gibt fünf unterschiedliche Subnet-Gruppen an. Für jede dieser Gruppen muss festgelegt werden, wie die IP-Adressen aussehen sollen.

Beschreibung	Adressbereich
Backbone	10.0.0.1-10.0.0.254
LAN 1	10.0.1.1-10.0.1.254
LAN 2	10.0.2.1-10.0.2.254
. . .	. . .
LAN 14	10.0.14.1-10.0.14.254

Tab. 3.5: Die Subnets der Zentrale

Die LANs der Zentrale

Die Zentrale wurde der Region zugeordnet. Diese Gruppe umfasst 15 LANs. Für diese Gruppe benutzen wir 10.0.L.0, wobei L = 0 dem Backbone entspricht und 1 bis 14 für die Verwaltungs-LANs stehen. Tabelle 3.5 führt die LANs der Zentrale auf.

Die WAN-Verbindungen zwischen der Zentrale und den Warenlagern

Auch für die Zuweisung dieser Adressen gibt es verschiedene Möglichkeiten. Wir wählen die Form 10.100+R.0.0 und 10.200+R.0.0 für die beiden WAN-Verbindungen zu jedem regionalen Warenlager. R steht in diesem Fall für die Nummer der Region. Tabelle 3.6 führt die Zuweisungen auf.

Beschreibung	Adressen
Zentrale – Region 1	10.101.0.1 & 10.101.0.2 10.201.0.1 & 10.201.0.2
Zentrale – Region 2	10.102.0.1 & 10.102.0.2 10.202.0.1 & 10.202.0.2
. . .	. . .
Zentrale – Region 18	10.118.0.1 & 10.118.0.2 10.218.0.1 & 10.218.0.2

Tab. 3.6: Die WAN-Verbindungen zur Zentrale

Die LANs der Warenlager

Da es keine Überschneidungen mit LANs der Warenlager geben soll, beginnen wir die Zuweisung am Anfang der Liste. Die drei LANs der Warenlager erhalten Adressen in der Form 10.R.255.0, 10.R.254.0 und 10.R.253.0 (siehe Tabelle 3.7).

Beschreibung	Adressbereich
Region 1, Verwaltung 1	10.1.255.1-10.1.255.254
Region 1, Verwaltung 2	10.1.254.1-10.1.254.254
Region 1, Lager	10.1.253.1-10.1.253.254
Region 2, Verwaltung 1	10.2.255.1-10.2.255.254
Region 2, Verwaltung 2	10.2.254.1-10.2.254.254
Region 2, Lager	10.2.253.1-10.2.253.254
. . .	. . .
Region 18, Verwaltung 1	10.18.255.1-10.18.255.254
Region 18, Verwaltung 2	10.18.254.1 – 10.18.254.254
Region 18, Lager	10.18.253.1 – 10.18.253.254

Tab. 3.7: Die Subnets der regionalen Warenlager

Die WAN-Verbindungen zwischen den Warenlagern und den Filialen

Entsprechend dem Beispiel der Verbindungen zwischen Zentrale und Warenlagern haben die Verbindungen zwischen den Regionen R und den Filialen F die Form 10.100+R.F.0 (siehe Tabelle 3.8).

Beschreibung	Adressen
Region 1 zu Lager 1	10.101.1.1 & 10.101.1.2
Region 1 zu Lager 2	10.101.2.1 & 10.101.2.2
. . .	. . .
Region 1 zu Lager 200	10.101.200.1 & 10.101.200.2
Region 2 zu Lager 1	10.102.1.1 & 10.102.1.2
Region 2 zu Lager 2	10.102.2.1 & 10.102.2.2
. . .	. . .
Region 2 zu Lager 200	10.102.200.1 & 10.102.200.2
. . .	. . .

Tab. 3.8: WAN-Verbindungen zu den Warenlagern

Beschreibung	Adressen
Region 18 zu Lager 1	10.118.1.1 & 10.118.1.2
Region 18 zu Lager 2	10.118.2.1 & 10.118.2.2
...	...
Region 18 zu Lager 200	10.118.200.1 & 10.118.200.2

Tab. 3.8: WAN-Verbindungen zu den Warenlagern

Die LANs der Filialen

Zum Schluss kommt die größte Gruppe, deren Adressen so einfach wie möglich gestaltet werden sollen. Wie bereits erwähnt wurde, erhält das LAN der Filiale F der Region R die Adresse 10.R.F.0. Tabelle 3.9 gibt einige Beispiele für die LAN-Adressen der Lager an.

Beschreibung	Adressbereich
Region 1, Lager 1	10.1.1.1-10.1.1.254
Region 1, Lager 2	10.1.2.1-10.1.2.254
Region 1, Lager 200	10.1.200.1-10.1.200.254
Region 6, Lager 107	10.6.107.1-10.6.107.254
Region 18, Lager 5	10.18.5.1-10.18.5.254

Tab. 3.9: Die Subnets der Warenlager

3.5.4 Ergebnisse

Der Plan scheint zu funktionieren. Betrachten wir die Ergebnisse unserer Planung und vergleichen wir sie mit den bereits früher angeführten Planungszielen.

- **Übersichtlichkeit, einfache Verwaltung und Dokumentation.** Wir verwenden für jedes Subnet die gleiche Adressmaske (255.255.255.0). Jedes der fünf Subnets des Netzwerks besitzt die gleiche Struktur. Da private Adressen verwendet werden, steht ein großer Adressraum zur Verfügung. Diesen Umstand machen wir uns zu Nutze, indem wir folgende Merkmale einrichten:
  - Adressen mit einer Null im zweiten Byte bezeichnen Geräte am Standort der Zentrale.

* Adressen mit einem dreistelligen Wert geben WAN-Verbindungen zwischen einem Warenlager und einer Filiale (drittes Byte > 0) oder der Zentrale (drittes Byte = 0) an.

* Alle übrigen Adressen bezeichnen Geräte der LANs der Warenlager oder einer Filiale.

* **Effektive Router.** Ist es erforderlich, dass jeder Router des Intranet der Firma alle 7.305 Subnets in seiner Routing-Tabelle berücksichtigt? Das sollte nicht der Fall sein. Das Adressierungsschema muss eine *Zusammenfassung der Routen* ermöglichen. Um die Vorteile dieser Zusammenfassung der Routen nutzen zu können und um die Routing-Tabellen auf eine minimale Größe zu beschränken, muss die Struktur der Adressen sich genau an die Hierarchie der physikalischen Verbindungen halten. Dies trifft für den gerade entwickelten Adressierungsplan jedoch nicht zu. Betrachten wir noch einmal den Plan in Tabelle 3.10.

Subnet-Gruppe	IP-Adressstruktur
LANs der Zentrale	10.0.1.0 – 10.0.15.0
Verbindungen zwischen Zentrale und Lagern	10.100+R.0.0
LANs der Lager	10.R.253.0 – 10.R.255.0
Verbindungen zwischen Lagern und Filialen	10.100+R.F.0
LANs der Filialen	10.R.F.0

Tab. 3.10: Beispiel für die Netzwerkadressstruktur

Im Idealfall würde der Router nur 19 Tabelleneinträge benötigen: einen für den Backbone der Firma und einen für jede Region. Um dies zu erreichen, müssten alle Adressen einer Region das gleiche Präfix besitzen, d.h. sie müssten in den ersten Bits übereinstimmen. Dies trifft für diesen Adressierungsplan nicht zu. Das LAN des Warenlagers der Region 5 hat beispielsweise die Adresse 10.5.255.0 und die Verbindung von dort zum Lager 17 hat die Adresse 10.105.17.0. Beide Adressen stimmen nur in der Netzwerk-ID selbst überein (10), was nicht sehr hilfreich ist.

Deshalb muss der Adressierungsplan jedoch nicht verworfen werden. Der Plan ist zwar nicht *ideal* für die Zusammenfassung der Routen, insgesamt erfüllt er aber seine Aufgabe. Bei einer vorsichtigen Konfiguration des regionalen Routers können wir in der Routing-Tabelle der Firma jede Region mit drei Einträgen darstellen. Ein Eintrag steht jeweils für alle LANs der Warenlager und Filialen, wobei es für jede WAN-Verbindung zwischen dem Router und dem Warenlager einen Eintrag gibt. Der zentrale Router benötigt dann weniger als 100 Einträge in der Routing-Tabelle – das ist eine vernünftige Anzahl.

Die Router der einzelnen Warenlager besitzen je einen Eintrag für jede WAN-Verbindung und jedes LAN der Warenlager und der Filialen, was insgesamt etwas mehr als 400 Einträgen entspricht. Die derzeitige Router-Generation ist durchaus in der Lage, mit dieser Anzahl von Einträgen umzugehen.

Da die Größe der Routing-Tabelle die Router nicht überfordert und der Adressierungsplan einige erwünschte Eigenschaften besitzt, setzen wir ihn wie beschrieben in die Praxis um.

3.6   Zusammenfassung

Die Entwickler des Internet Protocol konnten nicht ahnen, dass eines Tages Millionen von Hosts in mehr als 100.000 Netzwerken am Internet teilnehmen würden. Früher erschien eine 32 Bit große Adresse von fester Länge mehr als hinreichend für die Bedürfnisse des Internet in den folgenden Jahren, was auch der Realität entsprach. Mit zunehmender Größe des Internet wurde der Druck auf die Internet-Gemeinde bezüglich einer effektiven Nutzung der global eindeutigen Adressen immer stärker. Dies führte zu Änderungen der Richtlinien für die Internet-Registrierung und zu neuen Techniken zum Schutz des Adressbestands.

Eine dieser Techniken, die sowohl Vor- als auch Nachteile bietet, ist die Verwendung privater Adressen, wie sie im RFC 1918 beschrieben wird.

3.7   Häufig gestellte Fragen

Frage: Wie entscheide ich, welchen der privaten Adressblöcke ich verwenden soll?

Antwort: Wenn es keine anderen wichtige Gründe gibt (z. B. bestimmte Vorgaben oder ein gewünschtes Verhalten der Router), sollten Sie sich für das Netzwerk 10 entscheiden.

Frage: Kann ich VLSM in privaten Netzwerken einsetzen?

Antwort: Selbstverständlich! Der sinnvolle Einsatz von Adressen kann keinen Schaden anrichten, selbst wenn ein großer Bestand verwendet wird.

Frage: Warum gehört das Netzwerk 10 zum privaten Adressbereich?

Antwort: Das Netzwerk 10 der Klasse A wurde vom älteren ARPANET verwendet, dem Vorläufer des heutigen Internet. Es wird seit den 80er-Jahren nicht mehr benutzt und ist eine Reminiszenz an die frühen Tage des Internet.

Frage: Kann ich in meinem Netzwerk private und öffentliche Adressen gleichzeitig einsetzen?

Antwort: Ja. Da öffentliche und private Adressen unterschiedliche Netzwerkpräfixe verwenden, müssen sie unterschiedlichen Ports eines Routers zugeordnet werden und daher zu unterschiedlichen Subnets des Netzwerks gehören. Die Geräte mit öffentlichen Adressen können mit dem Internet kommunizieren, was für diejenigen mit privaten Adressen nicht zutrifft.

Frage: Kann ich ein Netzwerk mit privaten Adressen mit dem Internet verbinden?

Antwort: Ja, dafür gibt es zwei Möglichkeiten. Zum einen können Sie öffentliche Adressen anfordern und die IP-Geräte neu nummerieren. Zum anderen können Sie bzw. Ihr Internet-Dienstanbieter die Umwandlung der Netzwerkadressen (NAT) in öffentliche Adressen implementieren. NAT wird in Kapitel 4 behandelt.

3.8   Übungen

1. In unserem Beispiel können wir aufgrund der gewählten Adresszuweisungsmethode die Vorteile der Zusammenfassung der Routen nicht in vollem Umfang nutzen. Entwickeln Sie für dieses Beispielnetzwerk eine vollständig hierarchisch gegliederte Adressierungsstruktur, ohne auf variable Subnet Masks zurückzugreifen.

2. Warum sollten die Internet-Dienstanbieter Verweise auf private Adressblöcke herausfiltern?

3. Was leistet CIDR für die Effektivität der Adresszuweisungen?

Antworten

1. Verwenden Sie fünf oder sechs der 16 Subnet-Bits für die Region. Diese Bits sind die ersten des Subnet-Feldes. Die verbleibenden zehn oder elf Bits bezeichnen die Subnets der Region. Benutzen Sie beispielsweise fünf Bits für die Region und 11 für das Subnet der Region, dann können Sie 32 Regionen mit 2.048 Subnets in jeder Region zuweisen. Die Adressen haben die folgende Reihenfolge auf:

   Zentrale: 10.0.0.0 bis 10.7.255.255

   Region 1: 10.8.0.0 bis 10.15.255.255

   Region 2: 10.16.0.0 bis 10.23.255.255 usw.

   Dieses Schema ist zwar für den Router effektiv, aber nicht sehr intuitiv.

2. Da private Adressblöcke gemäß Definition nicht global eindeutig sind, ist es möglich, dass viele Netzwerke gleiche Adressen verwenden. Wären Routing-Informationen über solche Netzwerke oder Pakete mit diesen Adressen im Internet zulässig, würden die Router im günstigsten Fall durcheinander geraten und die Pakete fehlleiten. Im schlimmsten Fall kommt es zu hoffnungslosen Staus, die zu schweren Kommunikationsfehlern führen.

3. Die Streuung der Adresszuweisungen wird reduziert. Vor der Einführung von CIDR wurden einem Unternehmen 256 (Klasse C), 65.536 Adressen (Klasse B) oder 16.777.216 Adressen (Klasse A) zugewiesen. Mit Hilfe von CIDR kann eine beliebige Anzahl von Adressen zugewiesen und die mit dem alten Zuweisungsschema verbundene Verschwendung reduziert werden.

Netzwerkadress-umwandlung

4

In diesem Kapitel:

- Was ist NAT und wie funktioniert es?
- Beispiele für NAT-Implementierungen
- Adressumwandlung und Sicherheitsfragen
- Wann wird die Adressumwandlung eingesetzt?

4.1 Einführung

Dieses Kapitel behandelt die Netzwerkadressumwandlung (NAT für engl. Network Address Translation). In seiner einfachsten Form bezieht sich die Adressumwandlung auf die Adressen der Netzwerkschicht (Schicht 3), wenn diese Geräte wie Router oder Firewalls passieren. Theoretisch können auch andere Protokolle der Schicht 3 bearbeitet werden, zum Beispiel AppleTalk oder IPX sowie Protokolle anderer Schichten (z. B. der Schicht 2). In der Praxis findet die Umwandlung in der Regel nur mit IP-Adressen auf der Schicht 3 statt. Da dieses Buch TCP/IP gewidmet ist, konzentriert sich dieses Kapitel ausschließlich auf IP.

Es wird jedoch erläutert, dass eine Änderung der Adresse der Schicht 3 allein nicht ausreicht, sondern häufig auch die Transportschicht (Schicht 4) und höhere Schichten betroffen sind. Deshalb berücksichtigen wir auch die Protokolle TCP und UDP sowie die Protokolle der Anwendungsschicht (Schicht 7). Es werden nicht nur die Funktion von NAT, sondern auch die Vor- und Nachteile erörtert.

Der Bereich Netzwerksicherheit wird in diesem Kapitel nicht berücksichtigt, wenngleich NAT häufig im Zusammenhang mit Sicherheitsanwendungen steht. In einigen Fällen sind für die Sicherheit besondere NAT-Typen erforderlich. Viele kommerzielle NAT-Implementierungen sind Bestandteil von Sicherheitspaketen. Vor diesem Hintergrund werden einige Sicherheitsaspekte von NAT behandelt, obwohl NAT selbst nicht unmittelbar die Sicherheit betrifft.

4.2 Schutz durch Router und Firewall

Der NAT zugrunde liegende Gedanke verbreitete sich mit den ersten Firewalls, die in der Regel auf Proxies basierten. Ein gutes Beispiel hierfür ist das Firewall ToolKit (FWTK). Ein Proxy (im Zusammenhang mit einem Firewall) ist ein Programm, dass stellvertretend für die Clients Informationen – beispielsweise eine Web-Seite – entgegen nimmt. Der Client-Rechner fordert vom Proxy eine bestimmte Web-Seite an (er übergibt den URL) und erwartet eine Antwort. Der Proxy holt die Web-Seite und übergibt diese dem Client.

Auf diese Weise kann der Administrator des Proxy Dinge festlegen, die der Client nicht durchführen darf. Handelt es sich um einen Web-Proxy einer Firma, kann der Proxy-Administrator zum Beispiel die Adresse `www.playboy.com` sperren. Außerdem kann der Proxy Daten zwischenspeichern oder andere Optimierungen durchführen. Greifen täglich 50 Benutzer auf die Web-Site `www.syngress.com` zu, speichert der Proxy eine Kopie der Web-Seite, sodass er bei Anforderung der Seite durch einen Client lediglich überprüfen muss, ob sich der Inhalt geändert hat. Ist dies nicht der Fall, reicht er die zwischengespeicherte Kopie weiter, was in der Regel weniger Zeit beansprucht.

Normalerweise wird bei dieser Art der Proxy-Konfiguration der direkte Zugriff auf Web-Seiten durch die Clients unterbunden, sodass diese gezwungen sind, den Proxy zum Anzeigen von Web-Seiten zu benutzen. Dies geschieht oft mit Hilfe der Paketfilterung durch einen Router. Einfach ausgedrückt wird der Router so konfiguriert, dass er nur dem Proxy gestattet, Web-Seiten aus dem Internet herunterzuladen.

Die internen Clients können nur mit dem Proxy und nicht mit anderen Hosts im Internet kommunizieren. Der Proxy muss nur interne Anfragen entgegen nehmen und ausführen. Rechner aus dem Internet müssen auch für Antworten nicht mehr direkt mit den internen Clients Verbindung aufnehmen. Der Administrator des Firewall kann seinen Router oder Firewall daher so einrichten, dass eine Kommunikation zwischen internen und externen Rechnern nur über den Proxy durchgeführt werden kann. Externe Rechner können nur noch mit dem Proxy Informationen austauschen (wenn alles richtig konfiguriert ist). Dadurch reduziert sich die Anzahl der Rechner, die Angriffen von außen ausgesetzt sind, dramatisch. Der Proxy-Administrator muss selbstverständlich besonders darauf achten, dass der Proxy-Rechner so gut wie möglich gesichert ist. Abbildung 4.1 zeigt den logischen Ablauf.

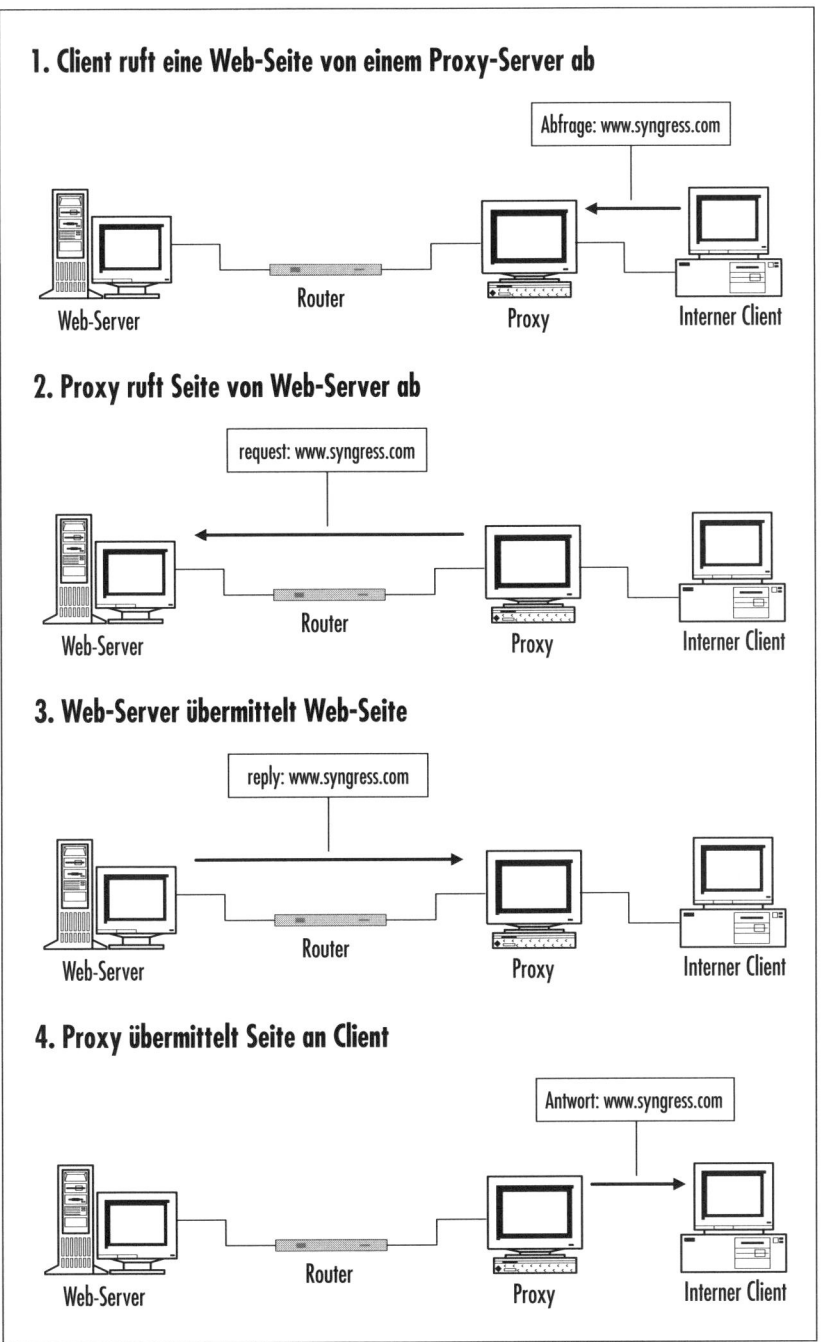

Abb. 4.1: Eine Web-Seite über einen Proxy entgegennehmen

Der Ablauf wurde für eine verständlichere Darstellung stark vereinfacht und verdeutlicht dieses Prinzip: der innere und der äußere Bereich werden klar voneinander getrennt. Zwischen beiden liegt eine Schlüsselstelle, die alle Pakete passieren müssen. In der Abbildung bilden Proxy und Router diese Schlüsselstelle.

Dieser vereinfachte Aufbau entspricht einem Firewall. Bei der Einrichtung eines richtigen Firewalls sind noch andere Dinge von Bedeutung, die nicht Gegenstand dieses Kapitels sind:

- Gibt es Proxy-Software für alle erforderlichen Protokolle?
- Wie ist die Paketfilterung des Routers konfiguriert?
- Wie kann der Browser des Clients mit dem Proxy kommunizieren?
- Wie weiß der Proxy, welche Rechner interne oder externe Rechner sind?

Gegenstand dieses Kapitels ist nicht der Aufbau eines Firewall, sondern eher ein Nebeneffekt dessen. Sie haben bereits gelernt, dass der gesamte Datenverkehr dieses Netzwerks mit dem Internet über den Proxy läuft. Dies bedeutet, dass das Internet nur die IP-Adresse des Proxy-Servers erkennt und die internen Clients nicht unmittelbar erreichen kann.

Dem Internet muss also *nur eine IP-Adresse* bekannt sein, nämlich die des Proxy-Servers.

In Kapitel 3 wurde erläutert, dass der Adressraum zurzeit ein wertvolles Gut ist und dass bestimmte IP-Adressbereiche für private Adressen reserviert sind. Diese Bereiche werden zurzeit im RFC 1918 unter der Adresse

```
http://www.cis.ohio-state.edu/htbin/rfc/RFC 1918.html
```

sowie an anderer Stelle im Internet aufgeführt.

Wenn Sie dieses RFC lesen, werden Sie bemerken, dass es die RFCs 1627 und 1597 (eine ältere Version von RFC 1918) überflüssig macht. RFC 1627 wendet sich gegen die privaten IP-Adressbereiche und konnte sich offensichtlich nicht gegen diejenigen durchsetzen, die private Adressbereiche zulassen. Die übrigen RFCs finden Sie unter dem oben genannten URL (am oberen Rand der Web-Seite befinden sich Verknüpfungen).

Der folgende Auszug stammt aus dem RFC 1918, das private Adressbereiche definiert und angibt, wann sie benutzt werden sollten:

»Aus Sicherheitsgründen benutzen viele Unternehmen für die Verbindung des internes Netzwerks mit dem Internet Gateways auf der Anwendungsschicht. Das interne Netzwerk kann normalerweise nicht direkt auf das Internet zugreifen, sodass aus Sicht des Internet nur ein oder mehrere Gateways erkennbar sind. In diesem Fall kann das interne Netzwerk keine einmaligen IP-Netzwerknummern verwenden.«

Als Begründung für die Notwendigkeit privater Adressen erkennt das RFC die Tatsache an, dass viele Unternehmen bereits über Gateways auf der Anwendungsschicht verfügen (Proxies). Daher wären Adressen sinnvoll, die intern wiederverwendbar sind, solange keiner dieser Rechner mit dem anderen direkt kommunizieren muss.

Das RFC rät beim Einsatz solcher Proxies dazu, den Adressbereich vom jeweiligen Internet Service Provider anzufordern. In den vergangenen Jahren wurde der größte Teil der Adressräume den Dienstanbietern und nicht den einzelnen Unternehmen selbst zugewiesen. Auf diese Weise sollte der Umfang der Routing-Tabellen der Router des Internet so klein wie möglich gehalten werden. Erhält ein Internet Service Provider einen Adressblock, können die anderen Internet Service Provider eine Route zu diesem Block unterhalten, anstatt einen Eintrag für jeden einzelnen Netzwerkbereich des Blocks anlegen zu müssen. Dies wäre erforderlich, wenn diese Adressbereiche unterschiedlichen Unternehmen zugeteilt würden. Nach den heutigen Regeln müssen Sie schon fast ein Internet Service Provider sein, um einen IP-Adressbereich auf Dauer zugewiesen zu bekommen. Weitere Informationen dazu, wie Internet Service Provider Adressen anfordern und zugeteilt bekommen, finden Sie in Kapitel 6.

Wenn Sie eine Proxy-Struktur einrichten, erhalten Sie sehr problemlos Adressen von Ihrem Internet Service Provider, wenngleich nur wenige erforderlich sind. Bei einer solchen Struktur können Sie auch ohne weiteres die Adressen aus dem RFC 1918 innerhalb Ihres Netzwerks benutzen und haben trotzdem mit den internen Clients weiterhin Zugriff auf das Internet.

Diese Art der Konfiguration ist heutzutage weit verbreitet. Viele Unternehmen (insbesondere die größeren) setzen in irgendeiner Form einen Firewall oder Proxy ein, der direkt mit dem Internet kommuniziert. Selbst Firmen, die bereits lange im Internet präsent sind und daher über eigene Adressbereiche verfügen, bedienen sich häufig dieser Konfiguration, was allerdings meist aus Sicherheitsgründen geschieht.

Nachdem Sie nun eine Vorstellung davon haben, was Proxies sind, stellt sich die Frage, was diese mit NAT zu tun haben. Eigentlich sehr wenig, denn Proxies führen keine Adressumwandlungen durch. Am Ende dieses Kapitels wird erklärt, warum dies so ist. Dieses Thema ist dennoch von Interesse, weil Proxies ein Grund für die Adressumwandlung sind.

4.2.1 Was ist die NAT?

Der Einsatz von NAT soll einen ähnlichen Vorteil wie die Proxies bieten: die internen Adressen bleiben verborgen. Normalerweise liegt die Begründung für das Verbergen der Adressen darin, dass von den internen Rechnern aus ein Zugriff auf das Internet möglich sein soll. Auf höherer Ebene bleibt das Ergebnis das gleiche. Das Internet erkennt eine gültige Internet-Adresse (eine öffentliche Adresse), die Ihnen vielleicht von Ihrem Internet Service Provider zugewiesen wurde, während die internen Rechner private Adressen verwenden.

Es gibt jedoch mindestens noch einen weiteren Grund, warum Sie NAT einsetzen sollten, wenn Sie Adressen des RFC 1918 benutzen: Was geschieht, wenn Ihre Firma mit einem anderen Unternehmen fusioniert? Normalerweise verbinden beide Unternehmen die internen Netzwerke miteinander, um eine Kommunikation zu ermöglichen. Haben beide Firmen vorher jedoch den gleichen Adressbereich aus dem RFC 1918 benutzt, kommt es zu Konflikten. Letztlich wird in irgendeiner Form eine neue Nummerierung durchgeführt werden müssen, aber kurzfristig können Sie mittels NAT die Adressen zwischen beiden Firmen einer Umwandlung unterziehen, um das Problem zu beheben. Wir kommen später noch einmal auf dieses Beispiel zurück.

Um die Unterschiede zwischen NAT und der Funktion eines Proxy erkennen zu können, müssen wir die Funktionsweise von NAT genauer untersuchen.

4.3 Wie funktioniert NAT?

NAT verändert einzelne Pakete. Dabei werden mindestens die Absender- und/oder die Empfängeradresse der Schicht 3 durch neue Adressen ersetzt. Wir stellen auch ein Beispiel vor, in dem sowohl die Adressköpfe der Schicht 4 als auch ein Teil der Daten modifiziert werden (Schicht 7).

Einige geringfügige Veränderungen in der Art und Weise der Adressumwandlung führen zu sehr unterschiedlichem Verhalten und Eigenschaften. Bei einigen Protokollen ist wesentlich mehr erforderlich als nur eine Änderung der Adressen der Schicht 3, damit sie mit NAT funktionieren. Außerdem kann NAT nicht mit allen Protokollen eingesetzt werden.

NAT wird normalerweise von einem Router oder Firewall durchgeführt. Theoretisch kann auch eine Bridge (Schicht 2) Adressen der Schicht 3 umwandeln, und ein Firewall funktioniert auch tatsächlich so. Die Mehrheit der NAT-Geräte oder der Software mit NAT-Funktionen basiert jedoch auf dem einfachen IP-Routing für die Auslieferung der Pakete. Den meisten NAT-Geräten liegt eine IP-Routing-Funktion zu Grunde.

4.3.1 Statisches NAT

Wir beginnen mit der einfachsten Form der Adressumwandlung, dem so genannten statischen NAT oder der 1-zu-1-Umwandlung. Dabei erhält einfach ausgedrückt eine bestimmte IP-Adresse auf dem Hinweg eine umgewandelte und auf dem Rückweg wieder die alte Adresse. Die Änderung betrifft normalerweise die Absenderadresse ausgehender Pakete. Abbildung 4.2 veranschaulicht diesen Vorgang. In der Abbildung geben die Pfeile die Richtung des Paketflusses an (wohin die Pakete geleitet werden), S steht für die Absenderadresse und D für die Empfängeradresse.

4.3.2 Wie funktioniert statisches NAT?

Gehen wir einmal von einer einfachen Adressumwandlung aus, bei der die Absender- oder die Empfängeradresse entsprechend umgewandelt werden müssen. Welche Aufgaben übernimmt in diesem Fall der NAT-Router? Zuerst einmal muss der Router eine Vorstellung davon haben, in welche Richtung das Paket im Verhältnis zur NAT-Konfiguration geleitet wird. Beachten Sie, dass in diesem Beispiel der Router die Absenderadresse für die eine und die Empfängeradresse für die andere Richtung umwandelt. Er kann sich anhand bestimmter als »nach« oder »von« gekennzeichneter Schnittstellen für eine Richtung entscheiden. Ein Konfigurationsbeispiel kann diesen Ablauf besser verdeutlichen. Der Router muss außerdem das TTL-Feld sowie gegebenenfalls die Prüfsummen ändern, was Router jedoch in jedem Fall tun.

Die Datenpakete sind in diesem Beispiel zudem *nicht zustandsorientiert*, da den Router bei der Änderung der aktuellen Datenpakete Veränderungen an vorangegangenen Paketen nicht interessieren (sofern es welche gegeben hat). Das aktuelle Paket und dessen Konfiguration enthält alle erforderlichen Informationen zur Veränderung des Pakets. Beachten Sie ferner, dass bei dieser Form der Adressumwandlung keine Sicherheitsmaßnahmen getroffen werden. Es wird lediglich die Adresse der Datenpakete verändert. Das Problem der Zustandsänderungen von Datenpaketen ist wichtig für das Verständnis der weiteren NAT-Beispiele und der Firewalls.

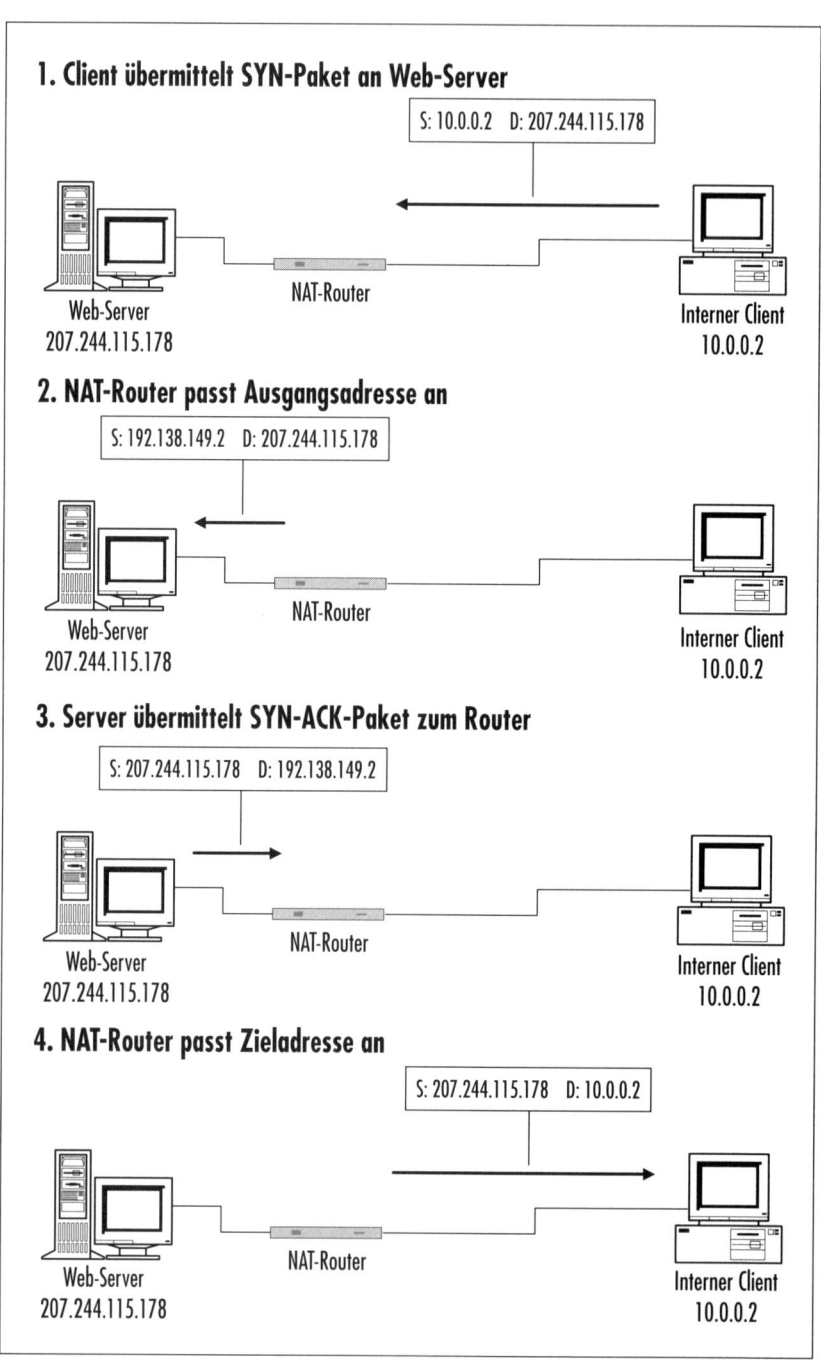

Abb. 4.2: Statisches NAT mit den ersten zwei Paketen des TCP-Handshake

Diese Art der Adressumwandlung ist zwar leicht verständlich, aber nicht in dem Maße nützlich, wie sie es sein könnte. Zielsetzung ist es, mit wenigen IP-Adressen eine Gruppe interner Rechner darzustellen. Unser Beispiel entspricht einer 1-zu-1-Beziehung, bei der keine Adressen eingespart werden. Jeder internen IP-Adresse muss eine externe Adresse entsprechen, sodass keine IP-Adressen eingespart werden. Das macht diese Form der Adressumwandlung keineswegs überflüssig, da es eine Reihe von Situationen gibt, in denen eine 1-zu-1-Zuweisung der IP-Adressen sinnvoll ist.

Das trifft zum Beispiel zu, wenn ein interner Rechner mit einer internen IP-Adresse aus irgendwelchen Gründen vom Internet aus erreichbar sein soll. Eine Möglichkeit, dies ohne eine Veränderung am internen Rechner zu erreichen, besteht darin, eine statische Adressumwandlung für diesen Rechner einzurichten, wie dies in unserem Beispiel geschieht. Sie müssen anschließend lediglich diese umgewandelte IP-Adresse bekannt geben (vielleicht durch Zuweisen eines DNS-Namens).

Betrachten wir ein anderes Beispiel, welches mit Abbildung 4.2 übereinstimmt, bei dem jedoch an Stelle der Absenderadresse die Empfängeradresse des ersten Pakets geändert wird. In welchem Fall wäre es sinnvoll, die Empfängeradresse an Stelle der Absenderadresse umzuwandeln? Es gibt zumindest eine Art von Servern, die Sie immer über die IP-Adresse ansprechen, nämlich die DNS-Server. Stellen Sie sich eine Situation vor, dass ein DNS-Server vielleicht nur zeitweise ausgefallen ist und die internen Client-Rechner DNS-Anfragen an einen anderen DNS-Server richten müssen, ohne dass dafür alle Rechner neu konfiguriert und bei erneuter Verfügbarkeit des ursprünglichen Servers wieder umgestellt werden müssen.

4.3.3   Zweifache Adressumwandlung

Im letzten Beispiel für die statische Adressumwandlung, mit dem wir uns beschäftigen, werden sowohl die Absender- als auch die Empfängeradressen eines Pakets geändert. Viele Produkte, die NAT unterstützen, lassen eine solche Konfiguration nur zu, wenn sie zweimal installiert sind.

Wann ist eine zweifache Adressumwandlung angebracht? Eine mögliche Situation wäre eine Kombination der beiden oben angeführten Beispiele: interne Rechner verwenden private IP-Adressen und müssen ohne eine erneute Konfiguration auf unterschiedliche DNS-Server zugreifen können. Dieses Beispiel mag aus der Luft gegriffen erscheinen, es gibt allerdings noch ein treffenderes.

Erinnern Sie sich an eines der Probleme beim Einsatz privater IP-Adressen, nämlich an die möglicherweise auftretenden Konflikte bei der Einrichtung einer Verbindung zu einem anderen Netzwerk, welches die gleichen Adressen benutzt. In einer solchen Situation ist eine zweifache Adressumwandlung hilfreich, wenngleich es sich auch nur um eine vorübergehende Maßnahme handelt.

Ein Beispiel: Sie müssen Ihr Netzwerk mit dem einer anderen Firma verbinden und haben festgestellt, dass beide die Netzwerkadresse 192.168.1 der Klasse C verwenden. Sie müssen eine Lösung finden, wie beide Netzwerke miteinander kommunizieren können, bis die IP-Adressen umgestellt sind. Eine solche Situation kann durchaus eintreten, da viele Firewalls und NAT-Produkte diesen Adressbereich standardmäßig benutzen.

Es stellt sich heraus, dass die miteinander zu verbindenden Router NAT anwenden können. Das folgende Beispiel zeigt zwei Rechner aus den unterschiedlichen Netzwerken, die beide die gleiche IP-Adresse benutzen (siehe Abbildung 4.3).

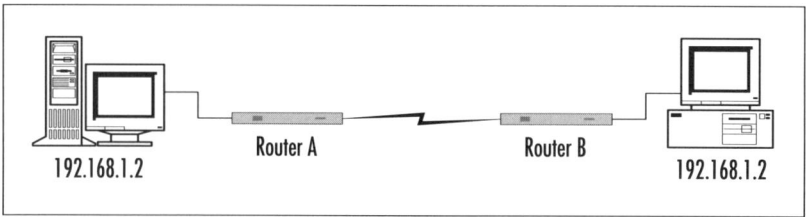

Abb. 4.3: Zwei Netzwerke mit zueinander in Konflikt stehenden Adressen aus dem RFC 1918.

Die für die Verbindung zwischen beiden Routern benutzten IP-Adressen sind in diesem Fall nicht von Bedeutung, wenn sie nicht zusätzliche Probleme hervorrufen.

Der Trick besteht darin, den Rechnern vorzuspiegeln, dass die übrigen Rechner andere IP-Adressen besitzen. Dies geschieht dadurch, dass dem Rechner auf der linken Seite vorgetäuscht wird, dass der Rechner auf der rechten Seite die IP-Adresse 192.168.2.2 verwendet, während der Rechner auf der rechten Seite annehmen muss, der Rechner auf der linken Seite benutze die IP-Adresse 192.168.3.2.

Dabei handelt es sich immer noch um statisches NAT: jeder Rechner verfügt über eine 1-zu-1-Zuweisung einer anderen IP-Adresse. Da wir in diesem Beispiel aber zwei NAT-Router einsetzen, werden die Adressen zweimal umgewandelt. Der erste Router ändert die Absenderadresse des Pakets, während der zweite die Empfängeradresse ändert.

Untersuchen wir den Fall eines Rechners auf der linken Seite, der ein Paket an einen Rechner auf der rechten Seite sendet (siehe Abbildung 4.4).

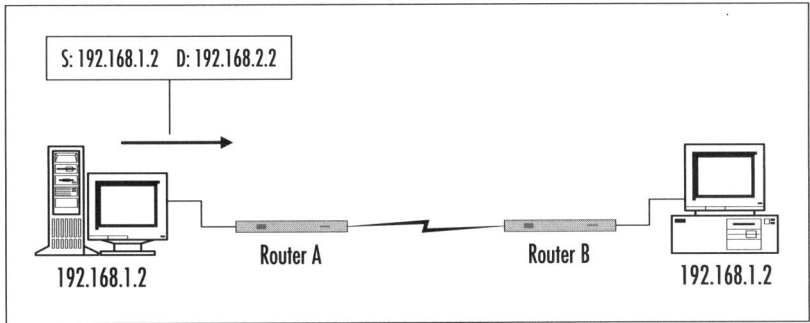

Abb. 4.4: Die Absenderadresse lautet 192.168.1.2, die Empfängeradresse 192.168.2.2.

Da der linke Rechner annimmt, er kommuniziere unter der Adresse 192.168.2.2 mit einem anderen Rechner, sendet er sein Paket für die Weiterleitung an den lokalen Router, wie dies normalerweise auch der Fall wäre. An dieser Stelle ändert Router A die Absenderadresse des Pakets, um die Tatsache zu verbergen, dass das Paket aus dem Netzwerk 192.168.1 stammt (siehe Abbildung 4.5).

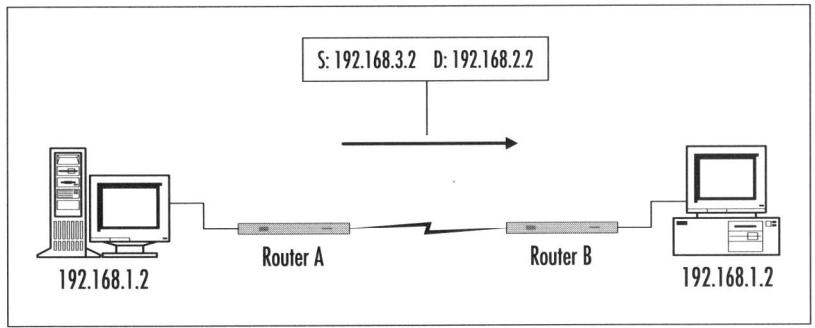

Abb. 4.5: Die Absenderadresse lautet jetzt 192.168.3.2, während die Empfängeradresse weiterhin die Adresse 192.168.2.2 ist.

Die Empfängeradresse bleibt die 192.168.2.2 und Router A benutzt seine normalen Routing-Tabellen, um festzustellen, wo sich das Netzwerk 192.168.2 befindet. Anschließend leitet er das Paket weiter, in diesem Fall an den Router B. Router B führt als nächster seine Umwandlung durch und ändert die Empfängeradresse von 192.168.2.2 in 192.168.1.2 (siehe Abbildung 4.6).

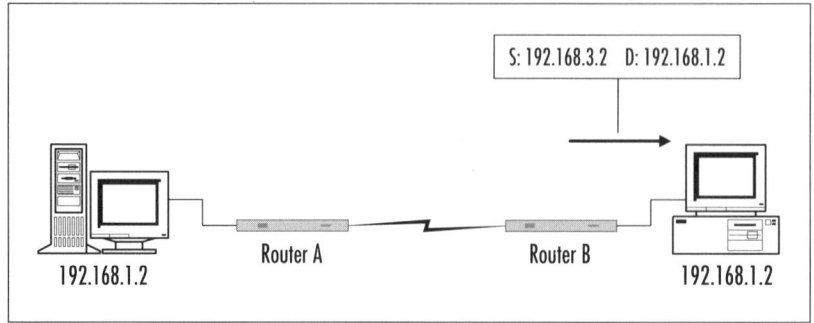

Abb. 4.6: Die Absenderadresse lautet 192.168.3.2 und die Empfängeradresse wurde in 192.168.1.2 geändert.

Jetzt empfängt der Rechner auf der rechten Seite das Paket und geht davon aus, dass es von der Adresse 192.168.3.2 stammt. Pakete, die von einem Rechner auf der linken an einen auf der rechten Seite gesendet werden, durchlaufen den gleichen Vorgang in umgekehrter Reihenfolge.

Auf diese Weise können zwei Rechner mit der gleichen Adresse miteinander kommunizieren, was unter anderen Umständen gar nicht möglich wäre. Damit dieses Beispiel in die Praxis umgesetzt werden kann, ist selbstverständlich auch ein geschickter Einsatz von DNS erforderlich. Der DNS-Server für den Rechner auf der linken Seite wird so konfiguriert, dass die Namen der Rechner auf der rechten Seite in Adressen des Netzwerks 192.168.3 umgewandelt werden usw.

4.3.4 Probleme bei der statischen Adressumwandlung

Bisher haben wir die Probleme bei der Adressumwandlung ignoriert, obgleich sie von Bedeutung sind. Das Hauptproblem liegt darin, dass nicht alle Informationen zu den Netzwerkadressen in den IP-Headern enthalten sind (IP-Schicht). Ein beachtliche Anzahl von Protokollen enthält aus verschiedenen Gründen die Adressinformationen im Datenabschnitt der Pakete. Wir stellen einige Beispiele hierfür vor.

Eines der für die Adressumwandlung problematischsten Protokolle ist das File Transfer Protocol (FTP). Da es jedoch weit verbreitet ist, funktioniert die Adressumwandlung korrekt.

Was den Umgang mit FTP so schwierig macht, ist vor allem die Tatsache, dass die IP-Adressen in einem Datenstrom im ASCII-Format weitergereicht werden. Außerdem werden diese Adressen weitergereicht, um den anderen Rechner darüber zu informieren, unter welcher IP-Adresse und über welchen Port die Verbindung zur Gegenseite erwartet wird. Im Standardmodus erwartet ein FTP-Client eine zu empfangende Datei an einem vom Betriebssystem zugewiesenen Port, dessen Port-Nummer und IP-Adresse dem Server mitgeteilt werden. Der Server nimmt dann Kontakt mit dem Client auf und liefert die Datei aus. Das Problem verschärft sich, wenn die Sicherheit eine Rolle spielt oder anderen Arten der Adressumwandlung ins Spiel kommen, mit denen wir uns später noch befassen werden.

Die NAT-Software muss also in der Lage sein, beim Senden die IP-Adressen zu erkennen und diese zu verändern. Bei FTP tritt außerdem das Problem der *Zustandsänderung* auf. Die Arbeit des NAT-Software-Entwicklers wird leider dadurch erschwert, dass die Informationen zur IP-Adresse über mehr als ein Paket verteilt sein können. Daher muss die NAT-Software die mit dem aktuellen und den vorausgegangenen Paketen durchgeführten Änderungen aufzeichnen, also Informationen über den Zustand der Datenpakete unterhalten. Die meisten NAT-Geräte verwenden hierfür Zustandstabellen.

Das folgende Listing enthält ein Paket, bei dem dieses Problem auftritt.

Das Paket dieses Listings stammt aus der Mitte einer FTP-Sitzung und enthält den Befehl PORT. Genau genommen ist FTP ein Textprotokoll, an das die binäre Übertragung angehängt wird. Mit dem Befehl PORT 208,25,87,11,17,234 am Ende des Listings informiert der Client den Server darüber, an welchem Port die zu empfangenden Daten erwartet werden. Es wurde eine Verbindung zum Server eingerichtet und der Client hat eine Adresse und eine Port-Nummer gesendet, zu der der Server eine Verbindung für den Begrüßungsbildschirm herstellen kann.

Betrachten wir diesen Befehl etwas genauer. Der Abschnitt PORT ist recht eindeutig: er teilt dem Server mit, zu welchem Port er eine Verbindung aufbauen kann. Die ersten vier Ziffern (208,25,87,11) geben die IP-Adresse des Client an (die Absenderadresse 208.25.87.11 finden Sie am Beginn des Listings). Die folgenden zwei Ziffern entsprechen der in zwei Bytes aufgeteilten Port-Nummer. Der derzeitige Absender-Port trägt die Nummer 4585. Bei dem Client handelt es sich in diesem Fall um einen Windows 98-Rechner. Windows weist wie die meisten Betriebssysteme die Ports sequenziell zu. Nach der folgenden Regel können Sie die zwei Ziffern 17,234 in eine einzige Zahl umwandeln: Multiplizieren Sie die erste Zahl (also die linke) mit 256 und addieren Sie dann die zweite Zahl. Das ergibt in diesem Fall 17*256+234=4586. Der Client teilt dem Server also mit, dass dieser die Verbindung über die Adresse 208.25.87.11 am Port 4586 herstellen soll.

```
IP: ----- IP Header -----
    IP:
    IP: Version = 4, header length = 20 bytes
    IP: Type of service = 00
    IP:      000. ....  = routine
    IP:      ...0 ....  = normal delay
    IP:      .... 0...  = normal throughput
    IP:      .... .0..  = normal reliability
    IP: Total length   = 66 bytes
    IP: Identification = 3437
    IP: Flags          = 4X
    IP:      .1.. ....  = don't fragment
    IP:      ..0. ....  = last fragment
    IP: Fragment offset = 0 bytes
    IP: Time to live   = 128 seconds/hops
    IP: Protocol       = 6 (TCP)
    IP: Header checksum = 410F (correct)
    IP: Source address    = [208.25.87.11]
    IP: Destination address = [130.212.2.65]
    IP: No options
    IP:
TCP: ----- TCP header -----
    TCP:
    TCP: Source Port          = 4585
    TCP: Destination Port     = 21 (FTP)
    TCP: Sequence number      = 353975087
    TCP: Next expected Seq number= 353975113
    TCP: Acknowledgment number = 1947234980
    TCP: Data offset          = 20 bytes
    TCP: Flags                = 18
    TCP:            ..0. .... = (No urgent pointer)
    TCP:            ...1 .... = Acknowledgment
    TCP:            .... 1... = Push
    TCP:            .... .0.. = (No reset)
    TCP:            .... ..0. = (No SYN)
    TCP:            .... ...0 = (No FIN)
    TCP: Window               = 8030
    TCP: Checksum             = 1377 (correct)
    TCP: No TCP options
    TCP: [26 Bytes of data]
    TCP:
FTP: ----- File Transfer Data Protocol -----
    FTP:
    FTP: Line  1:  PORT 208,25,87,11,17,234
    FTP:
```

Abb. 4.7: Ein Paket mit dem Befehl FTP PORT.

Alles verläuft wie erwartet und der Begrüßungsbildschirm wird am FTP-Client richtig angezeigt. Würde NAT eingesetzt, müsste die NAT-Software den Befehl PORT erkennen und die Nummer für die IP-Adresse im Paket ändern. In diesem Beispiel befinden sich alle Felder im gleichen Paket (was häufig der Fall ist). Sie können aber auch über mehrere Pakete verteilt sein, sodass die NAT-Software auf diese Möglichkeit vorbereitet sein muss.

Kann die NAT-Software den Befehl PORT entsprechend ändern, funktioniert alles korrekt. Die Header werden geändert und der oder die PORT-Befehle werden dementsprechend auch. So funktioniert FTP auch bei statischer Adressumwandlung.

FTP ist nicht das einzige Protokoll, das besonders behandelt werden muss, dies ist auch bei vielen anderen Protokollen erforderlich. In der Praxis müssen NAT-Implementierungen mit diesen Sonderfällen umgehen können, damit sie für den Benutzer nützlich sind. Üblicherweise geben die NAT-Hersteller die Protokolle an, mit denen die Software nicht korrekt funktioniert. Das eigentliche Problem stellen Protokolle dar, die Adress- und Port-Informationen im Datenabschnitt der Pakete weiterreichen. Werden die IP-Header geändert, müssen dementsprechend auch die Datenabschnitte geändert werden. Geschieht dies nicht, arbeitet das Protokoll aller Wahrscheinlichkeit nach nicht korrekt.

Auch andere Protokolle bereiten bei statischer Adressumwandlung Probleme. Einige Protokolle erkennen die Veränderungen der IP-Header und weigern sich in solchen Fällen, Daten weiterzureichen. In der Regel sind dies Verschlüsselungsprotokolle. Ein gutes Beispiel hierfür ist das IPSec-Protokoll Authenticate Header (AH). Ohne weiter auf die Einzelheiten von IPSec eingehen zu wollen, sei hier nur der diesem Protokoll zugrunde liegende Gedanke erwähnt: In bestimmten Situationen ist es notwendig sicherzugehen, dass die IP-Adresse, mit der kommuniziert wird, auch tatsächlich derjenigen entspricht, die sie vorgibt zu sein. Die beiden IP-Adressen, die mit Hilfe von IPSec AH kommunizieren, besitzen gemeinsam genutzte Schlüssel zur Überprüfung bestimmter Informationen. Stellt einer der Rechner ein Paket zusammen, wird diesem eine lange Zahl hinzugefügt, die als Funktion fast aller Informationen des Pakets und eines Schlüssels für die Verschlüsselung gebildet wird. Erhält der Empfänger dieses Paket, kann er mit Hilfe eines vergleichbaren Vorgangs feststellen, ob dieses verändert wurde und in einem solchen Fall das Paket als ungültig verwerfen.

IPSec AH wertet die Adressumwandlung als Verfälschung (eine unzulässige Änderung der Header) und sortiert diese Pakete als ungültig aus. Dieses Protokoll funktioniert aufgrund seiner Struktur nicht im Zusammenhang mit

der statischen Adressumwandlung. Es gibt nur wenige vergleichbare Protokolle, mit deren aufwändiger Konfiguration sich Netzwerk- und Firewall-
Administratoren befassen müssen. Die Besonderheiten dieser Protokolle
müssen erkannt und entsprechend berücksichtigt werden. Außerdem müssen Sie berücksichtigen, dass einige Internet Service Provider in ihren Netzwerken NAT einsetzen. Auch einige VPN-Produkte (Virtual Private Network) verwenden IPSec und funktionieren häufig nicht über einen Dienstanbieter, der NAT oder Firewalls einsetzt.

4.3.5 Konfigurationsbeispiele

Für die Konfigurationsbeispiele dieses Kapitels benutzen wir IOS von Cisco,
Windows 2000 und Linux. IOS wird in der Version 11.3 oder einer späteren
Version mit einem der Standard-Router von Cisco eingesetzt und Linux in
der Version Red Hat Linux 6.0. Beachten Sie, dass einige andere Geräte von
Cisco wie beispielsweise der ISDN-Router 77x zwar NAT unterstützen, aber
ein anderes Nummerierungssystem für die Software einsetzen. Windows NT
2000 setzen wir ein, weil es sich hier um die erste Version von Windows NT
handelt, die über integrierte NAT-Fähigkeiten verfügt. Zu der Zeit, als dieses
Buch entstand, lag Windows 2000 nur in der Beta-Version vor. Diese Eigenschaften sollen auch bei der endgültigen Version zur Verfügung stehen. Es
besteht allerdings die Möglichkeit, dass dies nicht der Fall sein wird oder
leichte Veränderungen vorgenommen werden. Das für Linux verwendet
Softwarepaket heißt IP Masquerade und wird mit den aktuellen Linux-Distributionen ausgeliefert. Der Abschnitt »Verweise und Quellenangaben« am
Ende dieses Kapitels enthält URLs für Texte mit Informationen zu NAT, einschließlich der Informationen darüber, welche Versionen von IOS NAT-
Eigenschaften besitzen. Darüber hinaus erfahren Sie, wo Sie IP Masquerade
beziehen können, wenn es Ihrer Distribution nicht beiliegt. Es wird davon
ausgegangen, dass die entsprechende Software bereits installiert ist und Sie
über Grundkenntnisse im Umgang mit den Betriebssystemen verfügen.

Windows 2000

Windows 2000 besitzt einige Eigenschaften, die als Internet Connection Sharing (ICS) bezeichnet werden. (ICS ist auch Bestandteil von Windows 98
Second Edition.) ICS soll den Benutzer über Einwählverbindungen Internet-
Zugriff auf andere Rechner bieten, die über ein LAN verbunden sind. Das
funktioniert auch, aber da ICS sehr einfach aufgebaut ist, besitzt es keine
große Flexibilität. Die externe Schnittstelle muss eine Einwählverbindung
sein, sodass Sie ICS nicht benutzen können, wenn Sie über die LAN-Verbin-
dung (wie es bei vielen ISDN-Konfigurationen der Fall ist) zugreifen wollen.

Um interne Rechner im LAN einzurichten, richten wir die LAN-Schnittstelle unter Windows 2000 mit der Adresse 192.168.0.1 und Windows 2000 als DHCP-Server und DNS-Proxy ein. Die Konfiguration der LAN-Schnittstelle kann unter Umständen zu Konflikten mit bereits installierten Diensten führen, sodass Vorsicht angebracht ist. Wir gehen davon aus, dass Windows 2000 schon korrekt installiert, die LAN-Schnittstelle funktionsbereit sowie eine Einwählverbindung für das Internet vorhanden ist und öffnen das Dialogfeld NETZWERKUMGEBUNG (siehe Abbildung 4.8).

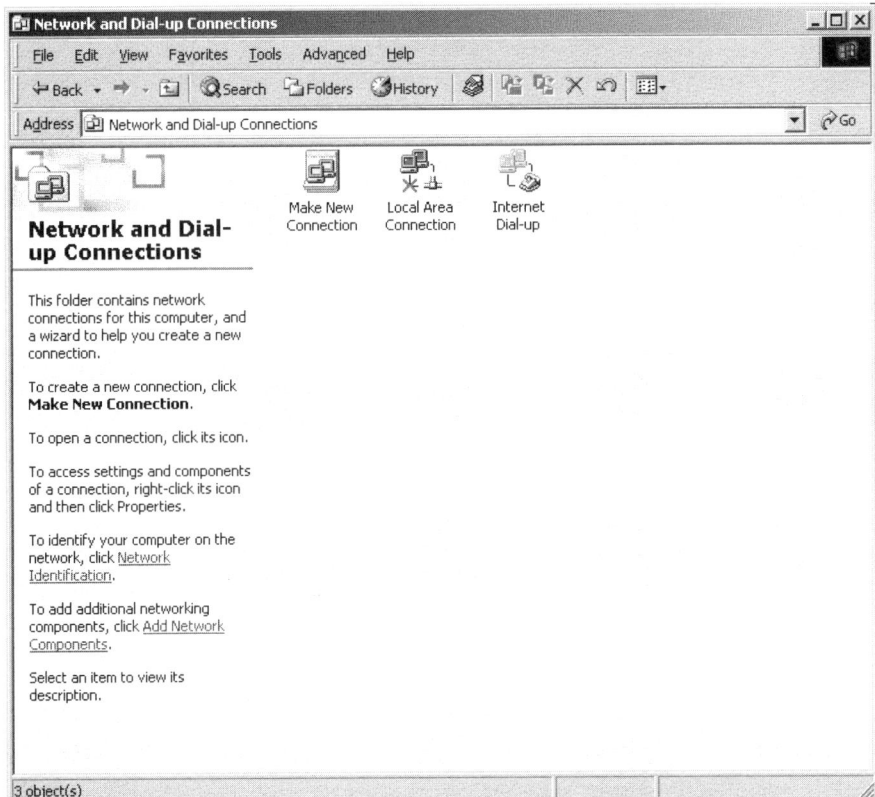

Abb. 4.8: Das Dialogfeld für die Netzwerkverbindungen von Windows

In Abbildung 4.8 zeigt die LAN- und die Einwählverbindung für das Internet. Die Anzeige für die Internet-Verbindung ist grau unterlegt, was bedeutet, dass sie zurzeit nicht aktiviert ist.

Klicken Sie mit der rechten Maustaste auf die Einwählverbindung für das Internet, um ICS zu konfigurieren und wählen Sie die Option EIGENSCHAFTEN. Im Dialogfeld EIGENSCHAFTEN klicken Sie auf die Registerkarte INTERNET CONNECTION SHARING (siehe Abbildung 4.9).

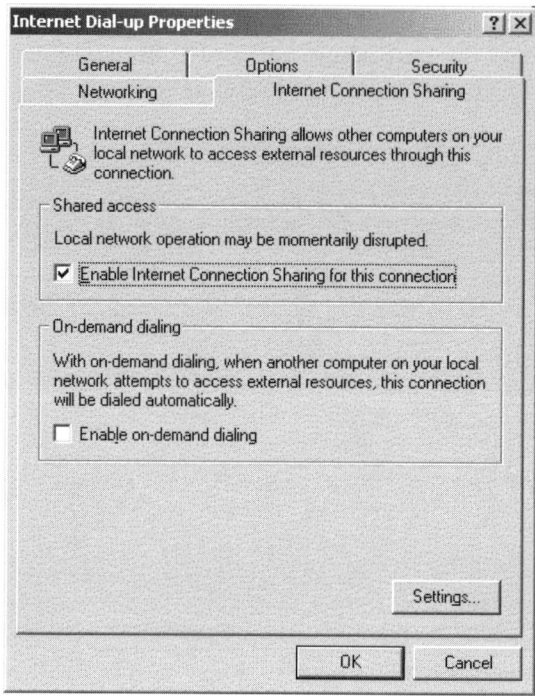

Abb. 4.9: Die Registerkarte für die Eigenschaften des Internet Connection Sharing

Durch Markierung des Kontrollkästchens INTERNET CONNECTION SHARING aktivieren Sie ICS. Sie können den Windows 2000-Rechner auch so konfigurieren, dass das Internet automatisch angewählt wird, wenn ein interner Rechner versucht auf das Internet zuzugreifen. Außerdem wird mit dieser Option der DHCP-Server aktiviert, wobei Sie darauf achten müssen, dass dies nicht bereits zuvor geschehen ist.

Aufgrund dieser Konfiguration können interne Rechner jetzt auf das Internet zugreifen (wenn die Einwählverbindung hergestellt wurde). Da wir uns hier mit der statischen Adressumwandlung befassen, müssen wir uns noch eingehender mit ICS beschäftigen. Genau genommen führt ICS keine statische Adressumwandlung durch (darauf wird in diesem Kapitel noch eingegangen), es kann sich jedoch in bestimmten Situationen genauso verhalten.

Beachten Sie unten im Dialogfeld die Schaltfläche EINSTELLUNGEN. Wenn Sie diese anklicken und anschließend die Registerkarte DIENSTE wählen, sehen Sie ein Dialogfeld ähnlich dem aus Abbildung 4.9. In unserem Beispiel wurde bereits ein Dienst mit der Bezeichnung »telnet« definiert. Standardmäßig enthält diese Liste keine Einträge. Wenn Sie auf BEARBEITEN klicken, wird das in Abbildung 4.10 gezeigte Dialogfeld geöffnet.

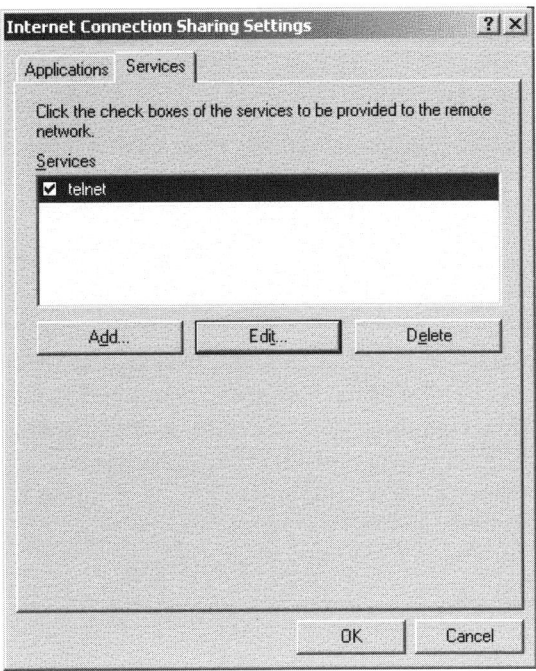

Abb. 4.10: Die Registerkarte für die ICS-Dienste mit der Auswahl des Telnet-Dienstes

Im Feld PORT-NUMMER steht der Wert 23 (der dem Standard-Port eines Telnet-Servers entspricht). Als Protokoll wurde TCP gewählt und im Feld NAME steht portabeast als Name für einen internen Rechner aus unserer Beispielumgebung

Da ICS keine wirkliche statische Adressumwandlung durchführt, können die internen Rechner eine Verbindung nach außerhalb herstellen, externe Rechner können jedoch keine Verbindung ins interne Netzwerk herstellen. Über die Eigenschaften der Dienste können Sie bestimmte Dienste für den externen Zugriff einrichten. In unserem Beispiel haben wir eine Telnet-Verbindung zum Rechner portabeast zugelassen. ICS behandelt FTP automatisch in der richtigen Art und Weise.

Abb. 4.11: Die Einstellungen für den Telnet-Dienst

IOS

Von den drei erläuterten Betriebssystemen besitzt IOS von Cisco die flexibelste NAT-Software. Durch ihren Einsatz ist eine Konfiguration für die statische Adressumwandlung möglich. Für dieses Beispiel wurde ein Router vom Typ 2621 verwendet, der zwei Fast Ethernet-Ports besitzt. Der folgende Auszug zeigt den entsprechenden Abschnitt der Konfiguration vor Beginn:

```
Using 827 out of 29688 bytes
!
version 12.0
service timestamps debug uptime
service timestamps log uptime
service password-encryption
!
hostname NAT
!
enable secret 5 xxxxxxxxxxxx
enable password 7 xxxxxxxxxxxxx
!
ip Subnet-zero
!
!
interface FastEthernet0/0
 ip address 192.168.0.1 255.255.255.0
 no ip directed-broadcast
!
interface Serial0/0
 no ip address
```

```
 no ip directed-broadcast
!
interface FastEthernet0/1
 IP-Adresse 130.214.99.254 255.255.255.0
 no ip directed-broadcast
!
ip classless
ip route 0.0.0.0 0.0.0.0 130.214.99.1
no ip http Server
!
!
line con 0
 transport input none
line aux 0
line vty 0 4
 password 7 xxxxxxxxxx
 login
!
no scheduler allocate
end
```

Die Schnittstelle FastEthernet 0/0 entspricht unserer internen Schnittstelle, die das Netzwerk 192.168.0 verwendet. 130.214.99 entspricht in diesem Beispiel dem externen Netzwerk und dem Pfad zum Internet.

Die Adresse 192.168.0.2 bezeichnet einen internen Rechner, der eine Verbindung nach außerhalb herstellen können soll, weshalb wir ihm eine externe Adresse zuweisen:

```
NAT(config)#interface fastethernet 0/0
NAT(config-if)#ip nat inside
NAT(config-if)#int fastethernet 0/1
NAT(config-if)#ip nat outside
NAT(config-if)#exit
NAT(config)#ip nat inside source static 192.168.0.2 130.214.99.250
```

Zuerst werden mit den Befehlen ip nat inside und ip nat outside die interne und externe Schnittstelle markiert. Anschließend weisen wir den Router an, eine IP-Zuordnung durchzuführen. Auch hierfür wird der Befehl ip nat verwendet (diesmal nicht als Schnittstellenbefehl, sondern global). Wir weisen eine interne Adresse zu und wandeln die Absenderadresse um (mit IOS kann auch die Empfängeradresse umgewandelt werden). Es handelt sich um eine statische Zuordnung bei der die Adresse 192.168.0.2 in 130.214.99.250 umgewandelt wird.

Diese Zuweisung ist rein statisch, sodass nur der eine interne Rechner unter der Adresse 130.214.99.250 von außerhalb erreichbar ist.

Wie bereits erwähnt unterstützt IOS auch eine Umwandlung der Empfängeradresse. Außerdem ist, falls erforderlich, auch eine zweifache Adressumwandlung mit nur einem physikalischen Router möglich.

Linux IP Masquerade

Auch unser Linux-Rechner (Red Hat 6.0) besitzt zwei LAN-Schnittstellen. IP
Masquerade gehört standardmäßig zum Umfang von Red Hat Linux 6.0 und
kann auch mit anderen Versionen oder Linux-Distributionen installiert werden. Hinweise zur Installation finden Sie im Abschnitt »Verweise und Quellenangaben« am Ende dieses Kapitels. Unser Beispiel beginnt mit den bereits
konfigurierten und funktionierenden LAN-Schnittstellen. Die Ausgabe des
Befehls ifconfig sieht wie folgt aus:

```
eth0      Link encap:Ethernet  HWaddr 00:80:C8:68:C8:44
          inet addr:130.214.99.253  Bcast:130.214.99.255  Mask:255.255.255.
0
          UP BROADCAST RUNNING MULTICAST  MTU:1500  Metric:1
          RX packets:547 errors:0 dropped:0 overruns:0 frame:0
          TX packets:10 errors:0 dropped:0 overruns:0 carrier:0
          collisions:0 txqueuelen:100
          Interrupt:11 Base address:0xfc00

eth1      Link encap:Ethernet  HWaddr 00:60:97:8A:9D:30
          inet addr:192.168.0.1  Bcast:192.168.0.255  Mask:255.255.255.0
          UP BROADCAST RUNNING MULTICAST  MTU:1500  Metric:1
          RX packets:35 errors:0 dropped:0 overruns:0 frame:0
          TX packets:3 errors:0 dropped:0 overruns:0 carrier:0
          collisions:0 txqueuelen:100
          Interrupt:3 Base address:0x300

lo        Link encap:Local Loopback
          inet addr:127.0.0.1  Mask:255.0.0.0
          UP LOOPBACK RUNNING  MTU:3924  Metric:1
          RX packets:48 errors:0 dropped:0 overruns:0 frame:0
          TX packets:48 errors:0 dropped:0 overruns:0 carrier:0
          collisions:0 txqueuelen:0
```

Die Einrichtung der Adresse ist vergleichbar mit der des Routers. Die Schnittstelle eth1 des internen Netzwerks erhält wiederum die Adresse 192.168.0
und die Schnittstelle eth0 entspricht der externen Schnittstelle. Bei IP Masquerade wird die Adresse, in welche die interne umgewandelt wird, durch
die Richtung festgelegt, in die der Verkehr gelenkt wird. Es wird die IP-
Adresse der externen Schnittstelle verwendet. Die Routing-Tabelle sieht wie
folgt aus (erstellt mit dem Befehl netstat -rn):

```
Kernel IP Routing-Tabelle
Destination     Gateway         Genmask         Flags   MSS Window      irtt If
ace
130.214.99.253  0.0.0.0         255.255.255.255 UH        0 0             0 et
h0
192.168.0.0     0.0.0.0         255.255.255.0   U         0 0             0 et
h1
130.214.99.0    0.0.0.0         255.255.255.0   U         0 0             0 et
h0
127.0.0.0       0.0.0.0         255.0.0.0       U         0 0             0 lo
0.0.0.0         130.214.99.1    0.0.0.0         UG        0 0             0 et
h0
```

Da die Standardroute (0.0.0.0) in Richtung der Adresse 130.214.99.1 verläuft, die über die Schnittstelle eth0 erreichbar ist, verläuft der gesamte Datenverkehr über diese Schnittstelle (es sei denn, er ist für das Netzwerk 192.168.0 bestimmt). Deshalb wird die IP-Adresse für die Schnittstelle eth0 (130.214.99.253) als umgewandelte Absenderadresse verwendet.

IP Masquerade reagiert auf das Betriebssystem, welches das Routing durchführt, daher muss das Routing aktiviert sein (standardmäßig ist es deaktiviert). Das Routing wird mit dem folgenden Befehl aktiviert:

```
echo "1" > /proc/sys/net/ipv4/ip_forward
```

Dadurch wird die Weiterleitung eingeschaltet, allerdings bleibt diese Einstellung nur bis zum nächsten Neustart des Rechners aktiv (oder bis sie mit dem entsprechenden Befehl wieder manuell deaktiviert wird). Um die Weiterleitung unter Red Hat Linux dauerhaft zu aktivieren, müssen Sie die Datei /ETC/SYSCONFIG/NETWORK bearbeiten und dabei die Zeile

```
FORWARD_IPV4=false
```

wie folgt ändern:

```
FORWARD_IPV4=true
```

Diese Anweisung aktiviert die Weiterleitung (das Routing). Im nächsten Schritt müssen Sie für Masquerade eine Richtlinie festlegen, die den Datenverkehr wie gewünscht umwandelt. IP Masquerade behandelt FTP korrekt, wobei ein spezielles ladbares Modul für FTP installiert werden muss. Führen Sie den folgenden Befehl aus:

```
/sbin/modprobe ip_masq_ftp
```

Der Name lässt vermuten, wozu dieses Modul dient. Für IP Masquerade gibt es mehrere solcher Module, die in diesem Kapitel noch vorgestellt werden. Als nächstes werden einige Werte für die Zeitüberschreitung festgelegt:

```
/sbin/ipchains -M -S 3600 60 180
```

Die erste Zahl (3600) gibt an, wie lange nicht aktive TCP-Verbindungen aufrecht erhalten werden (in diesen Beispiel wird eine Stunde angegeben). Der zweite Wert legt fest, wie lange die Verbindung nach dem FIN-Austausch gehalten wird. Der letzte Wert gibt an, wie lange nicht benutzte UDP-Verbindungen aufrecht erhalten werden.

Zum Schluss werden die eigentlichen IP Masquerade-Regeln festgelegt:

```
/sbin/ipchains -P forward deny
/sbin/ipchains -A forward -s 192.168.0.2/32 -j MASQ
```

(192.168.0.2 bezeichnet in diesem Beispiel weiterhin den internen Rechner.)

Der interne Rechner kann jetzt auf das Internet zugreifen. Damit diese Befehle nicht nach jedem Neustart des Rechners eingegeben werden müssen, können sie in einem Shell-Skript aus dem Verzeichnis /ETC/RC.D angegeben werden, das beim Start des Rechners automatisch ausgeführt wird.

4.3.6 Dynamische Netzwerkadressumwandlung

Statisches NAT entspricht einer 1-zu-1-Umwandlung. Die dynamische Adress-umwandlung entspricht einer x-zu-x-Umwandlung. Die Adressumwandlung im Verhältnis 1-zu-x ist ein Sonderfall der x-zu-x-Adressumwandlung, der hier nicht gesondert behandelt wird. Wenn eine x-zu-x-Adressumwandlung möglich ist, dann ist auch eine 1-zu-x-Umwandlung möglich.

Wir haben bereits erläutert, wie die 1-zu-1-Adressumwandlung funktioniert und gesehen, dass sich die Anzahl der erforderlichen IP-Adressen nicht reduziert. Bei der dynamischen Adressumwandlung ist das anders. Normalerweise wird eine Anzahl interner IP-Adressen in eine (meist geringere) Anzahl externer IP-Adressen umgewandelt. Dies geschieht mit Hilfe der dynamischen Einrichtung von 1-zu-1-Adresszuordnungen je nach Bedarf. Durch eine Überwachung des Datenverkehrs und den Einsatz von Zeitgebern werden diese Zuordnungen gegebenenfalls aufgehoben und externe IP-Adressen für andere interne Clients wieder freigegeben. Wenn Sie hier vielleicht ein Problem sehen, dann heben Sie sich Ihre Frage bis zum Abschnitt über die PAT am Ende dieses Kapitels auf.

Folgende Situation liegt unserem Beispiel zugrunde: Sie verfügen über das interne Netzwerk 10.0.0.x mit ca. 50 Rechnern. Für die Internet-Verbindung kann Ihnen Ihr Dienstanbieter nur die 16 Adressen von 192.138.149.0 bis 192.138.149.15 zur Verfügung stellen. Die Adressen 0 und 15 werden für die standardmäßige Unterteilung in Subnets benötigt (1 wird vom Router des Dienstanbieters und 2 von Ihrem Router beansprucht), sodass nur die zwölf Adressen zwischen 3 und 14 übrig bleiben. Selbstverständlich möchten Sie allen internen Rechnern den Internet-Zugriff ermöglichen, denn dafür wurde die Internet-Verbindung schließlich eingerichtet.

Abbildung 4.12 veranschaulicht das Szenario. Aus dem bisher Erörterten geht hervor, dass hierfür nur eine IP-Adresse und ein Proxy-Server erforderlich sind. In diesem Beispiel haben wir den theoretischen Aufwand für einen zusätzlichen Server vermieden und verwenden die dynamische Adressumwandlung.

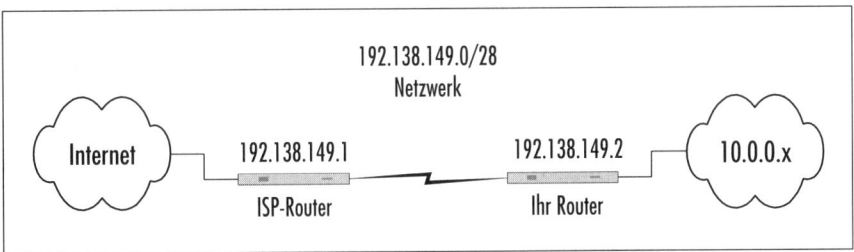

Abb. 4.12: Verbindung zum Internet mit 16 Adressen über einen Dienstanbieter

Der verfügbare IP-Adressbereich von 192.138.149.3 bis 192.138.149.14 wurde bereits genannt. Für den Router werden diese Adressen als externer Adresspool programmiert und 10.0.0.x als interner Pool. Die Bezeichnung »Pool« steht in diesem Zusammenhang für einen IP-Adressbereich. Damit die dynamische Adressumwandlung durchgeführt werden kann, muss der Router wissen, für welche IP-Adressen er verantwortlich ist. Hinsichtlich der externen IP-Adressen sind keine weiteren Überlegungen erforderlich, weil der Router lediglich wissen muss, wie viele IP-Adressen er für die Adressumwandlung verwenden darf. Für den internen Pool sieht die Situation anders aus. Aus einer Reihe von Gründen darf nicht einfach jede interne Adresse umgewandelt werden: Zum einen ist es möglich, dass ein Teil des internen Netzwerks auf einen bestimmten externen Pool und ein anderer Teil auf einen anderen externen Pool zugreifen soll. Außerdem kann für einige Rechner eine statische Adressumwandlung erforderlich sein, beispielsweise für einen E-Mail-Server.

4.3.7 Wie funktioniert die dynamische Adressumwandlung?

Wie muss ein Router für die dynamische Adressumwandlung eingerichtet werden? Wir haben die einzelnen Elemente eines Routers für die dynamische Adressumwandlung bereits erwähnt. Er benötigt eine Zustandstabelle und muss wissen, wann eine Verbindung aufgenommen und wann sie beendet wird. Außerdem benötigt er einen Zeitgeber.

Die Funktionsweise der statischen Adressumwandlung wurde bereits beschrieben. Bei der Erörterung der dynamischen Adressumwandlung gehen wir davon aus, dass Zustandstabellen und Protokollangaben vorhanden sind und bauen darauf auf. Der erste entscheidende Unterschied besteht darin, dass die statische Adressumwandlung nicht mehr kodiert werden muss (d. h. nicht mehr manuell durch den Administrator vorgenommen werden muss), sondern Bestandteil einer anderen Tabelle ist, die der Router nach Bedarf ändern kann. Zu Beginn ist diese Tabelle leer und enthält keine 1-zu-1-Zuweisungen. Der Zustand der Tabelle ändert sich erst, wenn ein interner Rechner versucht, eine Verbindung zum Internet aufzunehmen.

Dadurch stellt die dynamische gegenüber der statischen Adressumwandlung eine geringfügige Verbesserung der Sicherheit dar. Bei der statischen Adressumwandlung kann jeder Rechner des Internet zu jedem Zeitpunkt versuchen, eine Verbindung zur externen IP-Adresse einer statischen Adresszuweisung aufzunehmen und so ins interne Netzwerk gelangen. Bei der dynamischen Adressumwandlung gibt es keine standardmäßige Zuweisung für die externen IP-Adressen. Enthalten die Zuweisungstabellen keine Einträge, müssen alle Zugriffsversuche auf die externen IP-Adressen fehlschlagen, da sie zu diesem Zeitpunkt keinem internen Rechner zugeordnet sind. Das ist zwar noch keine ausreichende Absicherung, aber dennoch eine Verbesserung.

Versucht ein interner Rechner eine Verbindung zum Internet herzustellen, zieht der Router die Tabelle zu Rate und wählt eine verfügbare, nicht benutzte externe IP-Adresse aus. Da die Tabelle in unserem Beispiel noch leer ist, wird die erste Adresse gewählt. Anschließend nimmt der Router einen Tabelleneintrag vor und erstellt eine temporäre, statische Zuordnung für die IP-Adresse des internen Rechners zur gewählten externen IP-Adresse. Beachten Sie, dass der Verbindungsaufbau zum Internet aus der Sicht des Routers ein sehr einfacher Vorgang ist: sowie der Router ein Paket aus dem internen Netzwerk erhält, welches für das externe Netzwerk bestimmt ist, erstellt er eine Zuordnung und startet gleichzeitig einen Zeitgeber.

Solange der interne Rechner Datenpakete nach außerhalb sendet oder aus dem Internet Pakete eingehen (über diese externe IP-Adresse) wird die Zuordnung aufrecht gehalten. Jedes Mal, wenn ein Paket diesen Teil der Zuordnung passiert, wird der Zeitgeber zurückgesetzt.

Für die Rücknahme der Zuordnung gibt es zwei Ursachen. Zum einen kann die Verbindung normal abgebrochen werden, wenn beispielsweise eine FTP-Sitzung abgeschlossen ist und der Client beendet wird. Damit dies funktioniert, muss der Router wissen, woran er das Ende einer Verbindung erkennen kann. Bei TCP-Verbindungen ist das relativ einfach, weil es ein besonderes Signal gibt, welches das Ende einer Verbindung anzeigt. Damit der Router auf das Beenden einer Verbindung warten kann, muss er natürlich zunächst den Beginn der Verbindung registrieren. Diese Vorgänge werden in dem Abschnitt zu PAT eingehender behandelt. Zum anderen wird eine Zuordnung aufgehoben, wenn während einer vom Zeitgeber ermittelten Zeitspanne keine Pakete gesendet werden. Erreicht der Zeitgeber die festgelegte Grenze, wird angenommen, dass der Datenaustausch beendet wurde und die Zuordnung wird zurückgenommen.

Während dieser eine Rechner mit dem Internet kommuniziert, beginnen selbstverständlich auch weitere Rechner einen Datenaustausch mit dem Internet und erhalten ihre eigenen Zuordnungen.

4.3.8 Probleme bei der dynamischen Adressumwandlung

An dieser Stelle werden die Probleme mit der dynamischen Adressumwandlung deutlich. Wenn wir das vereinfachte Modell zugrunde legen, wonach der Router sofort eine Zuordnung vornimmt, wenn ein Paket von einem internen Rechner aus ins Internet gesendet wird und diese erst wieder aufhebt, wenn eine bestimmte Frist abgelaufen ist, kann es zu Engpässen kommen. Bei 50 internen Rechnern und nur 14 externen Adressen kommt es zu bestimmten Tageszeiten zu Problemen, etwa morgens und während der Mittagszeit, wenn jeder versucht auf das Web zuzugreifen.

Dieses Problem kann dadurch gelöst werden, dass zusätzliche externe IP-Adressen bereitgestellt werden, was aber in unserem Fall nicht möglich ist, da der Dienstanbieter keine weiteren zur Verfügung stellt. Im Übrigen ist es möglich, dass irgendwann einmal alle 50 Rechner gleichzeitig auf das Internet zugreifen, wofür 50 externe Adressen erforderlich wären. Damit wären wir wieder bei der statischen Adressumwandlung angelangt, die keine Einsparung von IP-Adressen zulässt.

Eine weitere Möglichkeit besteht darin, die Zeit zu reduzieren, in der eine Zuordnung brach liegt. Das erhöht die Chance der internen Rechner in Spitzenzeiten eine Zuordnung zu erhalten. Hierfür kann der Zeitgeber heruntergesetzt werden, was jedoch die Wahrscheinlichkeit erhöht, dass eine Verbindung abgebrochen wird, während ein interner Rechner auf eine Antwort eines langsamen Internet-Servers wartet. Die Verbindung würde unterbrochen und es wäre möglich, dass die Pakete den falschen internen Client erreichen.

Die Zeiten, in denen Zuordnungen nicht genutzt werden, können auch dadurch reduziert werden, dass die Erkennung der Beendigung von Verbindungen vom Router verbessert wird, was allerdings einen beträchtlichen Aufwand erfordert. Ein Client unterhält häufig gleichzeitig mehrere Verbindungen zum Internet. Dies trifft insbesondere beim Surfen im Web zu. Jedes einzelne Element einer Web-Seite wird zumindest bei HTTP 1.0 über eine eigene Verbindung abgerufen. Bei einer Web-Seite mit 10 Bildern führt das zu mindestens 11 Verbindungen für eine einzige HTML-Seite (eine für die Seite selbst und 10 für die Bilder). Daher kann ein Router nicht einfach auf das Ende einer *beliebigen* Verbindung warten, er muss vielmehr *alle* Verbindungen berücksichtigen. Er muss wissen, wie viele Verbindungen vorhanden sind, was bedeutet, dass er den Beginn einer Verbindung registrieren muss, um die Verbindungen zählen zu können.

Dies geschieht mit Hilfe einer weiteren Tabelle. Bei jedem Aufbau einer Verbindung wird ein Eintrag in der Tabelle vorgenommen. Jeder dieser Tabelleneinträge kann einen eigenen Zeitgeber anstelle des globalen Zeitgebers benutzen. Bei verbindungsorientierten Protokollen wie TCP mit deutlicher Kennzeichnung des Beginns und Endes der Verbindung funktioniert dies recht gut, für verbindungslose Protokolle wie UDP und ICMP trifft das jedoch nicht zu, was uns wieder zu den Zeitgebern zurückführt.

Insgesamt betrachtet ist die dynamische Adressumwandlung wie sie hier beschrieben wurde nicht unbedingt geeignet. Unser Beispiel macht deutlich, dass keine zusätzlichen Benutzer Zugriff auf das Internet haben, wenn bereits 14 Benutzer eine Verbindung eingerichtet haben.

Auf irgendeine Weise müssen gleichberechtigte Zugriffsmöglichkeiten für eine beliebige Anzahl interner Rechner möglich sein. In der Praxis funktioniert die dynamische Adressumwandlung auch nicht genau in der beschriebenen Weise, worauf im Abschnitt über PAT noch genauer eingegangen wird.

4.3.9 Konfigurationsbeispiele

Leider sind Konfigurationsbeispiele für dynamische x-zu-x-Adressumwand-
lungen äußerst selten. Tatsächlich unterstützt von unseren drei Beispielpro-
dukten auch nur IOS von Cisco die x-zu-x-Adressumwandlung.

IOS

Wir betrachten die x-zu-x-Beziehung anhand eines IOS-Beispiels. Am Anfang
stehen die bereits bekannten Konfigurationsschritte, die sich noch nicht auf
die Adressumwandlung beziehen:

```
NAT(config)#interface fastethernet 0/0
NAT(config-if)#ip nat inside
NAT(config-if)#int fastethernet 0/1
NAT(config-if)#ip nat outside
NAT(config-if)#exit
NAT(config)#ip nat pool dynpool 130.214.99.200 130.214.99.250 netmask 255.2
55.255.0
NAT(config)#ip nat inside source list 1 pool dynpool overload
NAT(config)#access-list 1 permit 192.168.0.0 0.0.0.255
```

Die ersten fünf Zeilen sind die gleichen wie zuvor. Die folgende Zeile definiert einen Pool mit der Bezeichnung dynpool, der die IP-Adressen von
130.214.99.200 bis 130.214.99.250 umfasst. Der Router verwendet sie so, als
hätten sie die Subnet Mask 255.255.255.0.

Dann folgt der NAT-Befehl, der ebenfalls mit ip nat inside source beginnt. In
diesem Fall wird jedoch eine Zugriffsliste für die Auswahl der Absenderadressen verwendet. Die umgewandelten Adressen stammen aus dem Pool
dynpool. Das Schlüsselwort overload gibt an, dass es möglicherweise mehr
interne als Adressen gibt, als im Adresspool vorhanden sind. Diese Situation
muss der Router in besonderer Weise berücksichtigen (mehr hierzu folgt im
Abschnitt über die PAT). Schließlich wird list 1 definiert, auf das im voran-
gegangen Befehl verwiesen wurde. list 1 entspricht dem internen IP-Adressbereich.

Bei dieser Konfiguration weist der Router eine IP-Adresse dynamisch aus
dem Pool zu, wenn ein interner Rechner das Netzwerk verlassen will. Beim
Test dieser Konfiguration wurde die IP-Adresse .200 zugewiesen.

4.3.10 Port Address Translation (PAT)

Probleme mit der statischen und dynamischen Adressumwandlung können dadurch gelöst werden, dass mehr als nur ein interner Rechner eine externe IP-Adresse nutzen kann. Eine Lösung bietet die Port-Adressumwandlung (PAT für Port Adresse Translation). Manchmal wird die PAT auch als dynamische NAT betrachtet und wir werden sehen, dass die PAT tatsächlich für eine richtige Funktionsweise der dynamischen Adressumwandlung erforderlich ist. In anderen Fällen bezeichnen die Hersteller die PAT einfach als NAT, sodass Sie sich über die Fähigkeiten eines Produkts genau informieren müssen, um festzustellen, um welche Art der Umwandlung es sich handelt. Firewall-1, ein sehr verbreiteter Firewall der Firma Checkpoint, bezeichnet die PAT als »verborgene NAT«, was sich auf die Tatsache bezieht, dass sich viele interne IP-Adressen hinter einer IP-Adresse »verbergen« können.

Für diese unterschiedlichen Bezeichnungen gibt es zwei Ursachen: Zum einen wird die Bezeichnung für die Adressumwandlung von den Marketing-abteilungen der Hersteller gewählt, was leicht zu Missverständnissen führen kann. Zum anderen ist die PAT heutzutage tatsächlich die dominierende Form der NAT (auch wenn die statische Adressumwandlung manchmal notwendiger Bestandteil eines Sicherheitsmodells ist). Daher neigen manche Hersteller PAT-fähiger Produkte zur Vereinfachung und fassen alle Eigenschaften unter der Bezeichnung NAT zusammen. Sie sollten daher vor der Kaufentscheidung einen Blick in die technische Beschreibung werfen, um sich genau über die Leistungsmerkmale des Produkts zu informieren.

Teilen sich zwei interne Rechner eine externe IP-Adresse, kann es zu Kollisionen kommen. Hiermit sind jedoch keine Kollisionen gemeint, wie sie in Ethernet-Netzwerken auftreten, sondern Kollisionen der Port-Nummern und IP-Adressen. Betrachten wir die einfache Version der gemeinsamen Nutzung einer externen Adresse. Zwei interne Rechner senden Anfragen an das Internet. Beide Antworten treffen bei der externen IP-Adresse ein. Wie entscheidet der Router, an welche der beiden internen IP-Adressen die Pakete gesendet werden sollen?

Untersuchen wir eine etwas kompliziertere Version eines NAT-Routers, der versucht, eine externe IP-Adresse für mehr als einen internen Rechner zu benutzen. Im Abschnitt über die dynamische Adressumwandlung wurde ein Router vorgestellt, der in der Lage ist, einzelne Verbindungen beim Passieren des Routers und bei der Umwandlung zu verfolgen. Mit dieser zusätzlichen Fähigkeit könnte das Problem des Routers, der nicht weiß, an welche IP-Adresse er das Paket senden soll, behoben werden. Er durchsucht einfach die Tabelle nach einer Verbindung, die zu dem Paket gehört. Findet der Router eine Übereinstimmung, sucht er die interne IP-Adresse der Verbindung und leitet das Paket an den Rechner weiter, nachdem er zuvor die Adresse korrekt umgewandelt hat.

Ganz so einfach funktioniert dies jedoch nicht. Kommen wir noch einmal auf das Problem der Kollisionen zurück. Stellen Sie sich zwei interne Rechner mit einer gemeinsamen externen IP-Adresse vor, die eine Anfrage an den DNS-Server des Dienstanbieters richten. Da der DNS-Server vom Dienstanbieter unterhalten wird, befindet er sich aus der Sicht des Clients im Internet. Er befindet sich aber auf der entfernten Seite des NAT-Routers, sodass beim Verlassen der Anfrage eine Adressumwandlung durchgeführt wird. Überlegen wir einmal etwas genauer, welche Informationen in der angesprochenen Tabelle mit den Verbindungen zu finden sind. Sie enthält mit Gewissheit IP-Adressen: Internet-IP-Adressen (Server), interne IP-Adressen (reale interne Rechneradressen) sowie externe IP-Adressen (die Adresse, zu der der interne Rechner umgewandelt wird). Außerdem müssen die TCP- und UDP-Port-Nummern des Empfängers und Absenders für diese Art von Verbindungen aufgezeichnet werden. Nehmen wir für unser Beispiel an, alle diese Daten wurden aufgezeichnet.

Kehren wir wieder zu den Clients zurück, die mit dem DNS-Server kommunizieren: Beide senden Pakete an die gleiche IP-Adresse und an die gleiche Port-Nummer (UDP-Port 53 für DNS-Anfragen der Clients) des Servers. Wir wissen bereits, dass sie die gleiche externe IP-Adresse verwenden und für diese beiden unterschiedlichen »Verbindungen« (die Anführungszeichen wurden gesetzt, weil UDP ein verbindungsloses Protokoll ist) in der Tabelle mit den Verbindungen jeweils die gleiche Internet-IP-Adresse, die gleiche externe IP-Adresse und die gleiche Empfänger-Port-Nummer stehen. Die internen IP-Adressen und wahrscheinlich auch die Absender-Port-Nummern unterscheiden sich. Die Anfragen werden problemlos durchgeführt.

Das Problem besteht darin, dass zwei Anfragen zweier unterschiedlicher interner Rechner sehr ähnlich aussehen und sich vielleicht nur im Absender-Port und im Datenteil des Pakets unterscheiden.

Erhält die externe IP-Adresse eine Antwort, besteht zu dem diesem Zeitpunkt der einzige Unterschied im Absender-Port (da der Router nicht weiß, an welche interne IP-Adresse er das Paket senden muss, muss er diese herausfinden). Der Router untersucht genau, welches der Empfänger-Port ist (Absender- und Empfänger-Port werden mit den Antworten zurückgegeben), entscheidet, welcher der beiden internen Rechner diesen als Absender-Port verwendet hat und sendet das Paket an den entsprechenden Rechner.

An diesem Punkt kann es möglicherweise zu Kollisionen kommen. Die meisten Betriebssysteme beginnen mit der Zuweisung der Absender-Ports bei dem Wert 1.025 und weisen die weiteren fortlaufend zu. Daher ist es durchaus möglich, dass zu einem bestimmten Zeitpunkt zwei interne Rechner gleichzeitig den selben Absender-Port verwenden und versuchen, mit der gleichen IP-Adresse im Internet zu kommunizieren und dafür den gleichen Empfänger-Port benutzen. Bis auf die interne IP-Adresse stimmt alles überein, was nicht gut ist, da eine Informationen fehlt, wenn das Paket an der externen IP-Adresse des Routers eintrifft.

Ursache des Problems ist die Tatsache, dass die Header beider Anfragen gleich sind und sich nur der Abschnitt mit den Daten unterscheidet. Das NAT-Gerät muss feststellen, welches Paket an welchen internen Rechner geleitet werden muss.

4.3.11 Wie funktioniert die PAT?

Statistisch betrachtet ist die Wahrscheinlichkeit eines Konflikts geringer als bei direkter dynamischer Adressumwandlung. Dennoch sollte diese Möglichkeit grundsätzlich ausgeschlossen werden. An diesem Punkt ist die PAT von Bedeutung. Wie der Name bereits nahe legt, wandelt die PAT Port-Nummern und IP-Adressen um. Bei der Umwandlung der Absenderadresse beim Verlassen des internen Netzwerks wird außerdem der Absender-Port umgewandelt.

Wenn sich der Router sorgfältig bemüht, Konflikte bei der Auswahl der neuen Absender-Ports zu vermeiden, funktioniert diese Lösung sehr gut und führt zumindest bei TCP und UDP zu keinen Konflikten. Für ICMP müssen manchmal zusätzliche Maßnahmen ergriffen werden, da dieses Protokoll keine Port-Nummern verwendet.

Der Router verfügt jetzt über eine eindeutige Port-Nummer, auf die er sich beziehen kann, wenn alle übrigen Informationen mit denen einer anderen Verbindung identisch sind. Mit PAT kann eine sehr große Anzahl interner Rechner nur eine einzige externe IP-Adresse benutzen. Wie viele Rechner es genau sind, ist schwer anzugeben, da dies von der Verwendungsart abhängt und wir somit auf Vermutungen angewiesen sind. Angenommen, der Begrenzungsfaktor ist die Anzahl der gleichzeitig mit einer einzigen IP-Adresse kommunizierenden internen Rechner. Der schwierigste Fall tritt wahrscheinlich beim Einsatz von UDP ein, da die Verbindungen mit Hilfe von Zeitgebern emuliert werden, damit das Ende einer Verbindung festgestellt werden kann. Ist der Zeitgeber auf zwei Minuten eingestellt, wird eine Verbindung beendet, wenn zwei Minuten lang von keiner Seite etwas gesendet wird. Die mögliche Anzahl der Port-Nummern liegt im Bereich von 0 bis 65.535, sodass die theoretische Grenze bei 65.536 gleichzeitigen Verbindungen liegt. Dabei wird davon ausgegangen, dass alle zur gleichen Zeit eingerichtet werden, weil sie entweder zur gleichen Zeit beginnen und zwei Minuten warten müssen oder weil die Verbindungen nicht über diesen Zeitraum hinaus aktiv sind und so diese Anzahl erreicht wird. Diese Aussagen gelten für eine externe IP-Adresse. Wird eine dynamische Adressumwandlung eingesetzt, muss dieser Wert mit der Anzahl der IP-Adressen multipliziert werden, die für die dynamische Adressumwandlung mit PAT verwendet wurden.

Vergessen Sie dabei nicht, dass dies nur zutrifft, wenn Clients mit dem gleichen Rechner im Internet kommunizieren wollen. Werden die gesamten Rechner des Internet in Betracht gezogen, tendiert die Wahrscheinlichkeit von Konflikten gegen Null. In der Praxis ist wahrscheinlich der Speicher des NAT-Geräts erschöpft, bevor eine theoretische Grenze überschritten wird.

Auch die Sicherheit ist bei PAT wesentlich höher. Eine externe IP-Adresse entspricht nicht mehr einer internen IP-Adresse, sondern hängt von der Verbindung ab. Wird versucht eine neue Verbindung mit der externen Adresse herzustellen, gibt es keine Übereinstimmung in der Tabelle der Verbindungen und somit auch keine interne IP-Adresse für eine Verbindung. Dies entspricht in der Regel dem Verhalten eines Internet-Rechners, der versucht, eine Verbindung mit einer externen Adresse herzustellen. Theoretisch wäre es möglich, die Adressumwandlung der Ports so einzurichten, dass einer bestimmten externen IP-Adresse eine bestimmte interne Adresse zugewiesen wird (eine Kombination aus statischer Adressumwandlung und PAT). Für sicherheitsrelevante Anwendungen ist ein solches Verhalten jedoch nicht erstrebenswert. Außerdem sollte darauf geachtet werden, dass die externe IP-Adresse nicht der IP-Adresse des NAT-Geräts für diese Schnittstelle entspricht. Bei einigen Routern kann beispielsweise die externe IP-Adresse des Routers für PAT benutzt werden. In einem solchen Fall führt der Versuch eines Verbindungsaufbaus mit der externen IP-Adresse zu einer Verbindung mit dem Router, was nicht unbedingt erwünscht ist.

Viele PAT-Implementierungen erlauben nur einen bestimmten internen Pool für die Zuordnung zu einer einzelnen externen IP-Adresse. Der Grund hierfür liegt vermutlich darin, dass ein internes Netzwerk beliebiger Größe einer einzigen externen IP-Adresse zugeordnet werden kann.

Betrachten wir die angesprochenen Tabellen für die Verbindungen etwas genauer. Sie enthalten die interne IP-Absenderadresse, die externe IP-Absenderadresse, die IP-Empfängeradresse des Internet, den ursprünglichen Absender-Port, den umgewandelten Absender-Port, den Empfänger-Port, das Transportprotokoll, FIN-Flags und Zeitgeber. FIN-Flags sind eine Reihe einfacher Flags, die anzeigen, das ein FIN-Signal aus einer der beiden Richtungen gesendet wurde. Korrekt eingerichtete TCP-Verbindungen schließen jede Übertragungsrichtung getrennt voneinander, sodass beide Richtungen beobachtet werden müssen. Sind beide Flags gesetzt, ist die gesamte Verbindung beendet. Wird statt dessen das Signal RST gesendet, sind die Flags nicht erforderlich und die Verbindung wird sofort abgebrochen.

Abbildung 4.13 enthält eine Darstellung einer möglichen Verbindung, die wir als Beispiel verwenden können. In dieser Darstellung hat der interne Rechner die Adresse 10.0.0.2, der Router die externe IP-Adresse 192.138.149.1 und der Server im Internet die IP-Adresse 207.244.115.178. Die Linie zwischen dem Web-Server und dem Router symbolisiert die Internet-Verbindung zwischen beiden.

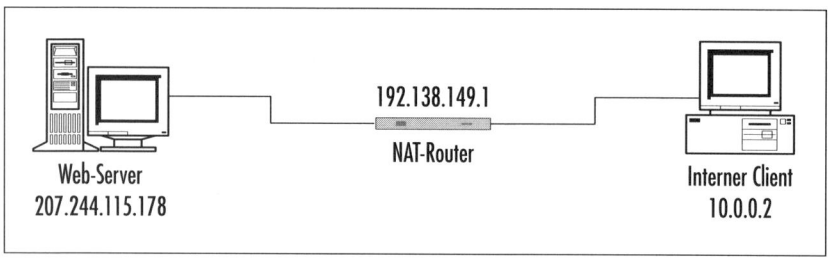

Abb. 4.13: Eine einfache PAT-Anordnung, welche die eigene externe IP-Adresse des Routers verwendet.

Der interne Rechner sendet ein SYN-Paket an Port 80 des Web-Servers und benutzt den Absender-Port 1030. Der Tabelleneintrag könnte wie folgt aussehen:

Absen-der-adresse	Emp-fänger-adresse	Umge-wandelte Adresse	Ab-sen-der-Port	Emp-fänger-Port	Umge-wandel-ter Port	Prot	FIN-Quelle	FIN-Ziel	Zeit-gebe r
10.0.0.2	207.244.1 15.178	192.138.149. 1	1030	80	5309	TCP	Off	Off	2:00

Alle Einträge, die die Richtung anzeigen, gehen vom Standpunkt des ersten Pakets (dem SYN-Paket) aus, das vom internen ins externe Netzwerk gesendet wird. Viele Elemente sind für Pakete reserviert, die den anderen Weg nehmen, der Router berücksichtigt diese jedoch anhand der Schnittstelle, über welche die Pakete eintreffen.

Der Header eines den internen Rechner verlassenden SYN-Pakets sieht ungefähr wie folgt aus:

Empfänger-adresse	Absender-adresse	Empfänger-Port	Absender-Port	Flags
207.244.115.178	10.0.0.2	80	1030	SYN

Beim Passieren des Routers wird das Paket verändert:

Empfänger-adresse	Absender-adresse	Empfänger-Port	Absender-Port	Flags
207.244.115.178	192.138.149.1	80	5309	SYN

Die Absenderadresse und der Absender-Port wurden umgewandelt. Der Web-Server sendet als Antwort das Paket:

Empfänger-adresse	Absender-adresse	Empfänger-Port	Absender-Port	Flag
192.138.149.1	207.244.115.178	5309	80	SYN-ACK

Absender und Empfänger wurden ausgetauscht und das Flag signalisiert jetzt SYN-ACK. Dieses Paket kommt an der externen Schnittstelle des Routers an. Der Router muss seine Entscheidung anhand dieser Felder treffen. Er muss lediglich die vier linken Felder mit der Verbindungstabelle vergleichen. Gibt es eine Übereinstimmung, leitet er das Paket weiter und stellt die ursprüngliche Absenderadresse und den Absender-Port (jetzt Empfängeradresse und -Port) wieder her:

Empfänger-adresse	Absender-adresse	Empfänger-Port	Absender-Port	Flag
10.0.0.2	207.244.115.178	1030	80	SYN-ACK

Die Adresse und der Port, die der Router in den Paketen zurück umwandeln muss, werden einfach der Verbindungstabelle entnommen. Der Eintrag in der Verbindungstabelle bleibt solange erhalten, bis drei Bedingungen erfüllt sind:

- Die FIN-Pakete sind eingetroffen
- Ein RST-Paket wurde von einer Seite gesendet
- Der Zeitgeber ist abgelaufen

Der Zeitgeber wird regelmäßig überprüft, um zu ermitteln, ob die Zeit abgelaufen ist. Wird ein Paket für diese Verbindung weitergeleitet, wird er wieder auf zwei Minuten bzw. einen anderen vorgegebenen Wert zurückgesetzt.

UDP funktioniert auf ähnliche Weise, es werden jedoch keine FIN- oder RST-Pakete gesendet, die das Ende einer Verbindung anzeigen, sodass das Ende der UDP-Verbindungen nur vom Zeitgeber abhängig ist.

4.3.12 Probleme mit PAT

Bei PAT ergeben sich neben einigen zusätzlichen die gleichen Probleme wie bei der statischem Adressumwandlung (es müssen Adressen umgewandelt werden, die sich im Datenteil des Pakets befinden). Unsere Erörterung der Port-Adressumwandlung basierte auf dem Gedanken einer voll funktionsfähigen statischen Adressumwandlung. Daher sollten alle Protokolle, die IP-Adressen im Datenabschnitt der Pakete enthalten, wie zum Beispiel FTP, ebenfalls richtig behandelt werden. Das trifft nicht ganz zu. Der einem Firewall ähnliche Effekt der gemeinsamen Nutzung einer externen IP-Adresse, der es Rechnern aus dem Internet nicht gestattet, Verbindungen mit internen Rechnern aufzunehmen, steht dem entgegen.

Auch in diesem Fall veranschaulicht FTP das Problem sehr gut. Wir gehen davon aus, dass der Datenabschnitt der Pakete (der Befehl FTP PORT) richtig verändert wird. Der Versuch des FTP-Servers eine Verbindung mit der externen IP-Adresse des Port aufzunehmen schlägt fehl, da die Verbindungstabelle keinen Eintrag enthält, der dies zulässt.

Die Lösung liegt auf der Hand: Wenn die NAT-Software den Befehl PORT ändert (jetzt muss der übergebene Port in der gleichen Weise wie bei anderen Verbindungen geändert werden), wird auch ein Eintrag in der Verbindungstabelle erzeugt.

Werfen Sie für dieses Beispiel noch einmal einen Blick auf Abbildung 4.9. Diesmal handelt es sich bei dem Protokoll um FTP und nicht um HTTP. Nachdem die ursprüngliche Verbindung eingerichtet wurde, sieht die Verbindungstabelle wie folgt aus:

Absen-deradresse	Empfän-geradresse	Umgewan-delte Adresse	Absen-der-Port	Empfän-ger-Port	Umge-wandel-ter Port	Prot.	FIN-Quelle	FIN-Ziel	Zeit-geber
10.0.0.2	207.244.115.178	192.138.149.1	1042	21	6123	TCP	Off	Off	2:00

Irgendwann während der Verbindungszeit führt der FTP-Client einen PORT-Befehl aus. In unserem Beispiel ist dies der Befehl PORT 10,0,0,2,4,19. Der Teil der Port-Nummer (4,19) wird in den Dezimalwert 1043 umgewandelt, wobei es sich um den Port handelt, den das Betriebssystem als nächstes freigibt. Der Router muss diesen PORT-Befehl umwandeln. Gehen wir davon aus, dass der nächste umgewandelte Port, den der Router zur Verfügung stellt, der Port 6177 ist, dann lautet der PORT-Befehl: PORT 192,138,149,1,24,33. (Dieser Befehl arbeitet mit Bytes: 24*256+33 = 6177.) Außerdem muss der Router diesen neuen Port in der Verbindungstabelle eintragen. Die Tabelle sieht jetzt wie folgt aus:

Absen-deradresse	Empfänger-adresse	Umgewan-delte Adresse	Absen-der-Port	Emp-fänger-Port	Umge-wandel-ter Port	Prot.	FIN-Quelle	FIN-Ziel	Zeit-geber
10.0.0.2	207.244.115.178	192.138.149.1	1042	21	6123	TCP	Off	Off	2:00
10.0.0.2	207.244.115.178	192.138.149.1	1043	20	6177	TCP	Off	Off	2:00

 Der FTP-Server verwendet den Absender-Port 20, wenn er eine Verbindung für die Auslieferung der Daten an die Clients einrichtet.

Mit dieser zusätzlichen Maßnahme kann die Port-Adressumwandlung richtig mit FTP umgehen. Die Datenverbindung wird als getrennte Verbindung behandelt und unter den gleichen Bedingungen wieder aufgehoben wie andere TCP-Verbindungen auch. Der eigentliche Zweck des Einsatzes von NAT, nämlich IP-Adresse einzusparen, wird schließlich doch erreicht.

Bei dieser Konfiguration funktioniert die Port-Adressumwandlung korrekt. Gelegentlich stellt sich jedoch ein kleiner Nachteil ein. Einige Internet-Server widmen dem Absender-Port der Verbindung besondere Aufmerksamkeit, wofür es keine besonderen Gründe gibt. Dies geschieht meist im Zusammenhang mit DNS. Gewöhnlich verwenden zwei über UDP miteinander kommunizierende DNS-Server den Port 53 als Empfänger- und Absender-Port. Dies ist eher eine Frage der Konventionen und keine unumstößliche Regel.

Wird die Absenderadresse umgewandelt, kann dies jedoch zu einem Problem führen. Die DNS-Server einiger Internet-Sites sind so konfiguriert, dass sie nur Verbindungen *vom* Port 53 akzeptieren.

Dieses Problem wurde durch die Sites `apple.com` und `intel.com` verursacht, betrifft aber auch andere Sites. Es ist schwierig, andere dazu zu veranlassen, sich den eigenen Bedürfnissen anzupassen, daher sollten Sie bei Konflikten mit einem bestimmten DNS-Server die Umwandlung Ihres internen DNS-Server statisch durchführen, sodass der Absender-Port 53 auf dem Weg nach außen nicht verändert wird. Dies gilt nur, wenn Sie intern einen DNS-Server einsetzen. Verwenden Sie den DNS-Server Ihres Dienstanbieters (der sich außerhalb befindet) tritt wahrscheinlich kein Problem auf.

4.3.13 Konfigurationsbeispiele

In gewisser Hinsicht sind alle Konfigurationsbeispiele PAT-Beispiele (mit Ausnahme der statischen Adressumwandlung von Cisco). Im Kern sind ICS und IP Masquerade PAT-Produkte, auch wenn nur eine Adresse in eine andere umgewandelt wird. Mit IOS stehen Ihnen beide Möglichkeiten offen, je nachdem, welche Konfiguration Sie wählen. Dennoch nutzen wir die Gelegenheit und beschäftigen uns mit einigen weiteren Beispielen etwas genauer.

Der Hintergrund hierfür ist, dass NAT (ohne PAT) in der Praxis eigentlich gar nicht funktioniert. Alle bisher behandelten Probleme machen einfaches NAT unbrauchbar.

Windows 2000

Zu ICS ist ausgehend vom ersten Beispiel nicht viel zu ergänzen. Es handelt sich um ein PAT-Produkt, bei dem alle internen IP-Adressen auf 192.168.0 festgelegt sind und beim Verlassen des Netzwerks über den Port unter Verwendung der einzigen Einwähladresse umgewandelt werden. Es steht aber noch eine weitere Option zur Verfügung, die bisher nicht berücksichtigt wurde. Das über die Schaltfläche EINSTELLUNGEN geöffnete Dialogfeld enthält noch eine weitere Registerkarte, die in Abbildung 4.14 zu sehen ist.

Wie im Dialogfeld DIENSTE können an dieser Stelle spezielle Dinge für den Umgang mit den Anwendungen festgelegt werden. Damit soll das Verhalten bei Ausnahmen wie FTP behandelt werden, wo umgekehrte Verbindungen erforderlich sind. Im Vergleich zu den bisher behandelten FTP-Routinen ist diese Möglichkeit etwas weniger anpassungsfähig. Bei den FTP-Routinen musste nur ein Port solange offen gehalten werden, bis die Verbindung eingerichtet war. In diesem Fall werden wir dazu verleitet, einen Port-Bereich in das interne Netzwerk so lange offen zu halten wie der Dienst benutzt wird. Dadurch können mehrere Probleme entstehen, da ein externer Port offen ist, was uns alle Probleme einer x-zu-1-Beziehung bei der Adressumwandlung beschert. Allerdings kann auf diese Weise eine Anwendung funktionsfähig sein, die sonst nicht ausgeführt werden könnte. Der Vorteil liegt darin, dass nun diese Möglichkeit zur Verfügung steht.

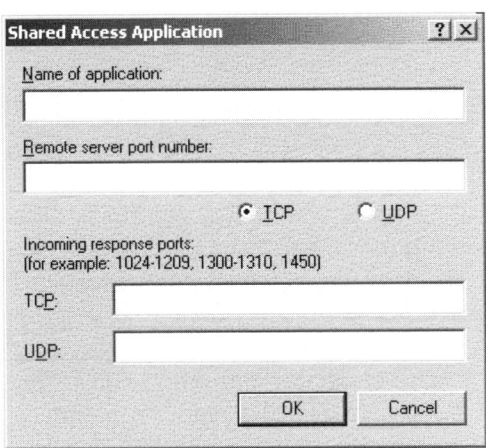

Abb. 4.14: Die ICS-Einrichtung für umgekehrte Verbindungen

Da es sich noch um eine Beta-Version handelt, ist die Dokumentation nicht sehr umfangreich. Der Versuch zeigt, dass passives FTP ohne zusätzliche Maßnahmen funktioniert. Möglicherweise gilt dies auch für andere Protokolle, allerdings hat sich Microsoft dazu bisher nicht geäußert.

Der größte Nachteil von ICS liegt wahrscheinlich darin, dass es nur über Einwahl funktioniert und DHCP erfordert. Das bedeutet, dass ICS nicht mit Kabelmodems, DSL oder anderen Techniken zusammenarbeitet, die eine LAN-Schnittstelle verwenden. Microsoft bietet zusätzlich noch den wesentlich besser ausgestatteten Microsoft Proxy-Server (MSP) an, der wesentlich flexibler ist, aber einen Preis von ca. 1.000 Dollar hat.

Es gibt noch weitere im Handel erhältliche Lösungen, die unter diesem Preis liegen oder kostenlos sind. Im Abschnitt »Verweise und Quellenangaben« finden Sie eine Liste der NAT-Produkte von NT. Als sehr leistungsfähig hat sich das Produkt Sygate erwiesen, dessen teuerste Version (unbegrenzte Anzahl interner Benutzer) nur ca. 300 Dollar kostet.

Linux IP Masquerade

IP Masquerade verwendet ebenfalls die Port-Adressumwandlung, selbst wenn es sich nur um eine interne IP-Adresse handelt. Die Umwandlung von statischem NAT in PAT mit einer x-zu-1-Beziehung ist sehr einfach. Ändern Sie die Zeile:

```
/sbin/ipchains -A forward -s 192.168.0.2/32 -j MASQ
```

in:

```
/sbin/ipchains -A forward -s 192.168.0.0/24 -j MASQ
```

Diese Änderung betrifft das gesamte interne Subnet.

Es existieren eine Reihe guter Beschreibungen für IP Masquerade. Die entsprechenden Adressen finden Sie im Abschnitt »Verweise und Quellenangaben«. Wenn Sie IP Masquerade in Ihrer Firma einsetzen wollen, sollten Sie sich die Mühe machen, diese Beschreibungen zu lesen. Außerdem müssen Sie sich mit der Dokumentation zu IPChains vertraut machen (beachten Sie den Befehl `ipchains`, der bei der Konfiguration von IP Masquerade benutzt wird). IPChains ist der in den Linux-Kernel 2.2.x integrierte Firewall. IP Masquerade reicht jedoch nicht aus, um Ihr System zu sichern.

Untersuchen wir einige Eigenschaften von IP Masquerade. Sie wissen bereits, dass es ein spezielles Modul für FTP gibt. Welche Module stehen außerdem noch zur Verfügung? Dies können Sie mit dem Befehl MODPROBE feststellen, mit dem auch die FTP-Routine installiert wird. Der Befehl MODPROBE -L führt alle verfügbaren Module auf:

```
/lib/modules/2.2.5-15/ipv4/ip_masq_vdolive.o
/lib/modules/2.2.5-15/ipv4/ip_masq_user.o
/lib/modules/2.2.5-15/ipv4/ip_masq_raudio.o
/lib/modules/2.2.5-15/ipv4/ip_masq_quake.o
/lib/modules/2.2.5-15/ipv4/ip_masq_portfw.o
/lib/modules/2.2.5-15/ipv4/ip_masq_mfw.o
/lib/modules/2.2.5-15/ipv4/ip_masq_irc.o
/lib/modules/2.2.5-15/ipv4/ip_masq_ftp.o
/lib/modules/2.2.5-15/ipv4/ip_masq_cuseeme.o
/lib/modules/2.2.5-15/ipv4/ip_masq_autofw.o
```

Sie finden in dieser Liste das FTP-Modul und können anhand der Bezeichnungen erkennen, dass es sich offensichtlich um IP Masquerade-Module handelt. Die Funktionen vieler Module sind unmittelbar erkenntlich. Bei einigen ist bekannt, dass sie im Zusammenhang mit Firewalls oder NAT Schwierigkeiten bereiten. Hierzu gehören FTP, Real Audio, Quake, IRC, CUSeeMe und VDOLive.

Es gibt eine Adresse, unter der Sie IP Masquerade-Routinen erhalten und sogar anfordern können. Einzelheiten hierzu finden Sie im Abschnitt »Verweise und Quellenangaben« dieses Kapitels.

IOS

Sie haben die PAT-Methode von Cisco ebenfalls in einem Konfigurationsbeispiel kennen gelernt. Bei dieser Variante erhalten alle internen Rechner über die IP-Adresse des Routers Zugang nach außerhalb:

```
NAT(config)#ip nat inside source list 1 interface fastethernet 0/1 overload
NAT(config)#access-list 1 permit 192.168.0.0 0.0.0.255
```

Der Router soll access list 1 (für alle 192.168.0 Adressen) verwenden und für die Umwandlung die IP-Adresse des Routers für fastethernet 0/1 als Absenderadresse benutzen.

Die vollständige Konfiguration sieht wie folgt aus:

```
!
version 12.0
service timestamps debug uptime
service timestamps log uptime
service password-encryption
!
hostname NAT
!
enable secret 5 xxxxxxxx
enable password 7 xxxxxxxx
!
ip subnet-zero
!
!
interface FastEthernet0/0
 IP address 192.168.0.1 255.255.255.0
 no ip directed-broadcast
 ip nat inside
!
interface Serial0/0
 no ip address
 no ip directed-broadcast
!
interface FastEthernet0/1
ip address 130.214.99.254 255.255.255.0
 no ip directed-broadcast
 ip nat outside
!
```

```
ip nat inside source list 1 interface fastethernet 0/1 overload
ip classless
ip route 0.0.0.0 0.0.0.0 130.214.99.1
no ip http Server
!
access-list 1 permit 192.168.0.0 0.0.0.255
!
line con 0
 transport input none
line aux 0
line vty 0 4
 password 7 xxxxxxx
 login
!
no scheduler allocate
end
```

Wenn Sie diese Konfiguration benutzen wollen, müssen Sie selbstverständlich die IP-Adressen und Namen der Schnittstellen anpassen. Außerdem wurden die Passwörter durch Kreuze ersetzt und müssen daher manuell eingesetzt werden. Es ist immer besser, Konfigurationsdateien für die Router zu bereinigen, bevor Sie diese anderen Personen zeigen.

Eine solche Konfiguration (bei der alle internen Rechner in eine externe IP-Adresse umgewandelt werden) kann nützlich bei einer Verbindung über einen Internet Service Provider sein.

Cisco bietet noch eine weitere sinnvolle Eigenschaft, die wir bisher noch nicht betrachtet haben: Sie können mit IOS die Verbindungstabellen überprüfen. Die bisherigen Beispiele waren theoretischer Natur, jetzt können wir einige reale Beispiele betrachten.

Es folgt ein Beispiel der statischen NAT-Konfiguration mit IOS:

```
NAT#sho ip nat trans
Pro Inside global      Inside local      Outside local      Outside global
tcp 130.214.99.250:1055 192.168.0.2:1055 130.214.250.9:23   130.214.250.9:
23
```

Cisco verwendet keine FIN-Flags oder Zeitgeber. Beachten Sie, dass hier vier Adress- und Port-Paare benutzt werden, da IOS in einem Gerät eine zweifache Adressumwandlung durchführen kann.

In diesem Beispiel hat der interne Rechner 192.168.0.2 eine Telnet-Verbindung (Port 23) zur Adresse 130.214.250.9 eingerichtet. Die Absenderadresse wurde in 130.214.99.250 umgewandelt. Auf der linken Seite erkennen Sie, dass es sich bei dem Transportprotokoll um TCP handelt.

Es folgt ein Beispiel für eine dynamische NAT-Konfiguration (mit einem Pool externer Adressen):

```
NAT#sho ip nat trans
Pro Inside global      Inside local     Outside local      Outside global
udp 130.214.99.200:1063 192.168.0.2:1063  130.214.250.43:53  130.214.250.43
:53
tcp 130.214.99.200:1068 192.168.0.2:1068  130.214.250.9:23   130.214.250.9:
23
tcp 130.214.99.200:1066 192.168.0.2:1066  130.214.250.9:23   130.214.250.9:
23
udp 130.214.99.200:1067 192.168.0.2:1067  130.214.250.43:53  130.214.250.43
:53
tcp 130.214.99.200:1064 192.168.0.2:1064  130.214.250.9:23   130.214.250.9:
23
udp 130.214.99.200:1065 192.168.0.2:1065  130.214.250.43:53  130.214.250.43
:53
```

Der Adresspool beginnt mit der Adresse 130.214.99.200, die für den gleichen Rechner für alle Verbindungen verwendet wird. In diesem Fall werden weitere Telnet-Verbindungen und einige DNS-Verbindungen (UDP Port 53) eingerichtet.

So sieht die Zustandstabelle für dieses PAT-Beispiel aus, wenn alle internen Rechner über die IP-Adresse des Routers gehen:

```
Pro Inside global       Inside local     Outside local      Outside global
icmp 130.214.99.254:256 192.168.0.2:256  130.214.250.9:256  130.214.250.9:
256
udp 130.214.99.254:1069 192.168.0.2:1069 130.214.250.43:53  130.214.250.43
:53
tcp 130.214.99.254:1070 192.168.0.2:1070 130.214.250.9:23   130.214.250.9:
23
```

Hier liegen TCP-, UDP- und ICMP-Verbindungen vor. Beachten Sie, dass bei den ICMP-Verbindungen so etwas wie eine Port-Nummer erscheint. Einige NAT-Geräte verlangen Zustandsinformationen für ICMP, um es unterscheiden zu können. Es ist nicht ganz klar, ob dies hier der Fall ist. Möglicherweise hat der Router einen Teil des Ping-Stroms durch 256 oder eine entsprechende Darstellung ersetzt, die auf diese Weise verfolgt wird.

Während einer FTP-Sitzung mit PAT-Konfiguration sieht die Tabelle folgendermaßen aus:

```
NAT#sho ip nat trans
Pro Inside global       Inside local     Outside local      Outside global
tcp 130.214.99.254:1080 192.168.0.2:1080 192.138.151.73:21  192.138.151.73
```

```
:21
tcp 130.214.99.254:1081 192.168.0.2:1081  192.138.151.73:20  192.138.151.73
:20
NAT#sho ip nat trans
Pro Inside global     Inside local     Outside local     Outside global
tcp 130.214.99.254:1082 192.168.0.2:1082  192.138.151.73:20  192.138.151.73
:20
tcp 130.214.99.254:1080 192.168.0.2:1080  192.138.151.73:21  192.138.151.73
:21
```

Das erste Listing gibt den Zustand nach einem LS-Befehl des FTP-Clients wieder. Die Verbindung verläuft zum Port 21 und kommt in der umgekehrten Richtung vom Port 20. Das zweite Listing zeigt den Zustand nach einem weiteren LS-Befehl. Der vorherige Eintrag für die umgekehrte Verbindung ist jetzt nicht mehr vorhanden. Am Schluss kann es erforderlich sein, die Umwandlungstabelle manuell zu bereinigen:

```
NAT#clear ip nat trans *
NAT#show ip nat trans
```

```
IETF WORK
```

4.4 Wo liegen die Vorteile?

Wenn Sie die vorangegangenen Abschnitte dieses Kapitels aufmerksam gelesen haben, dann sind Ihnen die Vorteile der Adressumwandlung wahrscheinlich bereits deutlich geworden. Der Hauptvorteil liegt darin, dass mit einer verhältnismäßig kleinen Anzahl öffentlicher IP-Adressen viele interne Rechner mit dem Internet verbunden werden können. Das verschafft Ihnen auch ein gewisses Maß an Flexibilität für Verbindungen zu anderen Netzwerken.

Das Ziel, nur eine geringe Anzahl von IP-Adressen für ein NAT Gerät mit vielen internen Rechnern zu verwenden, ist in der Regel das Motiv für den Einsatz von NAT. Dieses Ziel wird in der Praxis mit einer bestimmten Art der Adress-umwandlung erreicht, nämlich mit der Port-Adressumwandlung (PAT). PAT erlaubt vielen internen Rechnern die Verwendung einer geringen Anzahl von IP-Adressen (oft nur einer einzigen Adresse) für den Zugang zum Internet.

NAT bietet gleichzeitig eine gewisse Anpassungsfähigkeit im Fall von Veränderungen oder Ausfällen. Manchmal fällt ein Rechner aus oder wird an einen anderen Standort verschoben. In einer solchen Situation ist es einfacher,

Adressen mit dem Router so umzuwandeln, dass sie auf einen neuen oder einen vorhandenen Server mit einer neuen Adresse verweisen, anstatt viele Client-Rechner neu zu konfigurieren. Auf diese Weise kann auch bei Adresskonflikten die Situation temporär bereinigt werden.

Für Manager

Wie viele IP-Adressen werden tatsächlich benötigt?

Für die Verbindung zum Internet gibt es inzwischen wesentlich mehr Lösungen als noch vor ein paar Jahren. Hierzu gehören Modems, ISDN, herkömmliche Standleitungen, DSL, Kabel, Satelliten und anderes mehr. Preise, Leistung, Zuverlässigkeit und Verfügbarkeit sind sehr unterschiedlich, aber alle Lösungen haben eines gemeinsam: Je mehr IP-Adressen Sie benötigen, um so teurer wird es. Aus finanzieller Sicht ist es sinnvoll, mit so wenig IP-Adressen wie möglich auszukommen. NAT leistet gute Arbeit bei der Reduzierung der erforderlichen IP-Adressen. Mit PAT können meist alle internen Rechner über nur eine IP-Adresse auf das Internet zugreifen. Das kann entscheidend sein, wenn die Zugriffstechnik nur eine IP-Adresse zulässt, wie zum Beispiel beim Einwählen (Modem, ISDN). Planen Sie Ihrerseits den Einsatz öffentlich zugänglicher Dienste wie z. B. Web- oder DNS-Server, dann benötigen Sie mehrere IP-Adressen. Normalerweise stellt das kein Problem dar, weil der Zugriff über das Einwählen für öffentliche Server in der Regel nicht die angebrachte Technik ist. Sie können PAT dennoch für den internen Zugriff auf das Internet über nur eine IP-Adresse einsetzen, damit Ihnen genügend weitere Adressen für die Server zur Verfügung stehen. Setzen Sie einen öffentlichen Server ein, dann sollten Sie aber nicht davon ausgehen, dass NAT die richtige Lösung für die Sicherheit bietet. Dies trifft nicht zu, es muss vielmehr eine vollständige Lösung für die Sicherheit gesucht werden, zu der wahrscheinlich ein Firewall gehört.

4.5 Aspekte der Leistungsfähigkeit

Die Kosten für die erwähnten NAT-Leistungsmerkmale sind nur schwer zu beziffern. Die Leistungen von ICS für Windows NT sind sicherlich eine Schwachstelle, da eine Schnittstelle für das Einwählen vorhanden sein muss. ICS ist für eine Einwählverbindung sicherlich leistungsfähig genug. IP Masquerade sollte einigen aussagekräftigen Tests unterzogen werden, zur Zeit liegen solche Testergebnisse aber leider noch nicht vor. Darüber hinaus ist

Linux in ständiger Entwicklung begriffen, sodass häufig Veränderungen vorgenommen werden, die auch Leistungssteigerungen mit sich bringen können. Linux eignet sich für viele unterschiedliche Rechnerplattformen, sodass Leistungsengpässe beim Einsatz von IP durch den Einsatz leistungsfähigerer Hardware aus dem Weg geräumt werden können. Die Firma Cisco macht unter der folgenden Adresse einige Angaben:

```
http://www.cisco.com/warp/public/458/41.html#Q6
```

Cisco nennt auch die Leistungsmerkmale der Router 4500, 4700 und 7500. Der Router 4500 überträgt ca. 7,5-8,0 MB/s für alle Paketgrößen beim Einsatz von Ethernet mit 10 MB. Das Modell 4700 leistet unter gleichen Bedingungen 10 MB/s. Die Leistungen des Modells 7500 liegen zwischen 24 MB/s für 64 Byte große Pakete und 96 MB/s bei einer Paketgröße von 1.500 Byte beim Einsatz von Fast Ethernet.

Bei allen beschriebenen NAT-Paketen hängen die Leistungen aber selbstverständlich auch davon ab, was das Betriebssystem sonst noch leisten muss. Wird auf dem ICS-Server gleichzeitig ein CPU-intensives Spiel ausgeführt, dann beeinträchtigt dies die Leistung. Führt ein Cisco Router eine Verschlüsselung der Daten durch, geht der Datendurchsatz ebenfalls zurück.

Es ist nicht weiter verwunderlich, dass eine Adressumwandlung im Vergleich mit einer einfachen Weiterleitung zeitintensiver ist. Auf der oberen Schicht verläuft die Weiterleitung in einfachen Schritten:

1. Das Paket wird empfangen.

2. Die Prüfsummen werden berechnet.

3. Die Routing-Tabelle wird durchsucht.

4. Das TTL-Feld wird heruntergesetzt.

5. Die Prüfsummen werden erneut berechnet.

6. Das Paket wird übertragen.

Vergleichen Sie diese Schritte mit denen bei der Adressumwandlung:

1. Das Paket wird empfangen.

2. Die Prüfsummen werden berechnet.

3. Stammt das Paket von außerhalb der Schnittstelle, wird nach einem übereinstimmenden Eintrag in der Verbindungstabelle gesucht.

4. Die Routing-Tabelle wird durchsucht.

5. Es wird überprüft, ob die ausgehende Schnittstelle für NAT markiert ist.

6. Es wird festgelegt, welche Abschnitte des Pakets verändert werden müssen.

7. Handelt es sich um das erste Paket einer neuen Verbindung, wird ein Tabelleneintrag erstellt.

8. Handelt es sich um einen PORT-Befehl oder etwas Vergleichbares, wird der Datenabschnitt umgeschrieben und ein neuer Tabelleneintrag angelegt.

9. Handelt es sich um ein FIN-Paket, wird der Tabelleneintrag entfernt.

10. Das Paket wird wie erforderlich verändert.

11. Die Prüfsummen werden erneut berechnet.

12. Das Paket wird übertragen.

Selbst wenn die CPU schnell genug ist, nimmt die Verweildauer doch zu, da für die einzelnen Schritte Eintragungen und das Suchen im Speicher erforderlich sind. In den meisten Fällen stellt die Leistungsfähigkeit hier jedoch kein Problem dar. Normalerweise wird die Adressumwandlung nur dann problematisch, wenn der Router bereits sehr stark belastet ist.

Für IT-Profis

Die Entscheidung für ein Produkt

Diese Entscheidung hängt wahrscheinlich von Ihren Betriebssystemkenntnissen und der möglicherweise bereits vorhandenen Ausstattung ab. Setzen Sie UNIX ein, kann die Wahl auf IP Masquerade oder ein ähnliches Produkt fallen. Wenn Sie Windows NT verwenden, muss es sich um ein Produkt für dieses Betriebssystem handeln, aber wahrscheinlich werden Sie sich nicht für ICS entscheiden. ICS eignet sich nur für den Einsatz im häuslichen LAN, was nicht weiter überrascht, da es für diesen Zweck entwickelt wurde. In einigen Fällen eignet es sich nicht einmal für dieses Einsatzgebiet, wenn beispielsweise ein Kabelmodem gemeinsam genutzt werden soll. Sind Sie für ein Netzwerk verantwortlich und setzen vielleicht bereits einen Cisco Router ein, kann NAT auch dort implementiert werden. Neben Cisco Routern gibt es aber auch weitere Marken, die NAT verwenden. Die gewählte Lösung muss auf jeden Fall im Zusammenhang mit der gewählten Plattform funktionieren, da es nicht nur um die Adressumwandlung, sondern auch um die Sicherheit geht. Wenn Sie eine Verbindung zum Internet herstellen, sind Gefahren für die Sicherheit Ihres Systems unvermeidlich. Sie müssen das eingesetzte Betriebssystem so sicher wie möglich einrichten und sollten sich daher für das Betriebssystem entscheiden, mit dem Sie sich am besten auskennen.

4.6 Proxies und Firewalls

Nach der ausführlichen Behandlung von NAT und dessen Arbeitsweise wenden wir uns nun der Sicherheit zu. Bisher wurden Firewalls nur am Rande und im Zusammenhang mit der Adressumwandlung erwähnt. Zu Beginn werden einige grundlegende Definitionen und anschließend die Unterschiede und Ähnlichkeiten von Firewalls und NAT-Anwendungen erläutert.

Die Antwort auf die Frage, was ein Firewall ist, bleibt Auffassungssache. Ursprünglich bezeichnete der Begriff eine Barriere, die eine bestimmte Zeit einem Feuer widerstehen kann. In Gebäuden gibt es beispielsweise Wände oder Teile davon, die als Brandschutz gedacht sind und einen Brand eine bestimmte Zeit aufhalten sollen, um den Schaden zu begrenzen. Diese Definition des englischen Begriffs wird vielfach auf elektronische Geräte übertragen und bezeichnet eine Barriere, die unbefugte Eindringlinge für eine bestimmte Zeit zurückhalten kann und einzelne Teile eines Netzwerks voneinander trennt. Wird eine solche Sperre in einem Teil des Netzwerks durchbrochen, dann sind nicht gleichzeitig alle übrigen Teile ebenfalls davon betroffen.

Nach anderen Definitionen besteht ein Firewall aus den Eigenschaften X, Y und Z, wobei X, Y und Z beliebige Eigenschaften eines Firewall bezeichnen können. Unter einem Firewall wird auch ein Teil der Sicherheitsstruktur verstanden, der den Datenverkehr anhält. Des Weiteren wird die Meinung vertreten, ein Firewall bestehe aus den Elementen, die einen bestimmten Datenverkehr zulassen.

Diese Diskussionen der Philosophen der Firewalls, von denen einige an deren Entwicklung beteiligt waren, werden oft über Mailing-Listen ausgetragen. Störend dabei ist lediglich, dass man sich nicht auf eine Terminologie einigen kann.

In der Praxis wird die Definition eines Firewall von den Firmen festgelegt, die Produkte mit diesem Namen verkaufen. Es zeigt sich, dass die Situation gar nicht so schwierig ist, wie dies auf den ersten Blick erscheinen mag, da fast alle diese Produkte bestimmte Eigenschaften teilen. Deshalb gehen wir von dieser Tatsache aus und untersuchen die einzelnen Eigenschaften.

4.6.1 Paketfilter

Netzwerke sind aufgrund ihrer Eigenart dafür ausgelegt, soviel Daten so schnell wie möglich weiterzuleiten. Ursprünglich waren Router nicht dafür vorgesehen, irgendwelche Dinge zu blockieren, mit Ausnahme vielleicht der beschädigten Pakete (eine fehlende Übereinstimmung der Prüfsummen), da die Sicherheit in den Anfängen des Internet von untergeordneter Bedeutung war.

Es werden einige Anekdoten erzählt, die vermuten lassen, dass das Filtern der Datenpakete infolge von aufgetretenen Fehlern eingeführt wurde. Irgendjemand hat irgendwo einen Konfigurationsfehler gemacht, der einen Datenverkehr ausgelöst hat, der andernorts jemandem Probleme bereitet hat. So entstanden die Paketfilter.

Paketfilter sind Instanzen, die Pakete filtern. Im allgemeinen übernehmen Router diese Aufgabe, sie kann aber auch von normalen Komponenten wie Windows NT oder Linux durchgeführt werden. Die ersten Paketfilter konnten Pakete anhand der enthaltenen IP-Adressen blockieren, später auch anhand der Port-Nummern. Moderne Paketfilter verwenden eine Reihe von Kriterien, unter anderem die IP-Adressen, Port-Nummern, die Transportart, bestimmte Flags in den TCP-Headern und andere mehr.

Paketfilter waren lange Zeit Bestandteil der herkömmlichen Firewalls aus Proxies und Routern (mehr hierzu finden Sie im folgenden Abschnitt über die Proxies). Üblicherweise blockieren sie mit Hilfe von Richtlinien bestimmte Arten des Datenverkehrs. Nach dem Erkennen von Attacken können sie aktiv reagieren (z.B. den Datenaustausch mit einem bestimmten Adressbereich blockieren).

Die traditionellen Paketfilter verändern die Pakete nicht und berücksichtigen daher keine Zustandsänderungen. Sie können also lediglich Pakete den Filter passieren oder nicht passieren lassen, aber keine Entscheidungen anhand des Inhalts der Pakete treffen. Außerdem sind diese Paketfilter statisch, sodass die Regeln nicht aufgrund des Datenverkehrs variiert werden können.

Viele Paketfilter können nach dem Kriterium »gesichert« filtern, wodurch der Eindruck erweckt wird, sie könnten den Verlauf des Datenaustauschs verfolgen. In Wirklichkeit steht »gesichert« aber lediglich für das im TCP/IP-Header gesetzte ACK-Bit.

Paketfilter besitzen genau wie Firewalls deutliche Einschränkungen. Wenden wir uns noch einmal dem Umgang mit FTP zu. Angenommen, Sie möchten einem internen Rechner FTP-Zugriff im Internet gestatten. Die Verbindung für den Steuerungskanal ist recht einfach. Die Filterregel besagt, dass interne

IP-Clients eine Verbindung zu beliebigen externen IP-Servern über den Port 21 einrichten können. Außerdem kann die Regel für gesicherte Verbindungen aktiviert werden, damit gesicherte Pakete von außen nach innen gesendet werden können. An diesem Punkt funktioniert die Steuerverbindung und Sie sind verhältnismäßig geschützt. Beim Umgang mit den umgekehrten Verbindungen kommt es jedoch zu Problemen. Nur das ACK-Bit des ersten zurückkommenden Pakets ist gesetzt, daher nützt die Regel für gesicherte Verbindungen in diesem Fall nichts. Sie wissen nicht, welcher interne IP-Port das Paket erwartet und können nur vermuten, dass der Wert über 1023 liegt.

Daher bleibt Ihnen lediglich die Möglichkeit, eine Regel für den Paketfilter festzulegen, die besagt, dass beliebige IP-Pakete vom TCP-Port 20 an jeden IP-Client mit einem TCP-Port > 1023 gesendet werden dürfen. Dadurch entsteht eine große Sicherheitslücke, da die Betriebssysteme Dienste über Port-Adressen ausführen, die über dem Wert 1023 liegen. Viele dieser Dienste besitzen bekannte Sicherheitsrisiken. Jeder, der herausfindet, dass Sie Zugriff auf alle internen IP-Adressen an den Ports über 1023 zulassen, kann dann unberechtigter Weise zugreifen, wenn der Absender-Port 20 benutzt wird. Für versierte Angreifer entspricht dies einer Situation ohne Firewall.

FTP ist hier nur ein nahe liegendes Beispiel. Wenn Sie sich die Routinen für IP Masquerade anschauen, werden Sie viele weitere Beispiele für Protokolle finden, die in gleicher Weise behandelt werden müssen.

Führt ein bestimmter Rechner jedoch keine verletzbaren Dienste an Ports über 1023 aus und wird dieser Rechner anders gesichert, wäre es akzeptabel, den Paketfilter so zu konfigurieren, dass er den Datenaustausch nur in der beschrieben Weise entsprechend der lokalen Sicherheitsrichtlinie zulässt. Solche Rechner werden manchmal auch als *Bastion* bezeichnet. Den normalen Benutzern sind so konfigurierte Rechner allerdings in der Regel weniger nützlich und eignen sich daher nicht als reguläre Arbeitsstationen, sondern nur als Proxy.

4.6.2   Proxies

Proxies wurden bereits zu Beginn des Kapitels erwähnt. Ein Proxy ist ein Rechner oder eine Bastion, der dafür eingerichtet wurde, Anfragen für andere Rechner durchzuführen, die sich in der Regel im internen Netzwerk befinden. Die Einzelheiten zur Funktionsweise eines Proxy werden im Folgenden behandelt.

Der Paketfilter wurde bisher so konfiguriert, dass nur Datenverkehr aus dem Internet an den Proxy gesendet werden kann. Da die Konfiguration korrekt durchgeführt wurde, ist es nicht weiter von Belang, dass im Internet Ports benutzt werden, die einen höheren Wert als 1023 haben. Mit einem zusätzlichen Paketfilter zwischen dem Proxy und dem internen Netzwerk können böswillige Benutzer an einem Angriff auf den Proxy gehindert werden. Abbildung 4.15 zeigt den entsprechenden Aufbau.

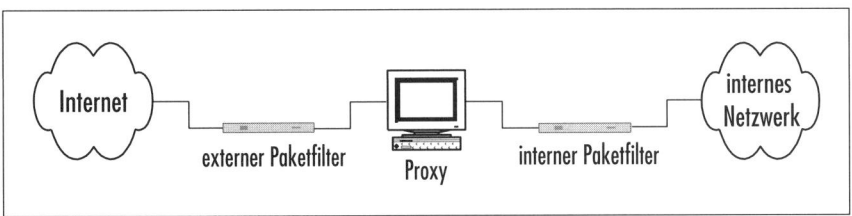

Abb. 4.15: Ein geschützter Proxy-Server

Abbildung 4.14 entspricht eher einer logischen als einer physischen Darstellung. Sie können zwar alle gezeigten Element implementieren, um den gewünschten Effekt zu erreichen, dies ist jedoch nicht erforderlich. In der Abbildung scheint der Proxy zwei Schnittstellen zu besitzen, normalerweise trifft dies jedoch nicht zu. Der Datenaustausch kann problemlos über eine Schnittstelle durchgeführt werden, wenn die Adressen vom filternden Router korrekt gehandhabt werden. Bei einer Paketfilterung mit Hilfe eines anpassungsfähigen Routers reicht ein Modell mit drei Schnittstellen anstelle zweier Router mit jeweils zwei Schnittstellen aus. Anhand der Abbildung ist der Datenfluss jedoch leichter verständlich.

Der interne Paketfilter erfüllt neben dem Schutz des Proxy vor internen Benutzern noch eine weitere Funktion. Sollte der Proxy in irgendeiner Form gefährdet sein, schützt er die internen Rechner vor dem Proxy selbst. Dieses wichtige Konzept wird auch demilitarisierte Zone (DMZ) genannt. Dieser Begriff wird im Zusammenhang mit den Firewalls sehr unterschiedlich interpretiert. Einige Puristen sprechen von einem Netzwerk nur außerhalb der externen Schnittstelle eines Firewall (oder in unserem Fall außerhalb des externen Paketfilters). Nach unserer Definition handelt es sich um »ein Netzwerksegment, das weder der internen noch der externen Seite traut und dem von der internen Seite nicht vertraut wird«. Das Wort Vertrauen bezeichnet in diesem Fall ungehinderten Netzwerkzugriff. In diesem Sinne vertraut das Internet jedem, da jeder Zugriff erhält. Das interne Netzwerk vertraut niemandem und niemand erhält internen Zugriff. Die demilitarisierte Zone wird von vielen auch als dritte Schnittstelle eines Firewall betrachtet (die erste und zweite Schnittstellen sind die interne und die externe).

Wie funktioniert nun ein Proxy im Einzelnen? Wir stellen zu Beginn die herkömmlichen Proxies vor. In der Hauptsache agiert ein Proxy als Server für interne Rechner und als Client für das Internet. Interne Rechner müssen entweder eine modifizierte Software oder eine veränderte Prozedur für die Nutzung eines Proxy verwenden. Traditionelle Proxies sind keine Router und der Code für das Routing sollte für einen traditionellen Proxy auch abgeschaltet oder auf einen Rechner, der als Bastion fungiert, verlagert werden. Senden Sie ein Paket an einen Proxy, dessen IP-Empfängeradresse nicht mit der des Proxy übereinstimmt, verwirft der Proxy dieses Paket. In all unseren Beispielen für NAT blieb die Empfängeradresse der Pakete immer diejenige des endgültigen Empfängerrechners im Internet (mit Ausnahme der Beispiel für zweifaches NAT). Proxies arbeiten anders, weshalb die Clients ihr Verhalten entsprechend ändern müssen.

Als Erstes muss die IP-Empfängeradresse mit der des Proxy-Servers und nicht mit der des Servers im Internet übereinstimmen, den der Benutzer erreichen will. Betrachten wir als einfaches und theoretische Beispiel Telnet.

Bei einer NAT-Lösung wird einfach eine Telnet-Verbindung mit dem entsprechenden Namen oder der Adresse eingerichtet. Wenn wir dieses Beispiel auf einen Proxy für Telnet-Verbindungen übertragen, muss das Programm so angelegt sein, dass es auf Netzwerkverbindungen wartet und einen Port des Proxy dafür auswählt. Es kann sich dabei um den Port 23 handeln, was den regulären Telnet-Mechanismus des Proxy-Rechners verändert (sofern er vorhanden ist). Es kann aber auch ein eigener Port gewählt werden. In unserem Beispiel entscheiden wir uns für den Port 2000. Unser Programm akzeptiert TCP-Verbindungen und fragt nach einem Namen oder einer IP-Adresse. Über diesen Namen wird versucht, eine Verbindung über den Port 23 herzustellen. Wurde die Verbindung eingerichtet und Daten vom Port 23 des externen Rechners an den internen Rechner gesendet, werden alle folgenden Daten des internen Rechners (z.B. die Benutzereingaben) an den externen Rechner gesendet.

Ein interner Benutzer, der eine auswärtige Telnet-Verbindung herstellen möchte, muss jetzt den Port 2000 des Proxy benutzen und den Namen des Rechners eingeben, mit dem die Telnet-Verbindung eingerichtet werden soll. Wurde die Verbindung eingerichtet, kann der Benutzer mit dem externen Rechner kommunizieren.

In der Praxis ist das Telnet-Protokoll selbstverständlich nicht so simpel aufgebaut, aber das Beispiel veranschaulicht die zugrunde liegende Idee: der Client muss den Proxy darüber informieren, was er vor hat. Der Proxy richtet stellvertretend für den Client die Verbindung ein, nimmt Daten entgegen und leitet sie an den Client weiter, bzw. leitet Daten vom Client an den Server weiter.

Für FTP besteht das gleiche Problem: die umgekehrten Verbindungen. Der Proxy verwendet die gleichen Tricks wie ein PAT-Gerät, allerdings in leicht veränderter Form. Der Proxy geht bei der Verbindung für den Steuerkanal (zu Port 21) mit Ausnahme des PORT-Befehls mehr oder weniger genauso vor wie im Telnet-Beispiel. Beim Erkennen des PORT-Befehls im Datenstrom nimmt der Proxy die gleiche Veränderung wie ein PAT-Gerät vor und ersetzt die eigene Adresse. Der Proxy fordert vom Betriebssystem einen verfügbaren Port an, hört diesen Port ab und sendet diese Port-Nummer. Er muss eine Kopie des ursprünglichen PORT-Befehls für spätere Rückbezüge aufbewahren. Stellt der externe Server eine Rückverbindung zum Proxy her, öffnet dieser eine Verbindung zum internen Rechner des ursprünglichen PORT-Befehls und sendet die Daten.

Inwiefern unterscheidet sich nun die Situation eines internen FTP-Benutzers? Hier ergibt sich ein Problem. Das Telnet-Beispiel zeigt sehr anschaulich, wie zusätzliche Eingaben vom Benutzer entgegen genommen werden. Bei FTP ergibt sich das Problem, dass es sehr viele unterschiedliche Client-Programme für FTP gibt. Dabei reicht die Skala von einfachen Befehlszeilen-Clients, die den Benutzern viele unterschiedliche Möglichkeiten für Eingaben zur Verfügung stellen, bis hin zu den GUI-FTP-Clients, die fast alle Funktionen über Auswahl und Klicken durchführen.

Eine Möglichkeit besteht darin, dass der interne Benutzer einen besonderen Benutzernamen eingeben muss, beispielsweise `anonymous@ftp.example.com`. Dadurch wird der Proxy angewiesen, mit dem Benutzernamen `anonymous` eine Verbindung zum FTP-Server `ftp.example.com` herzustellen. Das Passwort wird unverändert weitergereicht.

Dies funktioniert mit jedem FTP-Client, der den Benutzer auffordert, einen Benutzernamen und ein Passwort einzugeben. Schwierig wird es, wenn Web-Browser einem FTP-Link folgen, weil dann automatisch der Benutzer `anonymous` und die jeweilige E-Mail-Adresse des Browsers benutzt werden und eine Abfrage gar nicht stattfindet.

Web-Browser stellen generell ein Problem dar. Wie veranlasst der Benutzer einen Browser, ein Verbindung zum Proxy herzustellen und wie wird der URL der eigentlichen Site dem Proxy übergeben? Hierfür können Tricks eingesetzt werden, bei denen spezielle URLs eingeführt und der Proxies als Web-Server behandelt werden. Theoretisch funktioniert das zwar, solche Mechanismen sind jedoch nicht sehr praktisch. Die Benutzer werden dieser Mechanismen schnell überdrüssig und werden sich beklagen.

Für den Zugriff auf den Proxy gibt es eine besondere Taktik, nämlich den Einsatz spezieller Client-Software. Dabei wird im Wesentlichen die Client-Software für den Zugriff auf einen Proxy-Server so verändert, dass der Benutzer das Gleiche tun muss wie bei einer direkten Verbindung zum Internet und die Software für die Benutzung des Proxy verantwortlich ist. Führt der Benutzer ein spezielles Telnet-Programm aus, dann nimmt dieses den Kontakt zum Proxy auf und informiert diesen unsichtbar über den gewünschten Server. Der Benutzer muss bei diesen speziellen Clients lediglich die Verbindung zum gewünschten Server angeben. Da dies für jedes Client-Programm eingerichtet werden kann, müssen sich die Benutzer nicht um Details kümmern.

Leider gibt es sehr viele Client-Programme und oft steht der Quellcode für die entsprechenden Änderungen nicht zur Verfügung. Außerdem würde der Einsatz eigener Proxy-Software zu sehr vielen unterschiedlichen Proxy-Protokollen führen, sodass die Einrichtung fester Normen sinnvoll wäre.

Zurzeit sind die Proxy-Protokolle SOCKS und CERN ein weit verbreiteter Standard, auf die hier aber nicht genauer eingegangen wird. Das Proxy-Protokoll CERN entstand aus einer Proxy-Eigenschaft des HTTP-Servers der CERN und ist daher ein Proxy-Protokoll für HTTP. Dieses Protokoll war sehr wichtig, weil es die ersten Web-Browser unterstützte. SOCKS unterstützte in ähnlicher Weise sehr früh Browser, bietet jedoch den Vorteil, dass es beliebige Port-Nummern verwenden kann. Selbstverständlich muss der Proxy-Server, auf dem SOCKS eingesetzt wird, nach wie vor das Protokoll für die entsprechende Port-Nummer unterstützen.

Mit dem Aufkommen von SOCKS wurden auch einige Client-Programme umgeschrieben, wie zum Beispiel rtelnet und rftp. Hierbei handelt es sich um die an SOCKS angepassten Versionen der Telnet- und FTP-Programme. Da der Quellcode für UNIX vorliegt, ist die Wahrscheinlichkeit sehr groß, dass Versionen für die meisten UNIX-Plattformen kompiliert werden können. Später wurde SOCKS auch von Drittherstellern von Windows-Anwendungen unterstützt. Heutzutage unterstützen in der Regel alle Client-Programme für den Einsatz von Proxies SOCKS. Weitere Informationen zu SOCKS finden Sie im Abschnitt »Verweise und Quellenangaben«.

Die Tatsache, dass SOCKS beliebige Ports unterstützt, wirft die Frage auf, ob es so etwas wie einen generischen Proxy gibt. Das ist tatsächlich der Fall. Gibt es keine umgekehrten Verbindungen oder Ähnliches, kann der Proxy einen Datenstrom weiterleiten und ist in diesem Fall mit einer Telnet-Verbindung vergleichbar.

Ein solcher Proxy wird oft als geschalteter Proxy oder *Plug Gateway* bezeichnet (nach der plug-gw-Eigenschaft eines bekannten, auf einem Proxy basierenden Firewall der Firma Gauntlet). SOCKS-Proxies können im Allgemeinen solche Einrichtungen unterstützen, wenn dies erwünscht ist.

Der Client kann auch durch eine Veränderung des IP-Stapels dazu veranlasst werden, den Proxy zu benutzen. Bei dieser Lösung handelt es sich um eine Art Anpassung. Der Microsoft Proxy-Server (MSP) funktioniert auf diese Weise und besitzt eine Anpassung für Microsoft Windows-Clients. Der MSP unterstützt auch das SOCKS-Protokoll für die anderen Clients. Daher kann der MSP beliebige Client-Programme für Windows unterstützen, wenn es sich um einfache Protokolle handelt oder bereits eine entsprechende Routine vorhanden ist.

Bevor wir das Thema der Proxies abschließen, sei noch erwähnt, dass einige Proxies jetzt über die Option der Transparenz verfügen, die das Modell der bisherigen Funktionsweise der Proxies verändert. Wie bereits ausgeführt wurde, verlangen die traditionellen Proxies von den Clients ein verändertes Verhalten. Transparente Proxies können wie PAT-Geräte automatisch als Router und Proxy agieren. Diese Proxies besitzen den entscheidenden Vorteil, dass sie keine besondere Software oder Konfiguration des Client verlangen. Der Unterschied zwischen PAT und einem transparenten Proxy wird im Abschnitt »Unterschiede zwischen Proxy-Server und NAT« behandelt.

4.6.3 Zustandsorientierte Paketfilter

Proxies und Paketfilter wurden weiterentwickelt. Die Paketfilter sind inzwischen mit Hilfe der zustandsorientierten Paketfilterung (SPF für engl. Stateful Packet Filter) in der Lage, Zustandsinformationen zu sammeln. Ein zustandsorientierter Paketfilter kann beispielsweise auf einen PORT-Befehl warten und nur den notierten Port für die Rücksendung zulassen, ohne den Zugriff auf Ports über 1023 zuzulassen. Anstatt jedes TCP-Paket mit gesetztem ACK-Bit passieren zu lassen, werden nur diejenigen durchgelassen, die ausgegangenen Paketen entsprechen. Diese kleine Erweiterung des Aufzeichnens der Geschichte einer Verbindung steigert die Leistungsfähigkeit der Paketfilter ganz enorm.

Beispiele für eine rein zustandsorientierte Paketfilterung gibt es kaum, da meist noch eine weitere Fähigkeit hinzukommt, die im Folgenden vorgestellt wird. Ein Beispiel für den beschriebenen zustandsorientierten Paketfilter ist ein Router des Herstellers Cisco, der reflexive Zugriffslisten verwendet. Diese Zugriffslisten können sich basierend auf anderen Verbindungen der Zugriffsliste, mit denen sie übereinstimmen, selbst in einer bestimmten Weise verändern.

4.6.4 Zustandsorientierte Paketfilter mit Umschreibung

Die vorangegangene Definition der zustandsorientierten Paketfilterung wird nicht allgemein geteilt. Obwohl von einem Filter gesprochen wird, wird unter einem zustandsorientierten Paketfilter meist ein Gerät verstanden, das Pakete beim Passieren verändert. Diese zusätzliche Fähigkeit verleiht den zustandsorientierten Paketfiltern eine nahezu vollständige Kontrolle über die Pakete.

Die Möglichkeit zum Umschreiben der Pakete erweitert ein Gerät mit Paketfilter um die Fähigkeit zur Adressumwandlung (NAT). Voraussetzung für das NAT-Verfahren ist die Fähigkeit, Pakete umzuschreiben und Informationen über die geänderten Zustände aufzuzeichnen. Es stellt sich heraus, dass die für PAT erforderlichen Verbindungstabellen im Wesentlichen die gleichen wie für die zustandsorientierte Paketfilterung sind. Sind Sie in der Lage eine zustandsorientierte Paketfilterung durchzuführen, dann kann auch das PAT-Verfahren ohne weiteres hinzugefügt werden, und umgekehrt.

Viele der auf dem Markt angebotenen Firewalls basieren auf der zustandsorientierten Paketfilterung, auch wenn die zugrunde liegende Technik manchmal mit anderen Begriffen bezeichnet wird. Der Firewall-1 des Marktführers Checkpoint verwendet beispielsweise einen Filter mit der Bezeichnung Stateful Multi-Layer Inspection (SMLI), bei dem es sich um einen zustandsorientierten Filter handelt. Ein weiteres bekanntes Beispiel ist der PIX Firewall von Cisco.

Wir wollen uns nicht weiter mit der Funktionsweise der zustandsorientierten Paketfilter befassen, denn wenn Sie die Einzelheiten der Port-Adressumwandlung nach dem PAT-Verfahren verstanden haben, ist Ihnen auch die Arbeitsweise der zustandsorientierten Paketfilter klar. Die für die zustandsorientierte Paketfilterung erforderlichen Tabellen sind die gleichen wie beim PAT-Verfahren. Ein Firewall in Form eines zustandsorientierten Paketfilters muss genauso viel Arbeit leisten wie ein PAT-Gerät und sollte im Idealfall mehr leisten, damit die Gültigkeit der Daten besser überprüft und Inhalte gefiltert werden können.

4.6.5 Unterschiede zwischen Proxy-Server und dem NAT-Verfahren

An dieser Stellen sollen die Unterschiede zwischen Proxies und den unterschiedlichen NAT-Verfahren erörtert werden. Zu diesem Zweck können alle NAT-Varianten, die Paketfilter und die zustandsorientierten Paketfilter herangezogen werden. Transparente Proxies bilden zwar in gewisser Hinsicht einen Sonderfall, werden aber in diesem Zusammenhang wie herkömmliche Proxies behandelt.

Oberflächlich betrachtet scheinen Proxies und die NAT-Verfahren den gleichen Zweck zu erfüllen: in beiden Fällen werden viele Rechner hinter einer IP-Adresse verborgen und der Datenstrom beim Passieren verändert, um der Adressänderung Rechnung zu tragen. Beide zeichnen die Zustände der komplizierteren Protokolle auf, um diese richtig behandeln zu können.

Die Ergebnisse scheinen zwar gleich zu sein, die Mittel, mit denen sie erreicht werden, sind jedoch sehr unterschiedlich. Intern werden die Pakete von den unterschiedlichen Geräten (ein Proxy oder ein NAT-Gerät) unterschiedlich behandelt. Als Hauptunterscheidungsmerkmal kristallisierte sich heraus, dass beim NAT-Verfahren im Wesentlichen mit den Paketen operiert wird, während ein Proxy mit einem Datenstrom arbeitet. Betrachten wir zunächst die Auswirkungen für den Proxy.

Erhält eine Server ein Paket, überprüft er zuerst, ob das Paket für ihn gedacht ist (ob die Empfängeradresse mit einer seiner Adressen übereinstimmt). Für einen traditionellen Proxy trifft dies zu. Anschließend wird das Paket an den IP-Stapel des Servers weitergegeben. Gehört das Paket zu einer bestehenden Verbindung, wird der Datenabschnitt des Pakets herausgelöst und für das Lesen durch das Proxy-Programm in einen Puffer gestellt. Handelt es sich um eine neue Verbindung, wird ein neuer Puffer eingerichtet und dem Proxy-Programm mitgeteilt, dass eine neue Verbindung zu bedienen ist, der Vorgang im Übrigen aber der gleiche ist.

Muss der Proxy etwas senden, läuft der Vorgang umgekehrt ab. Die vom Proxy zu versendenden Informationen werden in einen Ausgangspuffer gestellt. Die TCP/IP-Software des Servers entnimmt dem Puffer diese Informationen und bindet sie in Pakete ein, die anschließend verschickt werden.

Beim Internet-Protokoll können die Pakete sehr unterschiedliche Größen haben. Große Pakete können in einzelne Fragmente unterteilt werden, damit Netzwerke durchlaufen werden können, die nur Paketrahmen einer bestimmten Größe unterstützen. Ein 2000 Bytes großes Paket würde beispielsweise zum Durchqueren eines Ethernet-Segments mit einer MTU von 1.500 Bytes in zwei Fragmente zerlegt. Auf dem Proxy-Server fügt der IP-Stapel die Fragmente wieder zusammen, bevor sie in den Puffer gestellt werden. Im Idealfall muss keine Fragmentierung durchgeführt werden. Wenn möglich, vermeiden die Rechner eine Übertragung von Paketen, die fragmentiert werden müssen. Ein Rechner kann nicht immer entscheiden, ob eine Fragmentierung auf dem Weg durch das Netzwerk erforderlich ist oder nicht, sodass der Rechner am besten keine Pakete überträgt, die größer als die des lokalen Netzwerks sind.

Die Frage der Fragmentierung zeigt einen interessanten Punkt auf: die Anzahl der bei einem Proxy-Server eingehenden Pakete muss nicht unbedingt gleich der Anzahl der ausgehenden Pakete sein. Stark vereinfacht ausgedrückt, kann ein Proxy-Server ein einziges Paket mit dem Inhalt »Hello World!« erhalten, aber zwei Pakete mit den Inhalten »Hello« und »World!« weiterreichen. Das kann auch umgekehrt der Fall sein. Der Proxy empfängt die eine Zeichenfolge und schreibt diese in einen anderen Puffer, wobei möglicherweise Veränderungen durchgeführt werden. Dabei ist uninteressant, wie das Paket aufgeteilt wird. Wird ein FTP PORT-BEFEHL registriert, wird dieser gelesen, die vorzunehmenden Änderungen durchgeführt und dann die veränderte Version weitergereicht. Es sind keine besonderen Maßnahmen zu ergreifen, wenn der Befehl länger oder kürzer ist.

Vergleichen wir dies mit dem Verhalten eines NAT-Geräts. Empfängt der IP-Stapel eines NAT-Geräts ein Paket, das nicht an ihn adressiert ist (was normalerweise der Fall ist), versucht es das Paket weiterzuleiten. Beim Weiterleiten hat das NAT-Gerät Gelegenheit, das Paket zu bearbeiten. Mit Ausnahme von Fragmenten und einer Reihe von Sonderfällen gehen beim NAT-Verfahren jeweils ein Paket ein und eines aus, wobei die Paketgröße grundsätzlich unverändert bleibt. Wird ein PORT-Befehl ausgelöst, muss das NAT-Gerät die Pakete so unverändert wie möglich lassen. Das bedeutet, dass ein besonderer Code zum Verlängern oder Verkürzen eines Pakets zur Anpassung an eine längere oder kürzere Adresse erforderlich sein kann. Beim Eintreffen von Fragmenten muss das NAT-Gerät normalerweise diese auch wieder zusammenfügen. Fragmente sind aber in gewisser Weise auch Pakete, da sie Bestandteil eines großen Pakets sind. Insgesamt betrachtet bleibt die Anzahl ein- und ausgehender Pakete also gleich.

Bezüglich der Folgen für die Sicherheit gibt es für beide Methoden ein Pro und Kontra. Bestimmte Angriffe basieren auf der exakten Struktur des Pakets. Bei einem Proxy werden die Pakete auseinander gerissen, daher haben solche Attacken auf interne Rechner wenig Aussicht auf Erfolg. Da aber der Proxy die Pakete selbst bearbeitet, kann er auch anstelle eines internen Rechners Gegenstand eines Angriffs werden. Ein NAT-Gerät wird wahrscheinlich nicht Opfer einer gleichartigen Attacke, kann diese jedoch an den internen Rechner weiterleiten, wo sie dann zum Erfolg führen kann. Bei diesen Angriffen handelt es sich glücklicherweise meist um Angriffe zur Verweigerung eines Dienstes, die zwar zum Versagen, aber nicht zu einer Verletzung der Integrität der Informationen führen können. Im einen Fall bricht der Firewall zusammen, im anderen bleibt er aktiv, der interne Rechner fällt jedoch aus. Keiner der beiden Fälle ist erwünscht, daher hängt eine Entscheidung von der Einschätzung des Firewall-Administrators ab. Niemand möchte, dass der Firewall ausfällt, auf der anderen Seite besteht dessen Aufgabe aber gerade darin, das interne Netzwerk zu schützen.

Ein weiterer großer Unterschied zwischen einem NAT-Gerät und einem Proxy-Server betrifft die Überprüfung und das Verändern von Daten. Eine Reihe von Proxy-Produkten sind bezüglich der Sicherheit eher konservativ ausgerichtet. Sie enthalten Proxies für Protokolle, bei denen die Entwickler sehr sicher waren, dass sie deren Gültigkeit leicht überprüfen können. Sie entwickelten eine bestimmte Vorstellung davon, was zulässige Werte sind und gestalteten den Proxy so, dass er diese berücksichtigt und gegebenenfalls entsprechende Korrekturen durchführt. Sieht es so aus, als hätte ein bestimmtes Protokoll ein inhärentes Problem, wird dafür kein Proxy entwickelt und die Kunden davon abgehalten dieses Protokoll einzusetzen.

Viele NAT-Produkte scheinen anders angelegt zu sein. Mit minimalem Aufwand wird die Durchlässigkeit für ein Protokoll realisiert und oft wird versucht, so viele Protokolle wie möglich zuzulassen. Standardmäßig besteht eine Neigung zu größerer Offenheit. Wird intern ein Verbindungsaufbau mit einem unbekannten Protokoll angefordert, wird trotzdem versucht diese Anforderung weiterzuleiten.

Dieser Vergleich ist insofern nicht fair, als die besten Proxies-Lösungen mit den schlechtesten NAT-Implementierungen verglichen werden. Selbstverständlich gibt es Produkte für beide Varianten, die sich im mittleren Bereich treffen. Ein versierter Firewall-Administrator kann eine NAT-Lösung sicher gestalten und ein weniger erfahrener Administrator kann einen guten Proxy falsch konfigurieren. Dennoch sind bestimmte Tendenzen zu beobachten: NAT-Geräte gehen normalerweise nicht über die vierte Schicht hinaus, wenn die Funktion eines Protokolls gewährleistet werden soll (wie das FTP-Beispiel gezeigt hat). Proxies gehen grundsätzlich über die Schicht 4 hinaus und selbst die einfachsten (die leitungsorientierten Proxies) operieren auf Schicht 5. Je höher die Stufe im Stapel ist, umso höher ist die Sicherheit.

Trotz allem bleibt das Ganze eine philosophische Frage, weil Sie nicht das Konzept eines Firewalls, sondern ein bestimmtes Produkt erwerben, welches jeweils nach seinen eigenen Leistungen bewertet werden muss.

Zudem ist die Diskussion an vielen Punkten überflüssig, weil die Grenzen zwischen zustandsorientierten Paketfiltern und einem Proxy fließend sind. Die neusten Versionen im Handel erhältlicher Firewalls umfassen sowohl Eigenschaften der Proxies als auch der zustandsorientierten Paketfilter. Der

Firewall-1 enthält beispielsweise eine Reihe von Sicherheitsservern, die für das Weiterreichen der Pakete nach dem NAT-Verfahren aktiviert werden können. Sie besitzen erweiterte Fähigkeiten wie beispielsweise eine zusätzliche Authentifizierung, das Entfernen nicht erwünschter Inhalte (wie Java oder ActiveX) und eine Sperre für bestimmte Sites über deren Namen oder URL. Viele der Proxy-Firewalls wurden in transparente Firewalls umgewandelt, was eine bestimmte Veränderung der Funktionsweise erforderlich macht. Sie müssen kurz gesagt eine Funktion der zustandsorientierten Paketfilterung durchführen, um die Pakete an die Proxy-Software weiterzugeben, wenn sie ursprünglich nicht an den Proxy adressiert waren.

4.6.6 Nachteile der zustandsorientierten Paketfilterung

Bezüglich der Sicherheit können viele Nachteile genannt werden. Hinsichtlich der Funktionalität gibt es jedoch keine Beanstandungen. Die Produkte unterscheiden sich zwar in ihrer Leistungsfähigkeit und der Wartung, wenn jedoch für ein Produkt angegeben wird, dass es ein bestimmtes Protokoll bedienen kann, trifft dies gewöhnlich auch zu.

Proxies sind im Allgemeinen aus einem einfachen Grund etwas langsamer: sie führen mehr Operationen mit den weiterzuleitenden Informationen durch. Sie entfernen Adressköpfe, setzen neue ein, weisen Sockel zu und puffern oder kopieren sehr viele Daten. Die zustandsorientierte Paketfilterung lässt viele dieser Operationen aus. Bei Protokollen, die wenig Arbeit erfordern, ist dies ein Vorteil. Bei Protokollen, die mit Umsicht behandelt werden müssen, ist es ein Nachteil. Allgemeiner Konsens scheint zu sein, dass komplizierte Protokolle besser mit Proxy-Software als nach dem NAT-Verfahren bearbeitet werden können. Scheinbar vereinfacht das Aufheben des Pakets als Einheit den Prozess zumindest für die TCP-Protokolle. Besteht die Auswahlmöglichkeit zwischen beiden Varianten beim Einsatz eines einzigen Produkts, bleiben die Grenzen zwischen Paketfilterung und Proxy fließend. Der Firewall-Entwickler kann jeweils die bessere Lösung für ein Protokoll wählen.

Die Option der Transparenz für die Proxies bietet viele Vorzüge. Wenn nicht die Software aller internen Rechner geändert werden muss, damit diese Neuerung unterstützt wird, ist dies von großem Vorteil. Einige Informationen gehen bei dieser Option aber immer verloren.

Bei herkömmlichen Proxies stellt sich nie die Frage, welches Protokoll zu wählen ist, insbesondere dann nicht, wenn es für jedes Protokoll ein eigenes Programm gibt. Nimmt der Benutzer beispielsweise Kontakt mit dem Telnet-

Proxy auf, dann wird das Telnet-Protokoll verwendet und bei einem HTTP-Proxy dementsprechend HTTP. Wenn Sie häufiger im Web surfen, ist Ihnen bestimmt schon aufgefallen, dass einige URLs andere Port-Nummern angeben. Zum Beispiel

```
http://www.example.com:8080
```

anstelle von

```
http://www.example.com
```

In diesem Fall verlangt der Web-Server den Kontakt anstatt über den standardmäßigen Port 80 für HTTP ausdrücklich über den Port 8080. Für traditionelle Proxies stellt dies kein Problem dar, da sie wissen, dass Sie HTTP über den Port 8080 benötigen.

Dies funktioniert, weil der Proxy vom Client sowohl die Angabe des Protokolls als auch des Port verlangt. Bei einem transparenten Proxy ist der Client nicht auf eine besondere Weise eingerichtet. Der Benutzer merkt unter Umständen nicht einmal, dass ein Proxy vorhanden ist und gibt deshalb auch kein Protokoll an. Wird Kontakt zum Port 80 aufgebaut, nimmt der Proxy an, dass es sich beim Protokoll um HTTP handelt (was in den meisten Fällen auch stimmt) und behandelt es dementsprechend. Gibt der Browser den Port 8080 an, muss der Proxy von einer anderen Voraussetzung ausgehen. Port 8080 wird häufig als nicht standardmäßiger HTTP-Port benutzt, was aber nicht immer so sein muss. Der Proxy muss entweder HTTP oder ein leitungsorientiertes Protokoll wählen. Im Allgemeinen kann diese Auswahl konfiguriert werden.

Was geschieht in der folgenden Situation?

```
http://www.example.com:21
```

Irgendein Spaßvogel hat für seinen Web-Server den Port 21 gewählt und der Benutzer versucht nun eine Verbindung herzustellen. Der Proxy wird in diesem Fall annehmen, dass das FTP-Protokoll benutzt werden soll. Die Wahrscheinlichkeit, dass die Verbindung nicht zustande kommt, ist sehr groß.

Da transparente Proxies gezwungen sind, bezüglich der den Protokollen zugewiesenen Port-Nummern von Annahmen auszugehen, gehen einige Informationen verloren. In der Regel gibt es dabei keine Probleme, aber Ausnahmen sind immer möglich. Das gleiche Problem stellt sich für die zustandsorientierte Paketfilterung.

Manchmal wird argumentiert, dass eine auf der zustandsorientierten Paketfilterung basierende Architektur es dem Firewall-Administrator zu leicht
macht, riskante Dinge zuzulassen. Das heißt mit anderen Worten, dass die
zustandsorientierte Paketfilterung mehr Möglichkeiten bietet, bestimmte
Dinge zuzulassen oder sie zu unterbinden. Dieses Argument trifft aber nicht
mehr zu, da die meisten Proxies über ähnliche Möglichkeiten verfügen.

Die meisten Firewalls sind für die Konfiguration der Richtlinien mit einer
grafischen Benutzeroberfläche ausgestattet. Bei sehr umfangreichen Richtlinien kann dies sehr angenehm sein. Erfahrenere Firewall-Administratoren
beklagen sich jedoch oft darüber, dass dies das Verständnis dessen, was der
Firewall tatsächlich tut, behindert. Die Kritik wendet sich dagegen, dass
einem komplizierten Produkt der Anschein der Einfachheit verliehen wird,
was Neulingen die falsche Sicherheit gibt, sie hätten alles verstanden, was
abläuft. Hier wird der Begriff Sicherheit falsch verstanden.

4.7   Zusammenfassung

Die Netzwerkadressumwandlung (NAT) verändert beim Weiterleiten eines
Pakets durch ein NAT-Gerät die Adresse der Schicht 3 des Pakets. Die Adressen anderer Protokolle wie die von IPX könnten auch umgewandelt werden,
die große Mehrheit der erhältlichen NAT-Lösungen führen die Adressumwandlung aber nur mit IP-Adressen durch. Oft reicht eine Änderung der Protokolle der Schicht 3 nicht aus, da zusätzlich Informationen höherer Schichten verändert werden müssen. Die Adressumwandlung und die Sicherheit
stehen häufig in einem engen Zusammenhang.

Die dem NAT-Verfahren zugrunde liegenden Gedanken haben ihren
Ursprung wahrscheinlich in den frühen, auf einem Proxy basierenden Fire-
wall-Lösungen. Proxy-Server erlauben dem Administrator, den Datenverkehr nach Inhalten zu filtern und dem externen Netzwerk gegenüber den
Eindruck zu erwecken, die Pakete stammten alle von einer IP-Adresse.

Normalerweise richten Proxy-Administratoren einen filternden Router
(einen Paketfilter) so ein, dass der direkte Zugriff von innen auf externe und
von außen auf interne Rechner gesperrt ist. Die Konfiguration gestattet nur
internen Rechnern eine direkte Kommunikation mit dem Proxy. Dadurch
sind interne Clients gezwungen, den Proxy zu benutzen, wenn sie auf das
externe Netzwerk zugreifen möchten. Der Punkt des Netzwerks, den der
gesamte Datenverkehr auf dem Weg ins Internet passieren muss, stellt eine
Schlüsselstelle dar. Es muss darauf geachtet werden, dass der Proxy-Server
so sicher wie möglich konfiguriert wird.

Ein Nebeneffekt eines Proxy-Firewalls ist die Tatsache, dass der externe Rechner nur eine IP-Adresse kennen muss. Dadurch wird die Anzahl der erforderlichen öffentlichen, routingfähigen IP-Adressen auf eine Adresse reduziert. RFC 1918 berücksichtigt diesen Umstand und stellt eine Reihe von IP-Adressbereichen für die private Nutzung in den Bereichen hinter den Proxy-Servern und den NAT-Firewalls zur Verfügung. Ein NAT-Gerät agiert normalerweise als Router.

Mehrere NAT-Verfahren stehen zur Verfügung. Ein Verfahren nimmt eine statische Adressumwandlung vor, eine 1-zu-1-Zuweisung zwischen zwei IP-Adressen. In einer Richtung wird entweder die Absender- oder die Empfängeradresse umgewandelt, in der anderen Richtung verläuft der Vorgang umgekehrt. Normalerweise wird die Absenderadresse umgewandelt, es gibt aber auch Situationen, in denen auch die Empfängeradresse umgewandelt wird. Eine mögliche Verwendung für die Umwandlung der Empfängeradresse ist die Umleitung von Client-Rechnern an einen anderen Server, ohne dass dabei eine erneute Konfiguration der Geräte erforderlich ist.

Ein NAT-Router muss normalerweise zwischen einer internen und einer externen Schnittstelle unterscheiden, damit er erkennt, ob und wann eine Umwandlung der Absender- oder Empfängeradressen erforderlich ist. Aufgrund der 1-zu-1-Beziehung spart die statische Adressumwandlung Adressraum.

Eine weitere Variante der statischen Adressumwandlung ist das zweifache NAT-Verfahren, bei dem sowohl die Absender- als auch die Empfängeradressen gleichzeitig umgewandelt werden. Dies kann nützlich für das Verbinden zweier Netzwerke sein, welche die gleiche Adresse verwenden.

Bei einer statischen Adressumwandlung auf der Schicht 3 wird der Datenstrom nicht verändert, was bei einigen Protokollen zu Problemen führen kann. Ein klassisches Beispiel für ein Protokoll, das IP-Adressen im Datenstrom weiterreicht, ist FTP. Damit das statische NAT-Verfahren (bzw. in diesem Fall jedes NAT-Verfahren) mit FTP funktioniert, muss der FTP PORT-Befehl beim Passieren geändert werden. Dies muss auch funktionieren, wenn der PORT-Befehl sich über mehrere Pakete erstreckt.

Ein weitere Variante des NAT-Verfahrens ist die dynamische Adressumwandlung. Beide Verfahren sind sehr ähnlich, unterscheiden sich aber darin, dass es sich einmal um eine 1-zu-x- und einmal um eine x-zu-x-Adresszuweisung handelt. Bei der statischen Zuweisung werden die Adressen beim Passieren aus einem Adresspool entnommen. Gibt es jedoch mehr interne als externe Adressen, kann es zu Konflikten kommen. Um diese Gefahr zu vermindern, versuchen die NAT-Geräte nicht mehr benötigte Adressen zu erkennen. Dies geschieht mit Hilfe von Zeitgebern und dem Erkennen von Paketen, die das Ende einer Verbindung ankündigen.

Um diese Veränderungen verfolgen zu können, müssen bei der dynamischen Adressumwandlung die IP-Adressen, Port-Nummern, FIN-Bits und Zeitgeber in Verbindungstabellen aufgezeichnet werden. Aber selbst mit diesen Mechanismen kann es bei der dynamischen Adressumwandlung zu Ressourcenkonflikten kommen, die dazu führen, dass interne Rechner keine Verbindung nach außerhalb herstellen können. Hier sind weitere Verbesserungen erforderlich.

Die Port-Adressumwandlung (PAT) ist ein NAT-Verfahren, bei dem mehrere interne Rechner eine externe IP-Adresse gemeinsam und gleichzeitig benutzen können. Hierzu werden sowohl die Port- als auch die IP-Adressen umgewandelt. Stellt ein interner Rechner eine Verbindung nach auswärts her, können der Absender-Port und die -Adresse umgewandelt werden. Der NAT-Router zeichnet auf, welche Absender-Ports benutzt werden und vermeidet Konflikte bei der Auswahl neuer Absender-Ports. Das PAT-Verfahren führt zur gewünschten Einsparung der Adressen und gewährt gleichzeitig ein gewisses Maß an Sicherheit.

Bei der Port-Adressumwandlung wird wie bei der dynamischen Adressumwandlung eine Verbindungstabelle unterhalten. Außerdem müssen bei diesem Verfahren bei Bedarf dynamisch Ports geöffnet werden, um Protokolle mit Rückverbindungen handhaben zu können (z.B. FTP). Die meisten NAT-Lösungen basieren auf der Port-Adressumwandlung und können bei Bedarf die statische Adressumwandlung einsetzen.

Die wichtigste Eigenschaft der Adressumwandlung ist das Einsparen von IP-Adressen. Ferner kann es bei bestimmten Netzwerkproblemen als vorübergehende Lösung eingesetzt werden. Normalerweise führt die Adressumwandlung zu geringen Leistungsverlusten, die aber in der Regel vernachlässigt werden können, es sei denn, ein Netzwerk steht unter besonders starken Belastungen.

Proxies und Firewalls haben eine etwas andere Aufgabe als die Adressumwandlung, wenngleich beide auch häufig gemeinsam eingesetzt werden. Firewalls sind für die Sicherheit gedacht, was in diesem Fall eine Kontrolle der Netzwerkverbindungen bedeutet. Historisch betrachtet gibt es verschieden Arten von Firewalls: Proxies, Paketfilter und statische Paketfilter (zustandsorientierte Paketfilterung).

Die Clients müssen eine Verbindung mit dem Proxy anstatt mit dem eigentlichen Server herstellen. Der Proxy sucht den angeforderten Inhalt und übergibt diesen dem internen Client. Wie bei der Adressumwandlung müssen auch die Proxies einige der weitergereichten Protokolle für den richtigen Umgang mit diesen verstehen.

Paketfilter werden häufig im Zusammenhang mit Proxies eingesetzt, um den notwendigen Schutz und den Effekt zu erzielen, dass der gesamte Datenverkehr über den Proxy laufen muss. Paketfilter berücksichtigen keine Zustandsveränderungen und müssen für bestimmte Protokolle wie zum Beispiel FTP oft große Port-Bereiche offen halten. Die Paketfilter werden wie die Adressumwandlung meist durch Router realisiert.

Bei der zustandsorientierten Paketfilterung werden Paketfilter verwendet, die Zustandsveränderungen berücksichtigen. Außerdem können die meisten zustandsorientierten Paketfilter Pakete bei Bedarf umschreiben. Kann ein zustandsorientierter Paketfilter Pakete umschreiben, kann er theoretische alle notwendigen Dinge mit einem Paket durchführen, einschließlich einer Adressumwandlung. Die für die Port-Adressumwandlung erforderlichen Verbindungstabellen sind fast die gleichen wie die für die zustandsorientierte Paketfilterung.

Die NAT-Verfahren (und die zustandsorientierte Paketfilterung) unterscheiden sich von einem Proxy eindeutig in der Art und Weise, wie die einzelnen Eigenschaften realisiert werden. Bei der Adressumwandlung ist die den Operationen zugrunde liegende Einheit das Paket. Bei einem Proxy ist es ein Datenstrom. Praktisch wirkt sich das so aus, dass ein Proxy ein Paket auf seinem Weg mehrfach zerlegt und wieder zu der gleichen oder einer anderen Anzahl von Paketen zusammensetzt. Ein NAT-Gerät verlassen dagegen immer genauso viele Pakete wie eingegangen sind.

Die meisten zurzeit auf dem Markt erhältlichen Firewalls vereinigen in sich eine Mischung aus Proxy und zustandsorientierter Paketfilterung. Ein weiterer Vorteil liegt darin, dass sie transparent sind und keine zusätzliche Software oder Konfiguration der internen Client-Rechner erfordern.

4.8 Häufig gestellte Fragen

Frage: Warum funktioniert Programm X nicht?

Antwort: Wenn Sie einen Firewall, ein NAT-Gerät, einen Proxy oder etwas Ähnliches verwalten, werden Sie unweigerlich irgendwann mit der Frage konfrontiert werden, warum eine vom Benutzer gerade heruntergeladene Beta-Version eines Protokolls für Streaming-Medien nicht funktioniert. Aus unbekannten Gründen neigen Protokolle für Streaming-Medien dazu, Rückverbindungen zu verwenden. Versuchen Sie Folgendes um das Protokoll zum Funktionieren zu bringen:

- Schauen Sie auf der Web-Site des Herstellers nach. Oftmals finden Sie dort Antworten auf häufig gestellte Fragen bezüglich der Kooperationsfähigkeit mit Firewalls. Manchmal handelt es sich nur um eine einfache Option, die für das Client-Programm eingestellt werden muss. Vielleicht finden Sie auch Hinweise zur erforderlichen Konfiguration des Firewall.

- Fragen Sie beim Hersteller Ihres Firewall nach Aktualisierungen für den Umgang mit diesem Protokoll. Die meisten Firewall-Hersteller unterhalten eine Web-Site, auf der Sie nach dem fraglichen Protokoll suchen können.

- Überprüfen Sie die Protokolldateien des Firewall und stellen Sie fest, ob Rückverbindungen abgelehnt werden. Vielleicht müssen Sie auch mit einem Protokollanalysator feststellen, wo das Problem liegt.

Es kann aber auch sein, dass Sie dieses Protokoll gar nicht zulassen möchten. Wenn Sie sehr sicherheitsbewusst sind, befürchten Sie unter Umständen Schwachstellen in dem neuen Programm, welche die Sicherheit Ihres Netzwerk ernsthaft gefährden könnten. In letzter Zeit sind Schwachstellen an den Clients immer häufiger aufgetreten.

Frage: Warum kann irgendeine Verbindung nicht hergestellt werden?

Antwort: Das hängt von der ursprünglichen Einrichtung des NAT-Geräts, des Firewall oder Proxy ab. Es kommen sehr viele Möglichkeiten in Frage, insbesondere sollten Sie aber Folgendes berücksichtigen:

- Achten Sie darauf, dass das Routing richtig funktioniert. Wenn möglich, können Sie die NAT- oder Sicherheitseigenschaften zeitweise abschalten, um zu sehen, ob die Pakete fließen. Ist dies nicht Fall, kann es sich um ein Problem bei der Weiterleitung handeln. Andernfalls sollten Sie die Sicherheitseinstellungen überprüfen.

- Überprüfen Sie, ob der gewünschte Datenverkehr überhaupt zulässig ist. Das mag trivial klingen, häufig liegt hier aber die Ursache des Problems. Am besten schauen Sie hierfür in den Protokolldateien nach. Werden die Pakete verworfen, dann haben Sie die Datenpakete, die Sie versenden wollen, gesperrt

- Sorgen Sie dafür, dass alle erforderlichen ARP-Einstellungen vorgenommen wurden. Werden virtuelle IP-Adressen benötigt, kann es manchmal erforderlich sein, diese manuell bekannt zu geben. Dies können Sie mit einem Blick in die ARP-Tabelle des Routers überprüfen.

- Stellen Sie sicher, dass der Client richtig konfiguriert ist. Dies gilt insbesondere beim Einsatz von Proxies. Das Client-Programm muss für die Benutzung des Proxy eingerichtet sein. Achten Sie auch auf Schreibfehler und andere Fehler, die leicht zu übersehen sind.

Führen diese Schritte zu keinem Ergebnis, müssen Sie mit einem Protokollanalysator feststellen, was bei der Übertragung tatsächlich geschieht. Leider müssen Sie ihn wahrscheinlich an verschiedenen Stellen einsetzen, um ein vollständiges Bild zu erhalten (innerhalb des Firewall, außerhalb, usw.).

Frage: Wie stelle ich fest, ob meine Adresse richtig umgewandelt wird?

Antwort: Das ist ganz einfach. Am besten verbinden Sie sich mit jemandem, der Ihnen die IP-Adresse mitteilt. Handelt es sich um Ihr Netzwerk, teilt Ihnen der Router außerhalb des NAT-Geräts dies unmittelbar mit. Wenn Sie sich beispielsweise an einem Cisco Router anmelden und den Befehl SHOW USERS ausführen, erfahren Sie den DNS-Namen oder die IP-Adresse von dem Gerät, über das Sie die Verbindung hergestellt haben.

Für einen Endbenutzer ist es schwieriger, die eigene IP-Adresse zu überprüfen. Besitzen Sie ein Konto an einem Router oder UNIX-Rechner irgendwo im Internet, dann können Sie die Adresse auf diese Weise herausfinden. Sie können aber auch eine Web-Seite benutzen, die Ihnen mitteilt, von welcher IP-Adresse aus Sie zugreifen. Eine dieser Seiten finden Sie unter der Adresse:

```
http://www.anonymizer.com/3.0/snoop.cgi
```

Frage: Wie sieht eine gute Firewall-Architektur aus?

Antwort: Dies ist ein philosophische Frage, deren Beantwortung immer von subjektiven Einschätzungen abhängt. Es gibt jedoch einige allgemein akzeptierte Grundregeln. Nehmen wir ein mittleres Unternehmen mit einer permanenten Verbindung zum Internet und eigenen Web- und E-Mail-Servern als Beispiel, in dem nachträglich ein Firewall installiert werden soll.

Der Web- und der E-Mail-Server müssen aus dem Internet erreichbar sein, damit sie ihre Aufgaben erfüllen können. Außerdem müssen Sie intern erreichbar sein. Vor dem Internet sollen sie so weit möglich geschützt werden. Eine übliche Konfiguration wäre eine Firewall mit einer so genannten demilitarisierten Zone bzw. ein Firewall mit drei Schnittstellen. Abbildung 4.16 zeigt eine entsprechende Skizze.

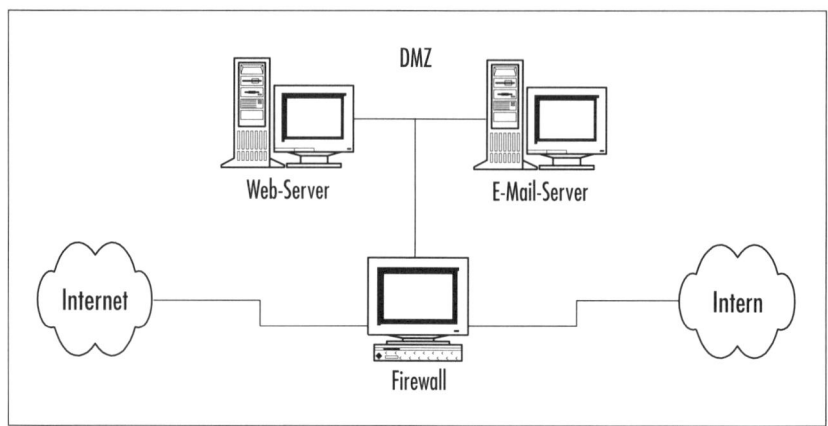

Abb. 4.16: Ein transparenter Firewall mit demilitarisierter Zone

In diesem Beispiel übernimmt der Firewall das Routing. Es kann sich ganz nach Belieben um einen Firewall mit zustandsorientierter Paketfilterung oder um einen transparenten Proxy handeln. Möchte ein interner Benutzer auf das Internet zugreifen, muss er den Firewall passieren. Soll intern oder extern auf den öffentlichen Server zugegriffen werden, erfolgt dies ebenfalls über den Firewall. Die Regeln dieses Firewall würden einen Zugriff aus dem Internet auf interne Rechner verhindern, was die Abbildung allerdings nicht deutlich macht. Wie üblich werden intern Adressen nach dem RFC 1918 verwendet und der Firewall führt ein Port-Adressumwandlung für die internen Rechner durch.

Die Richtlinien des Firewalls legen für einige wenige interne Rechner aus administrativen Gründen Zugriffsrechte für den öffentlichen Server auf einer höheren Ebene fest.

Eine wichtige Eigenschaft dieser Architektur besteht darin, dass intern der demilitarisierten Zone nicht vollständig vertraut wird. Die Rechner dieser Zone können also nicht auf das interne Netzwerk zurückgreifen, zumindest nicht über alle Ports. Wurde die Sicherheit der Rechner der demilitarisierten Zone verletzt, dann sind die internen Rechner weiterhin geschützt.

4.9   Verweise und Quellenangaben

In diesem Kapitel konnte nicht jeder Aspekt der Adressumwandlung, der Proxies und Firewalls erörtert werden, deshalb führen wir einige Verweise auf, über die Sie sich weiter informieren können. In einigen Fällen handelt es sich um allgemeine Quellen (wie etwa bei den RFCs) und in anderen Fällen um speziellere Angaben, wie etwa um die Web-Seiten von Cisco mit Informationen zur NAT-Software. Neben diesen allgemeinen Informationen stehen Ihnen aber für eine beabsichtigte Einrichtung einer der hier erwähnten Techniken auch die hier aufgeführten wichtigen Dokumentationen zur Verfügung.

4.9.1   RFCs

`http://www.cis.ohio-state.edu/htbin/rfc/rfc1918.html`

Das RFC 1918 ist das aktuelle RFC zum privaten Adressraum und zur Adress-umwandlung. Sie finden an dieser Stelle die offiziellen Informationen zu den privaten Adressbereichen (10.x.x.x, 172.16.x.x-172.31.x.x, 192.168.x.x). Zusätzlich finden Sie zu Beginn des Dokuments Links zu ähnlichen oder veralteten RFCs.

Im RFC 1918 wird das folgende RFC zur gleichen Thematik nicht erwähnt:

`http://www.cis.ohio-state.edu/htbin/rfc/rfc1631.html`

Es richtet sich an NAT-Entwickler.

4.9.2   IP Masquerade/Linux

`http://ipmasq.cjb.net/`

Diese Site ist der Ausgangspunkt für die Suche nach Informationen zu IP Masquerade. Sie finden auf dieser Seite eine Geschichte der Änderungen und einen Link zur HOWTO-Site

`http://members.home.net/ipmasq/ipmasq-HOWTO.html`,

die ihrerseits Verknüpfungen zu Seiten mit Informationen zu IP Masquerade-Mailing-Listen und IP Masquerade-Routinen enthält. Die Links dieser Seite waren zur Zeit der Entstehung dieses Buchs gerade unterbrochen (vielleicht ist dieser Fehler inzwischen behoben worden). Alternativ stehen noch folgende Adressen zur Verfügung:

```
http://www.tsmservices.com/masq/
http://www.rustcorp.com/linux/ipchains/
```

Hier finden Sie Informationen zu IPChains, welches für IP Masquerade erforderlich ist.

4.9.3   Cisco

Cisco stellt zahlreiche Dokumente zu den NAT-Implementierungen der Router zur Verfügung. Wenn Sie den Einsatz eines solchen Gerätes in Erwägung ziehen, sollten Sie diese Dokumentationen zur Rate ziehen.

```
http://www.cisco.com/warp/public/458/41.html
```

An dieser Stelle gibt Cisco Antworten auf häufig gestellte Fragen zur Adressumwandlung.

```
http://www.cisco.com/warp/public/701/60.html
```

Auf dieser Seite stellt Cisco technische Hinweise zum NAT-Verfahren, zu den unterstützten Protokollen und anderes mehr bereit.

```
http://www.cisco.com/warp/public/cc/sol/mkt/ent/ndsgn/nat1_wp.htm
```

Hierbei handelt es sich um ein Weißbuch zu NAT von Cisco. Das technische Niveau ist mit dem dieses Kapitels vergleichbar, konzentriert sich aber auf die Verfahren von Cisco. Es werden Konfigurationsbeispiele und einige in diesem Buch nicht behandelte Eigenschaften wie zum Beispiel der TCP-Lastenausgleich erörtert.

4.9.4   Windows

```
http://www.uq.net.au/~zzdmacka/the-nat-page/nat_windows.html
```

Auf dieser Seite finden Sie eine hervorragende Liste der auf Windows basierenden NAT-Produkte. Sie finden außerdem einige beachtenswerte Abschnitte zur NAT-Problematik.

Ein hervorragendes, preisgünstiges und leicht zu installierendes NAT-Produkt für Windows ist SyGate von Sybergen Networks. Unter der folgenden Adresse erhalten Sie eine Testversion:

```
http://www.sygate.com/
```

Informationen zum bereits mehrfach erwähnten Microsoft Proxy-Server finden Sie unter:

```
http://www.microsoft.com/Proxy/default.asp
```

Wenn Sie einen Einsatz dieses Produkts planen, sollten Sie sich anhand der Antworten auf die häufig gestellten Fragen informieren:

```
http://proxyfaq.networkgods.com/
```

4.9.5 NAT-Weißbücher

Zu NAT stehen eine Reihe unabhängiger Weißbücher zur Verfügung:

```
http://www.alumni.caltech.edu/~dank/peer-nat.html
```

Die folgenden Informationen konzentrieren sich auf Peer-to-Peer-Netzwerke und NAT:

```
http://www.kfu.com/~dwh/nat-wp.html
```

Es werden die dem RFC 1918 zugrunde liegenden Themen noch einmal aufgegriffen.

@Work unterhält eine Rubrik mit häufig zu NAT gestellten Fragen. Das Niveau wird durch die Benutzer festgelegt, es enthält aber einige nützliche Informationen und Definitionen:

```
http://work.home.net/whitepapers/natfaq.html
```

4.9.6 Firewalls

Zum Thema Firewall gibt es viele Rubriken mit dem Thema »Häufig gestellte Fragen«:

```
http://www.clark.net/pub/mjr/pubs/fwfaq/
```

Dies ist eine besonders gute Informationsquelle, die sehr umfangreich ist und die Grundlagen ausführlich behandelt.

```
http://www.waterw.com/~manowar/vendor.html
```

Hierbei handelt es sich um eine gute Informationssammlung zum Thema Firewalls in Form einer vergleichenden Tabelle.

```
ftp://ftp.greatcircle.com/pub/firewalls/Welcome.html
```

Hier finden Sie Mailing-Listen und Archive zum Thema Firewalls.

Unter:

```
http://www.nfr.net/Firewall-wizards/
```

finden Sie die Mailing-Liste Firewall-Wizards.

Antworten zu Fragen bezüglich des Firewall-1 finden Sie unter folgenden Adressen:

```
http://www.phoneboy.com/fw1/
http://www.dreamwvr.com/bastions/FW1_faq.html
http://www2.checkpoint.com/~joe/
```

Die letzte Adresse bietet viele praktische Anleitungen.

Subnet Masks mit variabler Länge

5

In diesem Kapitel:

- Wozu Subnet Masks mit variabler Länge dienen
- Wann Subnet Masks mit variabler Länge eingesetzt werden
- Wie VLSM-Netzwerke verwaltet werden
- Adressverwaltung in einem VLSM-Netzwerk
- Routing-Protokolle, die VLSM unterstützen
- Einen Adressplan für VLSM erstellen

5.1 Einführung

Mit Subnet Masks mit variabler Länge (VLSM für Variable Length Subnet Masks) können Netzwerkadministratoren die richtige Größe für die einzelnen Subnets festlegen. Bei Subnet Masks fester Länge sind die Subnets des Netzwerks alle gleich groß, weil jedes Gerät die gleiche Subnet Mask benutzt, unabhängig davon, wie viele Adressen jedes Subnet benötigt. Wählen Sie die Subnet Mask 255.255.254.0, dann verfügt jedes Subnet über 510 Adressen. Bei den meisten LANs liegt die Obergrenze aufgrund des Datenverkehrs und der Kapazität des physischen Mediums bei 150 Geräten.

In der Realität besitzt jedes Netzwerk, WAN oder LAN eine unterschiedliche Anzahl von Geräten. Mit VLSM kann der Adressverwalter die einzelnen Subnets besser den Bedürfnissen anpassen und den Adressraum effektiver nutzen.

5.2 Wozu werden Subnet Masks mit variabler Länge benötigt?

Es gibt ein anschauliches Beispiel für die Bedeutung von VLSM. Wenn in einem Café Torte serviert wird, ist jedes Stück gleich groß. Jeder Gast erhält ein Stück gleicher Größe, egal wie hungrig er ist (siehe Abbildung 5.1).

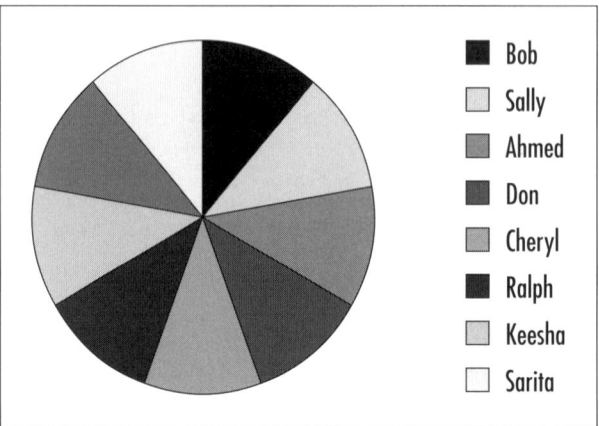

Abb. 5.1: Gleich große Tortenstücke

Das erinnert an die so genannte Tortengrafik. Im übertragenen Sinne bedeutet dies, dass jedes Subnet die gleiche Größe erhält, unabhängig davon, wie viele Adressen tatsächlich benötigt werden. Betrachten wir die andere Lösung in Abbildung 5.2. Der Appetit der Gäste ist unterschiedlich, daher erhalten alle unterschiedlich große Tortenstücke.

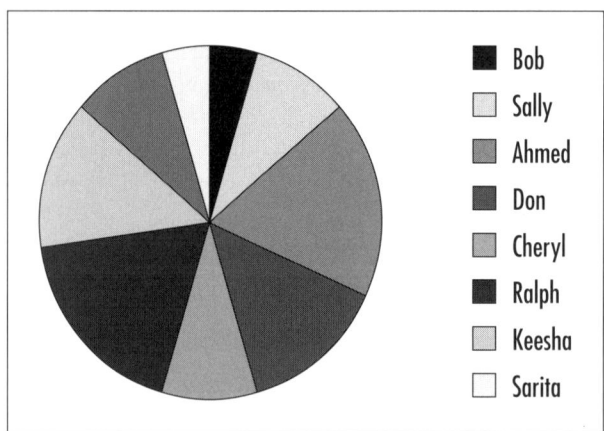

Abb. 5.2: Tortenstücke unterschiedlicher Größe

**Für IT-
Profis**

Einen auf VLSM basierenden Adressplan entwerfen

Für den Entwurf eines auf VLSM basierenden Adressplans sind genaue Kenntnisse des in Subnets zu unterteilenden Netzwerks erforderlich. In der Planungsphase für ein neues Netzwerk, erfordert VLSM zwar viel Aufwand, ist aber einfacher zu realisieren als in einem bereits bestehenden Netzwerk. In einem bestehenden Netzwerk erfordert der Wechsel von Subnet Masks mit fester Länge zu variabler Länge eine vollständige Neuadressierung des gesamten Netzwerks. Wenn Sie eine Neuadressierung in Betracht ziehen, kann es einfacher sein, eine private Adresse der Form 10.0.0.0 mit fester Länge vorzuziehen, anstatt VLSM einzusetzen. Die private Adresse bietet große Flexibilität bei der Entwicklung eines Adressierungsplans mit Hilfe von VSLM.

Bei der Unterteilung in Subnets kann es erforderlich sein, dass jedes einzelne in Abhängigkeit von der tatsächlichen Anzahl der Adressen eine unterschiedliche Größe erhält, anstatt allen Subnets die gleiche Anzahl von Adressen zuzuteilen. VLSM löst dieses Problem.

5.2.1 Größenanpassung der Subnets

Die Subnets haben dann die richtige Größe, wenn für jedes Subnet die richtige Anzahl Adressen bereitgestellt und keine Adressen vergeudet werden. Abbildung 5.3 zeigt ein einfaches Beispiel.

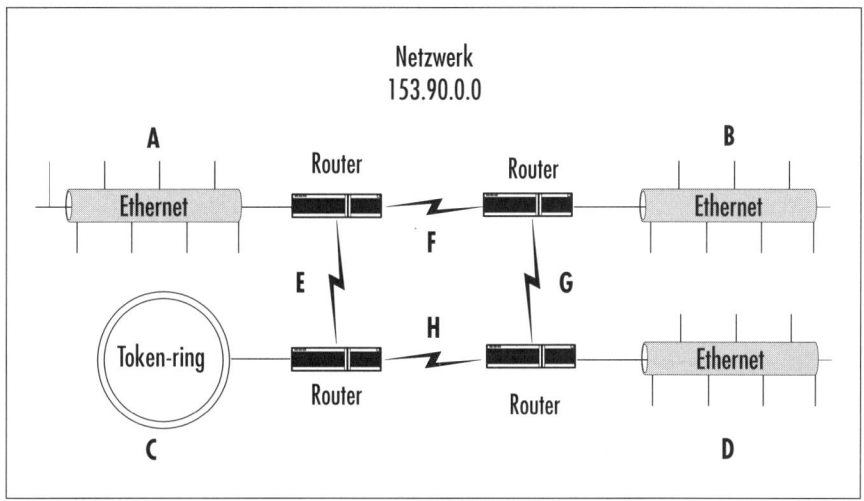

Abb. 5.3: Das Netzwerk 153.90.0.0

Diese Abbildung zeigt drei Ethernet-Netzwerke, ein Token-Ring-Netzwerk und vier Punkt-zu-Punkt-Verbindungen im WAN. Jedes von ihnen bildet ein Subnet des gesamten Firmennetzwerks. Die Anzahl der Host-Adressen jedes Subnet können Sie der Tabelle 5.1 entnehmen.

Subnet	Hosts
A	150
B	24
C	90
D	53
E	2
F	2
G	2
H	2

Tab. 5.1: Subnet-Größen

Würde dem Netzwerk dieser Klasse die Subnet Mask 255.255.255.0 zugewiesen, würde jedes Subnet über 254 Adressen verfügen, von denen viele ungenutzt blieben (siehe Tabelle 5.2).

Subnet	Hosts	Zugewiesen	Nicht genutzt
A	150	254	104
B	24	254	230
C	90	254	164
D	53	254	201
E	2	254	252
F	2	254	252
G	2	254	252
H	2	254	252
Gesamt		2032	1707

Tab. 5.2: Vergeudete Adressen

Was geschieht, wenn wir für die Subnets eine Subnet Mask benutzen, die jedem Subnet eine angemessenere Anzahl von Adressen zuweist? Mit Hilfe der Tabellen für die Subnets aus Kapitel 1 können wir die in Tabelle 5.3 aufgeführten Subnet Masks ermitteln.

Subnet	Hosts	Subnet Mask	Zugewiesene Adressen	Nicht genutzt
A	150	255.255.255.0	254	104
B	24	255.255.255.224	30	6
C	90	255.255.255.128	126	36
D	53	255.255.255.192	62	9
E	2	255.255.255.252	2	0
F	2	255.255.255.252	2	0
G	2	255.255.255.252	2	0
H	2	255.255.255.252	2	0
Gesamt			480	155

Tab. 5.3: Subnet Masks mit der richtigen Anzahl an Adressen

Diese Subnet Masks werden mit der Tabelle für Netzwerke der Klasse B ermittelt, indem jeweils die Subnet Mask gewählt wird, welche die entsprechende Anzahl Hosts pro Subnet zulässt.

Subnet A benötigt 150 Host-Adressen. Die Tabelle mit den Subnet Masks für die Klasse B gibt an, dass 255.255.255.0 eine Anzahl von 254 Adressen zur Verfügung stellt. Bei der Suche nach Alternativen zeigt sich, dass die Mask 255.255.255.192 mit 62 nicht ausreicht und 255.255.254.0 mit 510 Hosts viel zu umfangreich ist. Die Subnet Mask 255.255.255.0 entspricht also den Bedürfnissen am besten.

Die übrigen Subnets werden auf die gleiche Weise zugeordnet. Bei den Subnets E bis H war der Vorgang sehr einfach. Bei diesen Subnets handelt es sich um Punkt-zu-Punkt-Verbindungen in Form von WAN-Verbindungen, die nicht mehr als zwei Adressen benötigen. Die Entscheidung ist einfach, weil nur die Subnet Mask 255.255.255.252 zwei Adressen für jedes Subnet bereitstellt, was genau den Anforderungen entspricht.

5.2.2 Mehr Adressen oder mehr nützliche Adressen?

Ihnen ist sicher aufgefallen, dass wir durch das VLSM-Verfahren Adressen eingespart haben: die Subnets verfügen über nicht mehr Adressen als erforderlich. Diese Aussage ist nicht ganz korrekt, vielmehr liegt beim VLSM-Verfahren die Anzahl der zugewiesenen Adressen näher an der Anzahl der benötigten. Wir weisen einigen Subnets Adressen zu, die nicht genutzt werden, aber insgesamt bleiben weniger Adressen ungenutzt als bei Verwendung der Subnet Masks mit fester Länge. Tabelle 5.4 zeigt die Ergebnisse des VLSM-Verfahrens für unser einfaches Netzwerk.

	Zugewiesen	Nicht genutzt
Subnet Masks mit fester Länge	2032	1707
Subnet Masks mit variabler Länge	480	155

Tab. 5.4: Adressen einsparen

Wir benutzen nach wie vor die Adressklasse B, verwenden jetzt aber die Adressen effektiver, weil VLSM die Einrichtung mehrere Subnets der gleichen Adressklasse zulässt. Wir haben nicht mehr, sondern nützlichere Adressen erhalten.

Für IT-Profis

Einmalige Verwendung einer IP-Adresse in einem Netzwerk

Unabhängig davon, ob die Unterteilung in Subnets mit Adressen fester oder variabler Länge durchgeführt wird, in jedem Fall darf eine IP-Adresse nur einmal in einem Netzwerk benutzt werden. Es ist ein weit verbreiteter Irrtum anzunehmen, Adressen könnten in unterschiedlichen Subnets mehrfach benutzt werden. Wenn Sie mit dem VLSM-Verfahren einen Adressierungsplan entwickeln, dürfen Sie die zugewiesenen und die noch verfügbaren Adressbereiche nicht außer Acht lassen. Hierbei können Sie Hilfsprogramme unterstützen, die später in diesem Kapitel noch vorgestellt werden.

5.3 Die Bedeutung der Planung

Beim Einrichten einer Subnet-Struktur mit VLSM ist viel vorausschauende Planung sowie ein Überblick über das Netzwerk erforderlich. Dieser Überblick muss die Anzahl der erforderlichen und die Anzahl der geplanten, aber noch nicht in Anspruch genommenen Subnets, sowie die Anzahl der derzeitigen und zukünftig geplanten Geräte in jedem Subnet erfassen. Das mag aufwendig erscheinen, ist aber unumgänglich. Sie müssen einen Plan erstellen, der den aktuellen und den zukünftigen Zustand erfasst.

Die Entscheidung zum Wechsel von Subnet Masks mit fester Länge zu solchen mit variabler Länge ist für den Adressplaner, die Netzwerkadministratoren und die Benutzer eine schwere Aufgabe. Wird bei einem bereits vorhandenen Netzwerk mit Subnet Masks mit fester Länge zu variabler Länge der Subnet Masks übergegangen, ist davon die gesamte Adressstruktur des Netzwerks betroffen. Jedem Subnet wird ein neuer Adressbereich zugewiesen und der administrative Aufwand für diesen Vorgang ist enorm. Jedes Gerät muss wahrscheinlich eine neue Adresse erhalten. Daher sollte der Aufwand für eine solche Umwandlung nicht unterschätzt werden.

Haben Sie keine klaren Vorstellungen von den Anforderungen an das Netzwerk und die Subnets, kann es passieren, dass Sie einen Plan entwickeln, der nicht erfolgreich umgesetzt werden kann. Bei bereits existierenden Netzwerken kann sich am Ende der Planung herausstellen, dass alles wieder verworfen werden muss. Sie haben mit Ihren Mitarbeitern vielleicht tausend Geräte mit neuen Adressen versehen, nur um schließlich alles wieder rückgängig zu machen, weil die Planung fehlerhaft war. Die folgenden Schritte sollen Ihnen dabei helfen, auf Anhieb einen erfolgreichen Adressplan zu erstellen.

5.4 Subnets mit variabler Länge erstellen und verwalten

Zum Erstellen eines Adressplans für Subnet Masks mit variabler Größe gehören vier voneinander getrennte Phasen. Die einzelnen Phasen müssen nacheinander abgeschlossen werden:

1. Analyse der Anforderungen an die Subnets

2. Anzahl der einzelnen Subnets und der erforderlichen Knoten

3. Festlegen der Mask für jedes Subnet

4. Zuweisen von Adressen aufgrund der Anforderungen der Subnets

Es folgen die Einzelheiten zu den unterschiedlichen Phasen

5.4.1 Analyse der Anforderungen an die Subnets

Wie bereits erwähnt wurde, müssen Sie genau wissen, welche Anforderungen heute und morgen an die einzelnen Subnets gestellt werden. Ein einfaches Arbeitsblatt eines Tabellenkalkulationsprogramms oder eine Matrix für jedes Subnet ist für die Ermittlung der Bedürfnisse hilfreich. Dabei müssen *alle* Netzwerke berücksichtigt und aufgeführt werden.

Für Manager

Wie viele Subnets?

Die Beispiele dieses Kapitels berücksichtigen eine begrenzte Anzahl an Subnets. In großen Netzwerken können 500 und mehr Subnets mit VLSM zugewiesen werden. Das hier vorgestellte Verfahren ist als auch für kleine Netzwerke mit wenigen oder große mit vielen Subnets geeignet.

5.5 Anzahl der einzelnen Subnets und der erforderlichen Knoten

Nach Abschluss der detaillierten Übersicht enthält die Tabelle alle LANs und WANs mit der Anzahl der Hosts jedes Subnet (siehe Tabelle 5.5). Tabelle 5.6 enthält die gleichen Informationen, aber absteigend sortiert nach der zukünftigen Anzahl der Hosts in jedem Subnet. Mit Hilfe dieser Sortierung der Tabelle werden die Subnets nach der Anzahl der Hosts gruppiert. Subnets mit einer vergleichbaren Anzahl an Host-Adressen erhalten die gleiche Subnet Mask.

Netzwerk	Standort	Typ	Status	Aktuelle Anz. d. Hosts	Zukünftige Anz. d. Hosts
Buchhaltung	Gebäude 3, 4. Etage	LAN-Ethernet	In Betrieb	131	140
Buchhaltung zu Gebäude 4	Gebäude 3 – 4	WAN-PPP	In Betrieb	2	2
Personal	Gebäude 4, 1. Etage	LAN-Ethernet	In Betrieb	72	83
Personalexpansion	Gebäude 4, 2. Etage	LAN-100 MB Ethernet	Geplant, Frühjahr 2000		29
Logistik	Lager	LAN-Token-Ring	In Betrieb	81	89
Versand	Lager	LAN-Ethernet	In Betrieb	18	25

Tab. 5.5: Netzwerkübersicht

Netzwerk	Standort	Typ	Status	Aktuelle Anz. d. Hosts	Zukünftige Anz. d. Hosts
Lager zu Gebäude 4	Lager – Gebäude 4, 1. Etage	WAN-PPP	In Betrieb	2	2
Laderampe zu Lager	Laderampe – Lager	WAN-PPP	In Betrieb	2	2
Wareneingang	Laderampe	LAN-Ethernet	In Betrieb	14	17

Tab. 5.5: Netzwerkübersicht (Forts.)

Netzwerk	Standort	Typ	Status	Aktuelle Anz. d. Hosts	Zukünftige Anz. d. Hosts
Buchhaltung	Gebäude 3, 4. Etage	LAN-Ethernet	In Betrieb	131	140
Logistik	Lager	LAN-Token-Ring	In Betrieb	81	89
Personal	Gebäude 4, 1. Etage	LAN-Ethernet	In Betrieb	72	83
Personalexpansion	Gebäude 4, 2. Etage	LAN-100 MB Ethernet	Für den Frühling geplant		29
Versand	Lager	LAN-Ethernet	In Betrieb	18	25
Wareneingang	Laderampe	LAN-Ethernet	In Betrieb	14	17
Buchhaltung zu Gebäude 4	Gebäude 3 – 4	WAN-PPP	In Betrieb	2	2
Lager zu Gebäude 4	Lager – Gebäude 4, 1. Etage	WAN-PPP	In Betrieb	2	2
Laderampe zu Lager	Laderampe – Lager	WAN-PPP	In Betrieb	2	2

Tab. 5.6: Subnet-Adressanforderungen

5.6 Wahl der Subnet Masks

Mit der Subnet-Tabelle für die Klasse B wählen wir die Subnet Mask mit der erforderlichen Adressanzahl für jedes Subnet aus (siehe Tabelle 5.7).

Netz-werk	Standort	Typ	Status	Aktuelle Anz. d. Hosts	Zukünf-tige Anz. d. Hosts	Subnet Mask	Max. Hosts/ Subnet
Buchhal-tung	Gebäude 3, 4. Etage	LAN-Ethernet	In Betrieb	131	140	255.255.255.0	254
Logistik	Lager	LAN-Token-Ring	In Betrieb	81	89	255.255.255.128	126
Personal	Gebäude 4, 1. Etage	LAN-Ethernet	In Betrieb	72	83	255.255.255.128	126
Persona-lexpan-sion	Gebäude 4, 2. Etage	LAN-100 MB Ethernet	Geplant für Früh-jahr 2000		29	255.255.255.192	62
Versand	Lager	LAN-Ethernet	In Betrieb	18	25	255.255.255.224	30
Waren-eingang	Laderampe	LAN-Ethernet	In Betrieb	14	17	255.255.255.224	30
Buchhal-tung zu Gebäude 4	Gebäude 3 – 4	WAN-PPP	In Betrieb	2	2	255.255.255.252	2
Lager zu Gebäude 4	Lager – Gebäude 4, 1. Etage	WAN-PPP	In Betrieb	2	2	255.255.255.252	2
Lade-rampe zu Lager	Lade-rampe – Lager	WAN-PPP	In Betrieb	2	2	255.255.255.252	2

Tab. 5.7: Auswahl der Subnet Masks

Bei einer realen Planung müssen Sie genügend Freiraum für zu erwartende Erweiterungen in den einzelnen Subnets einräumen. Benötigen Sie in einem Subnet 150 Geräte, dann sehen Sie 200 und bei 40 Geräten 60 vor. Wählen Sie die richtige Subnet Mask für die heutigen und zukünftigen Bedürfnisse.

5.7 Adressen entsprechend den Bedürfnissen zuweisen

Jetzt muss jedem Subnet ein Adressbereich zugewiesen werden. Bei Subnet Masks mit fester Länge gleichen sich die Adressen und sind leicht zuzuweisen. Bei Subnet Masks mit variabler Länge sind die Adressbereiche von gleicher Bedeutung, aber schwieriger zuzuweisen. Zur Auswahl der Adressen steht Ihnen aber ein Hilfsmittel zur Verfügung.

In unserem Beispiel unterteilen wir das Netzwerk 172.38.0.0 der Klasse B in Subnets. Für dieses Netzwerk steht der Adressbereich von 172.38.0.1 bis 172.38.255.254 zur Verfügung. Die Adressen 172.38.0.0 und 172.38.255.255 sind für die Netzwerkadresse und die Rundsendungsadresse reserviert. Um die Zuweisung zu vereinfachen, werden die Netzwerkadressen basierend auf dem dritten Oktett in 256 Gruppen unterteilt. Tabelle 5.8 zeigt die 256 Blöcke für dieses Beispiel.

0	16	32	48	64	80	196	112	128	144	160	176	192	208	224	240
1	17	33	49	65	81	197	113	129	145	161	177	193	209	225	241
2	18	34	50	66	82	198	114	130	146	162	178	194	210	226	242
3	19	35	51	67	83	199	115	131	147	163	179	195	211	227	243
4	20	36	52	68	84	100	116	132	148	164	180	196	212	228	244
5	21	37	53	69	85	101	117	133	149	165	181	197	213	229	245
6	22	38	54	70	86	102	118	134	150	166	182	198	214	230	246
7	23	39	55	71	87	103	119	135	151	167	183	199	215	231	247
8	24	40	56	72	88	104	120	136	152	168	184	200	216	232	248
9	25	41	57	73	89	105	121	137	153	169	185	201	217	233	249
10	26	42	58	74	90	106	122	138	154	170	186	202	218	234	250
11	27	43	59	75	91	107	123	139	155	171	187	203	219	235	251
12	28	44	60	76	92	108	124	140	156	172	188	204	220	236	252
13	29	45	61	77	93	109	125	141	157	173	189	205	221	237	253
14	30	46	62	78	94	110	126	142	158	174	190	206	222	238	254
15	31	47	63	79	95	111	127	143	159	175	191	207	223	239	255

Tab. 5.8: Adressblöcke

Das dritte Oktett gibt die 254 möglichen Adressblöcke für die Subnet Mask 255.255.255.0 an. Benötigt ein Subnet 300 Adressen, dann können Sie mit den

Subnet Masks 172.38.1.0 und 172.38.2.0 insgesamt 510 Adressen für das Subnet zuweisen. Streichen Sie in der Tabelle 5.8 die 1 und die 2, um zu notieren, dass vollständige Blöcke mit 254 Adressen zugewiesen und folglich nicht mehr weiter unterteilt werden können. Bereiten Sie ein solche Tabelle vor, damit Sie die benutzten großen Adressblöcke notieren können.

Bei Subnet Masks mit variabler Länge und Zuweisungen von weniger als 254 Adressen, kann jeder dieser Blöcke weiter unterteilt werden, wie mit dem folgenden Beispiel veranschaulicht werden soll.

Das erste zugewiesene Subnet benutzt die Subnet Mask 255.255.255.0. Ein Adressblock der Tabelle 5.8 weist 254 Adressen zu. Dies entspricht der Anzahl der Hosts eines Adressblocks mit der Mask 255.255.255.0. 172.38.1.0 wird für das erste Subnet verwendet. Der Adressbereich dieses Subnet liegt zwischen 172.38.1.0 und 172.38.1.255. Für den Fall, dass weitere Subnets mit der Mask 255.255.255.0 benötigt werden, werden hierfür die Blöcke 172.38.2.0 bis 172.38.31.0 reserviert.

Für Manager

Adressblöcke mit gleichen Subnet Masks sollten zusammenhängen

Sinnvollerweise sollten Adressblöcke mit der gleichen Subnet Mask zusammenhängen. In diesem Beispiel werden 32 Adressblöcke für die Subnet Mask 255.255.255.0 reserviert. Für die Subnet Mask 255.255.255.128 werden weitere 32 Blöcke reserviert. Da andere Masks zu mehr Subnets führen, sollte eine entsprechende Anzahl Blöcke aufgehoben und zusammenhängend zugewiesen werden, weil eine gleichmäßige Zuweisung der Adressen zu einer gleichmäßigen Verteilung führt, die kleine Zwischenbereiche vermeidet, die keinem Subnet mehr zugewiesen werden können, weil die Anzahl der zur Verfügung stehenden Adressen nicht ausreicht.

Das zweite und dritte Subnet benutzen die Mask 255.255.255.128. Diese Mask weist die Hälfte eines Blocks von 256 Adressen zu. Es gibt 128 Adressen in der ersten Zuweisung und 128 in der anderen. In Tabelle 5.9 wurden beide Hälften des Blocks 172.38.32.0 dem zweiten Subnet zugewiesen. Der Block 172.38.32.0 wurde vollständig zugewiesen und steht für weitere Subnets nicht mehr zur Verfügung. Für den Fall, dass weitere Subnets mit der Subnet Mask 255.255.255.128 benötigt werden, reservieren wir die Blöcke 172.38.33.0 bis 172.38.63.0, was uns erlaubt weitere 62 Subnets mit 126 Adressen zuzuweisen.

Netzwerk	Standort	Subnet Mask	Max. Hosts/ Subnets	Zugewiesene Adressen
Buchhaltung	Gebäude 3, 4. Etage	255.255.255.0	254	172.38.1.0 – 172.38.1.255
Logistik	Lager	255.255.255.128	126	172.38.32.0 – 172.38.32.127
Personal	Gebäude 4, 1. Etage	255.255.255.128	126	172.38.32.128 – 172.38.32.255
Personal Erweiterung	Gebäude 4, 2. Etage	255.255.255.192	62	172.38.64.64 – 172.38.64.127
Versand	Lager	255.255.255.224	30	172.38.128.32 – 172.38.128.63
Wareneingang	Laderampe	255.255.255.224	30	172.38.128.64 – 172.38.128.95
Buchhaltung zu Gebäude 4	Gebäude 3 – 4	255.255.255.252	2	172.38.254.4 – 172.38.254.7
Lager zu Gebäude 4	Lager – Gebäude 4, 1. Etage	255.255.255.252	2	172.38.254.8 – 172.38.254.11
Laderampe zu Lager	Laderampe – Lager	255.255.255.252	2	172.38.254.12 – 172.38.254.15

Tab. 5.9: Adresszuweisungen

Beim Vervollständigen dieser Tabelle haben wir Adressen unterschiedlicher Blöcke zugewiesen. Um zu entscheiden, welche Adressen mit unterschiedlichen Subnet Masks zugewiesen werden, benutzen Sie bitte die Vorlagen am Ende dieses Kapitels.

5.8 Routing-Protokolle und VLSM

Bevor Sie mit der eigentlichen VLSM-Implementierung beginnen können, müssen Sie einige Besonderheiten verstanden haben. VLSM ist schwierig zu implementieren. Im vorangegangenen Beispiel haben wir nur eine kleine Anzahl von Subnets berücksichtigt. Die Planung einer großen Anzahl von Subnets ist zeitaufwendig und verlangt exakte Informationen. Fehler bei der VLSM-Planung können eine Reihe administrativer Probleme nach sich ziehen. Der Leiter einer EDV-Abteilung ist nicht begeistert, wenn die Netzwerkadressen mehrfach neu zugewiesen werden müssen, weil der für die Adressen zuständige Mitarbeiter einen oder zwei kleine Fehler gemacht hat.

Außerdem muss der Router des Netzwerks ein Protokoll verwenden, das VLSM unterstützt: Routing Information Protocol Version 2 (RIP2), Open Shortest Path First Protocol (OSPF) oder EIGRP von Cisco. Werden diese Protokolle in Ihrem Netzwerk nicht eingesetzt, sollten Sie VLSM nicht verwenden.

Diese Protokolle unterstützen VLSM, weil sie Informationen zu den Subnet Masks mit allen Routern gemeinsam nutzen, so dass die richtigen Entscheidungen für die Weiterleitung getroffen werden können. Ohne die Informationen dieser Protokolle zu den Subnet Masks, gehen die Router davon aus, dass alle Subnets die gleiche Mask benutzen. Dies trifft bei VLSM aber nicht zu, so dass die Weiterleitung nicht funktioniert.

5.9 VLSM-Probleme für die Klasse C

Möglicherweise müssen Sie mit VLSM auch Adressen für Netzwerke der Klasse C einsparen. Einige Spezialisten gehen davon aus, dass die Nutzung von Subnet Masks variabler Länge in einem Netzwerk der Klasse C aufgrund der Probleme bei der Implementierung des erforderlichen Routing-Protokolls für kleine Netzwerke zu schwierig ist. Wenn jedoch keine weiteren Adressen mehr zur Verfügung stehen, bleibt Ihnen keine andere Wahl, als VLSM einzusetzen.

In unserem Beispiel ist das Unternehmen über vier Standorte im Großraum Hamburg verteilt. Es steht eine öffentliche Netzwerkadresse der Klasse C zur Verfügung und für die Subnets sollen Subnet Masks variabler Länge verwendet werden. Da es sich um ein kleineres Netzwerk handelt, haben sich die Verwalter dazu entschlossen, für das Routing RIP2 zu installieren.

Die Entscheidung für VLSM war aufgrund der vielen Subnets unterschiedlicher Größe notwendig. Es gibt sieben Subnets, wobei das größte voraussichtlich 95 Geräte umfasst. Eine Subnet Mask mit fester Länge wäre in diesem Fall nicht zu realisieren. Die Subnet Mask 255.255.255.224 eignet sich für 15 Subnets, läßt aber nur 14 Geräte pro Subnet zu. Die Mask 255.255.255.128 lässt zwar 126 Geräte in jedem Subnet zu, erlaubt aber nur zwei Subnets, also müssen Subnet Masks variabler Länge benutzt werden.

Netzwerk	Standort	Typ	Status	Aktuelle Anz. d. Hosts	Zukünftige Anz. d. Hosts
Buchhaltung	Hamburg	LAN-Ethernet	In Betrieb	92	95
Logistik	Harburg	LAN-Ethernet	In Betrieb	37	45
Personal	Norderstedt	LAN-Ethernet	In Betrieb	11	13
Geschäftsleitung	Stellingen	LAN-Ethernet	In Betrieb	7	9
Nach Hamburg	Harburg nach Hamburg	WAN-PPP	In Betrieb	2	2
Nach Norderstedt	Harburg nach Norderstedt	WAN-PPP	In Betrieb	2	2
Nach Stellingen	Harburg nach Stellingen	WAN-PPP	In Betrieb	2	2

Tab. 5.10: VLSM-Probleme für die Klasse C

Anhand der Anforderungen an das Netzwerk hat der Verwalter die Tabelle 5.10 erstellt. Jedes Subnet wird mit der Anzahl der Hosts aufgeführt. Im nächsten Schritt werden die Subnet Masks festgelegt.

Tabelle 5.11 enthält die vom Verwalter für jedes Subnet festgelegten Subnet Masks. Als nächstes werden die Adressbereiche für die einzelnen Subnets ausgewählt. Anders als bei der Klasse B, wo große Adressblöcke anhand der Größe der Subnet Mask unterteilt wurden, muss für die Klasse C eine besondere Technik angewendet werden. Netzwerke der Klasse C umfassen 254

Adressen. In der Klasse C werden alle Adressen vom gleichen Adressblock mit 254 Adressen genommen, jedoch basierend auf der Subnet Mask in Bereichen ausgewählt.

Netzwerk	Standort	Typ	Status	Aktu-elle Anz. d. Hosts	Zukünf-tige Anz. d. Hosts	Subnet Mask	Max. Hosts/ Subnet
Buchhal-tung	Hamburg	LAN-Ethernet	In Betrieb	92	95	255.255.255.128	126
Logistik	Harburg	LAN-Ethernet	In Betrieb	37	45	255.255.255.192	62
Personal	Nor-derstedt	LAN-Ethernet	In Betrieb	11	13	255.255.255.240	14
Geschäfts-leitung	Stellingen	LAN-Ethernet	In Betrieb	7	9	255.255.255.240	14
Nach Hamburg	Harburg Nach Hamburg	WAN-PPP	In Betrieb	2	2	255.255.255.252	2
Nach Nor-derstedt	Harburg nach Nor-derstedt	WAN-PPP	In Betrieb	2	2	255.255.255.252	2
Nach Stel-lingen	Harburg nach Stel-lingen	WAN-PPP	In Betrieb	2	2	255.255.255.252	2

Tab. 5.11: VLSM-Subnet Masks für die Klasse C

Die Subnet-Tabellen der Abbildungen 5.4, 5.5 und 5.6 zeigen einen einfachen Weg für die Auswahl der Adressen jedes Bereichs. Im Tabellenkopf finden Sie eine Bezeichnung für jedes der vier möglichen vierten Oktette der Subnet Mask. Jeder Tabelle wurde eine Bezeichnung von A bis H für jede Gruppe der 32 möglichen Adressen gegeben. Um die Adressen anhand einer bestimmten Subnet Mask zuzuweisen, wählen Sie eine Spalte für die Subnet Mask und folgen Sie der Spalte bis zum Ende. Die Adressen auf der rechten Seite der Tabelle gehören zu dem Bereich.

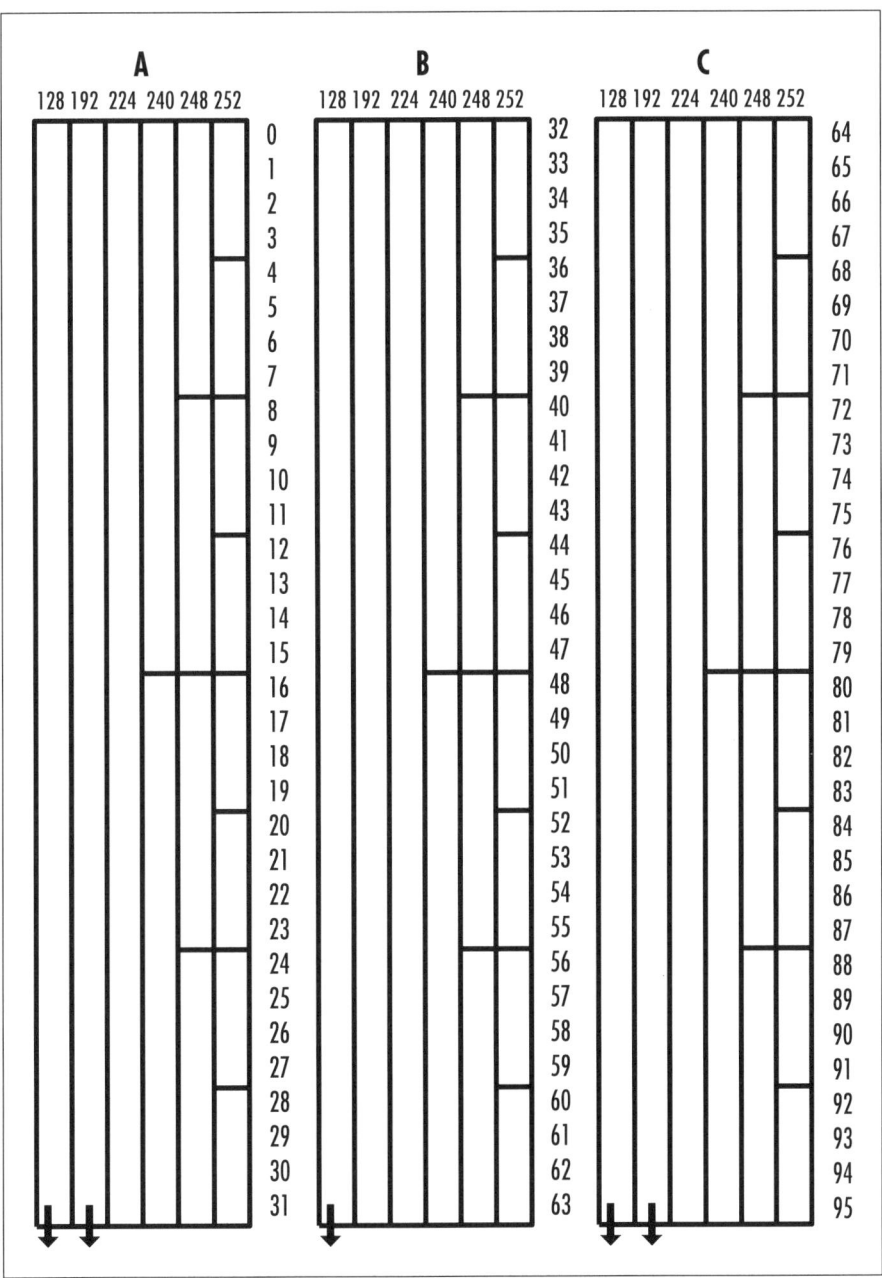

Abb. 5.4: VLSM-Tabelle mit den Adressen von 0 bis 95

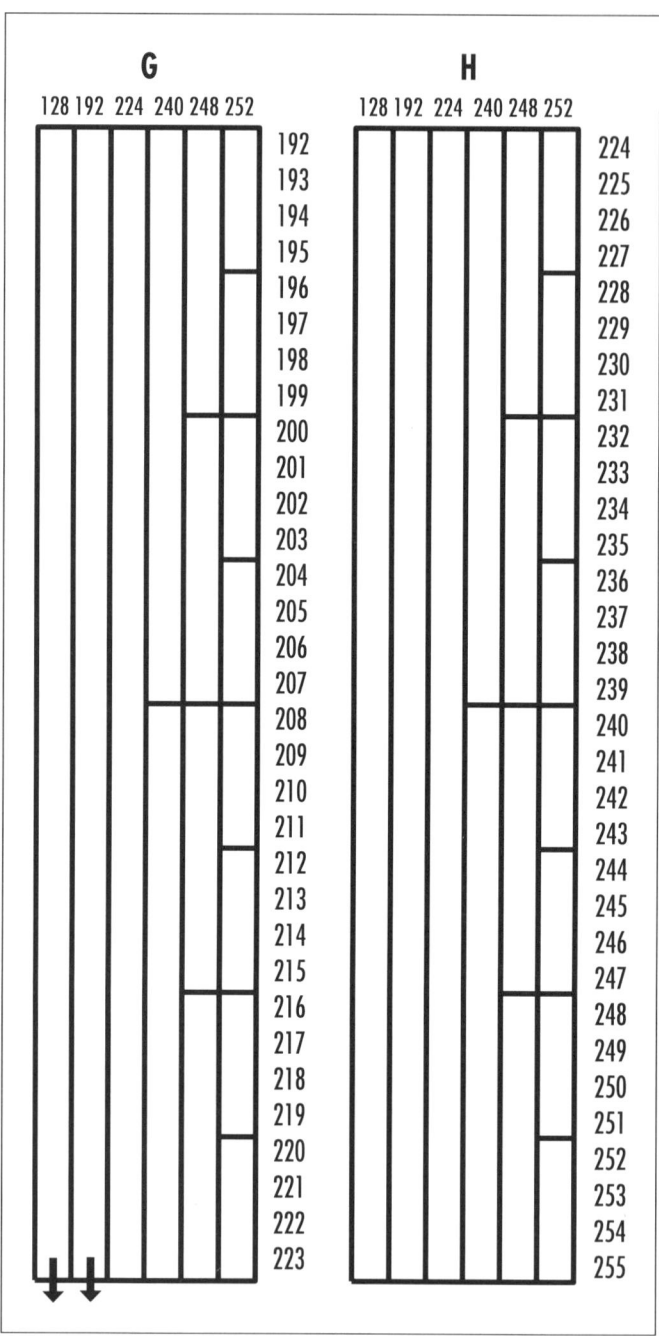

Abb. 5.5: VLSM-Tabelle mit den Adressen von 192 bis 255

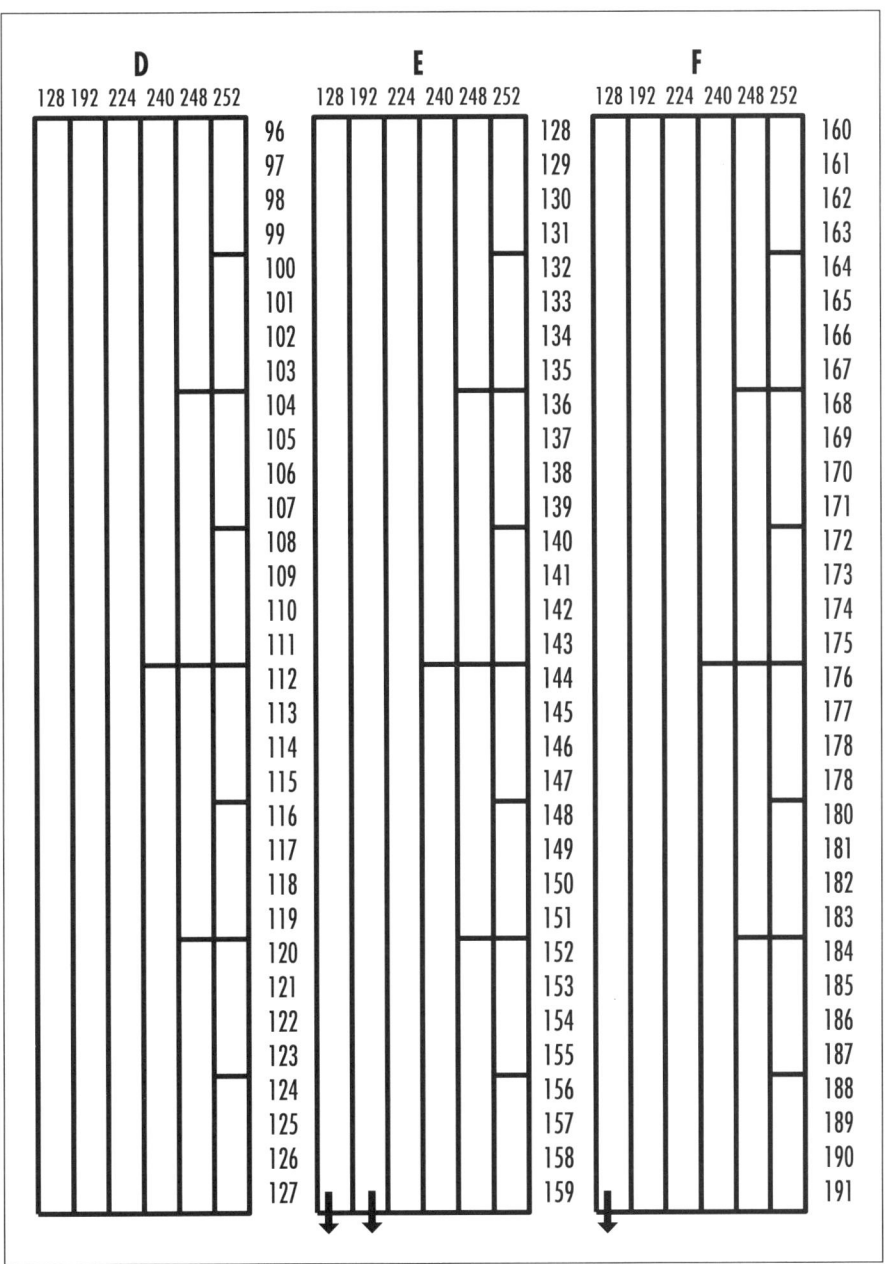

Abb. 5.6: VLSM-Tabelle mit den Adressen von 96 bis 191

Betrachten Sie zum Beispiel die Tabelle A in Abbildung 5.4. Um anhand der Subnet Mask 255.255.255.248 einen Adressbereich zuzuweisen, suchen Sie die Spalte 248. Der erste Adressbereich der Subnet Mask .248 reicht von 0 bis 7, der zweite Adressbereich dieser Subnet Mask reicht von 8 bis 15 usw. Der dritte Adressbereich der Subnet Mask .252 geht von 8 bis 11. Die Tabelle gibt für jede Subnet Mask den Adressbereich an. Werfen Sie noch einmal einen Blick auf Tabelle A in Abbildung 5.4 und beachten Sie das Ende der Spalten 128 und 192. Sie finden dort einen abwärts weisenden Pfeil, der Ihnen anzeigt, dass Sie in der gleichen Spalte der nächsten Tabelle mit der Zuweisung der Adressen fortfahren müssen. Um Adressen mit der Subnet Mask .128 zuzuweisen, müssen Sie die Tabellen A, B und C aus Abbildung 5.4 und Tabelle D aus Abbildung 5.5 zur Ermittlung der möglichen Adressen benutzen. Das Ende des Segments 128 in Tabelle D aus Abbildung 5.5 enthält keinen Pfeil. Die Adresszuweisung endet, wenn kein Pfeil vorhanden ist. Für die Zuweisung der Adressen der Subnet Mask .128 verwenden Sie 0 bis 31 aus Tabelle A, 32 bis 63 aus Tabelle B, 64 bis 95 aus Tabelle C und 96 bis 127 aus Tabelle D.

5.10 Adresszuweisungen für die Klasse C

Tabelle 5.12 zeigt die vollständige Matrix für die problematische VLSM-Adresszuweisung der Klasse C.

Netz-werk	Standort	Subnet Mask	Max. Anz. Hosts / Subnets	Subnet-Tabellen-spalte	Zuge-wiesene Adressen
Buchhal-tung	Hamburg	255.255.255.128	126	A, B, C ,D	0 – 127
Logistik	Harburg	255.255.255.192	62	E, F	128 – 191
Personal	Nor-derstedt	255.255.255.240	14	G	192 – 207
Geschäfts leitung	Stellingen	255.255.255.240	14	G	208 – 223
Nach Hamburg	Harburg nach Hamburg	255.255.255.252	2	H	252 – 255

Tab. 5.12: Adresszuweisungen für die Klasse C

Netz-werk	Standort	Subnet Mask	Max. Anz. Hosts / Subnets	Subnet-Tabellen-spalte	Zuge-wiesene Adressen
Nach Nor-derstedt	Harburg nach Nor-derstedt	255.255.255.252	2	H	248 – 251
Nach Stellingen	Harburg nach Stel-lingen	255.255.255.252	2	H	244 – 247

Tab. 5.12: Adresszuweisungen für die Klasse C (Forts.)

Die Adresszuweisungen werden folgendermaßen durchgeführt: Der erste Standort benötigt die Subnet Mask 255.255.255.128. In den VLSM-Tabellen wird in der Spalte 128 der Tabelle A gesucht. Diese wird solange nach unten verfolgt, bis an ihrem Ende kein Pfeil mehr steht. Wie bereits gesagt: der Pfeil fordert dazu auf, in der nächsten Tabelle und unter der Adresse 127 fortzufahren. In diesem Fall enthält das Ende des Segments 128 in Tabelle D keinen Pfeil. Die Adressen liegen also im Bereich von 0 bis 127.

Der nächste Standort benötigt die Subnet Mask 255.255.255.192. Da bereits alle Adressen der ersten Tabellen der ersten vier Tabellen zugewiesen wurden, wird auf die verbleibenden Tabellen E, F, G und H zurückgegriffen. In Tabelle E wird die Spalte 192 bis zum Pfeil am Ende der Spalte verfolgt und mit der Tabelle F fortgefahren. Am Ende der Spalte 192 aus Tabelle F steht kein Pfeil, also beginnen die Adressen des zweiten Subnet mit 128 und enden mit 191, der letzten Adresse der Tabelle F. Der Adressbereich des zweiten Subnet liegt daher zwischen 128 und 191.

Die folgenden zwei Subnets benötigen die Subnet Mask 255.255.255.240. Da alle Adressen aus den Tabellen A, B, C, D, E und F zugewiesen sind, beginnen wir mit der Tabelle G und dort mit der Spalte 240. Das erste Subnet erhält den Bereich von 192 bis 207, was der ersten Gruppierung in Spalte 240 entspricht. Dem zweiten Subnet wird der Bereich von 208 bis 223 zugewiesen, was der zweiten Gruppierung der Spalte 240 entspricht.

Die letzten drei Subnets erfordern die Subnet Mask 255.255.255.252. Nur Tabelle H enthält noch Adressen, daher werden über die Spalte 252 aus Tabelle H den drei Subnets die Bereiche 252 – 255, 248 – 251 und 244 – 247 zugewiesen. Die Auswahl wird von unten aufsteigend getroffen, damit später im Bedarfsfall größere Zuweisungen vom Beginn der Spalte H aus vorgenommen werden können.

Die Benutzung der Subnet-Tabellen aus den Abbildungen 5.4, 5.5 und 5.6 vereinfacht die Zuweisung von Subnet Masks mit variabler Länge. Sie können sich für eigene Zwecke Kopien dieser Seiten anlegen oder ähnliche Arbeitsblätter anlegen, um die zugewiesen Adressen zu notieren. Zugewiesene Adressen müssen lediglich durchgestrichen werden. Auf diese Weise besitzen Sie eine Unterlage über die zugewiesenen Adressen sowie eine grafische Darstellung der benutzten und der nicht genutzten Adressen.

5.11 Adresszuweisungen mit Hilfe von Vorlagen

Die folgenden Vorlagen können für eine Unterteilung in Subnets mit variabler Länge benutzt werden, wenn das letzte Oktett der Subnet Mask einen bestimmten Wert enthält. Bei der Subnet Mask 255.255.255.252 schauen Sie beispielsweise in der Vorlage »Subnets .252 – 64« nach. In dieser Vorlage wählen Sie einen Adressbereich für das Subnet aus. Wurde dieser Adressbereich einem Adressblock zugewiesen, kann er keinem anderem Subnet mehr zugeordnet werden. Mit jeder dieser Vorlagen kann das vierte Oktett einer Netzwerkadresse in Subnets unterteilt werden.

.128 – Zwei Subnets	.0	.127
	.128	.255

.192 – Vier Subnets	.0	.63
	.64	.127
	.128	.191
	.192	.255

.224 – 8 Subnets	.0	.31
	.32	.63
	.64	.95
	.96	.127
	.128	.159
	.160	.191
	.192	.223
	.224	.255

.240 – 16 Subnets	.0	.15
	.16	.31
	.32	.47
	.48	.63
	.64	.79
	.80	.95
	.96	.111
	.112	.127
	.128	.143
	.144	.159
	.160	.175
	.176	.191
	.192	.207
	.208	.223
	.224	.239
	.240	.255

.248 – 32 Subnets	.0	.7
	.8	.15
	.16	.23
	.24	.31
	.32	.39
	.40	.47
	.48	.55
	.56	.63
	.64	.71
	.72	.79
	.80	.87
	.88	.95
	.96	.103
	.104	.111
	.112	.119
	.120	.127
	.128	.135

.248 – 32 Subnets	.0	.7
	.136	.143
	.144	.151
	.152	.159
	.160	.167
	.168	.175
	.176	.183
	.184	.191
	.192	.199
	.200	.207
	.208	.215
	.216	.223
	.224	.231
	.232	.239
	.240	.247
	.248	.255

.252 – 64 Subnets	.0	.3
	.4	.7
	.8	.11
	.12	.15
	.16	.19
	.20	.23
	.24	.27
	.28	.31
	.32	.35
	.36	.39
	.40	.43
	.44	.47
	.48	.51
	.52	.55
	.56	.59
	.60	.63
	.64	.67

.252 – 64 Subnets	.0	.3
	.68	.71
	.72	.75
	.76	.79
	.80	.83
	.84	.87
	.88	.91
	.92	.95
	.96	.99
	.100	.103
	.104	.107
	.108	.111
	.112	.115
	.116	.119
	.120	.123
	.124	.127
	.128	.131
	.132	.135
	.136	.139
	.140	.143
	.144	.147
	.148	.151
	.152	.155
	.156	.159
	.160	.163
	.164	.167
	.168	.171
	.172	.175
	.176	.179
	.180	.183
	.184	.187
	.188	.191
	.192	.195
	.196	.199

.252 – 64 Subnets	.0	.3
	.200	.203
	.204	.207
	.208	.211
	.212	.215
	.216	.219
	.220	.223
	.224	.227
	.228	.231
	.232	.235
	.236	.239
	.240	.243
	.244	.247
	.248	.251
	.252	.255

5.12 Zusammenfassung

Subnet Masks variabler Länge (VLSM) werden oft benötigt, wenn die Adressen knapp sind und effektiv genutzt werden müssen. Bei bereits bestehenden IP-Netzwerken erfordert die Implementierung von Subnet Masks mit variabler Länge meist eine Vergabe neuer Adressen für das gesamte Netzwerk, weshalb eine Entscheidung für diese Art der Adressierung im vollen Bewusstsein der damit verbundenen administrativen Anforderungen getroffen werden muss.

Unabhängig davon, aus welchen Gründen eine Entscheidung für VLSM getroffen wird, ist die Auswahl bestimmter Routing-Protokolle erforderlich. Der Netzwerk-Router muss RIP2, OSPF und EIGRP verwenden, damit Subnet Masks variabler Länge eingesetzt werden können.

Ein Adressplan für Subnet Masks mit variabler Größe wird in vier Schritten erstellt:

1. Analyse der Anforderungen an die Subnets

2. Anzahl der einzelnen Subnets und der erforderlichen Knoten

3. Festlegen der Subnet Mask für jedes Subnet

4. Zuweisen von Adressen entsprechend den Anforderungen der Subnets

Verschaffen Sie sich einen Überblick über Ihr Netzwerk, um die Anzahl der vorhandenen Subnets zu ermitteln. Ermitteln Sie den Typ des Netzwerks sowie die derzeitige und die zu erwartende Anzahl der Geräte für jedes Subnet. Erstellen Sie eine Liste der vorhandenen Subnets und gruppieren Sie diese nach ihrer Größe. Legen Sie anschließend die benötigten Subnet Masks fest. Benutzen Sie die Subnet-Tabellen A bis H, um Adressen zuzuweisen, deren viertes Oktett der Subnet Mask .128, .192, .224, .240, .248 oder .252 enthält.

Wurden einem Subnet Adressen zugewiesen, können sie keinem anderen Subnet mehr zugewiesen werden. Sie müssen sich die Adressen eines VLSM-Adressplans sorgfältig notieren, damit sich die Subnet-Zuweisungen nicht untereinander überschneiden. Dies geschieht häufig, wenn eine Adresse zweimal verwendet wird. Sie taucht dann in zwei Subnets unterschiedlicher Größe auf. Eine Überschneidung der Adressbereiche ist jedoch nicht zulässig.

Mit VLSM werden zwar Adressen gespart, aber wenn Sie einen privaten Adressraum mit Adressumwandlung der Netzwerk- oder Port-Adressen einsetzen können, kann es genauso sinnvoll sein, Subnet Masks mit fester Länge für den privaten Adressraum zu verwenden. Die Verwaltung und der Adressplan gestalten sich dann einfacher.

5.13 Häufig gestellte Fragen

Frage: Stimmt es, dass mir nach Einführung von Subnet Masks mit variabler Länge wesentlich mehr Adressen als zuvor zur Verfügung stehen?

Antwort: Nicht ganz. Bei einer Netzwerkadresse der Klasse B Adresse stehen Ihnen 65.534 Adressen zur Verfügung. VLSM erhöht die Anzahl der Adressen nicht, Sie können die Adressen aber sinnvoller einsetzen, weil Sie diese entsprechend den Anforderungen der Subnets zuweisen können.

Frage: In unserem Netzwerk wird RIP eingesetzt, weil es ein für unser kleines Netzwerk leicht zu verwaltendes Routing-Protokoll ist. Können wir Subnet Masks mit variabler Länge benutzen?

Antwort: RIP Version 1 lässt keine Verwendung von Subnet Masks mit variabler Länge zu RIP Version 2 aber schon. Überprüfen Sie zuerst, welche RIP-Version Sie einsetzen.

Frage: Warum muss ich alle Einzelheiten meines Netzwerks kennen, bevor ich mich für Subnet Masks mit variabler Länge entscheiden kann? Als wir unser Netzwerk in Subnets unterteilt haben, wurden die Adressen einfach mit einer Subnet Mask zugewiesen, das war sehr unkompliziert.

Antwort: Bei Subnet Masks mit fester Länge ist es wesentlich einfacher einen Adressplan zu erstellen, als dies bei Subnet Masks mit variabler Länge der Fall ist. Bei Subnet Masks mit fester Länge besitzt jedes Subnet die gleiche Größe und die Anzahl der Adressen pro Subnet stimmt überein. Das Zuweisen der Adressen ist ein sehr einfacher Vorgang. Bei Subnet Masks mit variabler Länge ist alles wesentlich komplexer, weil nicht alle Subnets die gleiche Größe haben und daher die Adresszuweisungen nicht so einfach sind. Die in diesem Kapitel vorgestellten Tabellen bieten die einfachste Lösung für diesen Vorgang.

Frage: Warum werden Subnets ähnlicher Größe vor der Adresszuweisung zu Gruppen zusammengefasst?

Antwort: Damit einheitliche Adressblöcke ähnlicher Größe zugewiesen werden können. Wählen Sie beliebige Adressbereiche, können dazwischen kleine Adressblöcke entstehen, die nicht mehr verwendbar sind. Es kann passieren, dass Sie noch einige Subnets mit 30 Adressen benötigen, aber aufgrund der falschen Planung nur Blöcke mit jeweils 16 Adressen zur Verfügung stehen, die nicht zusammenhängen und deshalb nicht verwendet werden können.

Routing

6

Dieses Kapitel widmet sich dem Zweck des Routing und den Problemen, die sich in diesem Zusammenhang in verschiedenen Netzwerken ergeben, angefangen von kleinen Netzwerken bis hin zu sehr großen, komplizierten, dynamischen Netzwerken wie dem Internet. Neben vielen anderen Routing-Protokollen werden die Protokolle Routing Information Protocol (RIP), Open Shortest Path First (OSPF) und Border Gateway Protocol (BGP) vorgestellt und deren Besonderheiten sowie die damit verbundenen Schwierigkeiten beschrieben. Jedes Routing-Protokoll weist eigene Stärken und Schwächen auf, die Ihnen bei der Implementierung eines Protokolls bekannt sein müssen. Außerdem erfahren Sie, wie diese Routing-Protokolle mit dem Problem der knappen IP-Adressen, der Einführung des IPv6-Protokolls und dem Anwachsen der Routing-Tabellen auf den wichtigen Routern im Internet umgehen.

Themen dieses Kapitels sind:

- Routing-Protokolle
- Supernetting mit Classless Interdomain Routing (CIDR)
- Internes Routing mit Interior Gateway Routing Protocol (IGRP) und Enhanced Interior Gateway Routing Protocol (EIGRP)
- Die Geschichte der Protokolle Routing Information Protocol (RIP) und RIP-2
- Implementierung des Routing-Protokolls Open Shortest Path First (OSPF)
- Externes Netzwerk-Routing mit Exterior Gateway Protocol (EGP) und Border Gateway Protocol (BGP)

6.1   Einführung

Die Wachstumsrate des Internet ist bekanntlich ganz außergewöhnlich und sein Einsatz hat nahezu exponential zugenommen. Netzwerke und Hosts werden dem Internet hinzugefügt, was zu einer rapiden Abnahme der verfügbaren IP-Adressen führt, wenn keine Gegenmaßnahmen getroffen werden. Aber nicht nur die Abnahme der verfügbaren IP-Adressen ist ein wichtiger Punkt, sondern auch die starke Zunahme des Routing im Internet. Router sind Netzwerkgeräte, mit denen Pakete an andere Netzwerke des Internet weitergeleitet werden. Das Internet besteht aus Hunderttausenden unterschiedlicher Netzwerke. Router benutzen eine *Routing-Tabelle*, bei der es sich um eine interne Tabelle handelt, die Routen zu Netzwerken und anderen Routern enthält. Die meisten Router des Internet eignen sich diese Routen bei der Verwendung eines dynamischen Routing-Protokolls wie RIP, IGRP, OSPF und BGP automatisch an. Bezüglich der Verfügbarkeit von Pfaden und der kürzesten Entfernung zu einem Empfänger nutzen die Router Informationen gemeinsam. In der Vergangenheit wuchsen die Routing-Tabellen genauso schnell wie das Internet, die Technik war jedoch nicht in der Lage, mit der Entwicklung Schritt zu halten. Die Anzahl der möglichen Routen hat sich alle 10 Monate verdoppelt. Man schätzt, dass es im Jahre 1990 rund 2 000 und bereits zwei Jahre später 8 500 Routen gab. Im Jahr 1995 waren es über 29 000 Routen, wofür ein Speicher in der Größe von 10 MB im Router erforderlich sind. Ein Router benötigt zum Hinzufügen, Verändern, Löschen und Austauschen dieser Routing-Tabellen mit anderen Routern viel RAM- und CPU-Kapazität. Die Routing-Tabellen wachsen inzwischen langsamer an und zurzeit gibt es etwa 65 000 Routen.

Mit dem Aufkommen des Classless Interdomain Routing konnte das Anwachsen dieser Routing-Tabellen durch eine bessere Verwaltbarkeit und eine höhere Effektivität deutlich eingeschränkt werden.

6.2 Classless Interdomain Routing

Das Classless Interdomain Routing (CIDR) wurde entwickelt, als der Adressraum der Klasse B beinahe erschöpft war und Unmengen von Paketen zwischen den Adressen der Klasse C weitergeleitet werden mussten. CIDR erlaubt eine effektivere Zuweisung der IP-Adressen als das alte Adressschema der Klassen A, B und C. Dieses alte Schema wird als klassenorientierte und Adressierung CIDR als klassenlose Adressierung bezeichnet (siehe Abbildung 6.1).

Eine andere Bezeichnung für Supernetting mit CIDR lautet *Präfix-basierte Adressierung*. Wie Sie in Abbildung 6.1 erkennen können, ist der Vorgang vergleichbar mit der angepassten Subnet Mask, bei der die Grenze zwischen Netzwerk- und Host-ID nicht festgelegt ist.

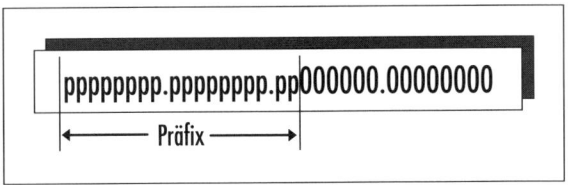

Abb. 6.1: Die Präfixlänge einer klassenlosen Adresse

Das Subnetting wird später noch genauer beschrieben. Wenn Sie mit der Subnet-Maskierung für TCP/IP vertraut sind, wird Ihnen das Konzept des Supernetting und der klassenlosen Adressierung keine Schwierigkeiten bereiten. Bei beiden Konzepten wird ein Teil der IP-Adresse >>maskiert<<, um eine Netzwerkadresse zu kennzeichnen. CIDR erweitert die Vorteile der Subnets durch TCP/IP.

Es wird die Meinung vertreten, dass das Internet ohne CIDR heute nicht mehr funktionieren könnte. Das macht die Bedeutung von CIDR und dessen Notwendigkeit für das Supernetting deutlich. CIDR ist eine große Hoffnung für die Erleichterung des Übergangs von IPv4 zu IPv6.

Die IETF hat die Normen für CIDR, die in den RFCs 1517 bis 1520 beschrieben werden, zu Beginn der 90er-Jahre festgelegt. CIDR setzt Routing-Protokolle wie RIP Version 2, OSPF Version 2 und BGP Version 4 unbedingt voraus.

CIDR reduziert die Routing-Belastung des Internet durch die Minimierung der Routing-Tabellen und die Verfügbarkeit der wichtigsten Routen in den meisten Routern, was die Wege zu den Sites erheblich verkürzt. Diese Routing-Tabellen sind global und enthalten Informationen zu Routen rund um den Planeten, so dass Sie sich leicht vorstellen können, wie umfangreich Routing-Tabellen werden können. Sie liegen mit ihrem Umfang gefährlich nah an der Grenze dessen, womit die aktuelle Soft- und Hardware sowie die Verantwortlichen noch effektiv umgehen können.

CIDR gleicht der Unterteilung in Subnets, geht aber durch die Kombination von Netzwerken zu *Supernetzen* über diese Methode wesentlich hinaus. Das Subnetting unterteilt Netzwerke in kleinere, leichter zu verwaltende *Subnets*. Dies geschieht mit Hilfe der Subnet Mask, die einen Teil der IP-Adresse maskiert, um die Netzwerk-ID von der Host-ID zu unterscheiden. Mit CIDR wird das Konzept der Netzwerke der Klassen A, B und C außer Kraft gesetzt und diese durch ein allgemeines IP-Präfix, bestehend aus der IP-Adresse und der Länge der Maske, ersetzt. Eine einzelne Adresse der Klasse C hat beispielsweise die Form 195.129.1.0/24, wobei /24 die Anzahl der Bits des Netzwerkteils der IP-Adresse angibt.

Beim traditionellen Adressierungsschema der Klassen A, B und C wurden die Adressen durch Umwandeln der ersten acht Bits der Adresse in den Dezimalwert erkenntlich. Tabelle 6.1 zeigt die Aufteilung der drei Adressklassen und die Anzahl der Bits der Host- und der Netzwerk-ID.

Private Adress-klasse	Anzahl der Netz-werk-Bits	Anzahl der Hosts-Bits	Dezimaler Adressbereich
Klasse A	8 Bit	24 Bit	1-126
Klasse B	16 Bit	16 Bit	128-191
Klasse C	24 Bit	8 Bit	192-223

Tab. 6.1: Die bekannte Einteilung der IP-Adressklassen

Mit dem alten Adressierungsschema der Klassen A, B und C konnte das Internet folgende Adressen unterstützen:

- 126 Netzwerke der Klasse A mit jeweils bis zu 16 777 214 Hosts
- 65 000 Netzwerke der Klasse B mit bis zu 65 534 Hosts
- Mehr als 2 Millionen Netzwerke der Klasse C mit bis zu 254 Hosts

Es stehen also nur drei Klassen zur Verfügung, aus denen jedes Unternehmen oder jede Organisation die Klasse wählen muss, die ihren Bedürfnissen am meisten entspricht. Da es fast unmöglich ist, eine Netzwerkadresse der Klasse A oder B Adresse zu erhalten, bleibt Ihnen nur die Klasse C, auch wenn sich dies nicht mit Ihren Bedürfnissen deckt. Wurde Ihnen eine Netzwerkadresse der Klasse C zugewiesen und Sie benötigen nur 10 Adressen, dann würden Sie 244 Adressen verschwenden. Dies führt zu dem Ergebnis, dass die Adressen scheinbar aufgebraucht sind, wobei das Problem eigentlich in der ineffektiven Benutzer der Adressen liegt. Als effektivere Methode für die Adresszuweisung wurde CIDR entwickelt.

Ein CIDR-Supernet besteht aus zahlreichen zusammenhängenden IP-Adressen. Ein Internet Service Provider kann seinen Kunden Blöcke zusammenhängender Adressen für die Definition der Supernets zuweisen. Jedes Supernet besitzt eine eindeutige Supernet-Adresse, die aus den höherwertigen Bits besteht, welche alle IP-Adressen des Supernet gemeinsam nutzen. Die Adressen der folgenden Gruppe beispielsweise hängen alle zusammen (198.113.0.0 bis 198.113.7.0 in dezimaler Schreibweise).

> 11000110 01110001 00000 000 00000000
>
> 11000110 01110001 00000 001 00000000
>
> 11000110 01110001 00000 010 00000000

11000110 01110001 00000 011 00000000

11000110 01110001 00000 100 00000000

11000110 01110001 00000 101 00000000

11000110 01110001 00000 111 00000000

Die Supernet-Adresse für den Block lautet 11000110 01110001 00000 (die 21 höherwertigen Bits), da dieser Teil für alle Adressen des Supernet übereinstimmt. Die vollständige Supernet-Adresse besteht aus der Adresse und der Maske.

- Die Netzwerkadresse ist die erste 32-Bit-Adresse im fortlaufenden Adressblock. In unserem Fall ist dies 11000110 01110001 00000000 00000000 (198.113.0.0 in dezimaler Schreibweise).

- Die Maske besteht aus einer 32 Bit langen Folge, die mit der Subnet Mask vergleichbar ist und in der im Anteil der Supernet-Adresse Bits gesetzt sind. In unserem Fall hat sie die Form 11111111 11111111 11111000 00000000 (255.255.248.0 in dezimaler Schreibweise). Der maskierte Teil, in dem die Bits auf 1 gesetzt sind (der Netzwerkanteil der IP-Adresse), umfasst in diesem Beispiel 21 Bit.

Die Supernet-Adresse lautet demnach 198.113.0.0/21. /21 gibt an, dass die ers-ten 21 Bit für die Angabe der eindeutigen Netzwerkadresse verwendet werden und die übrigen Bits einen bestimmten Host bezeichnen.

Sie können dies mit einer hausinternen Telefonanlage vergleichen, bei der alle Rufnummern mit 288 beginnen und mit einer eindeutigen vierstelligen Ziffer enden. Die meisten Telefonanlagen sind so eingerichtet, dass durch Wählen der vier eindeutigen Nummern eine interne Verbindung hergestellt werden kann. Das Präfix 288 entspräche in diesem Beispiel der Supernet-Adresse. Sicherlich ist es wesentlich einfacher, nur diese vier Ziffern anstelle der siebenstelligen Rufnummer oder gar zusätzlich noch die Vorwahlnummer wählen zu müssen. Die Vorwahlnummer entspräche in diesem Beispiel der Supernet-Adresse für einen Bereich.

Bei CIDR kann eine Supernet-Adresse mehrere IP-Empfänger repräsentieren. Anstatt unterschiedliche Routen für jedes Mitglied eines zusammenhängenden Adressbereichs auszuweisen, kann der Router jetzt für eine Supernet-Adresse eine einzige Route angeben, nämlich die so genannte *aggregierte* Route. Über diese Route werden alle Empfänger der Supernet-Adresse erreicht, wodurch sich die Informationsmenge in den Routing-Tabellen des Routers vermindert. Eine solche Reduzierung der Routing-Tabelle mag unbedeutend erscheinen, aber hochgerechnet auf Hunderte von Routern des Internet kann CIDR doch eine bedeutende Auswirkung auf die Anzahl der Einträge in den Routing-Tabellen haben.

Tabelle 6.2 zeigt, wie mit dem CIDR-Blockpräfix die Anzahl der zu verwendenden Adressblöcke vergrößert wird und damit eine effektivere Adressierung als mit den Adressklassen A, B oder C möglich ist.

CIDR-Blockpräfix	Anzahl der Adressen der Klasse C	Anzahl der Host-Adressen
/27	1/8 einer Klasse C	32 Hosts
/26	1/4 einer Klasse C	64 Hosts
/25	1/2 einer Klasse C	128 Hosts
/24	1 Klasse C	256 Hosts
/23	2 Klasse C	512 Hosts
/22	4 Klasse C	1.024 Hosts
/21	8 Klasse C	2.048 Hosts
/20	16 Klasse C	4.096 Hosts
/19	32 Klasse C	8.192 Hosts
/18	64 Klasse C	16.384 Hosts
/17	128 Klasse C	32.768 Hosts
/16	256 Klasse C	65.536 Hosts
	(= 1 Klasse B)	
/15	512 Klasse C	131.072 Hosts
/14	1,024 Klasse C	262.144 Hosts
/13	2,048 Klasse C	524.288 Hosts

Tab. 6.2: Kennziffern für die CIDR-Blockpräfixe

Zur Zeit kann CIDR noch nicht im gesamten Internet eingesetzt werden. Einige ältere Router und andere Netzwerkgeräte müssen für die Unterstützung von CIDR und kompatiblen Protokollen aufgerüstet werden. Die nicht CIDR-fähigen Teile des Internet funktionieren nach wie vor gut, können aber gezwungen sein, aggregierte Routen mit nicht zum Internet gehörenden Grenzen dem CIDR-fähigen Teil des Internet zu überlassen. Die CIDR-fähige Weiterleitung ist gekennzeichnet durch die Fähigkeit eines Routers, anhand der von ihm unterhaltenen Tabelle IP-Pakete richtig weiterleiten zu können, ohne dabei Vermutungen über die Klasse der IP-Adressen anstellen zu müssen.

Die Stellungnahme zur Anwendbarkeit von CIDR vom September 1993 verlangt Internet-Domänen mit Backbones und/oder Transitdiensten für eine vollständige Implementierung von CIDR, damit die Zunahme der vom Router erforderten Ressourcen Internet-weite Konnektivität ermöglicht. Sie rät außerdem dazu, die Internet-Domänen ohne Backbone und/oder Transitdienste ebenfalls CIDR zu implementieren, weil dadurch der Aufwand für das Routing zwischen diesen Domänen reduziert wird. Zurzeit sind individuelle Domänen für den Einsatz von CIDR nicht erforderlich. Individuellen Domänen ist es aber auch nicht verboten, ein nicht mit CIDR kompatibles Adressierungsschema zu verwenden.

CIDR versucht nicht, dass Problem der Verknappung der 32-Bit-IP-Adressen grundsätzlich zu lösen, sichert aber kurz- und mittelfristig die effektive Funktion des Internet, während an der längerfristigen Lösung des Problems gearbeitet wird. Beim Aufkommen von CIDR um das Jahr 1993 herum wurden für die Übergangszeit bis zur Entwicklung der brauchbaren langfristigen Lösung (IPv6, auch bekannt unter dem Namen IPng) drei Jahre veranschlagt. Dieser Nachfolger von IP ist inzwischen überfällig, die Hersteller rüsten die Geräte jedoch inzwischen entsprechend aus, sodass erste Auswirkungen im Internet bereits spürbar sind.

Für IT-Profis

Routing-Protokolle aufrüsten

Wenn Sie als Verantwortlicher Ihrer Firma oder Organisation mit der Betreuung eines sehr großen Netzwerks betraut sind, können Sie vor dem Dilemma stehen, die Router für ein anderes Routing-Protokoll aufrüsten zu müssen. Wahrscheinlich setzen Sie noch RIP ein, wie dies in den meisten Netzwerken der Fall ist. Wie Sie in diesem Kapitel noch erfahren werden, gehört dieses Routing-Protokoll aber nicht zu den leistungsfähigsten der zur Verfügung stehenden Routing-Protokolle. Trotzdem kann RIP in Ihrem Netzwerk immer noch perfekt funktionieren, sodass Sie sich überlegen müssen, ob Sie das eingesetzte Routing-Protokoll tatsächlich aktualisieren wollen. Als für Ihr Netzwerk oder das Netzwerk einer anderen Firma verantwortlicher EDV-Experte müssen Sie entscheiden, wann eine solche Aufrüstung durchgeführt wird, wenn sie überhaupt erforderlich ist. Hierfür müssen Sie sich einige Fragen stellen und beantworten, damit Sie über genügend Informationen für die richtige Entscheidung verfügen:

- Wie lange ist das Routing-Protokoll in unserem Netzwerk im Einsatz?

- Ist unser Netzwerk in den letzten Jahren wesentlich größer geworden?

- Gibt es bei der Kommunikation mit anderen Netzwerken Leistungseinbußen?

- Muss das Netzwerk zukünftig Aufgaben bewältigen, für die das derzeitig eingesetzte Routing-Protokoll nicht geeignet ist?

- Wird das Netzwerk möglicherweise in logische Abschnitte unterteilt?

Anhand dieser Fragen können Sie feststellen, ob Sie in Erwägung ziehen sollten, vom augenblicklich verwendeten Routing-Protokoll zu einem moderneren und robusteren zu wechseln. Treffen Sie so wichtige Entscheidungen wie die Auswahl eines Routing-Protokolls nicht übereilt. Sie können dem Netzwerk ernsthaften Schaden zufügen, wenn Sie nicht das richtige Routing-Protokoll installieren. Nehmen Sie sich Zeit und berücksichtigen Sie alle verfügbaren Protokolle.

6.2.1   Von Millionen zu Tausenden von Netzwerken

Für die Entwickler des Internet ist heute der Entwurf eines Plans zur Beschränkung des enormen Anwachsens der in Internet vorhandenen Netzwerke die größte Herausforderung. Der vorangegangene Abschnitt hat deutlich gemacht, dass das Hinzufügen so vieler neuer Netzwerke zum Internet die effektive Unterhaltung von Routing-Tabellen stark behindert. Das Weiterleiten von Paketen an die Empfänger wurde immer schwieriger, weil die Route zum Empfänger manchmal nicht in den umfangreichen Routing-Tabellen der für das Weiterleiten zuständigen Domänen enthalten war. Dieser als Warnung zu wertende Umstand verursachte eine Schwächung des Internet, die noch vor der befürchteten Verknappung der IP-Adressen eintrat.

Nachdem nun CIDR als Abhilfe zur Verfügung steht, muss dieses Protokoll in den Netzwerken schnell genug etabliert werden, um die Anzahl der Einträge in den Routing-Tabellen zu verringern. Die Millionen von Netzwerken können mit Hilfe von CIDR die IP-Adressen durch das so genannte *Supernetting* zu einer geringeren Anzahl von Netzwerken zusammengefasst werden, die mehr Hosts beherbergen. Der einzige Nachteil von CIDR besteht darin, dass es sich um zusammenhängende Adressen der Klasse C handeln muss. Die zuständige Stelle für die Zuweisung von IP-Adressen hat den großen Internet Service Providern große zusammenhängende IP-Adressblöcke zugewiesen. Diese wiederum weisen kleinere Blöcke zusammenhängender Adressen aus ihrem Block anderen Dienstanbietern oder großen Netzwerkkunden zu (siehe Abbildung 6.2).

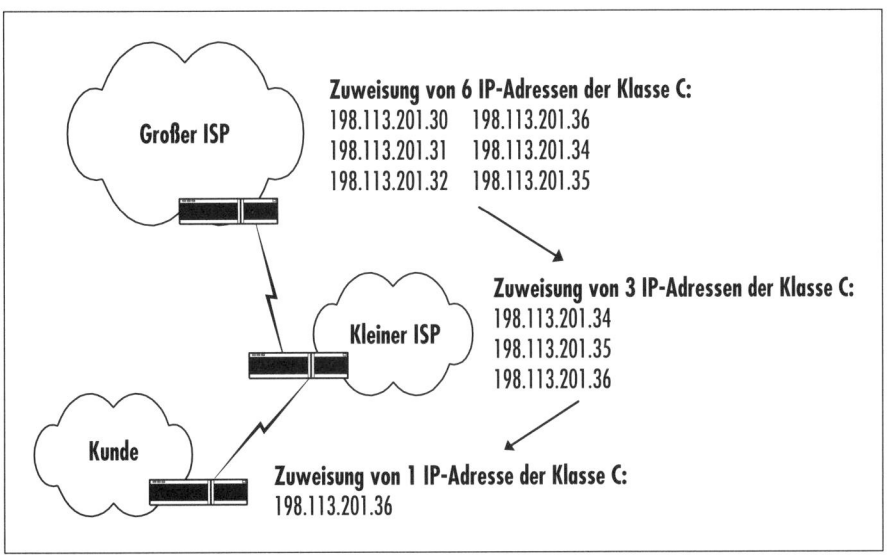

Abb. 6.2: Zusammenhängende CIDR-Blöcke für die Adresszuweisung

Im Endeffekt unterhalten die großen Internet Service Provider große zusammenhängende Adressblöcke, die sie an eine übergeordnete Stelle für die CIDR-Adressaggregation übergeben. Bei CIDR müssen die großen Internet Service Provider nicht jede Adresse der Klasse C, über die sie verfügen, weitermelden, sondern nur das Präfix, welches die Adressen der Klasse C gemeinsam verwenden. Diese Adressen werden für das Routing zu einer einzigen Supernet-Adresse zusammengefasst. In unserem Beispiel lautet das Präfix aller IP-Adressen 198.113.201. Anstatt sechs Routen muss nur eine Route angegeben werden. Das bedeutet eine Reduzierung um 83 %. Wenn tatsächlich jeder Internet Service Provider die Anzahl der Routen derart verringert, geht die Anzahl der Netzwerke von Millionen auf Tausende zurück. Dabei nimmt nicht nur die Anzahl der Netzwerke ab, gleichzeitig führt dies zu einer deutlichen Verringerung der Einträge in den Routing-Tabellen. Im März 1998 lag die Anzahl der globalen Routing-Tabelleneinträge bei 50.000. Ohne CIDR wäre die Anzahl der globalen Routen schätzungsweise doppelt so groß gewesen. Dies macht deutlich, dass in Notsituationen immer Verlass auf die Normierungskomitees des Internet ist.

6.2.2 Adresszuweisungen für Internet Service Provider

In der nahen Zukunft wird es in vielen Organisationen zu Veränderungen kommen, die sich auf ihre IP-Adressen auswirken werden. Dafür gibt es eine Reihe von Ursachen, wie zum Beispiel ein Wechsel des Internet Service Providers, organisatorische Umstrukturierungen, Verlagerung von Anlagen sowie strategische Firmenzusammenschlüsse. Eine neue Vergabe der IP-Adresse kann zukünftig die Verwaltung vereinfachen.

Beim Wechsel des Internet Service Providers und gleichzeitigem Einsatz von CIDR müssen die Adressen des CIDR-Blocks des ursprünglichen Internet Service Providers zurückgegeben werden. Diese Adressen gehören zu einem einzigen großen Adressblock des Internet Service Providers, über den diese Adressen zusammengefasst werden. Ist Ihre Adresse eingebunden in den großen Adressblock des Internet Service Providers, werden Ihre Pakete unter dessen Netzwerkadresse weitergeleitet.

Was geschieht nun, wenn Sie den Internet Service Provider wechseln und Ihre IP-Adressen mitnehmen möchten? Dadurch gerät der ursprüngliche Internet Service Provider in die schwierige Situation, die Adressen nicht mehr in einem zusammengefassten CIDR-Block weitermelden zu können, da dieser jetzt ein Loch enthält (durch den Verlust der von Ihnen mitgenommenen IP-Adressen). CIDR löst das Problem dadurch, dass vom Router das Akzeptieren mehrerer richtiger Routen verlangt wird. Findet der Router zwei Routen, wählt er diejenige mit der längeren Maske, weil es sich bei dieser um die aktuellere handeln muss. Diese Situation wird als *Ausnahme* für einen CIDR-Block bezeichnet, die eintritt, wenn ein Block zusammenhängender Adressen nicht verwendet werden kann, wie in unserem Beispiel, in dem beim Wechsel des Internet Service Providers die Adressen mitgenommen werden.

Um eine Zunahme der Routing-Informationen zu vermeiden, sollten diese Adressen geändert und die Subnets und Hosts mit neuen Adressen versehen werden. Geschieht dies nicht, kann eine eingeschränkte IP-Konnektivität im Internet die Folge sein. Manchmal müssen Internet Service Provider auf neue und größere Adressblöcke umsteigen, was Auswirkungen auf diejenigen hat, deren Adressen dem ursprünglichen CIDR-Block zugeordnet sind.

Am einfachsten lässt sich die Vergabe der neuen Adressen dynamisch durchführen, z.B. mit dem Dynamic Host Configuration Protocol (DHCP). Viele Server und Netzwerkgeräte, wie z.B. Router, besitzen jedoch statische Adressen, was den Vorgang erschwert.

Der wichtigste Aspekt bei der Vergabe neuer Adressen betrifft das Routing. Aufgrund des starken Wachstums des Internet und der damit verbundenen Notwendigkeit, umfangreiche Routing-Tabellen unterhalten zu müssen, hat das Routing eine große Bedeutung erhalten. Da Router eine Schlüsselkomponente für die Konnektivität sind, spielen sie bei der Neuadressierung eine zentrale Rolle.

Sind Sie als kleineres Unternehmen nicht in den großen Adressblock Ihres Internet Service Providers eingebunden, besteht die Gefahr, dass Sie in den globalen Routing-Tabellen nicht berücksichtigt werden. Die in den globalen Routing-Tabellen enthaltenen Adressen werden von keiner zentralen Stelle festgelegt. Dies bleibt den Internet Service Provider überlassen, welche die Routing-Tabellen nach eigenem Ermessen gestalten können. Als kleines Unternehmen können Sie in die globalen Routing-Tabellen aufgenommen werden, wenn Ihre Adresse Teil eines großen CIDR-Adressblocks ist.

6.2.3   CIDR im internen Netzwerk

CIDR wird von den internen Routing-Protokollen OSPF, RIP II, Integrated IS-IS und EIGRP unterstützt. Setzen Sie eines dieser Routing-Protokolle in Ihrem internen Netzwerk ein, dann können Sie CIDR-Adressen auch intern benutzen. Die internen Netzwerke der meisten Unternehmen und Organisationen sind nicht so groß, dass sie die CIDR-Adressierung erforderlich machen. CIDR bietet jedoch mehr als nur eine effektive Adressierung.

Mit der CIDR-Adressierung im internen Netzwerk können Sie kleinere Subnets einrichten als dies mit der klassenorientierten Subnet-Unterteilung möglich ist. Bei einer Unterteilung des Netzwerks in Subnets mit Hilfe von TCP/IP und einer benutzerdefinierten Subnet Mask enthielte das kleinste Subnet immer noch 254 Hosts. CIDR ermöglicht *Segmentaggregate*, mit denen einer Adresse der Klasse C die Segmente der Kunden oder die Subnets Ihres Netzwerks zugeordnet werden können. Internet Service Provider verwenden jetzt eine Technik, mit der 64 und 32 Blockadressen Kunden mit kleinen Netzwerken zugewiesen werden. Dadurch werden die verfügbaren Adressen der Klasse C effektiv genutzt, da ohne CIDR die übrigen nicht genutzten IP-Adressen der Klasse C vergeudet würden. Auf diese Weise können Sie einer Verknappung der IP-Adressen für das interne Netzwerk entgegen wirken, so wie dies auch im Internet versucht wird. Tabelle 6.3 zeigt die Segmentaggregate einer einzelnen Adresse der Klasse C.

CIDR-Blockpräfix	Anzahl der Adressen der Klasse C	Anzahl der Host-Adressen
/27	1/8 einer Klasse C	32 Hosts
/26	1/4 einer Klasse C	64 Hosts
/25	1/2 einer Klasse C	128 Hosts
/24	1 Klasse C	256 Hosts

Tab. 6.3: Segmente einer Adresse der Klasse C mit Hilfe von CIDRSegmente einer Adresse der Klasse C mit Hilfe von CIDR

Mit CIDR ist es nicht nur möglich, die Adressen der Klasse C vollständig auszunutzen, es können auch Segmente der Klasse C zugewiesen werden, wie zum Beispiel die Hälfte, ein Viertel oder ein Achtel der verfügbaren Adressen.

 Zwei Adressen des Blocks der Klasse C sind für Rundsendungen reserviert, sodass die Obergrenze praktisch bei 254 Hosts liegt.

Wie bereits erwähnt wurde, können Sie dieses Segment der Klasse C auch für Ihr internes Netzwerk benutzen. Das bietet den Vorteil, dass die Netzwerke mit Subnets in logische Gruppen aus Rechnern und Geräten unterteilt werden können. Somit kann der Datenaustausch voneinander getrennt und die Leistung des Netzwerks gesteigert werden. Sie müssen hierfür ein CIDR-fähiges Routing-Protokoll wie OSPF oder RIP-2 im Netzwerk einsetzen. Der Verwaltungsaufwand wird zwar umfangreicher und schwieriger, Sie kommen so aber in den Genuss der genannten Vorteile des Subnetting.

6.3 Zusammenhängende Subnets

Als wichtigste Regel für die klassenlose Adressierung mit CIDR gilt, dass die Subnets zusammenhängen müssen. Ein Router kann keine Subnet-Routen zu Netzwerken verarbeiten, mit denen er nicht direkt verbunden ist. Das Beispiel in Abbildung 6.3 veranschaulicht diese Regel.

Gehört ein Router zum gleichen klassenorientierten Netzwerk, dann muss er direkt mit dem Netzwerk verbunden sein, um die Präfixlänge interpretieren zu können.

In Abbildung 6.3 gehört der Router nicht zum zusammenhängenden Netzwerk, daher kann er nicht wissen, welche Präfixlänge verwendet wird. Das bedeutet im Einzelnen, dass Router 1 und Router 2 ihre Routen dem Router 3 nicht mitteilen können, weil Router 3 nicht zum Netzwerk 201.35.88 gehört. Die einzige Route, die Router 3 angegeben werden kann, ist 201.35.88. Daraus entsteht ein Problem, da Router 3 keinen Hinweis darauf hat, in welche Richtung er ein Paket mit dem Präfix 201.35.88 senden muss. Das Paket wird ohne Zweifel an das falsche Netzwerk gesendet.

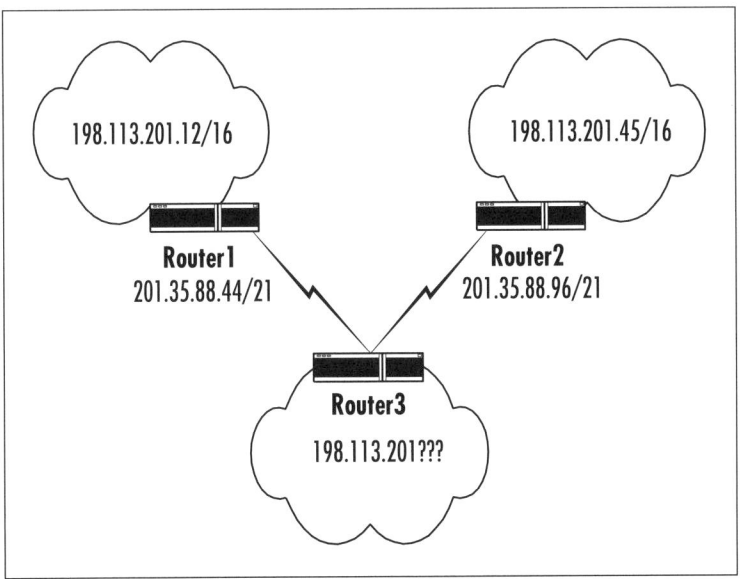

Abb. 6.3: Eine unzulässige CIDR-Konfiguration mit nicht verbundenen Netzwerken

Die Netzwerkkonfiguration in Abbildung 6.3 ist deshalb problematisch, weil die Netzwerke 198.113.201 nicht zusammenhängend sind. Würde eine direkte Verbindung zwischen Router 1 und Router 2 eingerichtet, wäre das Netzwerk zusammenhängend und könnte von der CIDR-Adressierung profitieren. Durch Hinzufügen von Router 3 liegt ein weiteres klassenorientiertes Netzwerk zwischen den Netzwerken 198.113.201, sodass diese nicht zusammenhängen.

6.4 IGRP

Die Benutzer erkannten die Einschränkungen von RIP (das Protokoll wird später in diesem Kapitel behandelt) und so musste etwas unternommen werden. Vor vielen Jahren hatte die Internet Engineering Task Force (IETF) die Spezifikationen für OSPF noch nicht festgelegt, daher blieb der Firma Cisco nur die Möglichkeit, auf diese Spezifikationen zu warten oder das eigene Protokoll weiterzuentwickeln. Man entschied sich für das eigene Interior Gateway Routing Protocol (IGRP).

IGRP ist ein Protokoll für die Koordination des Routing zwischen verschiedenen Routern. IRGP von Cisco hat mehrere Aufgaben:

- Stabile Weiterleitung auch in sehr großen oder komplizierten Netzwerken
- Vermeiden von Schleifen bei der Weiterleitung
- Schnelle Reaktion auf eine veränderte Netzwerktopologie
- Wenig Ballast, d.h. IGRP soll die Bandbreite nicht mehr einschränken als für den eigenen Bedarf erforderlich ist
- Aufteilung des Verkehrs auf parallele Routen, wenn diese gleichwertig sind
- Berücksichtigung der Fehlerraten und der Verkehrsbelastung auf unterschiedlichen Wegen
- Die Möglichkeit, mehrere Dienstarten mit den gleichen Informationen bewältigen zu können

IGRP ist für den Einsatz in internen Netzwerken gedacht, die von einer Organisation verwaltet werden.

Normalerweise wird IGRP auch als IGP (Interior Gateway Protocol) bezeichnet. Es soll eine sehr genaue Darstellung der internen Netzwerktopologie unterhalten. Konvergenz ist für interne Netzwerke äußerst wichtig, da die Pfade zu den Netzwerken sehr schnell umgelenkt werden müssen, wenn eine Netzwerkverbindung unterbrochen ist. Für externe Netzwerke ist dies noch wichtiger, da die meisten Veränderungen in der Netzwerktopologie innerhalb der Netzwerke auftreten, beispielsweise das Hinzufügen oder Entfernen einer unterbrochenen Verbindung. Externe Netzwerkverbindungen müssen stabil und konsistent sein, damit größere Störungen durch falsch konfigurierte oder ausgefallene Verbindungen vermieden werden. IGRP muss vor allem vernünftige und weniger optimale Routen sichern. Dennoch ist IGRP sehr wichtig für das Bereitstellen optimaler Routen für die Paketweiterleitung.

IGRP ist ein Distanzvektorprotokoll, bei dem nur benachbarte Router (oft auch Gateways genannt) Routing-Informationen miteinander austauschen. Erhält der benachbarte Router eine Aktualisierung, vergleicht er die Informationen mit der eigenen Routing-Tabelle. Jeder neue Pfad oder Empfänger wird hinzugefügt. Die Pfade aus der Aktualisierung des benachbarten Routers werden außerdem mit den vorhandenen Pfaden verglichen, um zu ermitteln, ob die neue Route effektiver als die zurzeit in der Routing-Tabelle eingetragene ist. Ist der neue Pfad besser, wird der alte ersetzt. Diese Prozedur ist für Distanzvektorprotokolle allgemein verbreitet.

Die Alternative zum Distanzvektor-Routing ist das SPF-Routing (Shortest Path First), das im Abschnitt >>Open Shortest Path First (OSPF)<< ausführlich behandelt wird. Hierbei handelt es sich um die so genannte Link-State-Technik, bei der alle Router die gleiche Datenbank unterhalten.

Zu den ausgetauschten Routing-Informationen gehört eine Zusammenfassung der Informationen zum übrigen Netzwerk. Eine mit IGRP erstellte Sammlung der Router vervollständigt die Netzwerktopologie und liefert einen dezentralen Algorithmus, bei dem jeder Router nur einen Teil des Routing übernimmt. Diese Router arbeiten nur mit benachbarten Routern zusammen und tauschen nur mit diesen Routing-Informationen aus. Sie können die beste Route für ein Paket bestimmen, ohne dass ein Router die Informationen für das gesamte Netzwerk unterhalten muss.

IGRP übertrifft RIP bei den Messungen. Mit Hilfe der zusätzlichen Informationen ermöglicht IGRP dem Router intelligentere Entscheidungen bezüglich der Aufwandsberechnung für eine Route im Vergleich mit einer anderen Route. RIP kann nicht entscheiden, welche Route über die höchste Bandbreite verfügt, wenn für beide die gleiche Anzahl der Sprünge gezählt wurde. Zu den mit IGRP neu eingeführten Messungen gehören:

- **Topologische Verzögerung** Die Zeit, die ein Paket bis zum Empfänger benötigen würde, wenn das Netzwerk nicht beschäftigt wäre. Netzwerkverkehr kann zu zusätzlichen Verzögerungen führen.

- **Bandbreite des schmalsten Bandbreitensegments des Pfades** Gibt die Bandbreite in Bits pro Sekunde an.

- **Kanalbelegung des Pfades** Gibt an, wie viel Bandbreite zurzeit genutzt wird. Der Wert ändert sich durch die Zu- und Abnahme des Netzwerkverkehrs häufig.

- **Zuverlässigkeit des Pfades** Gibt die Zuverlässigkeit eines Pfades anhand der im Verhältnis zu den abgesendeten Paketen tatsächlich am Ziel angekommenen Pakete an.

IGRP berechnet diese Werte mit einem komplizierten Algorithmus und legt anhand der gemessenen Werte die beste Route fest.

IGRP besitzt auch grundlegende Stabilitätseigenschaften wie zum Beispiel Hold-Downs, Split Horizons und Poison-reverse-Aktualisierungen mit folgenden Funktionen:

● **Hold-Downs.** Hold-Downs hindern eine reguläre Aktualisierungsnachricht am Wiedereinsetzen einer in der Vergangenheit möglicherweise ausgefallenen Route. Fällt eine Netzwerkverbindung aus, entdeckt der benachbarte Router in den regelmäßigen Aktualisierungen das Fehlen dieser Route und legt fest, dass diese Route nicht funktioniert. Anschließend dringen die Aktualisierungen mit der Information durch das Netzwerk, dass diese Route nicht funktioniert. Dauert dieser Vorgang zu lange, kann es passieren, dass eine Router diese Route als noch intakt angibt. Dieses Gerät liefert möglicherweise falsche Routing-Informationen. Ein Hold-Down fordert die Router des Netzwerks auf, Änderungen, die diese Routen betreffen können, für einen bestimmten Zeitraum zu unterdrücken. Der Zeitraum wird so berechnet, dass er etwas länger ist als die Frist, die benötigt wird, um dem gesamten Netzwerk eine Änderung des Routing mitzuteilen.

● **Split Horizons.** Hiermit werden Schleifen zwischen zwei Routern bei der Weiterleitung vermieden. Es ist niemals sinnvoll, Informationen über den Weg zurückzuschicken, über den die Pakete gesendet wurden. In Abbildung 6.4 gibt Router 1 eine Route zum Netzwerk A an, mit dem er direkt verbunden ist. Router 2 sollte diese Route niemals an den Router 1 zurückgeben, weil Router 1 näher am Netzwerk A liegt. So werden Routing-Schleifen zwischen zwei Routern vermieden. Ist beispielsweise die Schnittstelle zu Netzwerk A ausgefallen, kann Router 2 weiterhin Router 1 darüber informieren, dass er Netzwerk A über Router 1 (er selbst) erreichen kann. Nimmt Router 1 fälschlicherweise an, die Route sei korrekt, würde dies zu einer Routing-Schleife führen. (Beachten Sie, dass hiermit nur Schleifen zwischen *zwei* Routern vermieden werden.)

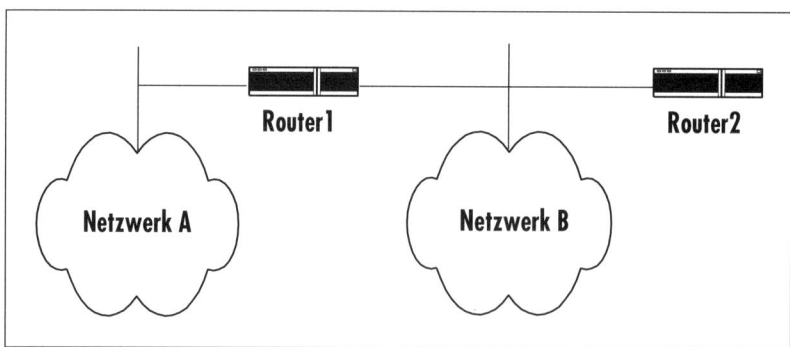

Abb. 6.4: Routing-Schleifen mit Split Horizons vermeiden

● **Poison-reverse-Aktualisierungen.** Diese Aktualisierungen verringern die Wahrscheinlichkeit von Schleifen zwischen mehr als zwei Routern. Steigt der Wert deutlich an, kann er auf eine Routing-Schleife hinweisen. In diesem Fall wird eine Poison-reverse-Aktualisierung an den Router gesendet, um diese zu unterdrücken.

Für die Stabilität von IGRP werden Zeitgeber und variable Zeitintervalle eingesetzt. Diese Zeitgeber beinhalten Zeitgeber für die Aktualisierungen, einen Ungültigkeitszeitgeber, einen Zeitgeber für die Hold-Time-Dauer, einen Flush- und einen Sleep-Zeitgeber.

● Der Zeitgeber für die Aktualisierungen gibt an, wie häufig die Aktualisierungsnachrichten gesendet werden. Standardmäßig liegt dieser Wert für IGRP bei 90 Sekunden.

● Der Ungültigkeitszeitgeber gibt an, wie lange die letzte Aktualisierungsnachricht für das Routing zurückliegen darf, bevor eine Route für ungültig erklärt wird. Diese Zeit ist für IGRP standardmäßig dreimal so lang wie die Zeit für die Aktualisierungen.

● Die Hold-Time oder Hold-Down-Frist gibt die Dauer der Hold-Down-Periode an. Standardmäßig ist die Hold-Time-Frist von IGRP dreimal solange wie die Zeit zwischen den Aktualisierungen plus 10 Sekunden.

● Der Flush-Zeitgeber gibt die Frist an, nach der eine Route aus einer Routing-Tabelle entfernt wird. Standardmäßig ist der Wert für den Flush-Zeitgeber siebenmal so lang wie der Zeitraum für die Aktualisierungen.

● Der Sleep-Zeitgeber gibt an, um wie viel Zeit die Aktualisierungsnachrichten verschoben werden. Dieser Wert sollte niedriger als der für die Aktualisierungen sein, da die Routing-Tabellen niemals synchronisiert werden, wenn dieser Wert höher als der für die Aktualisierungsnachrichten ist.

6.5 EIGRP

EIGRP ist eine erweiterte Version des Routing-Protokolls IGRP, die ständig weiter entwickelt wird. EIGRP basiert auf dem gleichen Distanzvektoralgorithmus wie IGRP. Verbessert wurden die Konvergenz und die Effektivität der Operationen. Die wichtigste Erweiterung von EIGRP ist der ausgeklügelte Diffusing Update-Algorithmus (DUAL). Dieser Algorithmus ist wesentlich besser als der Distanzvektoralgorithmus von RIP und der Vorgängerversion IGRP. Er wurde so verbessert, dass Routing-Schleifen drastisch reduziert werden.

Die Konvergenz wird durch die Implementierung eines neuen Algorithmus verbessert, mit dem alle an einer Topologieveränderung beteiligten Router ihre internen Routing-Tabellen zur gleichen Zeit synchronisieren können.

EIGRP ist unabhängig vom Protokoll der Netzwerkschicht und kann somit andere Protokolle unterstützen. Ein Nachteil von EIGRP ist die Tatsache, dass es als Konkurrenz zu OSPF betrachtet wird.

EIGRP kann problemlos in einem Netzwerk oder IGRP-Router implementiert werden. Dadurch können die Eigenschaften beider Protokolle gleichzeitig genutzt werden. Außerdem bietet es eine Möglichkeit für die kontinuierliche Migration von IGRP zu EIGRP. Ein weiterer Vorteil dieser Koexistenz liegt darin, dass Sie EIGRP strategisch in spezifischen Schritten in Ihrem Netzwerk einrichten können.

Cisco legt die vier Hauptkomponenten für EIGRP wie folgt fest:

- **Erkennen/Wiederfinden des Nachbarn.** Dieser Vorgang bezeichnet das dynamische Erlernen der Zustände der benachbarten Router direkt angeschlossener Netzwerke. Die Router müssen kontinuierlich die Nachbarn befragen, um festzustellen, ob sie noch einsatzbereit und erreichbar sind. Hierfür werden in regelmäßigen Abständen so genannte Hallo-Pakete gesendet. Kommen diese Pakete an, kann der Router damit fortfahren, Routeninformation auszutauschen.

- **Zuverlässiges Transportprotokoll.** Dieses Protokoll ist für die garantierte Auslieferung der Pakete in der richtigen Reihenfolge verantwortlich. Aus Gründen der Effektivität wird die Zuverlässigkeit nur gewährleistet, wenn sie erforderlich ist. Dies geschieht durch ein an alle Nachbarn gesendetes Hallo-Paket, in dem mit geteilt wird, dass das Paket nicht bestätigt werden muss. Bekanntermaßen verbraucht das Antworten auf Bestätigungsanforderungen kostbare Bandbreite in einem Netzwerk, was insbesondere für ein Ethernet-Netzwerk mit sehr Bandbreiten-intensivem Protokoll gilt. Jedes Paket muss von den Netzwerkkarten abgefangen und analysiert werden, um festzustellen, ob das Paket für den Rechner bestimmt ist. Dies kann auch die CPU stark in Anspruch nehmen.

- **DUAL-Algorithmus.** Dieser Algorithmus ist für die Berechnung der Routen zuständig. Er ist verantwortlich für das Verfolgen der Routen, die von allen Nachbarn angegeben werden. Die Maßzahl der Routersprünge liefert die Informationen über die Entfernungen, die für Routen ohne Schleifen erforderlich sind. Die Routen werden anhand der erreichbaren Nachfolger ausgewählt, auf die später noch näher eingegangen wird.

● **Protokollabhängige Module.** Diese Module sind für das Senden und Empfangen der EIGRP-Pakete zuständig, die in ein Protokoll wie IP eingebettet sind. Dieses Modul unterstützt mehrere Protokolle.

6.5.1 EIGRP-Konzepte

In diesem Abschnitt werden die Konzepte der EIGRP-Implementierung von Cisco beschrieben.

● **Nachbartabelle.** In dieser Tabelle notiert jeder Router die benachbarten Router. Wird ein neuer Nachbar erkannt, wird dessen Adresse und Schnittstelle in die Routing-Datenbank eingetragen.

● **Topologietabelle.** Diese Tabelle enthält protokollabhängige Module mit allen von benachbarten Routern angegebenen Empfängern. Jeder Eintrag gibt die Empfängeradresse und eine Liste der Nachbarn an, die diesen Empfänger angegeben haben. Sie enthält außerdem die Maßzahl für dieses Ziel. Der Router verwendet die beste Maßzahl für die Routersprünge und trägt sie in die Routing-Tabelle ein, die dann für das Routing und die Weitergabe dieser Route an andere Router verwendet wird.

● **Gangbare Nachfolger.** Hierbei handelt es sich um einen Eintrag, der aus der Topologietabelle in die Nachbartabelle verschoben wird, wenn es einen gangbaren Nachfolger gibt. Nachbarn, die eine Route mit einer niedrigeren Maßzahl anbieten als die in der aktuellen Routing-Tabelle angegebene, gelten als gangbare Nachfolger. Gangbare Nachfolger sind diejenigen Router, die sich in der Richtung hinter den benachbarten Routern befinden und nicht die unmittelbaren Nachbarn selbst. Hat ein Nachbar die Maßzahl geändert oder wurde die Topologie des Netzwerks verändert, muss die Liste der gangbaren Nachbarn neu berechnet werden.

● **Routenzustände.** Eine Route kann nur einen von zwei Zuständen annehmen: sie kann passiv oder aktiv sein. Eine Route wird als passiv gewertet, wenn der Router keine Neuberechnung einer Route durchführt. Führt der Router eine Routenberechnung durch, wird die Route als aktiv betrachtet.

6.6 RIP-1-Grundlagen

Das Routing Information Protocol (RIP), das im vorangegangenen Kapitel vorgestellte Interior Gateway Routing Protocol mit Distanzvektor, wird vom Router zum Weiterleiten von Paketen an entfernte Netzwerke benutzt. Zwischen RIP und IGRP gibt es einige wenige Unterschiede, die später noch eingehender behandelt werden.

RIP ist das verbreitetste interne Routing-Protokoll. Es basiert auf einem Entwurf aus dem Jahre 1970 und wird seit den frühen 80er-Jahren für TCP/IP eingesetzt. Mit der raschen Entwicklung der Technik hat sich auch RIP weiterentwickelt. RIP wurde seit seiner Einführung sehr wenig verändert und besitzt daher für große, komplexe Netzwerke einige Einschränkungen. Einige dieser Einschränkungen werden mit der Version RIP-2 aufgehoben. RIP-1 besitzt folgende Einschränkungen:

- RIP unterstützt keine internen Netzwerke mit mehr als 15 Routersprüngen innerhalb des gleichen Netzwerks. Ein Router zählt die Sprünge eines Pakets beim Passieren anderer Router auf seinem Weg zum Ziel.

- RIP unterstützt keine Subnet Masks variabler Länge. Die Unterteilung in Subnets ist in TCP/IP-Netzwerken sehr verbreitet, so dass RIP für Netzwerke, die das VLSM-Verfahren einsetzen, nicht geeignet ist.

- RIP versendet alle 30 Sekunden Aktualisierungen an das Netzwerk. Verfügt der Router über eine umfangreiche Routing-Tabelle oder handelt es sich um ein sehr großes Netzwerk mit langsamen Verbindungen, wird viel Bandbreite verbraucht.

- RIP bietet nur ein geringes Maß an Sicherheit. Unbefugte können auf Listen mit Routen der benachbarten Router zugreifen und falsche Routen im Netzwerk verbreiten.

- Mit RIP sind Routing-Probleme schwer zu diagnostizieren.

- RIP hat längere Konvergenzzeiten als OSPF. RIP-Router unterhalten Fristen für Hold-Downs und das Sammeln von Ausschuss. Während des Konvergenzprozesses kommt es nur langsam zu Zeitüberschreitungen für die Informationen. In größeren Netzwerken ist das nicht tragbar und kann zu Inkonsistenzen beim Routing führen.

- RIP besitzt keine Routinen für langsame Verbindungen oder Verzögerungen im Netzwerk. Routing-Entscheidungen werden nur über die Maßzahl für die Routersprünge getroffen. Die Route mit der niedrigsten Anzahl der Routersprünge gilt als die effektivste, was nicht unbedingt die beste Methode ist, da die Geschwindigkeit bestimmter Netzwerkverbindungen nicht berücksichtigt wird.

- RIP-Netzwerke sind nicht hierarchisch gegliedert und verfügen über kein Konzept für Bereiche, Domänen und autonome Systeme.

- RIP unterstützt kein klassenloses Routing, dessen Verbreitung immer stärker zunimmt und für große Netzwerke sowie das Internet erforderlich ist.

Router tauschen regelmäßig mit den benachbarten Routern die Routing-Tabellen aus. Verwenden die Router RIP, dann werden die vollständigen Routing-Tabellen ausgetauscht, was sehr ineffektiv sein kann. Daher setzen viele Router effektivere Routing-Protokolle wie Open Shortest Path First (OSPF) ein. Abbildung 6.5 zeigt ein typisches Beispiel für eine Routing-Tabelle.

Ziel	Nächster Sprung	Entfernung	Zeitgeber	Flags
Netzwerk A	Router1	5	11,12,13	x,y
Netzwerk B	Router2	3	11,12,13	x,y
Netzwerk C	Router1	2	11,12,13	x,y

Abb. 6.5: Eine RIP-Routing-Tabelle

RIP besitzt aber nicht nur negative Seiten. Da es sich um eines der verbreitetsten internen Routing-Protokolle handelt, wird RIP nahezu in allen Umgebungen unterstützt. Viele Netzwerktechniker und -ingenieure wissen es sehr zu schätzen, wenn ein Protokoll aufgrund seiner Kompatibilität fast universal einsetzbar ist. Außerdem ist RIP sehr leicht zu konfigurieren. Dieser geringe Aufwand für die Konfiguration erhöht die Attraktivität dieses Protokolls.

RIP unterscheidet passive und aktive Router. Ein aktiver Router gibt seine Routen anderen Routern bekannt. Passive Router nehmen diese Routen entgegen, sind aber nicht in der Lage, die eigenen Routen bekannt zu geben. Normalerweise arbeitet ein Router im aktiven und die Hosts im passiven Modus. Die Aktualisierung besteht aus einer IP-Netzwerkadresse und der Entfernung zu diesem Netzwerk. RIP berücksichtigt bei der beschriebenen Zählung der Routersprünge die Anzahl der Router, die ein Paket auf dem Weg zum Zielnetzwerk passieren muss. Jedes Passieren eines Routers erhöht den Zähler für die Routersprünge um den Wert 1. Das Maximum der Routersprünge für ein Paket auf dem Weg zu einem entfernten Netzwerk liegt für RIP bei 15 Sprüngen. Diese Maßzahl der Sprünge zum Ziel legt die effektivste Route bzw. den schnellsten Weg zum Zielnetzwerk fest. Eine Route mit 5 Routersprüngen wird als effektiver bewertet als eine mit 8 Routersprüngen. Die Route mit den wenigsten Sprüngen muss aber nicht immer die schnellste Route zu einem Ziel sein, weil dabei nicht die Geschwindigkeit einer Route berücksichtigt wird. Eine Route mit 5 Sprüngen über serielle Verbindungen kann beispielsweise langsamer sein als eine Route mit 7 Sprüngen in einem Ethernet-Netzwerk. Daher kann ein Router für eine langsamere Verbindung eine höhere Anzahl von Sprüngen angeben, um die Auswahl der Verbindung mit der geringeren Geschwindigkeit zu vermeiden.

6.6.1 RIP und IGRP im Vergleich

Der Vergleich zwischen RIP und IGRP ist nützlich, da RIP für ähnliche Zwecke eingesetzt wird wie IGRP. RIP wurde jedoch für kleinere Netzwerke entwickelt und war nie für den Einsatz in großen, komplexen Netzwerken gedacht.

Der Hauptunterschied zwischen beiden Protokollen liegt in den vorgenommenen Messungen. RIP verwendet die bereits vorgestellte einfache Zählung der Routersprünge. RIP zählt beim Weiterleiten eines Pakets an ein entferntes Netzwerk bis zu 15 Sprünge. Ein dezimaler Wert von 1 bis 15 gibt die Anzahl der Router an, die ein Paket vor Ankunft beim Empfänger passieren muss. Da 15 der Maximalwert ist, kann es schwierig werden, ein langsameres Netzwerk mit einer hohen Sprunganzahl zu erreichen. Um die gesamte Breite der Netzwerkverbindungen wie serielle und asynchrone WAN-Verbindungen nutzen zu können, sollte die Maßzahl einen höheren Wert von beispielsweise 24 haben. Auf diese Weise wäre auch ein zuverlässiges Routing in den meisten großen Netzwerken oder über viele der langsameren Netzwerkverbindungen möglich. Einige Netzwerke sind heutzutage so groß, dass RIP keine Pakete von einem Ende des Netzwerks zum anderen weiterleiten kann, ohne dabei das Maximum von 15 Sprüngen zu überschreiten. RIP kann in solchen Netzwerken nicht eingesetzt werden.

Da dieser Wert bei RIP nicht einfach erhöht werden kann, ist eine Alternative erforderlich. IGRP lässt nicht nur mehr Routersprünge zu, sondern besitzt auch einige Eigenschaften, die es robuster machen als RIP. IGRP kann bei der Maßzahl Faktoren wie Verzögerungen, Bandbreite und Zuverlässigkeit berücksichtigen. RIP kann für zwei unterschiedliche Routen zwar die gleiche Anzahl von Sprüngen angeben, es kann jedoch nicht die Tatsache berücksichtigen, ob Routen langsamer sind oder eine größere Bandbreite als erwünscht benötigen.

IGRP kann außerdem den Datenverkehr über mehrere gleichwertige Routen verteilen, was für RIP nur sehr schwer einzurichten ist. Es kann wesentlich effektiver sein, ein Netzwerk mit einem anderen Routing-Protokoll als RIP auszurüsten als RIP für die Verteilung des Datenverkehrs zu konfigurieren.

Ferner umfassen die RIP-Aktualisierungen nur wenig Informationen wie zum Beispiel die Empfänger und die Maßzahl für die Routersprünge. IGRP unterstützt eine autonome Systemnummer (ASN), bei der es sich um eine Nummer zur Beschreibung eines Bereichs oder einer Domäne handelt. Die ASN wird im Abschnitt über das Border Gateway Protocol (BGP) näher erläutert.

Schließlich verwendet RIP eine so genannte >>Standardroute<<, mit der ein Paket an einen Empfänger weitergeleitet wird, der nicht in der internen Routing-Tabelle des Routers enthalten ist. Dieser Mechanismus kann mit dem Standard-Router von TCP/IP verglichen werden, an den Pakete gesendet werden, deren Zielnetzwerk der Host nicht finden kann. Bei diesem Konzept reicht ein Router ein Paket, mit dem er nichts anfangen kann, einfach an einen anderen Router weiter, damit er damit etwas unternimmt. RIP und einige andere Routing-Protokolle verwenden die Standardroute so, als handele es sich um eine Route zu einem existierenden Netzwerk, was meist nicht der Fall ist. IGRP behandelt die Standardroute anders. Anstatt mit der Standardroute eine Route vorzutäuschen, kann IGRP mehr als ein vorhandenes Netzwerk als Kandidaten für die Standardroute markieren. IGRP kann nach allen Standardrouten suchen, um festzustellen, welche Route die niedrigste Maßzahl hat. Diese wird dann als tatsächliche Standardroute gewählt.

6.6.2 Auswirkungen einer Aufrüstung des Routing

Wie bereits ausgeführt wurde ist ein Nachteil des RIP-Routings der extensive Einsatz von Rundsendungen. Ein Router aktualisiert seine Routing-Tabelle mit den vom benachbarten Router empfangenen Informationen. Registriert ein für das Anworten konfigurierter Router eine Anfrage, antwortet er mit einem Paket, das Informationen aus seiner eigenen Routing-Datenbank enthält. Die Antwort enthält Informationen über Empfänger und Maßzahlen (Routersprünge). Mit diesen Routing-Informationen baut der Host oder Router seine Datenbank neu auf, fügt die neuen Informationen hinzu und ändert die vorhandenen Routen. Eine vorhandene Route wird geändert, wenn der Host oder Router feststellt, dass die neue Route einen geeigneteren Pfad zum Empfänger angibt (eine niedrigere Anzahl von Routersprüngen). RIP-Routen mit mehr als 15 Sprüngen bis zum Ziel werden von RIP gelöscht. Außerdem werden Routen aus der Datenbank des Routers entfernt, wenn innerhalb einer festgelegten Zeit keine Aktualisierungen eintreffen. Dadurch werden längere Zeit nicht benutzte Routen dynamisch in der Datenbank gelöscht. Es wurde bereits darauf hingewiesen, dass die Routen alle 30 Sekunden über

Rundsendungen mitgeteilt und in der Datenbank des Routers gelöscht werden, wenn sie nicht innerhalb von 180 Sekunden aktualisiert wurden. Abbildung 6.6 veranschaulicht den Aufwand, der durch die Routen entsteht.

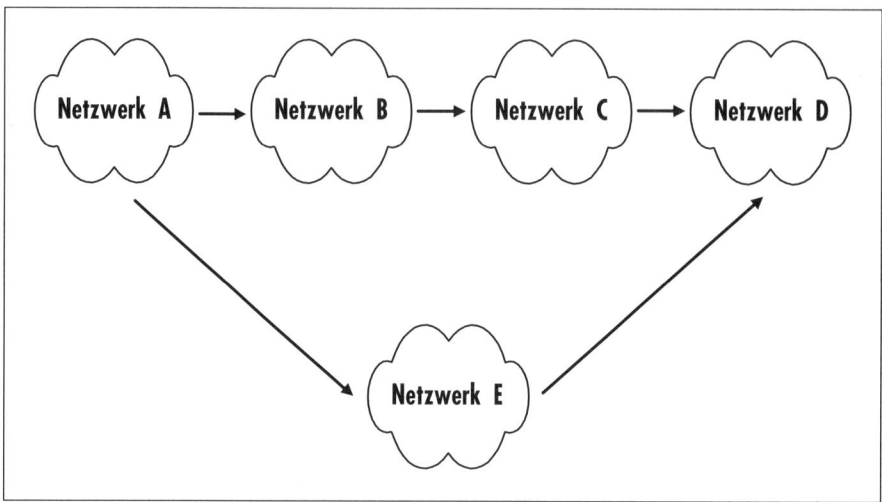

Abb. 6.6: Die Zählung der Routersprünge mit RIP

Netzwerk A ist mit Netzwerk D über die Netzwerke B und C verbunden. Ist Netzwerk E in Betrieb und aktiv, werden Pakete vom Netzwerk A an das Netzwerk D mit einem Routersprung über das Netzwerk E gesendet. Diese Anzahl der Routersprünge ist niedriger, daher wird diese Route gewählt, wenn Netzwerk A mit Netzwerk D kommuniziert. Fällt Netzwerk E aus, muss Netzwerk A davon in Kenntnis gesetzt werden. RIP verlangt von einem Router, dass er alle 30 Sekunden Aktualisierungen sendet, so dass die übrigen Router des Netzwerks dies sehr schnell erfahren. Erhält RIP jedoch nicht innerhalb von 180 Sekunden von einem Router eine Aktualisierung, wird diese Route aus der Routing-Datenbank des Routers entfernt, weil dieser annimmt, die Route stehe nicht mehr zur Verfügung.

Die Aktualisierung der Routing-Informationen von RIP verläuft sehr dynamisch. Die Veränderungen des Netzwerks werden sehr schnell und korrekt verbreitet, so dass Änderungen der Netzwerktopologie sehr schnell in die aktualisierten Routing-Datenbanken übernommen werden. Die Einträge in der Routing-Tabelle eines Routers werden gegebenenfalls erneuert. Sind die Routen nicht in der Datenbank eingetragen, werden sie hinzugefügt. Bemerkt ein Router den Ausfall eines anderen Routers des Netzwerks, kann er seine Routen neu berechnen und mit Hilfe der aktualisierten Informationen benachbarte Router über die neue Route unterrichten. Jeder Router, der diese neue Route erhält, aktualisiert daraufhin seine eigene Datenbank und reicht die Veränderungen an die übrigen Router des Netzwerks weiter.

6.7 RIP-2-Grundlagen

RIP Version 2 wurde mit dem Ziel entwickelt, einige der Einschränkungen der ursprünglichen RIP-Version aufzuheben. RIP-2 steigert die Informationsmenge im Paket selbst und bietet ein Maß an Sicherheit, das der RIP Version 1 nicht zur Verfügung stand. Da RIP nach wie vor weit verbreitet ist, wurden die Eigenschaften von RIP verbessert, damit in den betreffenden Organisationen und Unternehmen kein völlig neues Routing-Protokoll eingeführt werden musste. Außerdem lässt sich RIP im Vergleich mit den übrigen internen Gateway-Protokollen wesentlich leichter implementieren.

Die folgende Liste führt die neuen Eigenschaften von RIP-2 auf:

- **Optionale Authentifizierung.** Die meisten Implementierungen verwenden eine einfache Authentifizierung über ein Kennwort.

- **Routing-Domänenfeld.** Mit diesem Feld können logischen Domänen im gleichen physikalischen Netzwerk ignoriert werden. Die Standarddomäne für das Routing erhält den Wert 0.

- **Routen-Tag.** Dieses Feld dient zur Unterstützung des Exterior Gateway Protocol (EGP). Es enthält autonome Systemnummern für EGP und das Border Gateway Protocol (BGP). Das Internet ist in Domänen oder autonome Systeme unterteilt. Die Interior Gateway Protocols (IGPs) werden innerhalb einer Domäne zum Austausch der Routing-Informationen benutzt. Im Wesentlichen unterscheidet dieses Routen-Tag Feld interne RIP-Routen von externen Routen.

- **Subnet Mask.** Dieses Feld enthält eine Subnet Mask für die IP-Adresse, über die das Host-Netzwerk des Empfängers ermittelt wird.

- **Nächster Sprung.** Mit diesem Feld werden Pakete unmittelbar zum nächsten Routersprung weitergeleitet. Diese Möglichkeit ist in Netzwerken nützlich, in denen die Router andere Routing-Protokolle als RIP verwenden können.

- **Rundsendungen.** Es werden Pakete mit Rundsendungen an das Netzwerk geschickt. Die Rundsendungsadresse von RIP-2 lautet 224.0.0.9.

Die wichtigste Eigenschaft von RIP-2 ist die Abwärtskompatibilität zu RIP-1 und die Möglichkeit, neben dem RIP-2 Modus auch einen RIP-1-Emulationsmodus ausführen zu können.

RIP-2 bewahrt außerdem die Eigenschaften, die RIP-1 so beliebt gemacht haben, wie etwa den geringen Umfang, die einfache Implementierung und die Möglichkeit, mit eingebetteten Systemen ausgeführt werden zu können, die nicht über den für effektivere Routing-Protokolle erforderlichen Speicher verfügen. Zusätzlich wurde RIP dem RIP-2 ähnlichen IPv6 angepasst. Die durchgeführten Änderungen beschränken sich im Wesentlichen auf die Header-Informationen im RIP-Paket. Dadurch ist RIP in IPv6-Netzwerken einfacher zu installieren. Trotz aller Erweiterungen ist RIP dennoch nicht die beste Wahl für moderne Netzwerke. Neuere Routing-Protokolle wie OSPF und IS-IS können RIP überflüssig machen, allerdings ist RIP immer noch im mehr Netzwerken implementiert als OSPF und IS-IS zusammen, weshalb RIP-2 nach wie vor über eine große Anhängerschaft verfügt.

6.8 OSPF

Das Protokoll Open Shortest Path First (OSPF) ist wie RIP ein Interior Gateway Protocol (IGP).

 Für das Interior Gateway Protocol (IGP) wird oft auch die Bezeichnung Interior Gateway Routing Protocol (IGRP) gebraucht. Zwischen IGP und IGRP gibt es aber keine Unterschiede, die Bezeichnungen sind identisch.

OSPF wurde vornehmlich für das Internet und das Internet-Protokoll entwickelt und besitzt folgende Eigenschaften:

- Authentifizierung für Aktualisierungen der Routing-Informationen
- TOS-basiertes Routing
- Anhängen extern abgeleiteter Routen
- Schnelle Reaktion auf Topologieveränderungen ohne große Belastung
- Lastenausgleich bei ineinander greifenden Verbindungen

OSPF versucht zunächst, den kürzesten Pfad zu einem Ziel zu öffnen. Diese verbindungsorientierte Technik wird Shortest Path First (SPF) genannt. Bei dieser Technik besitzen alle Router die gleiche Datenbank. Die Routing-Datenbank enthält eine Beschreibung eines bestimmten Routers und dessen

Zustands, was auch den Zustand der Schnittstellen einschließt, mit denen der Router verbunden ist. Dies ist ein entscheidender Unterschied zu RIP-Routern, bei denen die Routing-Datenbanken unterschiedliche Einträge enthalten können. SPF-basierte Router enthalten die Datenbank für die Topologie autonomer Systeme (AS) oder Domänen, in die das Internet untergliedert ist.

 Die Begriffe Domäne und autonomes System (AS) haben die gleiche Bedeutung. Verwechseln Sie die Bezeichnung Domäne nicht mit einem Internet-Domänennamen wie z.B. `microsoft.com`. Der Begriff Domäne darf auch nicht mit einer Windows NT-Domäne verwechselt werden, die eine logische Gruppierung von Rechnern bezeichnet. Die entsprechende Bedeutung des Begriffs ergibt sich aus dem jeweiligen Kontext.

Anders als RIP-1 unterstützt OSPF die Verwendung von Subnet Masks. Jede von OSPF benutzte Route besitzt eine Empfängeradresse und eine Subnet Mask. Beim Weiterleiten der Pakete erhalten die Routen mit der größten Übereinstimmung den Vorzug vor Routen mit einer kürzeren Subnet Mask.

OSPF kann vier unterschiedliche physikalische Netzwerkarten unterstützen: Punkt-zu-Punkt-Netzwerke, Netzwerke mit oder ohne Rundsendungen und Netzwerke mit Verbindungen von einem Punkt zu mehreren Punkten.

- **Punkt-zu-Punkt-Netzwerke.** Diese Netzwerke bestehen aus zwei Routern, deren Punkt-zu-Punkt-Schnittstellen als nummerierte oder nicht nummerierte Schnittstellen konfiguriert werden können. Ein Netzwerk mit synchronen Leitungen ist ein Beispiel für ein Punkt-zu-Punkt-Netzwerk.

- **Netzwerke mit Rundsendungen.** Diese Netzwerke können mehr als zwei Router einsetzen, wobei OSPF die gleiche Rundsendung an alle Router senden kann. Ein Beispiel für ein Netzwerk mit Rundsendungen ist ein Ethernet-Netzwerk.

- **Netzwerke ohne Rundsendungen.** Auch in diesen Netzwerken können mehr als zwei Router eingesetzt werden, OSPF kann jedoch keine Rundsendungen an alle Router senden. Beispiele für diese Art von Netzwerken sind X.25 oder ATM.

- **Netzwerke von einem Punkt zu mehreren Punkten.** Bei diesen Netzwerken befindet sich in der Mitte ein zentraler Router als Verteiler, mit dem die übrigen Router sternförmig verbunden sind. Diese Struktur ist theoretisch mit der Sterntopologie eine Ethernet-Netzwerks vergleichbar.

Ein entscheidender Unterschied zwischen OSPF und RIP besteht darin, dass die Netzwerke mit OSPF in viele *Bereiche* unterteilt werden können. Diese Bereiche befinden sich vollständig innerhalb des gleichen (Verbundbereichs-Routing) oder in einem anderen Bereich (Bereichs-Routing). Diese Unterscheidung ist vergleichbar mit dem Unterschied zwischen Internet (Bereichs-Routing) und dem Intranet eines Unternehmens (Verbundbereichs-Routing). Wenn OSPF Bereiche miteinander verbinden muss, wird hierfür ähnlich wie in einem Ethernet-Netzwerk ein Backbone eingerichtet. Dieser Backbone besteht aus Routern und Netzwerken, die unterschiedliche Bereiche miteinander verbinden. Sie müssen wie bei der Bustopologie eines Ethernet-Netzwerks in einer Reihe verbunden sein. Die Schnittstellen können sich von diesem Backbone zu einem anderen Netzwerk erstrecken. Diese Art des Routing wird externes Routing genannt, da sich Absender und Empfänger in unterschiedlichen Netzwerken befinden.

Da ein Bereich so festgelegt werden kann, dass der Backbone unterbrochen wird, muss es eine Möglichkeit geben, den Backbone wieder zu verbinden. Dies ist über eine so genannte *virtuelle Verbindung* möglich. Solche virtuellen Verbindungen werden von beliebigen Routern des Backbone eingerichtet, die mit dem nicht zum Backbone gehörenden Bereich verbunden sind. Sie funktionieren wie direkte Verbindungen zum Backbone. Mit einer virtuellen Verbindung kann auch eine Unterbrechung des Backbone durch eine unterbrochene Verbindung wiederhergestellt werden.

Müssen Pakete aus einem Bereich in einen anderen gesendet werden, geschieht dies über den Backbone. Hierfür wird ein Bereichsgrenz-Router (ABR) benutzt, der mit dem Bereich und dem Backbone verbunden ist. Das Paket wird über den Backbone geschickt und von einem anderen Router empfangen, bei dem es sich auch um einen Bereichsgrenz-Router handelt. Dieser Router sendet anschließend das Paket zum Empfänger.

Für OSPF werden vier Arten von Routern unterschieden: interne Router, Bereichsgrenz-Router, Backbone-Router und Grenz-Router autonomer Systeme (AS).

- **Interne Router.** Diese Router sind für die Routing Pakete innerhalb eines einzelnen Bereichs zuständig. Sie versorgen den internen Bereich mit Routing-Informationen für diesen speziellen Bereich. Bei diesem internen Router kann es sich auch um einen Backbone-Router handeln, wenn er keine physikalische Schnittstellen zu einem anderen Bereich besitzt.

- **Bereichsgrenz-Router.** Dieser Router leitet die Pakete zwischen mehreren Bereichen weiter, zu denen er Schnittstellen besitzt.

- **Backbone-Router.** Hierbei handelt es sich um Router mit einer physikalischen Schnittstelle zum Backbone. Er wird oft auch als Grenz-Router bezeichnet.

- **Grenz-Router autonomer Systeme.** Diese Geräte tauschen Informationen mit anderen autonomen Systemen über EGP-Protokolle wie z. B. BGP aus.

Backbone-Router, auch Grenz-Router genannt, können bestimmte Bereich als Abschnitte behandeln. Das bedeutet, dass die Grenz-Router keine Informationen über externe Routen an diese Unterabschnitte weitergeben. Diese Grenz-Router können auch so konfiguriert werden, dass sie keine Informationen über interne OSPF-Routen weitergeben.

Mit Hilfe dieser vier Routertypen kann OSPF ein autonomes System in Bereiche unterteilen.

6.8.1 OSPF-Konfiguration

Um OSPF für Ihren Cisco Router konfigurieren zu können, müssen Sie im Konfigurationsmodus des Routers die folgenden Schritte durchführen. Zuerst wird OSPF aktiviert:

```
router ospf <Prozess-id>
```

Anschließend müssen Sie den Bereichen Schnittstellen zuweisen:

```
network <Netzwerk oder IP-Adresse> <Mask> <Bereichs-ID>
```

Mit den beiden folgenden Zeilen werden beide Schritte durchgeführt:

```
router ospf 5
network 203.11.87.156 255.255.255.0 100
```

Mit dem NETWORK-Befehl im zweiten Schritt wird dem Router ein Bereich zugewiesen. Hierfür muss dem Router das Netzwerk oder die IP-Adresse mit der Subnet Mask angegeben werden, damit über TCP/IP die Verbindung zu diesem Router hergestellt wird. Die Bereichs-ID muss mit dem Bereich übereinstimmen, in dem sich der Router befindet. Wie bereits erwähnt wurde, ist Bereich in diesem Zusammenhang ein anderer Ausdruck für autonomes System (AS).

Auch für die Vergabe von Passwörtern für OSPF-Router muss sich das Gerät im Konfigurationsmodus befinden. Diese Eigenschaft stand für RIPv1-Router nicht zur Verfügung. Für jeden OSPF-Router eines Bereichs sollte das gleiche Passwort vergeben werden. Nehmen Sie die folgenden Eingaben vor, um die Authentifizierung über Passwörter im Konfigurationsmodus des Routers einzurichten:

```
IP ospf authentication-key <Schlüssel> (im Abschnitt "interface")
area <Bereichs-ID> authentication (im Abschnitt "router ospf <Prozess-id>")
```

Das folgende Beispiel zeigt beide Abschnitte:

```
interface Ethernet1
IP address 197.13.55.110 255.255.255.0
IP ospf authentication-key february
router ospf 100
network 45.113.22.188 255.0.0.0 area 200
area 200 authentication
```

In diesem Beispiel lautet das Passwort february. Leider kann mit einem Verbindungsanalysator jeder dieses Passwort ermitteln, wenn es über das Netzwerk übertragen wird.

Eine sichere Methode zur Authentifizierung ist die Message Digest Authentication von OSPF. Sie müssen den Schlüssel (das Passwort) und eine Schlüssel-ID für jeden OSPF-Router angeben, der an der Passwortauthentifizierung teilnimmt. Dieses Passwort kann nicht mit einem Verbindungsanalysator ermittelt werden, weil es nicht über das Netzwerk übertragen wird. Um diese Authentifizierungsmethode zu aktivieren, geben Sie im Konfigurationsmodus des Routers die folgenden Informationen an:

```
IP ospf message-digest-key <Schlüssel-
ID> md5 <Schlüssel> (im Abschnitt "interface")
Bereich <Bereichs-ID> authentication message-
digest (im Abschnitt "Router ospf <process-id>")
```

Das folgende Beispiel zeigt beide Abschnitte:

```
interface Ethernet1
IP address 197.13.55.110 255.255.255.0
IP ospf message-digest-key 10 md 5
router ospf 100
network 45.113.22.188 255.0.0.0 area 200
area 200 authentication
```

Auch in diesem Beispiel lautet das Passwort weiterhin february. Der message-digest-key ist 10 und der Bereich nach wie vor 200.

Der Backbone ist ein zusammenhängender Bereich physikalischer Verbindungen. Er wird als >>Bereich 0<< bezeichnet und muss den Mittelpunkt aller übrigen Bereiche bilden. Mit einer virtuellen Verbindung kann aus einem nicht angeschlossenen Bereich eine Verbindung zum Backbone hergestellt werden (siehe Abbildung 6.7).

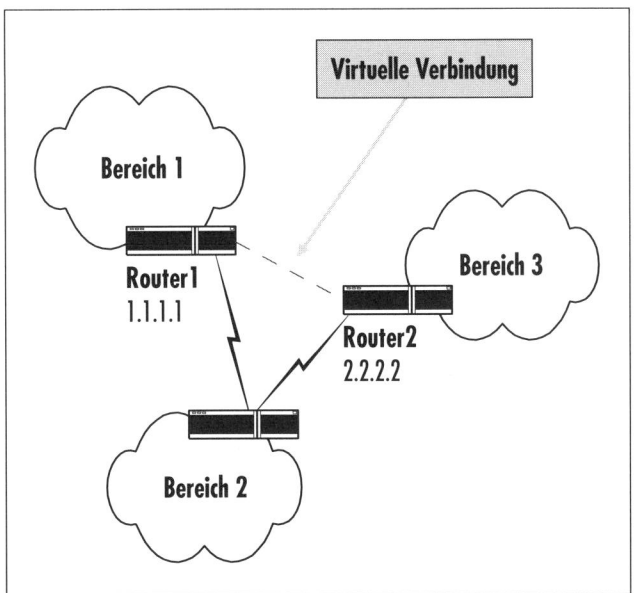

Abb. 6.7: Einrichten einer virtuellen Verbindung zwischen nicht zusammenhängenden Bereichen

In Abbildung 6.7 besitzt der Bereich 1 keine physikalische, ununterbrochene Verbindung zum Bereich 3. Daher wurde zwischen den Routern 1 und 2 eine virtuelle Verbindung eingerichtet. Bereich 2 bildet nun den Durchgangsbereich und Router 2 den Zugang zu Bereich 3.

Damit diese virtuelle Verbindung funktioniert, müssen im Konfigurationsmodus des OSPF-Routers einige Eingaben vorgenommen werden:

```
area <Bereichs-ID> virtual-link <RID>
```

Das folgende Beispiel zeigt die vervollständigten Abschnitte für beide Router:

```
Router 1#
router ospf 100
area 2 virtual-link 2.2.2.2
```

```
Router 2#
router ospf 100
area 2 virtual-link 1.1.1.1
```

Die `area-id` gibt in diesem Beispiel den als Bereich 2 definierten Durchgangsbereich an. `RID` gibt als Router-ID die IP-Adresse des Routers an.

6.8.2 Auswirkungen einer Aufrüstung des Routing

RIP eignet sich aufgrund der vielen Rundsendungen zum Aktualisieren der
Router über Routen zu anderen Netzwerken eher für kleinere Netzwerke.
Das OSPF-Protokoll eignet sich gut für größere, dynamische und kompliziertere Netzwerke. RIP-Aktualisierungen werden alle 30 Sekunden, OSPF-Aktu-
alisierungen dagegen nur alle 30 Minuten durchgeführt. RIP-Router senden
die vollständige Routing-Tabelle an benachbarte Router, während OSPF nur
dann kleine Aktualisierungsdateien an die Router sendet, wenn eine Veränderung im Netzwerk festgestellt wird, wie z.B. eine ausgefallene oder eine
neue Verbindung. Das Austauschen der Informationen zwischen den Routern wird als *Konvergenz* bezeichnet, mit der sich die Router sehr schnell über
die veränderte Situation im Netzwerk verständigen.

Netzwerke mit OSPF- und RIP-Routern können nur bedingt nebeneinander
bestehen. OSPF ersetzt nach und nach RIP als Routing-Protokoll für interne
Gateways. Diese OSPF-Router verwenden gleichzeitig RIP für die Kommunikation zwischen Router und endgültigem Empfänger und OSPF für die
Kommunikation zwischen den Routern. Sie können beispielsweise einen
Windows NT-Rechner als RIP-Router in einer RIP-Routing-Umgebung konfigurieren. Der gleiche Windows NT-Rechner kann aber nicht als OSPF-Router
in einer OSPF-Routing-Umgebung eingerichtet werden. Die Koexistenz von
RIP und OSPF führt zu einer schrittweisen Migration von RIP zu OSPF. RIP-
und OSPF-Router können im gleichen Netzwerk nicht nur nebeneinander
bestehen, sie können auch Routing-Informationen gemeinsam nutzen. Abbildung 6.8 zeigt das RIP-Routing unter Windows NT.

Um einen Windows NT-Rechner für den Austausch von Routing-Informationen mit anderen Rechnern des Netzwerks zu konfigurieren, muss die IP-Weiterleitung aktiviert werden. Dies geschieht über das Applet NETZWERK aus
der Systemsteuerung. Wählen Sie das Protokoll TCP/IP und lassen Sie sich
die Eigenschaften anzeigen. Abbildung 6.8 zeigt die Registerkarte für das
Routing. Außerdem müssen Sie RIP im Applet DIENSTE der Systemsteuerung
aktivieren.

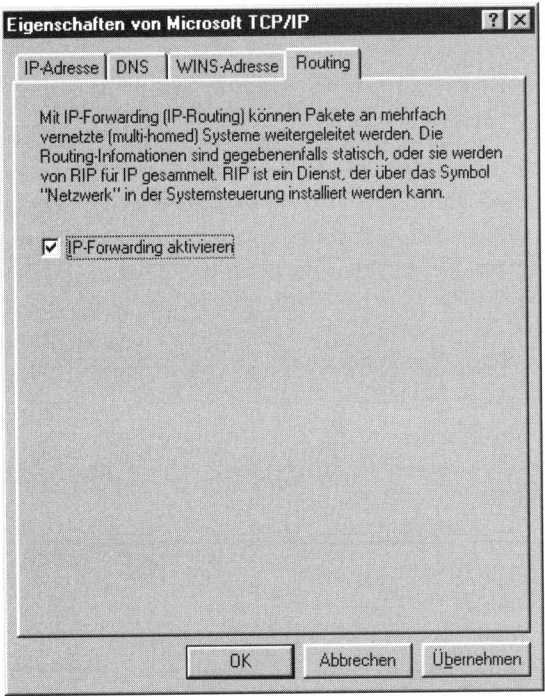

Abb. 6.8: Konfiguration eines Windows NT-Rechners als RIP-Router

Für OSPF ist ein Nachbar ein OSPF-Router mit einer Schnittstelle zum gleichen Netzwerk. Zum Entdecken und Konfigurieren der OSPF-Nachbarn sowie zur Unterhaltung dieser Verbindungen verwendet der Router das Hallo-Protokoll. Bei zwei Arten der OSPF-Netzwerke (Punkt-zu-Punkt-Netzwerk und Netzwerke mit Rundsendungen) entdeckt das Hallo-Protokoll die Nachbarn dynamisch. In einem Netzwerk ohne Rundsendungen müssen Sie die Nachbarn von Hand einrichten, weil OSPF nicht die Möglichkeit besitzt, Kontakte und Beziehungen zu den Nachbarn einzurichten.

Das Hallo-Protokoll sorgt für bidirektionale Verbindungen zwischen den Routern. So ist garantiert, dass jeder OSPF-Router aktualisierte Routeninformationen sowohl sendet als auch empfängt. Dass die Kommunikation bidirektional verläuft erkennt der Router, wenn er sich selbst in einem Hallo-Paket eines anderen Routers wieder findet. Das Paket des Hallo-Protokolls hat folgenden Inhalt:

- Die Priorität des Routers
- Den Wert des Hallo-Zeitgebers des Routers und den Wert für die Zeitüberschreitung des Routers

- Eine Liste der Router, an die über diese Schnittstelle Hallo-Pakete gesendet wurden

- Die für diesen Router angegebenen Router und Sicherungs-Router

Das bedeutet aber nicht, dass es sich bei OSPF bezüglich der Aktualisierung der Routing-Informationen um ein perfektes Protokoll handelt. In wirklich großen Netzwerken kann OSPF zum Austausch von sehr vielen Routing-Informationen zwischen den Routern führen. In Netzwerken mit Hunderten von Routern und mit Fehlertoleranz kann die Anzahl der Nachrichten über die Zustände der Verbindungen im Netzwerk auf einige Tausend ansteigen. Diese zahlreichen Nachrichten über die Verbindungszustände können von Router zu Router über das Netzwerk weitergereicht werden und dabei kostbare Übertragungskapazitäten beanspruchen, was insbesondere für langsamere WAN-Verbindungen zutrifft. Die Router müssen dann Routing-Tabellen neu berechnen, was bei Routing-Tabellen von beachtlicher Größe sehr viele RAM- und CPU-Zyklen benötigt. Aber neben OSPF ist auch kein anderes heute erhältliches Routing-Protokoll in der Lage, die Aktualisierungen der Routing-Informationen in großen Netzwerken mit vielen Routern zu minimieren. Allerdings verringert OSPF diese viel Bandbreite beanspruchenden Aktualisierungen wesentlich stärker als RIP. Bei dem Verbindungszustand handelt es sich übrigens um eine Beschreibung der Beziehung des Routers zum benachbarten Router, die wie eine Schnittstelle betrachtet wird. Eine Schnittstelle ist beispielsweise die IP-Adresse einer physikalischen Schnittstelle, die Subnet Mask, der Netzwerktyp, zu dem die Verbindung besteht oder mit dem Netzwerk verbundene Router. Eine Sammlung all dieser Informationen bildet eine Datenbank für die Verbindungszustände.

Der Algorithmus für den Verbindungszustand legt (in wesentlich ausführlicherer Form als hier beschrieben) einige Schritte zum Aufbau und zur Berechnung dieser Pfade fest:

- Bei der Initialisierung oder bei einer Veränderung der Routing-Informationen erzeugt der Router eine Verbindungszustandsmitteilung, die aus einer Sammlung aller aktuellen Verbindungszustände des Routers besteht.

- Über das so genannte Fluten tauschen alle Router diese Informationen zu den Verbindungszuständen aus. Dabei werden die Routing-Informationen an alle Router des Bereichs weitergegeben.

- Nachdem jeder Router die Informationen zu den Verbindungszuständen aufgenommen hat, werden die kürzesten Entfernungen zu allen Empfängern berechnet. Diese Berechnung nimmt die CPU stark in Anspruch, da sehr viele mögliche Wege berechnet werden müssen. Diese Pfade berücksichtigen die Verbindungskosten und die Informationen für den nächsten Routersprung zum Erreichen des Zieles.

- Verändert sich die Topologie des Netzwerks nicht, ist OSPF nicht sehr aktiv. OSPF muss keine Informationen über die Verbindungszustände austauschen und die Router müssen dementsprechend keine kürzesten Wege berechnen, da dies bereits geschehen ist.

Die folgenden Informationen für die Verbindungszustände werden unterschieden:

- **Router-Verbindungen.** Pakete mit solchen Informationen geben den Zustand und die Kosten der Verbindungen der Router zum Bereich an. Diese Informationen lassen Rückschlüsse auf die Anzahl der Schnittstellen eines Routers eines bestimmten Bereichs zu.

- **Netzwerk-Verbindungen.** Diese Informationen beschreiben alle Router, die mit einem bestimmten Segment verbunden sind. Sie werden vom dafür ausgewählten Router geliefert.

- **Zusammengefasste Verbindungen.** Diese Informationen beschreiben Netzwerke eines autonomen Systems (AS) außerhalb eines Bereichs. Sie beschreiben auch den Standort des ABSR und werden von den Bereichsgrenz-Routern erstellt.

- **Externe Verbindungen.** Diese Informationen beschreiben externe Empfänger außerhalb des AS oder Standardrouten von außerhalb des AS. Der ASBR liefert dem autonomen System die Informationen zu den externen Verbindungen.

Eine weitere Eigenschaft von OSPF ist die Tatsache, dass Aktualisierungen der Routing-Informationen nicht über den Bereich hinaus weitergereicht werden. Beachten Sie, dass die Bereiche durch die oben beschriebenen Routertypen wie z.B. einen Bereichsgrenz-Router voneinander getrennt werden. Fällt eine Netzwerkverbindung aus, dann tauschen nur die Router innerhalb dieses Bereichs die aktualisierten Routing-Informationen aus. Bereichsgrenz-Router filtern die Aktualisierungen von den verschiedenen Bereichen und vom Backbone. Bereichsgrenz-Router können miteinander kommunizieren und Routing-Informationen austauschen, verwenden hierfür jedoch besondere Verbindungszustandsnachrichten in Form einer kurzen Zusammenfassung der LAN- oder WAN-Topologie ihrer Bereiche.

Abbildung 6.9 veranschaulicht den Einsatz getrennter Bereiche, die über den Bereichsgrenz-Router mit dem Backbone verbundene physikalische Regionen darstellen.

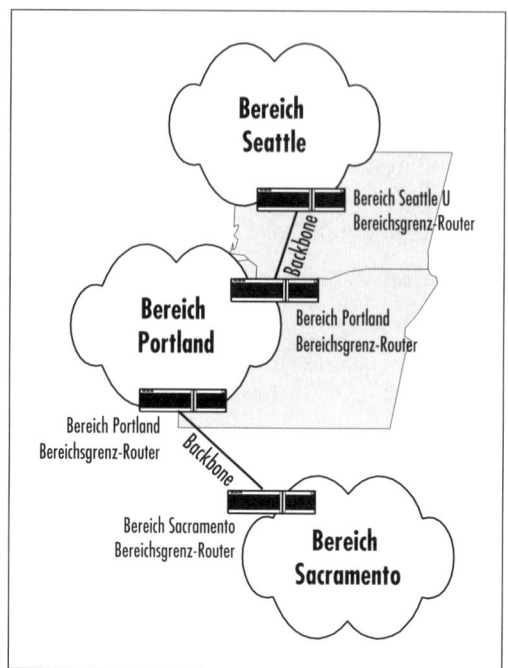

Abb. 6.9: Durch Bereichsgrenz-Router in Bereiche getrennte physikalische Regionen

Da nicht jede Stadt die aktualisierten Routing-Informationen von den anderen Städten erhalten möchte, werden diese Bereiche durch Bereichsgrenz-Router voneinander getrennt, die untereinander Informationen austauschen, allerdings über die weniger umfangreichen Aktualisierungen der Verbindungszustandsinformationen.

Über eine Feinabstimmung der OSPF-Router kann der Umfang der Aktualisierungen über das Netzwerk und damit auch die Belastung der Bandbreite des Netzwerks verringert werden. Auch die Konvergenzrate (die Zeit zwischen dem Eingang der aktualisierten Informationen beim Router und der Durchführung der notwendigen Berichtigungen der Routing-Tabellen) kann abgestimmt werden.

Tabelle 6.4 zeigt ein Beispiel der OSPF-Datenbank. Diese Tabelle wurde mit dem folgenden Befehl erzeugt:

```
show IP ospf database
```

OSPF-Router mit der ID (211.231.15.67) (Prozess-ID 10)

	Router-Verbindungszustände (Bereich 1)	
Verbindungs-ID	ADV-Router	Verbindungsanzahl
211.231.15.67	211.231.15.67	2
211.231.16.130	211.231.16.130	2
	Zusammenfassung der Netzverbindungszustände (Bereich 1)	
Verbindungs-ID	ADV-Router	
211.231.13.41	211.231.15.67	
211.231.15.64	211.231.15.67	
211.231.15.192	211.231.15.67	
	Router-Verbindungszustände (Bereich 0)	
Verbindungs-ID	ADV-Router	Anzahl der Verbindungen
211.231.13.41	211.231.13.41	3
211.231.15.67	211.231.15.67	1
	Netzverbindungszustände (Bereich 0)	
Verbindungs-ID	ADV-Router	
211.231.15.68	211.231.13.41	
	Zusammenfassung der Netzverbindungszustände (Bereich 0)	
Verbindungs-ID	ADV-Router	
211.231.15.0	211.231.15.67	
	Zusammenfassung der ASB-Verbindungszustände (Bereich 0)	
Verbindungs-ID	ADV-Router	
211.231.16.130	211.231.15.67	

Tab. 6.4: Die vollständige OSPF-Datenbank eines Bereichsgrenz-Routers (ABR)

	Externe Verbindungszustände autonomer Systeme	
Verbindungs-ID	ADV-Router	Tag
0.0.0.0	211.231.16.130	10
211.231.16.128	211.231.16.130	0

Tab. 6.4: Die vollständige OSPF-Datenbank eines Bereichsgrenz-Routers (ABR)

Wir untersuchen zunächst den Abschnitt mit den Verbindungszuständen der Router des Bereichs 1 (siehe Tabelle 6.5).

Verbindungs-ID	ADV-Router	Anzahl der Verbindungen
211.231.15.67	211.231.15.67	2
211.231.16.130	211.231.16.130	2

Tab. 6.5: Die Router-Verbindungszustände des Bereichs 1 aus der OSPF-Datenbank

Die beiden Einträge stehen für zwei Router dieses Bereichs. Beide besitzen zwei Verbindungen zu Bereich 1, was aus der Spalte >>Anzahl der Verbindungen<< hervorgeht.

Wir übergehen den Abschnitt >>Zusammenfassung der Netzverbindungszustände<< und wenden uns dem nächsten Abschnitt der Verbindungszustände des Routers für den Bereich 0 zu (siehe Tabelle 6.6).

Verbindungs-ID	ADV-Router	Alter	Anzahl der Verbindungen
211.231.13.41	211.231.13.41	179	3
211.231.15.67	211.231.15.67	675	1

Tab. 6.6: Die Verbindungszustände des Routers für den Bereich 0 aus der OSPF-Datenbank

Auch für diesen Bereich werden zwei Router aufgeführt. Der erste besitzt drei Verbindungen zum Bereich 0 und der zweite eine zum Bereich 0.

Tabelle 6.7 enthält die Zusammenfassung der ASB-Verbindungszustände für den Bereich 1.

Verbindungs-ID	ADV-Router	Alter
211.231.16.130	211.231.15.67	468

Tab. 6.7: Zusammenfassung der ASB-Verbindungszustände für den Bereich 1

Dieser Abschnitt gibt den ASBR für den Bereich an, in diesem Fall ein Router mit der Adresse 211.231.16.130.

Die externen Verbindungszustände autonomer Systeme enthalten Informationen zu Verbindungen außerhalb des Bereichs (siehe Tabelle 6.8).

Verbindungs-ID	ADV-Router	Alter	Tag
0.0.0.0	211.231.16.130	1683	10
211.231.16.128	211.231.16.130	65	0

Tab. 6.8: Die externen Verbindungszustände autonomer Systeme

Die beiden aufgeführten externen Verbindungen wurden von OSPF dem Bereich hinzugefügt.

6.8.3 Ratschläge zur OSPF-Implementierung

Berücksichtigen Sie bei der OSPF-Implementierung in Ihrem Netzwerk die Vorschläge von Nortel Networks (siehe `http://www.support.baynetworks.com`).

- Verwenden Sie innerhalb eines Bereichs möglichst dasselbe Passwort.
- Benutzen Sie Standardzeitgeber.
- Benutzen Sie den entsprechenden Adressbereich, wenn Ihr Netzwerk in Subnets unterteilt ist.
- Platzieren Sie die Subnets in einem Bereich.
- Achten Sie darauf, dass der Parameter für Grenz-Router autonomer Systeme aktiviert ist, wenn der Router eine nicht für OSPF gedachte Schnittstelle besitzt und diese Information weitergegeben werden soll.
- Richten Sie virtuelle Verbindungen für jeden Bereichsgrenz-Router ein, der sich nicht innerhalb des Backbone befindet oder nicht direkt an diesen anschließt. Für jeden Grenz-Router muss ein Pfad zum Backbone konfiguriert werden.
- Bevorzugen Sie für einen Empfänger einen bestimmten Pfad, müssen Sie den Parameter für die Kosten konfigurieren. OSPF wählt dann den Pfad mit den geringsten Kosten.

● Richten Sie für die OSPF-Router die gleichen Zeitgeberwerte wie für die Zeitgeber der übrigen Geräte ein.

● Wird die Topologie durch einen Bereich oder Entfernen eines Routers verändert, müssen die entsprechenden OSPF-Elemente wie z.B. die Schnittstellen, die virtuellen Verbindungen usw. neu konfiguriert werden.

Für Manager

Verwaltung und Entscheidungsfindung in einer EDV-Abteilung

Als Leiter der EDV-Abteilung eines Unternehmens müssen Sie Ihre intelligenten, dynamischen und zuweilen auch hartnäckigen Mitarbeiter zu einem Konsens zusammenführen. Hierfür müssen Sie die Gedanken, Anregungen und Wunschvorstellungen bezüglich des neuen Netzwerks sichten und sortieren. Die geäußerten Wunschvorstellungen müssen sich nicht mit Ihren Plänen und Zielen decken. Sie können sogar im Widerspruch zu Ihren und den Auffassungen anderer Mitarbeiter der Abteilung stehen. In einer solchen Situation müssen Sie genau auf die Äußerungen der einzelnen Mitarbeiter des Teams achten. Nehmen Sie deren Meinungen zur Kenntnis, aber vergessen Sie nicht, dass es sich letztlich nur um *Meinungsäußerungen* handelt. Es kann erforderlich sein, Gespräche mit einzelnen Mitarbeitern zu führen sowie Teambesprechungen abzuhalten. Wird keine Übereinstimmung erreicht oder ist eine gemeinsame Entscheidung nicht in Aussicht, dann sind Sie in der schwierigen Situation, die Entscheidungen selbst treffen zu müssen. Bevor Sie aber Maßnahmen ergreifen, die sich auf die gesamte Abteilung auswirken, sollten Sie folgende Punkte berücksichtigt haben:

● Sammeln Sie ausreichend Informationen, bevor Sie eine Entscheidung treffen

● Legen Sie die Anforderungen und Zielstellungen fest, die erreicht werden müssen

● Berücksichtigen Sie Alternativen zum Erreichen der Ziele

● Holen Sie Stellungnahmen von allen Betroffenen ein

● Testen Sie alle Produkte unter realen Bedingungen

● Informieren Sie sich so gut wie möglich über die mögliche Entscheidung

● Dokumentieren Sie den gesamten Vorgang

- Geben Sie Zielvorstellungen auf, die Sie bei der weiteren Planung behindern

- Treffen Sie eine Entscheidung und setzen Sie diese konsequent durch

Aber auch nach intensivsten Diskussionen, Tests und nach getroffener Entscheidung ist nicht auszuschließen, dass Sie Ihre Ziele nicht erreichen. So etwas kommt vor. Aber schlimmer noch als ein knapp verfehltes Ziel ist eine ohne richtige Grundlage getroffene Entscheidung.

6.9   BGP-Grundlagen

Das Border Gateway Protocol (BGP) ist im Internet de-facto der Standard für das Routing zwischen autonomen Systemen. Mit BGP sollten die Einschränkungen des externen Gateway-Protokolls (EGP) überwunden werden, welches zwar sehr weit verbreitet war, aber nicht zu den leistungsfähigsten Routing-Protokollen gehörte. BGP ist der Nachfolger von EGP. Die gesamte Kommunikation zwischen Internet Service Providern wird mittels BGP-4 durchgeführt, das für CIDR *erforderlich* ist. BGP-4 unterscheidet sich von BGP-3 wie RIP-2 von RIP-1. BGP-4 wird oft auch ohne Bindestrich als BGP4 erwähnt.

Mit BGP können Sie klassenlose Routen angeben, die sich nicht auf Netzwerke der Klassen A, B oder Klasse C beschränken. Diese klassenlosen Routen können auch für Subnets oder Supernets angegeben werden. Weitere Informationen zu den Supernets finden Sie im Abschnitt zu CIDR.

BGP soll in erster Linie Routen zu den als autonome Systeme bezeichneten Netzwerken angeben. Mit BGP können aber auch Informationen zu den Routen innerhalb Ihres Netzwerks an übergeordnete Dienstanbieter weitergegeben werden. Kommunizieren Sie mit einem anderen Internet Service Provider über das Internet, dann kommunizieren Sie mit deren Netzwerk oder autonomen System, was im Zusammenhang mit dem BGP-Routing der treffendere Begriff ist. Die Grenz-Router trennen die beiden autonomen Systeme voneinander. Jeder Router Ihres autonomen Systems sollte die Route zum autonomen Zielsystem kennen. Alle AS-Router in Ihrem Bereich sollten über die gleichen Routing-Informationen verfügen und sie sollten nur Routen angeben, die sie auch erreichen können. Die Angabe einer nicht erreichbaren BGP-Route ist ein schwerer Fehler.

Für ein Netzwerk werden drei Konfigurationsmöglichkeiten unterschieden:

- **Bereichsabschnitte.** Hierbei handelt es sich grundsätzlich um Endpunkte einer einzelnen, statischen Route zu einem zentralen Standort wie z. B. einem Internet Service Provider, zu einem privaten Standort oder zu einem Büro. BGP ist für die Konfiguration von Bereichsabschnitten nicht erforderlich.

- **Mehrfach vernetzte Bereiche.** Dies sind Standorte mit mindestens zwei statischen oder dynamischen weitergeleiteten Verbindungen zu entfernten Standorten. Die Daten fließen nur von und zu den entfernten Standorten. Bei dieser mehrfach vernetzten Konfiguration ist BGP ebenfalls nicht erforderlich.

- **Transitbereiche.** Transitbereiche werden durch zentrale Standorte mit mindestens zwei Verbindungen zu entfernten Standorten gebildet. Eine Verbindung besteht zu einem entfernten Standort mit einer Internet-Verbindung, bei der anderen Verbindung handelt es sich um eine zusätzliche Internet-Verbindung. Jeder dieser drei Standorte bildet ein autonomes System (AS). Für diese Konfiguration ist BGP erforderlich.

BGP wird in Situationen benötigt, in denen mehrere Standorte mit mehreren Routern vorhanden sind, die unterschiedlichen Routing-Tabellen der Standorte sich aber nicht gegenseitig beeinflussen sollen. Durch die Definition solcher autonomer Systeme können diese gesicherten Pfade zwischen den Standorten genutzt werden. Mit dieser Strategie werden im Internet eine höhere Zuverlässigkeit und bessere Leistungen erzielt.

Abbildung 6.10 soll die Aufgabe von BGP bei einer einfach vernetzten Verbindung zu einem übergeordneten Dienstanbieter verdeutlichen.

Sie können erkennen, wie die Standardroute zum autonomen System über die Standardroute gelenkt wird. Diese Standardroute ist für ein einfach vernetztes Netzwerk mit nur einer Verbindung zu einem übergeordneten Dienstanbieter sinnvoll. Auch für diesen ist eine solche Situation günstiger, weil Ihr autonomes System keine mehrfach vernetzten Verbindungen zu mehr als einem übergeordneten Dienstanbieter besitzt. Er kann eine statische Route zu Ihrem autonomen System einrichten. Sinnlos wäre die Konfiguration einer solchen Verbindung zwischen zwei autonomen Systemen mit dynamischem Routing-Protokoll, da sich diese Verbindung nur selten ändert. Ändert sich die IP-Adresse für Ihr autonomes System, muss der Dienstanbieter lediglich die statische Routing-Adresse für Ihr autonomes System ändern.

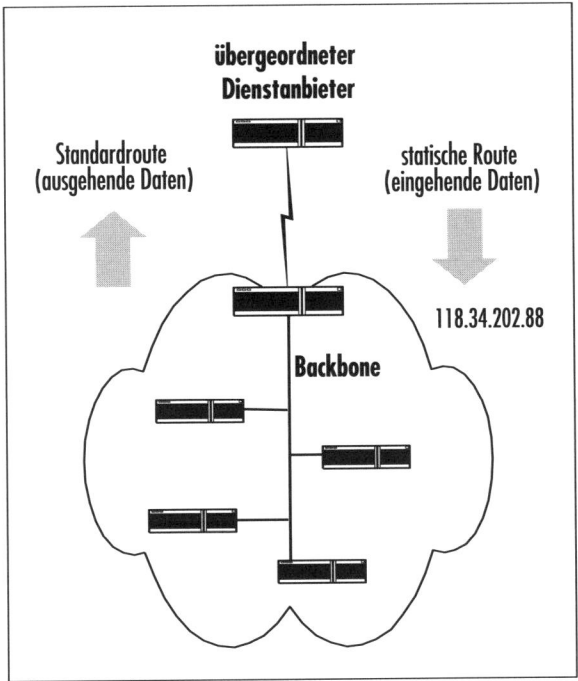

Abb. 6.10: Routing mit BGP bei einfach vernetzten Verbindungen

Nachdem wir den Begriff des autonomen Systems erörtert haben, wenden wir uns jetzt der Nummer des autonomen Systems zu, mit der dieses System im Internet dargestellt wird. Die meisten Netzwerke besitzen nur eine Nummer für ein autonomes System. Tauschen Sie Routen mit einem anderen BGP-Router aus (eine so genannte *Peering Session*), sieht der Beginn einer solchen Sitzung wie folgt aus:

```
router BGP 14290
 neighbor 204.118.35.166 remote-as 802
 <the rest is omitted>
```

Zu Beginn wird eine Verbindung zur ASN (für engl. Autonomous System Number) 14290 über BGP angefordert. Die Befehle zur Übertragung der Routing-Tabelle wurden weggelassen.

Möchte ein Knoten eine Verbindung mit einem BGP-Peer-Knoten einrichten, wählt er hierfür den TCP-Port 179 (den Standard-Port). Anschließend werden wichtige Informationen wie zum Beispiel die Identifikationsnummern, Authentifizierungsinformationen und Protokollversionsnummern übertragen, bevor die BGP-Aktualisierung der Routing-Tabellen durchgeführt wird.

War die Authentifizierung nicht erfolgreich, wird die Aktualisierung nicht durchgeführt. Nach der erfolgreichen Aktualisierung werden die Änderungen an benachbarte BGP-Router weitergeleitet.

Bei der Kommunikation mit anderen Hosts und Routern über BGP können semi-intelligente Routing-Entscheidungen getroffen werden, zu denen auch die Entscheidung über den besten Pfad zum Empfänger gehört. Diese Route gibt mehr an als nur den ersten Router, an den das Paket geleitet wird: sie kann die vollständige Route zum Empfänger angeben. Die Routen können auch dem benachbarten Router bekannt gegeben werden, der diese dann wiederum seinem Nachbarn ankündigen kann.

BGP wählt nur einen Pfad als den zum Ziel geeignetsten aus. Dieser wird dann dem benachbarten BGP-Router mitgeteilt. Anders als andere Routing-Protokolle muss BGP die Routing-Tabelle nicht regelmäßig auffrischen. Beim anfänglichen Austausch zwischen beiden BGP-Routern wird die gesamte Routing-Tabelle übertragen, so dass bei den späteren Aktualisierungen den benachbarten Routern nur die verbesserten Routen mitgeteilt werden müssen. Deshalb sind länger andauernde Sitzungen zwischen BGP-Routern effektiver als kurze Sitzungen, denn der Austausch der Routing-Tabelle findet nur einmal pro Sitzung statt, unabhängig davon, wie lange diese andauert.

Es gibt zwei BGP-Varianten, die sich in der Bekanntgabe der Routing-Informationen unterscheiden. Die erste Variante ist EBGP, die meist als BGP bezeichnet wird und die dem bisher beschriebenen Verfahren entspricht. Sie wird dazu benutzt, den unterschiedlichen autonomen System Routen bekannt zu geben, während IBGP Routen innerhalb autonomer Systeme avisiert. Abbildung 6.11 veranschaulicht die Verwendung beider BGP-Varianten im Zusammenhang mit dem autonomen System.

Im Beispiel aus Abbildung 6.11 sorgt BGP zunächst dafür, dass die Netzwerke innerhalb des internen autonomen Systems erreichbar sind. Anschließend kann der Grenz-Router Routing-Informationen bezüglich des Zustands der Netzwerke mit den übrigen Routern austauschen. EBGP dient der Kommunikation mit Grenz-Routern, während IBGP innerhalb des autonomen Systems eingesetzt wird.

Bei IBGP handelt es sich wie bei RIP um ein internes Routing-Protokoll, das für das aktive Routing im Netzwerk eingesetzt werden kann. IBGP verbreitet seine Routen nicht in dem Maße wie dies EBGP tut. Jeder Router einer IBGP-Konfiguration muss dafür eingerichtet werden, Informationen mit anderen Routern auszutauschen, was bei externem BGP nicht notwendig ist. IBGP ist aber flexibler und bietet viele effektive Möglichkeiten für die Steuerung des Austauschs der Routing-Informationen *innerhalb* von autonomen Systemen.

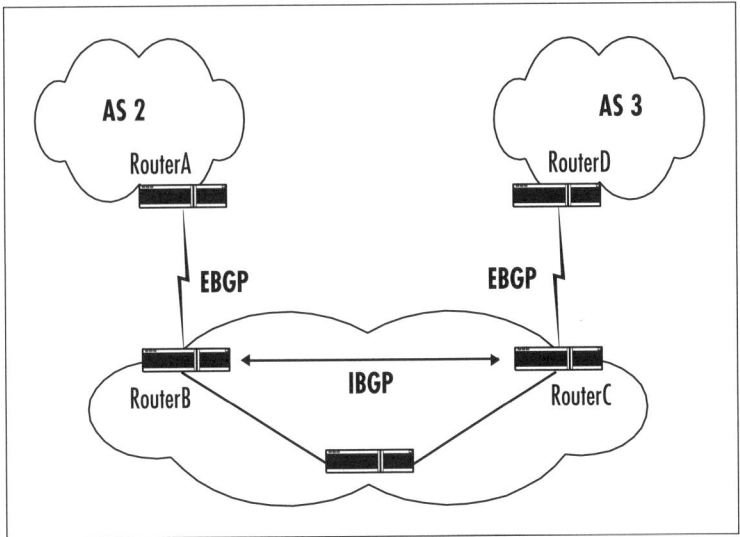

Abb. 6.11: Die Unterscheidung zwischen internem und externem Routing mit den Protokollen IBGP und EBGP

6.10 IBGP- und EBGP-Grundlagen

BGP benötigt sowohl Hardware als auch Software. Meist wird BGP mit Cisco- oder Nortel-Routern, mit UNIX-Varianten, BSD und Linux eingesetzt. Nortel- und Cisco-Router gehören zu den zurzeit am weitesten verbreiteten Routern, die BGP unterstützen.

Wir erörtern im Folgenden die einzelnen Schritte für die Inbetriebnahme und Konfiguration von BGP. Dabei wird vorausgesetzt, dass Router 1 über BGP mit dem Router 2 kommunizieren möchte. Beide Router gehören zu den zwei eindeutigen autonomen Systemen AS 1 und AS 2 (siehe Abbildung 6.12).

Zuerst wird BGP auf dem Router 1

```
router bgp 1
```

und anschließend auf Router 2 aktiviert

```
router bgp 2
```

Durch diesen Befehl wird BGP auf dem Router für das zugehörige autonome System aktiviert. Anschließend definieren wir die Nachbarn, die über BGP miteinander kommunizieren sollen. Das Einrichten einer Verbindung zwischen zwei Nachbarn oder Peers über BGP wird durch TCP ermöglicht. Die TCP-Verbindung ist Voraussetzung dafür, dass BGP-Router eine Verbindung einrichten und Routing-Informationen austauschen können.

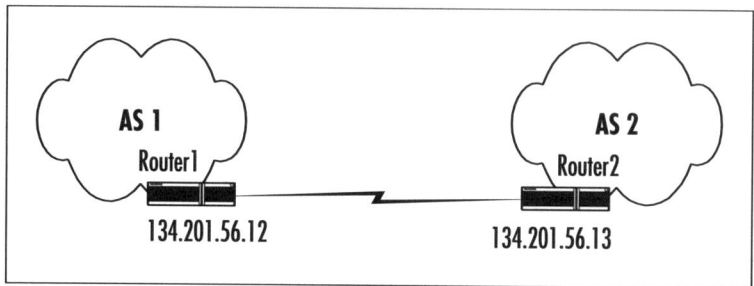

Abb. 6.12: Ein Beispiel für das Routing zwischen zwei getrennten autonomen Systemen

Mit dem Befehl NEIGHBOR wird eine TCP-Verbindung eingerichtet:

```
router bgp 1
neighbor 134.201.56.13 remote-as 2

router bgp 2
neighbor 134.201.56.12 remote-as 1
```

Diese Befehle verwenden die TCP/IP-Adresse direkt verbundener Router für die EBGP-Verbindung. Beachten Sie, dass wir EBGP benutzen, weil wir mit einem externen autonomen System kommunizieren wollen.

Um die Konfiguration etwas schwieriger zu gestalten, können wir noch einen Router 3 *innerhalb* des AS 1 einbinden und ein weiteres autonomes System AS 3 einrichten (siehe Abbildung 6.13).

Die Anweisungen für den Router müssen dementsprechend geändert werden:

```
Router1#
router bgp 1
neighbor 134.201.56.13 remote-as 2

neighbor 134.201.56.14 remote-as 3

Router2#
router bgp 2
neighbor 134.201.56.12 remote-as 1

Router4#
router bgp 3
neighbor 134.201.56.12 remote-as 1
```

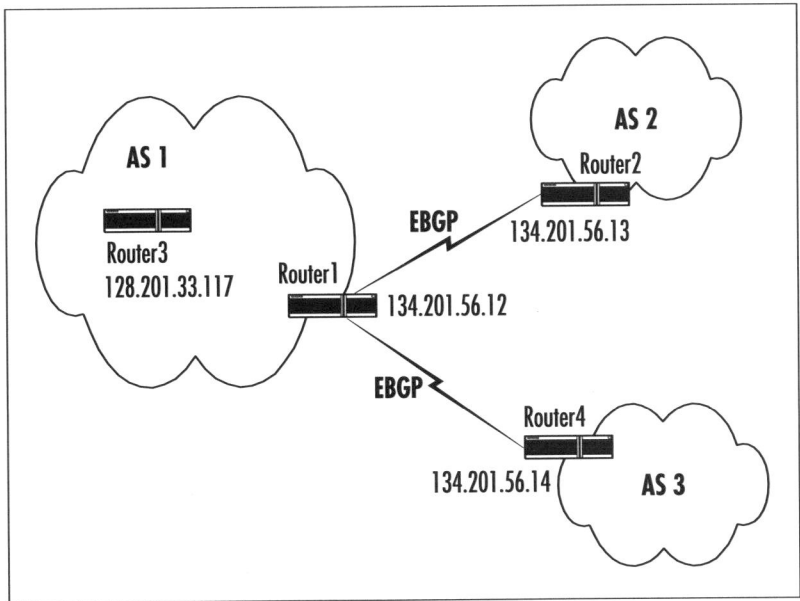

Abb. 6.13: Ein Beispiel für das Routing zwischen drei autonomen Systemen

In diesem Beispiel führen Router 1, Router 2 und Router 4 EBGP aus. Router 1 und Router 3 führen IBGP aus. Der Unterschied zwischen der Ausführung von IBGP und EBGP zeigt sich in der Nummer für remote-as, die entweder auf ein internes oder externes autonomes System verweist.

Beachten Sie außerdem, dass Router 1 zwar direkt mit den Routern 2 und 4 verbunden ist, was für den Router 3 jedoch nicht zutrifft. Dies ist möglich, wenn sich der Router innerhalb des autonomen Systems befindet und IGP zur Verbindung der benachbarten Router ausgeführt wird.

6.10.1 Loopback-Schnittstellen

Eine weitere Eigenschaft von IBGP ist die Verwendung von Loopback-Schnittstellen, die eine Abhängigkeit bei der Benutzung der IP-Adresse eines Routers (der physikalischen Schnittstelle der Route) verhindern. Abbildung 6.14 zeigt die Verwendung einer für den Router 2 angegebenen Loopback-Schnittstelle.

In Abbildung 6.14 führen die Router 1 und 2 IBGP für AS 1 aus. Möchte Router 1 mit Router 2 mit Angabe der IP-Adresse der Ethernet-Schnittstelle 0, 1, 2 oder 3 (in der Abbildung steht >>E<< für Ethernet: E0, E1, E2 und E3) kommunizieren und steht die angegebene Schnittstelle nicht zur Verfügung, dann

ist keine TCP-Verbindung möglich. Die beiden Router könnten nicht miteinander kommunizieren. Um dies zu verhindern, gibt Router 1 die von Router
2 definierte Loopback-Schnittstelle an. Wird diese Loopback-Schnittstelle
benutzt, ist BGP für die TCP-Verbindungen nicht von der Verfügbarkeit der
physikalischen Schnittstelle abhängig. Die folgenden Befehle für beide Router zeigen, wie eine Loopback-Schnittstelle angegeben wird:

```
Router1#
router bgp 1
neighbor 201.13.145.88 remote-as 1

Router2#
loopback interface 0
IP address 201.13.145.88 255.255.255.0
router bgp 1
neighbor 180.121.33.67 remote-as 1
neighbor 180.121.33.67 update-source loopback 0
```

Router 1 gibt mit dem Konfigurationsbefehl `neighbor remote-as` die Adresse
der Loopback-Schnittstelle (201.13.145.88) von Router 2 an. Für die Verwendung dieser Loopback-Schnittstelle muss Router 2 ebenfalls den Konfigurationsbefehl `neighbor remote-as` in seiner Konfiguration angeben. Wird der
Loopback-Befehl `neighbor <IP-Adresse> update-source` verwendet, ist der
Ausgangspunkt der BGP-TCP-Verbindungen für den angegebenen Nachbarn
die IP-Adresse der Loopback-Schnittstelle und nicht die IP-Adresse der physikalischen Schnittstelle.

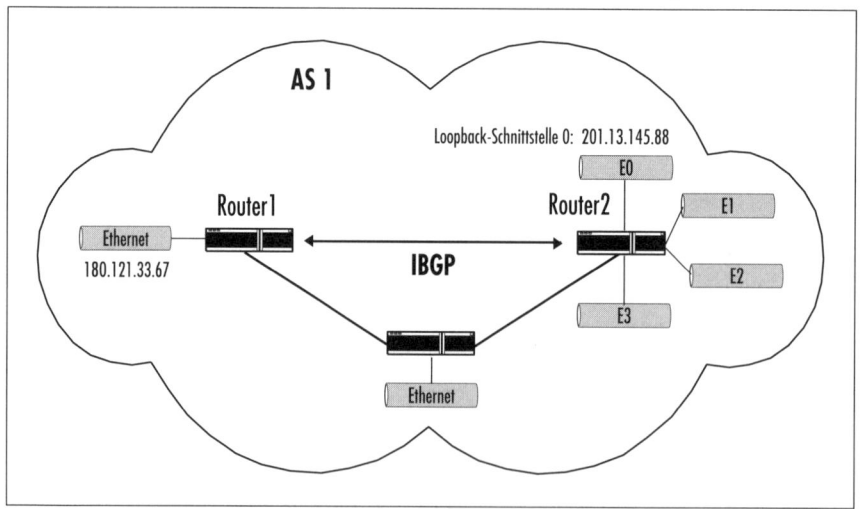

Abb. 6.14: Angabe der Loopback-Schnittstelle für zuverlässiges Routing

6.11 Zusammenfassung

In diesem Kapitel wurden die Notwendigkeit der Routing-Protokolle erörtert und die zahlreichen verfügbaren Protokolle vorgestellt. Da sich Netzwerke in ihrer Größe und Komplexität unterscheiden, muss das für das betreffende Netzwerk geeignete Routing-Protokoll implementiert werden. Kleinere Netzwerke stellen andere Anforderungen als große und komplexere Netzwerke. Daher kann ein für kleinere Netzwerke entwickeltes Protokoll den Bedürfnissen eines großen Netzwerks nicht gerecht werden und führt zwangsläufig zu Einschränkungen und Behinderungen des Wachstums. Dies wurde am Beispiel des Routing Information Protocol (RIP) deutlich, bei dem es sich um ein sehr beliebtes Routing-Protokoll handelt, das sich hervorragend für kleinere und weniger komplexe Netzwerke eignet, in einem komplexen Netzwerk wie dem Internet jedoch nicht eingesetzt werden kann.

Darüber hinaus wurde das Problem der Verknappung der IP-Adressen für das Internet und das umfangreicher globaler Routing-Tabellen behandelt, die durch Hinzukommen neuer Netzwerke im Internet entstehen. Diese Probleme wurden mit der Einführung des Protokolls Classless Interdomain Routing (CIDR) in Angriff genommen. CIDR ermöglicht zudem die Implementierung von Supernets, mit denen IP-Adressen für die globalen Router zu einem großen Block zusammengefasst und nicht mehr die einzelnen Adressen angekündigt werden müssen.

Interne Netzwerke mit Routern innerhalb eines spezifischen Bereichs stellen andere Anforderungen an das Routing. Diese Router benutzen auf dem Distanzvektor basierende Routing-Protokolle wie z. B. Interior Gateway Routing Protocol (IGRP) für die richtige Abbildung der Netzwerktopologie. Router gleichen ihre Routing-Tabellen mit benachbarten Routern ab und weisen Netzwerkverbindungen Maßzahlen zu, mit denen die Effektivität einer Route gegenüber einer anderen ermittelt werden kann.

IGRP wurde durch das Enhanced Interior Gateway Routing Protocol (EIGRP) in vielen Bereichen verbessert, unter anderem durch die Konvergenz, die einen neuen Algorithmus implementiert, mit dem die von einer Veränderung der Topologie des Netzwerks betroffenen Router ihre internen Routing-Tabellen gleichzeitig synchronisieren können.

Das Routing Information Protocol (RIP) Version 2 wurde ebenfalls im Vergleich zu seinem Vorgänger RIP verbessert. Einige Einschränkungen der für kleine Netzwerke gedachten ersten RIP-Version wurden aufgehoben. So wurden zum Beispiel mit RIP-2 eine sichere Authentifizierung und die Unterteilung in Subnets möglich und dennoch der geringe Umfang und die einfache Implementierung beibehalten.

Das Protokoll Open Shortest Path First (OSPF) ist wie RIP ein Interior Gateway Protocol (IGP). OSPF ist wesentlich robuster als RIP, obwohl RIP nach wie vor für einige Implementierungen sehr gut geeignet ist. OSPF berücksichtigt die Verbindungszustände und einen Algorithmus zur Ermittlung des kürzesten Pfades, der die effektivste Route wesentlich besser als RIP bestimmen kann, da OSPF auch die Geschwindigkeiten der Verbindungen berücksichtigt. OSPF verwendet auch die so genannten Bereiche, mit denen Hosts ähnlich wie Domänen zu logischen Gruppen zusammengefasst werden. OSPF kann zu einigen dieser Bereiche Pakete weiterleiten, benötigt aber für die Kommunikation mit anderen Bereichen ein Exterior Gateway Protocol (EGP).

Zum Abschluss wurde in diesem Kapitel behandelt, wie Informationen außerhalb eines Bereichs mit einem Protokoll, wie dem Border Gateway Protocol (BGP) weitergeleitet werden. Dieses Protokoll reicht Informationen über den Backbone an autonome Systeme weiter. Die Kommunikation zwischen Internet Service Providern verläuft über BGP. Dieses Protokoll überwindet die Einschränkungen von EGP und ist das für das externe Routing am besten geeignete Protokoll.

6.12 Häufig gestellte Fragen

Frage: Benötige ich eine vollständige Routing-Tabelle für das Internet, wenn ich CIDR implementiere?

Antwort: Wenn Sie eine Verbindung zum Internet über einen Internet Service Provider unterhalten, benötigen Sie keine vollständige Routing-Tabelle. Sie müssen lediglich die Standardroute an Ihren Internet Service Provider lenken und diesen darüber informieren, dass Sie keine vollständige Routing-Tabelle benötigen.

Frage: Wann muss ich BGP nicht implementieren?

Antwort: Wenn Sie einfach vernetzt sind, also nur eine Verbindung zum Internet besitzen, benötigen Sie BGP nicht. Sie benötigen es auch nicht, wenn Sie keine untergeordnete Weiterleitung anbieten. Verwenden Sie statt dessen eine Standardroute.

Frage: Wann ist beim Einsatz von CIDR eine Vergabe neuer Adressen erforderlich?

Antwort: Wenn Sie von einem Internet Service Provider zu einem anderen wechseln und Adressen aus dem CIDR-Block des Internet Service Providers benutzt haben, müssen Sie diese Adressen zurückgeben und eine Neuadressierung vornehmen.

Frage: Ich stehe vor der Entscheidung, in meinem Netzwerk RIP oder OSPF zu installieren. Welches der beiden Protokolle ist vorzuziehen?

Antwort: Wenn Sie ein neues Netzwerk einrichten, müssen Sie beide Protokolle in Betracht ziehen. OSPF sollten Sie für ein größeres, komplizierteres Netzwerk wählen. RIP funktioniert in kleineren, weniger komplexen Netzwerken hervorragend und ist für interne Netzwerke immer noch sehr weit verbreitet.

Frage: Warum sollte ich CIDR in meinem Netzwerk installieren?

Antwort: Weil Sie dann kleinere Subnets für die Adressklasse Klasse C einrichten können. Die Subnets können 128, 64 oder 32 Hosts umfassen.

Automatische Zuweisung von IP-Adressen mit BOOTP und DHCP

7

In diesem Kapitel:

- Einführung in die automatische Zuweisung von IP-Adressen
- Adressverwaltung mit BOOTP und DHCP
- BOOTP und DHCP im Vergleich
- BOOTP, DHCP und das Routing
- BOOTP-Implementierung im Überblick
- DHCP-Implementierung im Überblick

7.1 Einführung

Dieses Kapitel beginnt mit einem Überblick über die dynamische Adressierung sowie einem kurzen historischen Abriss über die Entwicklung der Protokolle für die dynamische Adressierung.

Für IT-Profis

RFCs

Um die Geschichte, Entwicklung und den aktuellen Stand der Netzwerkstandards verstehen zu können, muss sich ein EDV-Profi mit der Aufgabe der Request for Comments (RFC) im Allgemeinen und den einzelnen RFCs zur Definition bestimmter Dienste oder Protokolle auskennen. Die RFCs stehen im Internet an unterschiedlichen Standorten zur Verfügung, von denen `http://www.rfc-editor.org/rfc.html` die wichtigste Quelle ist. Unter dieser Adresse können Sie die numerisch aufgeführten RFCs oder eine komprimierte Datei mit allen aktuellen RFCs via FTP herunterladen.

Überarbeitete RFCs werden nicht als neue RFCs mit einer neuen Nummer veröffentlicht. RFCs, die als Überarbeitung ein oder mehrere frühere RFCs ersetzen sollen, nennen die älteren RFCs, auf die sie sich beziehen. Es kann interessant sein, anhand dieser Informationen die Entwicklung eines Themas zurückzuverfolgen. Für unser Thema bieten die folgenden RFCs sehr viele Informationen über die Entwicklung der dynamischen Adresszuweisung und insbesondere zu den Protokollen BOOTP und DHCP.

RFC 951: Bootstrap Protocol (BOOTP)

Dieses RFC wurde im September 1985 veröffentlicht und skizziert das BOOTP-Protokoll.

RFC 1542: Clarifications and Extensions for the Bootstrap protocol

Dieses im Oktober 1993 veröffentlichte RFC soll Unklarheiten bezüglich BOOTP beseitigen und behandelt einige neue technische Fragen wie zum Beispiel das Problem Bit-Anordnung für Token-Ring. Dieses RFC ersetzt gleichzeitig das frühere RFC 1532, in dem einige der gleichen Themen behandelt wurden.

RFC 2131: DHCP Protocol

Dieses relativ neue, im März 1997 veröffentlichte RFC löst das im Jahre 1993 erschienene RFC 1541 ab und enthält die endgültigen Definitionen für DHCP.

RFC 2132: DHCP Options und BOOTP Vendor Extensions

Dieses ebenfalls im März 1997 erschienene RFC ist eine Zusammenstellung aller bisherigen Ergebnisse zu den Optionen für DHCP und BOOTP. Es bezieht sich auf mehrere frühere RFCs zum gleichen Thema, unter anderem auf die RFCs 1497 und 1533.

Die meisten RFCs sind nicht so kompliziert und technisch, wie vielleicht zu befürchten ist, sondern sehr interessant zu lesen. Häufig beschreiben sie den aktuellen Stand der Technik zum Zeitpunkt ihrer Veröffentlichung und betrachten diesen aus der Retrospektive, ohne immer genaue Aussagen bezüglich zukünftiger Entwicklungen zu treffen. Ein Beispiel hierfür ist die Verwendung der Rundsendungen für die Rückgabe einer BOOTREPLY-Nachricht. Für die Verfasser des RFC handelte es sich um eine Zwischenlösung bis zum Abschluss der Umgestaltung der Protokollstapel für eine Einzelsendung vor der Zuweisung einer IP-Adresse. Moderne DHCP-Server wie Windows NT, benutzen aber immer noch die Rundsendungen, um einem Client eine Antwort zuzuschicken.

Wenn Sie das nächste Mal im Zusammenhang mit einem Protokoll oder Dienst auf eine RFC-Nummer stoßen, sollten Sie nicht zögern, sich über eine FTP-Seite eine Kopie davon herunterzuladen und so die interessanten Informationen zu nutzen.

7.1.1 Dynamische Adresszuweisung

In den letzten zwanzig Jahren hat die Größe der Netzwerke enorm zugenommen. Dies betrifft sowohl die geografische Ausdehnung der Netzwerke als auch die Anzahl der Knoten pro Netzwerk. Gerade in den letzten zwanzig Jahren hat der Übergang vom hostbasierenden Netzwerkmodell mit Terminals zum Client/Server-Modell mit Arbeitsstationen zu einem exponentiellen Anstieg der durchschnittlichen Anzahl der Knoten pro Netzwerk geführt.

Dies führte zu einem Bedarf an dezentralen Verwaltungswerkzeugen, mit denen die Verantwortlichen ein Netzwerk aus der Ferne von einem zentralen Standort aus konfigurieren und Netzwerkknoten verwalten konnten.

Eines dieser Werkzeuge ist die *dynamische Adresszuweisung*, bei der eine Datenbank als Quelle der IP-Adressen und der entsprechenden Parameter dient. Die Informationen dieser Datenbank werden den Clients, die Adressen benötigen, von einem Server zur Verfügung gestellt. Der Server wählt aus den Adressdatensätzen der Datenbank den Datensatz des Clients aus und sendet diese Informationen an den Client. Der Client verwendet die erhaltenen Parameter anschließend für die IP-Konfiguration.

Die dynamische Adresszuweisung bietet dem Netzwerkadministrator viele Vorteile. Sie verringert die für die Konfiguration der Clients erforderliche Zeit ganz erheblich, da dieser Vorgang automatisch über das Netzwerk ausgeführt wird und nicht jede einzelne Arbeitsstation dafür aufgesucht werden muss. Anstatt sich mit den Arbeitsstationen zu beschäftigen, verbringen die Netzwerkadministratoren ihre Zeit mit der Einrichtung der Datenbank. Dadurch können auch Konfigurationsprobleme vermieden werden, wie sie sich aus der doppelten Vergabe einer IP-Adresse oder durch falsche Eingaben ergeben können. Darüber hinaus steht auch ein Mechanismus zur Verfügung, mit dem nicht mehr genutzte IP-Adressen entdeckt und wieder freigegeben werden können.

Den Kern der dynamischen Adresszuweisung bilden die Protokolle, die zwischen dem anfragenden Client und dem die Adressinformationen bereitstellenden Server benutzt werden. Sie legen den Vorgang fest, mit dem die Konfigurationsinformationen ausgetauscht werden. Sie beschreiben das Format der Pakete für den Transport der Informationen zwischen Client und Server und können die Informationen festlegen, die an die Clients verteilt werden. Der verbleibende Teil dieses Kapitels konzentriert sich auf diese Protokolle.

7.1.2　Die historische Entwicklung

Paradoxerweise war der Auslöser für die Entwicklung der Protokolle für die dynamische Adressierung nicht der Wunsch, IP-Adressen aus der Ferne konfigurieren zu können, sondern die Notwendigkeit, ein Protokoll zu entwickeln, mit dem Hosts ohne lokale Laufwerke über das Netzwerk gestartet werden konnten. Dieses Interesse für das Starten eines Rechners ohne lokale Laufwerke war ein Produkt der Zeit. In den 80er-Jahren, als das ursprüngliche BOOTP-RFC veröffentlicht wurde, galt das besondere Interesse einer Netzwerkarchitektur mit Arbeitsstationen, die in gewisser Weise mit dem derzeitigen Interesse an Terminal-Servern und Internetstationen vergleichbar ist. Arbeitsstationen ohne lokale Laufwerke benutzten zentrale Festplattenspeicher, wodurch die Gesamtkosten für Massenspeichermedien verringert werden konnten, die in jener Zeit sehr hoch waren. Außerdem boten sie eine bessere Kontrolle über die Daten sowie die Möglichkeit zentraler Datensicherung, gemeinsamer Nutzung der Dateien und einer zentralen Verwaltung.

Diese Arbeitsstationen ohne eigene Laufwerke warfen das Problem auf, wie sie gestartet werden sollten, wenn keine lokalen Laufwerke dafür vorhanden waren. Gelöst wurde dieses Problem mit Netzwerkkarten, auf denen sich ein programmierbarer Chip befand, der seine eigene IP-Adresse herausfinden, eine Boot-Datei vom zentralen Server herunterladen und anschließend diese Boot-Datei ausführen konnte, um die übrigen Informationen zu erhalten. Für die Kommunikation zwischen diesem Chip und dem Server mit den Adressen und Boot-Dateien wurden verschiedene Methoden entwickelt. Bei früheren Versuchen wurde hierfür auch das Protokoll RARP (Reverse Adresse Resolution Protocol) eingesetzt. Mit RARP kann ein Client eine Adresse von einem RARP-Server anfordern, wobei er seine MAC-Adresse als Bezeichnung verwendet. Leider war RARP für die Sicherungsschicht entwickelt worden und verwendete daher keine IP-Adressen der Netzwerkschicht. Deshalb ist es nicht routingfähig und kann in einer Umgebung mit Subnets nicht eingesetzt werden.

Das BOOTP-Protokoll ist in dem im September 1985 erschienenen RFC 951 definiert. Das RFC beschreibt ein Protokoll, das ein auf IP aufgesetztes UDP-Datagramm zum Austausch der Adress- und Startinformationen benutzt. Das BOOTP-Paket enthält sechs Felder für die zugewiesene Adresse, die Adresse des Servers für die Boot-Datei und den Namen der Boot-Datei sowie ein Feld für Herstellererweiterungen oder Optionen, mit dem zahlreiche

Parameter transportiert werden konnten. BOOTP wurde speziell für den Einsatz in Netzwerken entwickelt, die in Subnets unterteilt sind. In diesen Netzwerken wird ein so genannter *BOOTP Relay-Agent* eingesetzt.

Das mit dem RFC 1541 vom Oktober 1993 zum ersten Mal definierte DHCP-Protokoll war als Verbesserung und Erweiterung des BOOTP-Protokolls gedacht. Es verwendete die gleiche Paketstruktur wie BOOTP, machte aber für die Übertragung von DHCP-spezifischen Informationen ausgiebigen Gebrauch vom Herstellerfeld (das jetzt Optionsfeld genannt wurde). Zu den Erweiterungen von DHCP gehörte die Möglichkeit, Adressbereiche anzugeben, anstatt für jeden Client individuelle Einträge in der Datenbank vornehmen zu müssen. Außerdem war es möglich, Adressen für eine begrenzte Zeit zuzuweisen und nicht mehr genutzte Adressen wieder freizugeben.

Zu den neueren Entwicklungen in diesem Bereich gehört das Verbinden von DHCP- und DNS-Servern, sodass dynamische Adresszuweisungen dem DNS-Server mitgeteilt werden können. Der DNS-Server aktualisiert daraufhin seine Datenbank für die Auflösung von Host-Namen in IP-Adressen mit den richtigen Adressen.

7.2 Adressverwaltung mit BOOTP und DHCP

Im folgenden Abschnitt werden die Adresszuweisungen mit BOOTP und DHCP in allen Einzelheiten erklärt und es wird ein Vergleich zwischen beiden Protokollen vorgenommen.

Für Manager

Wann werden BOOTP und DHCP nicht eingesetzt?

Wenn man von all den Wundern, die BOOTP oder DHCP vollbringen können, gehört hat, könnte man meinen, die Lösung für alle Probleme der IP-Adressierung gefunden zu haben. Daher muss darauf hingewiesen werden, dass BOOTP oder DHCP nicht in allen Situationen geeignet sind und unter bestimmten Bedingungen diese Art der dynamischen Adressierung nicht eingesetzt werden darf.

Zum einen eignen sich diese Protokolle nicht für die Konfiguration von Router-Schnittstellen. DHCP-Adresszuweisungen bei denen Adresspools verwendet werden, können auch für Netzwerkknoten, die eine konsistente, vorhersagbare Adresse benötigen, ungeeignet sein. Die Umwandlung des Namens in die IP-

Adresse durch den DNS-Server stellt in diesem Zusammenhang ein besonderes Problem dar. Da die meisten DNS-Server nicht dynamisch aktualisiert werden können, kann die Vergabe einer unspezifischen Adresse an einen Knoten durch DHCP zu einem DNS-Datensatz führen, der nicht mit der zugewiesenen Adresse übereinstimmt. Dieser Host ist dann solange nicht über seinen Namen erreichbar, bis der DNS-Datensatz aktualisiert wurde. Viele Hersteller bieten Werkzeuge an, die dynamische Aktualisierungen zwischen DHCP und DNS ermöglichen und dadurch dieses Problem beseitigen.

In einer Client/Server-Umgebung wird DHCP sehr häufig für die Adressierung der Client – Arbeitsstationen und die manuelle Adressierung oder zumindest eine besondere Reservierung einer Adresse für den Server eingesetzt.

DHCP-Server müssen statische Adressen besitzen, da sie nicht in der Lage sind, ihre eigene Adresse zu zuweisen. Statische Adresszuweisungen müssen auch bei der Einrichtung von Adresspools für DHCP berücksichtigt werden, um doppelte Adresszuweisungen zu vermeiden. Häufig ist es sinnvoll, einen zusammenhängenden Adressbereich für statische Adresszuweisungen zu reservieren, der für einen Adresspool leicht als Ausnahme angegeben werden kann. Es kann auch sinnvoll sein, einfach einen Bereich mit der niedrigsten oder der höchsten Knotennummer in einem Subnet-Bereich für statische Zuweisungen auszuwählen und für den dynamischen Adresspool einen Bereich zu wählen, der vor oder nach diesen Adressen beginnt.

Das Problem doppelter IP-Adressen hat noch weitere Konsequenzen. Da IP-Adressen im Netzwerk einmalig sein müssen, dürfen zwei Server nicht gleichzeitig IP-Adressen aus den gleichen IP-Adressbereichen zuweisen, es sei denn, die Server werden in irgendeiner Form synchronisiert, wobei es schwierig ist, Fehler durch den DHCP-Server zu vermeiden. BOOTP-Server sind davon nicht betroffen, da sie eine statische Datenbank verwenden, die jedem Client die für diesen vorgesehene Adresse zuweist.

Diese Probleme bei der Adresszuweisung durch mehrere DHCP-Server können vermieden werden. Da DHCP-Server mehrere Adresspools oder *Bereiche* verwalten können, können zwei DHCP-Server so konfiguriert werden, dass jeder über einen primären Bereich mit 75 bis 80 Prozent der Adressen des gesamten Adressbereichs verfügt. Zusätzlich erhält jeder Server einen zweiten

Bereich, der 20 bis 25 Prozent des Adressbereichs umfasst, auf den der primäre Server nicht zugreift. Fällt ein Server aus, besitzt der andere für den Notfall einen Adresspool für den Adressbereich des anderen Servers, den er nutzen kann, bis der primäre Server wieder aktiv ist.

Das BOOTP-Paket

Das BOOTP-Paket (siehe Abbildung 7.1) ist ein UDP-Datagramm für besondere Zwecke, welches innerhalb eines normalen IP-Datagramms transportiert wird. Die IP-Absenderadresse dieses Pakets ist die Adresse 0.0.0.0 oder die IP-Adresse des Client, wenn sie diesem Client bekannt ist Als IP-Empfängeradresse wird die Server-Adresse oder – wenn diese nicht bekannt ist – die Rundsendungsadresse 255.255.255.255 eingesetzt.

Der UDP-Adresskopf enthält BOOTP-spezifische Absender- und Empfänger-Port-Nummern. Für den Client ist dies die 68 und für den BOOTP-Server die 67. Der Client sendet Anfragen an den Empfänger-Port 67 (BOOTP-Server) und der Server antwortet dem Empfänger-Port 68 (BOOTP-Client).

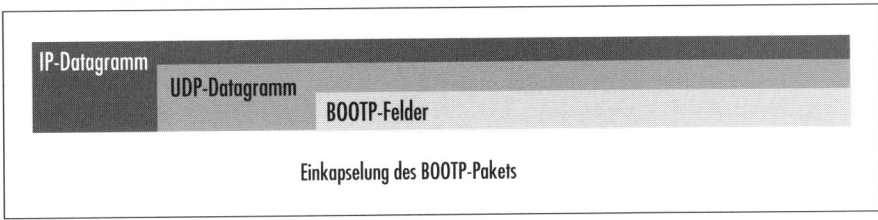

Abb. 7.1: Die Struktur der BOOTP-Pakete

Tabelle 7.1 gibt die Felddefinitionen innerhalb des Datenfeldes des UDP-Datagramms an, welche die Struktur des BOOTP-Pakets bilden. Die Felder sind entsprechend ihrer Position in der Tabelle von links nach rechts gelesen in den Zeilen angeordnet.

1. Oktett	2. Oktett	3. Oktett	4. Oktett
OP (1 Byte)	HTYPE (1 Byte)	HLEN (1 Byte)	HOPS (1 Byte)
XID (4 Byte)			
SECS (2 Byte)		FLAG (2 Byte)	
CIADDR (4 Byte)			

Tab. 7.1: Felder und Feldlängen des BOOTP-Pakets

1. Oktett	2. Oktett	3. Oktett	4. Oktett
YIADDR (4 Byte)			
SIADDR (4 Byte)			
GIADDR (4 Byte)			
CHADDR (16 Byte)			weitere 12 Byte
SNAME (64 Byte)			weitere 60 Byte
FILE (128 Byte)			weitere 124 Byte
VEND (64 Byte) oder OPTIONS (variabel)			weitere 60 Byte

Tab. 7.1: Felder und Feldlängen des BOOTP-Pakets

7.2.1 Feldbeschreibungen und Kommentare

In diesem Abschnitt werden alle Feldnamen aus Tabelle 7.1 erläutert und der Zweck der Felder sowie ihre möglichen Werte erklärt.

OP

Dieses Feld enthält einen der beiden folgenden Werte:

`1 = BOOTREQUEST, 2 = BOOTREPLY`

Der OP-Code `BOOTREQUEST` wird vom Client gesetzt, wenn er Dienste vom BOOTP-Server anfordern möchte. Der OP-Code BOOTREPLY wird vom Server gesetzt, wenn er auf eine Client-Anforderung antwortet. Diese Codes werden für DHCP in der gleichen Weise verwendet.

HTYPE

Dieses Feld gibt den Hardware-Adresstyp an. Es enthält einen der in Tabelle 7.2 aufgeführten Werte. Oft ist der Wert 1 für Ethernet mit 10 MB oder 6 für Token-Ring zu finden.

Name	Nummer
Ethernet	1
Ethernet3	2
Ether	1
Ether3	2

Tab. 7.2: Codes für die Hardware-Adresstypen

Name	Nummer
Ieee803	6
Tr	6
Token-Ring	6
Pronet	4
Chaos	5
Arcnet	7
Ax.25	3

Tab. 7.2: Codes für die Hardware-Adresstypen

HLEN

Dieses Feld gibt die Länge der Hardware-Adresse in Byte an. Bei einer Ethernet-Schnittstelle mit einer Standard-MAC-Adresse von 48 Byte enthält es eine 6.

HOPS

Dieses Feld gibt die Anzahl der Router oder Gateways an, welche das BOOTP-Paket passiert hat. Es wird vom Client auf den Wert 0 gesetzt und beim Passieren eines Router um eins erhöht.

XID

Dieses Feld enthält eine Transaktionskennzeichnung, für die der Client beim Senden einer BOOTREQUEST-Nachricht eine Zufallszahl einsetzt. Diese wird mit der BOOTREPLY-Nachricht des Servers zurückgesendet, sodass der Client die Antwort der entsprechenden Anfrage zuordnen kann.

SECS

Dieses Feld füllt der Client aus und gibt damit an, wie viel Zeit seit der ersten BOOTREQUEST-Nachricht verstrichen ist. Dementsprechend enthält die erste Nachricht in diesem Feld den Wert 0. Muss der Client mehrere Anfragen senden, bevor er eine Antwort erhält, wird der Wert jeweils erhöht. In der Vergangenheit wurde dieses Feld nicht bei allen Implementierungen gleich genutzt, es soll jedoch dazu dienen, Pakete zu erkennen, die bei der Weiterleitung nach einer Priorität behandelt werden sollten.

FLAG

In der ursprünglichen Definition der Paketstruktur im RFC 951 (September 1985) war dieses Feld noch ungenutzt und für zukünftige Erweiterungen reserviert. Als das RFC 1542 (Oktober 1993) geschrieben wurde, stand die Arbeitsgruppe vor dem Problem, wie die Boot-Antworten an den anfragenden Client zurückgegeben werden sollten. Da dem Client seine IP-Adresse erst nach dem Erhalt des Pakets bekannt ist, war es oft erforderlich, dem Client die Antwort mit einer Rundsendung zu schicken. In Anbetracht dieser Tatsache wurde dieses Feld im RFC 1542 umbenannt und festgelegt, dass das oberste Bit vom Client gesetzt wurde, um anzuzeigen, dass eine BROAD-CAST-Antwort notwendig ist. Die übrigen Bits sind für den zukünftigen Gebrauch reserviert und werden standardmäßig auf 0 gesetzt, da sie nicht benötigt werden.

CIADDR

In diesem Feld gibt der Client die ihm zurzeit zugewiesene IP-Adresse an, wenn ihm diese bekannt ist. Andernfalls setzt er den Wert auf 0.0.0.0. Da das Protokoll für das Starten eines Rechners aus der Ferne konzipiert wurde, kann BOOTP vom Client, der seine Adresse kennt, dafür benutzt werden, die Boot-Datei zu suchen.

YIADDR

Der BOOTP-Server gibt dem Client in diesem Feld die zugewiesenene IP-Adresse an. Schickt der Server die Antwort mit einer Einzelsendung an den Client, dient diese Adresse als Empfängeradresse.

SIADDR

Diese vom BOOTP-Server zurückgegebene IP-Adresse gibt den Server an, von dem im zweiten Schritt die Boot-Datei für den Boot-Vorgang bezogen wird.

GIADDR

Die Bezeichnung dieses Feldes als Abkürzung für Gateway IP-Adresse ist etwas missverständlich, da sie die Adresse eines BOOTP Relay-Agenten enthält. Sie dient zur Übertragung von BOOTP-Nachrichten zwischen Clients und Servern aus unterschiedlichen IP-Subnets. Der Agent ist ein Knoten im Netzwerk des Clients. Leitet er eine BOOTREQUEST-Nachricht weiter, ändert sich dieses Feld von 0.0.0.0 in die eigene Adresse um. Daraufhin kann der BOOTP-Server eine Unicast-Antwort an diese Adresse im Subnet des Clients senden.

Dieses Feld führt manchmal zu Missverständnissen und wird mit der Router-Gateway-Adresse für den Client verwechselt. Diese Fehlinterpretation wurde dadurch begünstigt, dass ein Router als Relay-Agent fungieren kann und das Feld GIADDR dann eine Router-Schnittstelle angeben kann. Um dieses Missverständnis aus der Welt zu schaffen, wurde das Feld VEND (Optionen) festgelegt, mit dem explizit eine Router- bzw. Gateway-Adresse angegeben wird. Der Client kann diese Option benutzen, wenn er in der zweiten Phase des Boot-Vorgangs die Boot-Datei anfordert.

CHADDR

Dieses Feld gibt die Hardware-Adresse des Clients an. Es wird in Verbindung mit den Feldern HTYPE (Hardware-Adresstyp) und HLEN (Länge der Hardware-Adresse) interpretiert. Es wird in einer BOOTREQUEST-Nachricht vom Client angegeben und vom Server zum Auffinden der Einträge für den Client in der BOOTP-Datenbank verwendet. Das Feld war auch dafür vorgesehen, dem Server eine MAC-Adresse des Clients zur Verfügung zu stellen, die im ARP-Zwischenspeicher gespeichert werden kann und die Notwendigkeit von Rundsendungen mit einer Adresse aus ausschließlich Einsen für BOOTREPLY-Nachrichten vermeiden kann.

SNAME

In diesem Feld kann der Client einen bestimmten Server angeben, von dem er eine Boot-Datei erhalten möchte. In diesem Fall würde es sich um einen Domänennamen handeln, der über einen DNS-Server oder eine HOSTS-Datei aufgelöst werden kann. Ist dieses Feld leer, gibt der Server im SIADDR-Feld die Adresse des Servers an, von dem die Boot-Datei vom Client bezogen wird.

FILE

Dieses Feld gibt den Namen der Boot-Datei an, die der Client in der zweiten Phase des Boot-Vorgangs herunterlädt. Der Client kann in diesem Feld einen bestimmten Boot-Dateinamen angeben bzw. der Server kann in diesem Feld den der BOOTP-Datenbank entnommenen Boot-Dateinamen dem Client in einer BOOTREPLY-Nachricht mitteilen.

VEND/OPTION

Ursprünglich war dieses Feld mit einer festen Länge von 64 Byte für Herstellererweiterungen gedacht. Später wurde es etwas unspezifischer als Optionsfeld mit variabler Länge definiert. Es sollte dem Client zusätzliche Informationen zur Verfügung stellen. Mit diesem Feld konnte der Client sein Interesse an zusätzlichen Parametern bekunden und der Server konnte über dieses Feld die Informationen für diese Parameter bereitstellen, wenn sie in der BOOTP-Datenbank vorhanden waren. Um die Interpretation zu erleichtern, bekamen die ersten vier Oktette des Feldes die Funktion eines *Magic Cookie*, das mit einem Wert das Format des übrigen Feldes angibt. Ein Hersteller konnte mit bestimmten Oktettwerten das Feldformat oder ein Cookie ein Standardoptionsformat festlegen, was später in diesem Kapitel noch beschrieben werden wird. In den ersten vier Oktetten sind die Werte für ein Standardformat 99.130.83.99.

7.2.2 Elemente der BOOTP-Kommunikation

Der folgende Abschnitt beschreibt die Elemente für die Kommunikation zwischen Client und Server sowie den Inhalt der in beide Richtungen gesendeten Pakete.

BOOTREQUEST-Paket des Client

Der Client erstellt ein Paket mit folgenden Einstellungen:

- Die IP Empfängeradresse = 255.255.255.255.
- Wenn die IP-Absenderadresse und CIADDR unbekannt sind, erhalten sie den Wert 0.0.0.0, andernfalls erhalten sie die Client-Adresse.
- Das Längenfeld des UDP-Headers wird auf die Länge des Pakets in Byte gesetzt.
- UDP-Absender-Port = 68 (BOOTP-Client)
- UDP-Empfänger-Port = 67 (BOOTP-Server)
- Das OP-Feld wird auf 1 gesetzt (BOOTREQUEST).
- Das HTYPE-Feld gibt den Hardware-Adresstyp an.
- Das HLEN-Feld wird auf die Länge der Hardware-Adresse gesetzt.
- Das XID-Feld erhält einen Zufallswert als Kennzeichnung für die Transaktion.
- Das SECS-Feld wird auf null gesetzt, wenn es sich um die erste Boot-Anfrage handelt, andernfalls gibt es die seit der ersten Anfrage verstrichene Zeit an.
- Das FLAGS-Feld erhält in den höherwertigen Bits den Wert 1, wenn der Client das Paket nur als Rundsendung empfangen kann, die übrigen Bits werden auf null gesetzt.
- Das GIADDR-Feld erhält den Wert 0.0.0.0.

- Das CHADDR-Feld gibt die MAC-Adresse des Client an.

- Das SNAME-Feld kann den Namen eines Servers angeben, über den der Client starten möchte.

- Das FILE-Feld kann den Namen der Boot-Datei angeben, die der Client zum Starten benutzen möchte.

- Das VEND-Feld kann eine Liste optionaler Parameter angeben, die der Client anfordert.

Erhält der Client innerhalb einer bestimmten Frist keine Antwort auf das BOOTREQUEST-Paket, sendet er das Paket mit dem aktualisiertem SECS-Feld noch einmal und gibt in diesem Feld die seit der ersten BOOTP-Anfrage verstrichene Zeit an.

Das BOOTREPLY-Paket des Servers

Erhält der Server eine BOOTREQUEST-Nachricht, unternimmt er folgende Überprüfungen:

- Anhand des SNAME-Feldes wird festgestellt, ob der Client einen bestimmten Server anfordert. Ist dies der Fall und handelt es sich bei dem Server, der die Anfrage entgegengenommen hat, nicht um diesen Server, wird das Paket mit Hilfe eines BOOTP Relay-Agenten weitergeleitet. Zuvor wird das GIADDR-Feld mit der Adresse des Servers aktualisiert, wenn diese nicht bereits dort eingesetzt wurde. Je nach der Konfiguration des Servers kann das Paket auch einfach aussortiert werden.

- Das CIADDR-Feld wird ebenfalls überprüft. Hat es den Wert Null, liest der Server die Felder HTYPE, HLEN und CHADDR und sucht einen entsprechenden Eintrag für den Client in der Datenbank. Findet er einen Datensatz, setzt er die Adresse des Client in das YIADDR-Feld ein. Wird kein entsprechender Datensatz in der Datenbank des BOOTP-Servers gefunden, wird das Paket verworfen.

- Anschließend überprüft der Server das FILE-Feld. Enthält es einen Dateinamen, sucht der Server erneut nach einem Eintrag in der Datenbank. Wird der Name in der Datenbank gefunden, setzt der Server den Dateinamen mit dem vollständigen Pfad in das Feld ein. Wird der Dateiname nicht in der Datenbank gefunden, nimmt der Server an, dass der Client nach einer unbekannten Datei fragt und sortiert das Paket aus.

- Abschließend wird überprüft, ob das VEND-Feld spezielle Informationen oder Anweisungen vom Client für den Server enthält. Die Liste der Herstelleroptionen wird später in diesem Kapitel noch behandelt.

Danach erstellt der Server ein Antwortpaket mit folgenden Einstellungen:

- IP-Empfängeradresse = Siehe Tabelle 8.3 zur Bestimmung der IP-Empfängeradresse.

Tabelle 7.3 skizziert das auf den Inhalten der Felder des BOOTREQUEST-Pakets des Client basierende Verhalten des Servers bei der Antwort.

BOOTREQUEST-Paket			BOOTREPLY-Paket		
CIADDR	GIADDR	Rundsendungs-Flag	UDP-Empfänger	IP-Empfänger	Empfänger auf der Sicherungsschicht
ungleich Null	0.0.0.0	X	BOOTPC (68)	CIADDR	MAC-Adresse des Client
0.0.0.0	ungleich Null	X	BOOTPS (67)	GIADDR	MAC-Adresse des Client
0.0.0.0	0.0.0.0	0	BOOTPC (68)	YIADDR	CHADDR
0.0.0.0	0.0.0.0	1	BOOTPC (68)	255.255.255.255	Rundsendung

Tab. 7.3: Werte der Client-Felder und die entsprechende Adressierungsstrategie des Servers-Werte der Client-Felder und die entsprechende Adressierungsstrategie des Servers

Werte der Felder des BOOTREPLY-Pakets

Der Server erstellt ein BOOTREPLY-Paket mit den folgenden Zuweisungen für die einzelnen Felder:

- IP-Absenderadresse = Adresse des Servers
- Das Längenfeld des UDP-Headers wird auf die Länge des Pakets in Byte gesetzt.
- Der UDP-Empfänger-Port wird normalerweise auf 68 (BOOTP-Client) gesetzt, es sei denn, die Rückgabe erfolgt an einen BOOTP Relay-Agenten (siehe Tabelle 8.3).
- UDP-Absender-Port = 67 (BOOTP-Server).
- Das OP-Feld wird auf den Wert 2 gesetzt (BOOTREPLY).
- Das HTYPE-Feld bleibt unverändert.
- Das HLEN-Feld bleibt unverändert.

- Das XID-Feld bleibt unverändert, damit der Client die Antwort der entsprechenden Anfrage zuordnen kann.

- Das SECS-Feld bleibt unverändert.

- Das FLAGS-Feld bleibt unverändert, wenn das Rundsendungs-Bit gesetzt ist. Hat es den Wert 0, kann der Server das BROADCAST-Flag setzen, wenn er weiß, dass der Client Antworten nur als Rundsendungen empfangen kann.

- Das CIADDR-Feld bleibt unverändert.

- Das YIADDR-Feld erhält die dem Client zugewiesene IP-Adresse aus der Datenbank des Servers.

- In das SIADDR-Feld wird die IP-Adresse des Servers eingetragen, damit sie in der nächsten Phase des Boot-Vorgangs zur Verfügung steht, in der die Boot-Datei benötigt wird.

- Das GIADDR-Feld bleibt unverändert.

- Das CHADDR-Feld bleibt unverändert.

- Das SNAME-Feld bleibt unverändert.

- In das FILE-Feld können der vollständige Pfad und der Name der Boot-Datei für diesen Client aus dem Datensatz der Datenbank eingetragen werden.

- Das VEND-Feld kann eine Liste optionaler Parameter aus dem Datensatz enthalten.

Wenn der Client das BOOTREPLY-Paket vom Server empfangen hat, überprüft er die Felder des Pakets, um sicher zu gehen, dass die Antwort für ihn und nicht für einen anderen Client bestimmt ist. Er kontrolliert hierfür die Übereinstimmung in den Feldern CIADDR, CHADDR und XID.

7.2.3   Die Datenbank des BOOTP-Servers

Das RFC 951 beschreibt in einem Abschnitt das Format der BOOTP-Datenbank. Bei dieser Datenbank handelt es sich um eine einfache Textdatei, die aus zwei Abschnitten besteht, die durch eine Zeile getrennt werden, die mit einem %-Zeichen beginnt.

Der erste Abschnitt enthält eine Reihe von Zuordnungen vollständiger Pfade für Alias-Namen einer Boot-Datei. Wenn der Client keinen Dateinamen angibt und die Datenbank keinen anderen Dateinamen für diesen Client enthält, verwendet der Server den Namen der ersten Datei dieser Liste als zurückzugebenden Boot-Dateinamen.

Der zweite Abschnitt enthält Listings für jeden Client und die zugewiesenen Parameter. Der Hardware-Adresstyp (HTYPE) und die Hardware-Adresse (CHADDR) werden bei der Suche nach dem Datensatz für einen anfragenden Client als Index benutzt. Neben dem Hardware-Adresstyp und der aktuellen Hardware-Adresse enthält jeder Datensatz den Host-Namen, die zugewiesene IP-Adresse und einen Verweis auf den Alias-Namen im ersten Abschnitt, der den vollständigen Pfad für die Boot-Datei angibt. Er kann auch ein optionales Suffix enthalten, das an den Pfad der Boot-Datei angehängt wird, um die Bezeichnung eindeutig zu machen, beispielsweise »filename.client1, filename.client2« usw. Kommentarzeilen beginnen mit einem Doppelkreuz (#).

Es folgt ein Beispiel für eine BOOTP-Datenbankdatei, wie sie in dem RFC beschrieben wird. Das Format kann für unterschiedliche BOOTP-Server variieren und soll nur das Prinzip verdeutlichen.

```
# Beispiel für das Datenbankformat
# Abschnitt 1: Pfadzuordnungen
  bootfile1 usr\bootfiles\boot
  bootfile2 alt\bin\startup
% Section one ends, Section two begins
  Host-one HTYPE1 CHADDR1 IPaddress1 bootfile1 suffix1
  Host-two HTYPE2 CHADDR2 IPaddress2 bootfile2 suffix2
```

Dieser Server vergleicht die Felder HTYPE und CHADDR einer BOOTP-Anfrage mit dem Datensatz aus der Datenbank. Stimmen diese Felder beispielsweise für HOST-ONE überein, gibt der Server IPADDRESS1 an den Client zurück. Außerdem sucht er nach dem Namen von BOOTFILE1 und setzt den vollständigen Pfad aus dem ersten Abschnitt der Datenbankdatei ein. Anschließend hängt er das SUFFIX1 an den Dateinamen an und gibt den vollständigen Pfad im FILE-Feld des BOOTREPLY-Pakets zurück. Dieser vollständige Pfad lautet USR\BOOTFILES\BOOT.SUFFIX1.

7.2.4   Wie funktioniert DHCP?

Dieser Abschnitt beginnt mit einem Überblick über die DHCP-Routinen und beschreibt in Einzelheiten die Zuweisung der Adressen mit DHCP sowie die DHCP-Nachrichtentypen und DHCP-spezifische Optionscodes. Außerdem wird das Zusammenspiel von BOOTP und DHCP erörtert. Zum Abschluss werden die DHCP-Adresspools dargestellt.

DHCP im Überblick

DHCP wurde als Erweiterung und Ersatz für das BOOTP-Protokoll entwickelt. Es verwendet die gleiche Paketstruktur, viele der gleichen Prozeduren und ist mit BOOTP kompatibel. DHCP kann gleichfalls BOOTP Relay-Agenten für die Kommunikation zwischen Client und Server über die Grenzen eines Subnet hinweg verwenden. Es unterscheidet sich von BOOTP durch dynamische Adressierungsmethoden, die das ältere Protokoll nicht unterstützt.

DHCP verwendet drei Methoden für die Adresszuweisung. Die erste Methode ist die so genannte *manuelle Adresszuweisung*. Sie entspricht ungefähr der manuellen Konfiguration der Datenbankeinträge für die einzelnen Clients, die der Netzwerkadministrator für BOOTP manuell durchführt. Diese Parameter werden dem Client anschließend über BOOTP bzw. DHCP zugewiesen.

Die zweite und dritte Methode setzen eine DHCP-spezifische Eigenschaft voraus, nämlich den so genannten *Adresspool* oder den *Bereich*. In diesen Fällen richtet der Netzwerkadministrator keine Tabelle ein, mit der jedem Client ein bestimmter Datensatz zugewiesen wird. Statt dessen wird ein Adresspool eingerichtet. Die Adressen werden nach Anfrage zugewiesen. Außerdem können optionale Parameter für einen Adresspool festgelegt werden, die dem Client mit der Adresse übermittelt werden. Eine individuelle Konfiguration der Clients ist nicht mehr erforderlich, allerdings ist bei diesem Ablauf nicht vorhersagbar, welche Adresse ein bestimmter Client erhält.

Die Adressen aus dem Adresspool können dem Client für eine bestimmte Zeit zur Verfügung gestellt werden. Dieser Vorgang wird auch als *dynamische Adresszuweisung* bezeichnet. Mit der Zuweisung erhält der Client die Parameter, die unter anderem die Dauer angeben, für die eine Adresse ohne eine Erneuerung der Zuweisung benutzt werden kann. Bei jedem Neustart des Client-Rechners wird die Zuweisung erneuert. Ist der Rechner über einen langen Zeitraum in Betrieb, wird der Zeitpunkt T1 erreicht, zu dem der Client versucht, die vom Server zugewiesene Adresszuweisung zu erneuern. Schlägt dieser Versuch fehl, wird der zweite Grenzwert T2 erreicht und versucht, über eine Rundsendung an die verfügbaren Server eine Neuzuweisung zu erhalten, so wie dies auch bei der ersten Zuweisung geschehen ist. Der DHCP-Server notiert sich die zugewiesenen Adressen und die Dauer der jeweiligen Zuweisung. Erneuert ein Client seine Zuweisung nicht, nimmt der DHCP-Server die Adresse zurück und weist sie einem anderen Client zu. Diese Eigenschaft ist besonders in einer Umgebung von Vorteil, in der Adressen sehr knapp sind oder die Clients sich nur temporär mit dem Netzwerk verbinden. Für die Zuweisung einer bestimmten Adresse des Pools an einen bestimmten Client kann eine *Reservierung* vorgenommen werden.

Die dritte Zuweisungsmethode ist die *automatische Adresszuweisung*, die gleichfalls einen Adresspool verwendet, dem Client die Adressen aber für eine unbestimmte Zeit überlässt. Da BOOTP-Clients dieses Konzept nicht kennen und nicht in der Lage sind, Zuweisungen zu erneuern, können sie zwar den Adresspool von DHCP nutzen, nicht jedoch die Methode der Anforderung einer Zuweisung.

Der DHCP-Server muss sicherstellen, dass Adressen nur einmal zugewiesen werden. Dafür stehen mehrere Mechanismen zur Verfügung. Zum einen können Server und/oder Client vor der Zuweisung mit dem PING-Befehl überprüfen, ob die Adresse bereits im Netzwerk benutzt wird. Erfolgt auf diesen Befehl eine Antwort, ist die Adresse bereits in Benutzung. Der DHCP-Server unterhält eine Datenbank mit Informationen zu den Clients, den zugewiesenen Adressen, und der Zuweisungsdauer. Ferner kann der DHCP-Server die Adressen des Adresspools sperren, die den Hosts bereits auf anderem Wege zugewiesen wurden.

DHCP-Server und Client führen Protokoll über die Adresszuweisungen. Fällt ein Server aus, stehen ihm die Adresszuweisungen nach dem Neustart wieder zur Verfügung. Der Client speichert ebenfalls die zugewiesene Adresse und die Parameter, sodass er nach einem Neustart die bestehende Zuweisung über den DHCP-Server erneuern kann und nicht wie ein neuer Client erscheint. Die Zuweisung bestimmter Parameter für einen Client wird oft auch als *Bindung* bezeichnet. Ein Client bleibt solange an die Parameter gebunden, bis entweder die Zuweisungsdauer abgelaufen ist oder der Client selbst die Zuweisung durch eine DHCPRELEASE-Nachricht wieder freigibt.

Einzelheiten der DHCP-Zuweisung

DHCP verwendet das BOOTP-Paketformat mit einigen wenigen Änderungen und setzt den Paketaustausch zwischen Client und Server ein. Die UDP-Ports für DHCP und BOOTP sind die gleichen. Die von BOOTP verwendeten Optionscodes (OP) signalisieren eine BOOTREQUEST-Nachricht vom Client bzw. ein BOOTREPLY-Paket des Servers. DHCP verwendet die gleichen Codes, macht aber einen intensiveren Gebrauch vom VEND-Feld.

Bei DHCP heißt das VEND-Feld (Herstellererweiterungen) OPTIONS-Feld. Die feste Länge von 64 Byte wurde durch eine variable Länge ausgetauscht. Jede DHCP-Nachricht enthält eine Option für den DHCP-Nachrichtentyp, der die Aufgabe des Pakets für die DHCP-Transaktion anzeigt. DHCP gibt mit diesem Feld nicht nur den Nachrichtentyp sondern auch weitere DHCP-spezifische Parameter wie zum Beispiel die Dauer der Zuweisung sowie für DHCP und BOOTP gemeinsame Parameter wie etwa die Subnet Mask an.

Jede von einem DHCP-Client gesendete Nachricht hat den OP-Code 1 (BOOTREQUEST) und den UDP-Empfänger-Port 67 (BOOTP-Server). Die DHCP-Nachrichtentypen können sich unterscheiden, je nachdem ob eine neue Adresse angefordert, eine Zuweisung erneuert oder freigegeben wird. Dementsprechend hat jede Servernachricht den OP-Code 2 (BOOTREPLY) und den UDP-Empfänger-Port 68 (BOOTP-Client), es sei denn, die Nachricht wird über einen BOOTP Relay-Agenten weitergeleitet.

Jedes DHCP-Paket, unabhängig davon, ob es vom Server oder Client stammt, enthält im OPTIONS-Feld bestimmte Informationen. Die ersten vier Oktette enthalten das bereits erwähnte Magic Cookie mit dem Wert 99.130.83.99. Darauf folgen eine Reihe von Optionsparametern im folgenden Format:

TAG (Optionscode)	SIZE	PARAMETERWERT

Jede Option umfasst ein Byte für den TAG-Code, ein Byte für die Größe und die im Feld SIZE angegebene Anzahl Bytes für den PARAMETERWERT. Jedes DHCP-Paket muss neben den übrigen Optionen eine Option für den Nachrichtentyp enthalten.

Anders als bei der zweistufigen BOOTP-Transaktion, wo ein Client eine BOOTREQUEST-Nachricht sendet und der Server mit einer BOOTREPLY-Nachricht antwortet, erfordert die DHCP-Transaktion in der Regel vier Schritte für einen neuen Client. Der Client sendet eine BOOTREQUEST-Rundsendung mit dem DHCP-Nachrichtentyp DHCPDISCOVER. Damit zeigt er an, dass er einen DHCP-Server sucht. Der Server antwortet mit einer BOOTREPLY-Nachricht mit dem DHCP-Nachrichtentyp DHCPOFFER, mit dem er dem Client Parameter anbietet. Der Client sendet ein weiteres BOOT-REQUEST-Paket mit dem DHCP-Nachrichtentyp DCHPREQUEST. Damit setzt er den Server davon in Kenntnis, dass er die angebotenen Parameter akzeptiert. Der Server sendet abschließend ein BOOTREPLY-Paket mit den Nachrichtentyp DHCPACK, mit dem er die akzeptierten Parameter bestätigt. Abbildung 7.2 veranschaulicht diesen Ablauf.

Dieser Ablauf bietet ein hohes Maß an Flexibilität und kann stark variiert werden. Ein Client kann mit den DHCPDISCOVER- oder DHCPREQUEST-Paketen beispielsweise bestimmte Parameter anfordern. Wenn er eine Zuweisung erneuern möchte, sendet er nur ein DHCPREQUEST-Paket und erhält anschließend vom Server eine DHCPACK-Nachricht.

Um die Kompatibilität zu BOOTP zu bewahren, gibt der Server die zugewiesene IP-Adresse im YIADDR-Feld des BOOTP-Pakets zurück. Im OPTION-Feld (VEND-Feld) des Pakets kann er auch mehrere Konfigurationsoptionen übermitteln.

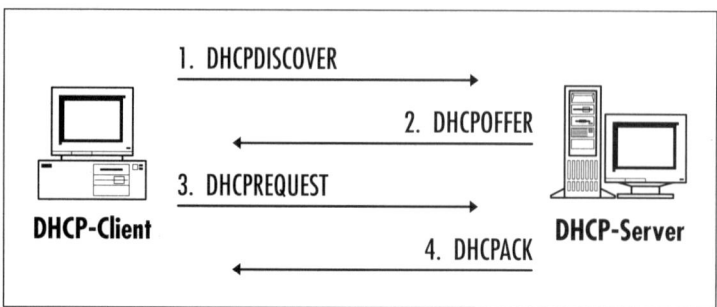

Abb. 7.2: Eine normale DHCP-Transaktion

Ein Blick auf die in Tabelle 7.4 aufgeführten DHCP-Nachrichtentypen und deren Funktion veranschaulicht die Flexibilität der DHCP-Transaktionen.

DHCP-Nachrichtentyp	Nachrichtenname	Beschreibung
1	DHCPDISCOVER	Mit dieser Rundsendung sucht der Client nach einem Server.
2	DHCPOFFER	Mit dieser Antwort auf eine DHCPDISCO-VER-Nachricht des Client bietet der Server Konfigurationsparameter an.
3	DHCPREQUEST	Mit dieser Nachricht fordert der Client (a) angebotene Konfigurationsparameter vom Server an und lehnt implizit Angebote anderer Server ab oder er bestätigt (b) die Richtigkeit einer zuvor zugewiesenen Adresse nach einem Systemneustart oder er verlängert (c) eine Zuweisung.
4	DHCPDECLINE	Mit dieser Nachricht teilt der Client dem Server mit, dass die Netzwerkadresse bereits verwendet wird. Voraussetzung hierfür ist, dass der Client eine Überprüfung durchführt.
5	DHCPACK	Mit dieser Nachricht sendet der Server dem Client Konfigurationsparameter und Netzwerkadresse.
6	DHCPNAK	Diese Nachricht des Servers teilt dem Client mit, dass dessen Netzwerkadresse falsch oder die Zuweisung abgelaufen ist.

Tab. 7.4: DHCP-Nachrichtentypen

DHCP-Nachrichtentyp	Nachrichtenname	Beschreibung
7	DHCPRELEASE	Diese Nachricht des Client an den Server gibt die Netzwerkadresse frei und verzichtet auf die verbleibende Zuweisungszeit.
8	DHCPINFORM	Mit dieser Nachricht fordert der Client vom Server lokale Konfigurationsparameter an. Der Client besitzt bereits eine extern konfigurierte Netzwerkadresse.

Tab. 7.4: DHCP-Nachrichtentypen (Forts.)

7.2.5 DHCP-spezifische Optionen

Neben den Optionen für den DHCP-Nachrichtentyp gibt es eine Reihe DHCP-spezifischer Optionen mit nützlichen Informationen für die DHCP-Transaktion. In diesem Abschnitt werden diese Optionstypen für das VEND- oder OPTIONS-Feld aufgeführt. Einige dieser Optionen werden primär vom Server, andere vom Client oder vom Server verwendet. Die für DHCP und BOOTP gleichen Optionen werden später aufgeführt.

Angeforderte Adresse

Optionscode	Länge in Byte	Parameterwert
50	4	Angeforderte IP-Adresse

Mit dieser Option kann der Client mit einem DHCPDISCOVER-Paket eine bestimmte IP-Adresse anfordern.

Zuweisungsdauer

Optionscode	Länge in Byte	Parameterwert
51	4	Zuweisungsdauer (in Sekunden)

Mit dieser Option fordert der Client in einem DHCPDISCOVER- oder DHCPREQUEST-Paket eine bestimmte Zuweisungsdauer für eine Adresse an. Der Server gibt mit ihr in einem DHCPOFFER-Paket dem Client die Zuweisungsdauer an.

Überlänge

Options- code	Länge in Byte	Parameterwert
52	1	Überlänge (1-3)

Haben Client und Server eine maximale Paketlänge festgelegt, kann es passieren, dass mit den Optionen im OPTIONS-Feld diese Länge überschritten wird. In diesem Fall kann das FILE- oder SNAME-Feld weitere Optionen aufnehmen. Diese Absicht wird in diesem Feld entsprechend der Codes aus Tabelle 7.5 angegeben.

Parameterwert	Benutztes Feld
1	FILE
2	SNAME
3	Beide Felder

Tab. 7.5: Codes für die Überlänge des OPTIONS-Feldes

TFTP-Servername

Optionscode	Länge in Byte	Parameterwert
66	variabel	Alternatives TFTP-Serverfeld

Enthält das SNAME-Feld zusätzliche Parameter, kann mit dieser Option der Server, der die gewünschte Boot-Datei bereitstellt, auf andere Weise angegeben werden.

Name der Boot-Datei

Optionscode	Länge in Byte	Parameterwert
67	Variabel	Alternatives Dateifeld

Enthält das FILE-Feld Optionen, kann mit dieser Option auf andere Weise der Name der gewünschten Boot-Datei angegeben werden.

DHCP-Nachrichtentyp

Optionscode	Länge in Byte	Parameterwert
53	1	DHCP-Nachrichtennummer (1-8)

Mit dieser Option wird der im vorangegangenen Abschnitt beschriebene Typ der DHCP-Nachricht mitgeteilt. Tabelle 7.6 führt die Nummer der Nachrichtentypen auf.

DHCP-Nachrichtennummer	Nachrichtentyp
1	DHCPDISCOVER
2	DHCPOFFER
3	DHCPREQUEST
4	DHCPDECLINE
5	DHCPACK
6	DHCPNAK
7	DHCPRELEASE
8	DHCPINFORM

Tab. 7.6: Optionscodes der DHCP-Nachricht

Serverbezeichner

Optionscode	Länge in Byte	Parameterwert
54	4	DHCP-Serveradresse

Diese Option können Server in DHCPOFFER-, DHCPACK- und DHCPNAK-Nachrichten verwenden. Der Client erkennt daran, welcher DHCP-Server das Angebot gemacht hat und speichert diese Information, damit er sie später für das Erneuern der Zuweisung mit einem DHCPREQUEST-Paket wieder benutzen kann. DHCP-Clients können diese Option auch in einem DHCPREQUEST-Paket benutzen, um anzugeben, welches Angebot sie akzeptieren, wenn Angebote von mehreren DHCP-Servern eingegangen sind. Ursprünglich war diese Option dafür gedacht, dem Server eine Möglichkeit zu geben, sich selbst in einer Antwort zu erkennen und so das SIADDR-Feld des BOOTP-Pakets für die Adresse des TFTP-Servers freizuhalten, der die Boot-Datei zur Verfügung stellt.

Parameterliste

Optionscode	Länge in Byte	Parameterwert
55	Variabel	Parameterliste (Optionscodes)

Mit dieser Option kann der Client die vom DHCP-Server gewünschten Parameter angeben. Sie enthält eine Liste gültiger Optionscodes, die jeweils ein Byte umfassen.

Fehlermeldung

Optionscode	Länge in Byte	Parameterwert
56	Variabel	Fehlermeldung (im DHCPNACK- oder DHCPDECLINE-Paket)

Wenn ein Server einem Client ein DHCPNACK-Paket sendet und dem Client mitteilt, dass dessen Anforderungen nicht erfüllt werden können, oder der Client ein DHCPDECLINE-Paket sendet, mit dem er das Angebot eines Servers ablehnt, kann dieses Feld zusätzliche Informationen enthalten.

Maximale Größe der DHCP-Nachricht

Optionscode	Länge in Byte	Parameterwert
57	2	Maximale Größe der DHCP-Nachricht

Der Client benutzt diese Option in einer DHCPDISCOVERY- oder DHCPREQUEST-Nachricht, um die maximale Größe einer Nachricht anzugeben, die er bereit ist zu akzeptieren.

T1-Erneuerungszeit

Optionscode	Länge in Byte	Parameterwert
58	4	T1-Erneuerungszeit (in Sekunden)

Der Server benutzt diese Option, um die Zeit festzulegen, nach der der Client seine Zuweisung erneuern sollte. Ein üblicher Wert für diesen Parameter liegt bei 50 % der Zuweisungsdauer.

T2-Neuzuweisungszeit

Optionscode	Länge in Byte	Parameterwert
59	4	T2-Neuzuweisungszeit (in Sekunden)

Der Server benutzt diese Option, um die Zeit anzugeben, nach der der Client nicht mehr versuchen soll, die Zuweisung durch den ursprünglichen Server erneuern zu lassen, sondern statt dessen versuchen soll, eine Bindung an einen anderen DHCP-Server einzurichten. Der Standardwert liegt bei 87,5 % der Zuweisungsdauer.

Herstellerklassen-ID

Optionscode	Länge in Byte	Parameterwert
60	Variabel	Herstellerklassen-ID

Die ursprüngliche Definition des BOOTP-Pakets enthielt das VEND-Feld, welches jetzt OPTION-Feld heißt. Mit diesem Feld wurden herstellerspezifische Informationen übermittelt. Hierfür wurden die ersten vier Oktette des VEND-Feldes mit einem herstellerspezifischen Magic Cookie gekennzeichnet. Bei der üblichen Verwendung enthielt es den Wert 99.130.83.99 in diesen vier Oktetten. Seit der Erweiterung von BOOTP durch DHCP verwendet jedes Paket diesen Cookie-Wert. Daher musste DHCP eine andere Methode bereitstellen, um herstellerspezifische Informationen zu kennzeichnen. Diese Aufgabe übernimmt diese Option. Ein Client verwendet sie in einer DHCP-DISCOVER-Nachricht, wenn er herstellerspezifische Informationen benötigt. Kann der DHCP-Server diese Anforderung nicht erfüllen, wird das Paket verworfen. Kann er sie erfüllen, gibt er die herstellerspezifischen Informationen im OPTION-Feld mit dem Optionscode 43 zurück.

Client-Bezeichner

Optionscode	Länge in Byte	Parameterwert
61	Variabel	Client-Bezeichner

Mit dieser Option geben DHCP-Clients einen eindeutigen Bezeichner an. Über diesen Bezeichner weist der Server dem Client einen Datensatz aus der Datenbank zu, wie dies auch bei einem BOOTP-Server der Fall ist. Dieses Feld kann die Werte der Felder HTYPE und CHADDR (Hardware-Adresstyp und die Hardware-Adresse selbst) oder einen anderen Bezeichner wie etwa den Domänennamen des Rechners enthalten. Der Bezeichner muss eindeutig sein, damit er mit dem Datensatz und dem Client übereinstimmt.

7.2.6   Das Zusammenspiel von DHCP und BOOTP

Da DHCP als Ersatz für BOOTP entwickelt wurde, verfügt der DHCP-Server über mehrere Mechanismen, welche die Kompatibilität zu BOOTP-Clients aufrecht erhalten.

Ein DHCP-Server realisiert diese Kompatibilität dadurch, dass er sowohl DHCPDISCOVER- als auch BOOTREQUEST-Nachrichten eines BOOTP-Client bedient. Der Server kann beide Nachrichten voneinander unterscheiden, da ein DHCP Client eine Option für den DHCP-Nachrichtentyp angeben muss, was für den BOOTP-Client nicht zutrifft.

Ein DHCP-Server kann wie BOOTP für die Clients individuelle Zuweisungen mit bestimmten Parametern und einen Adresspool mit allgemeinen Parametern unterhalten, die zusammen mit der Adresse an den Client übermittelt werden. Er kann einen Teil des Adresspools für bestimmte Clients reservieren und Adressbereiche des Pools sperren, die bereits anderweitig zugewiesen wurden. Erhält der Server eine Client-Anfrage, überprüft er, ob seine Datenbank einen Datensatz für diesen Client enthält. Ist dies der Fall, gibt er die Parameter aus dem Datensatz an den Client zurück. Andernfalls kann er die für den Adresspool konfigurierten Parameter übermitteln. Auf diese Weise kann einem BOOTP-Client eine Adresse aus einem DHCP-Adresspool zugewiesen werden.

Dabei müssen aber bestimmte Dinge berücksichtigt werden. Der BOOTP-Client kennt das Konzept der DHCP-Zuweisungen nicht, daher muss die Adresse für unbestimmte Zeit zugewiesen werden. Außerdem ist der Client nicht in der Lage, eine vorhandene Zuweisung zu erneuern. Führt der Client einen Neustart durch, sendet er erneut eine BOOTREQUEST-Anfrage, woraufhin ihm eine neue Adresse aus dem Pool zugewiesen wird. Der DHCP-Server hat aber die ursprüngliche Adresse des Clients für unbegrenzte Zeit zugewiesen und kann diese nicht für andere Zuweisungen nutzen. Der Client beteiligt sich auch nicht an den DISCOVER-OFFER-REQUEST-ACKNO-WEDGEMENT-Transaktionen, sodass der Server die Adresszuweisung speichern muss, sobald er eine BOOTREPLY-Nachricht sendet, anstatt auf eine Client-Anfrage als Antwort auf das Angebot zu warten.

DHCP-Clients können umgekehrt auch von einem BOOTP-Server eine Adresszuweisung erhalten. Da die Adresse in jedem Fall mit dem YIADDR-

Feld des Pakets und weiterer Optionen im OPTIONS/VEND-Feld übermittelt werden, besteht ein hohes Maß an Kompatibilität. Ein DHCP-Client überprüft in diesem Fall das OPTIONS-Feld, um festzustellen, ob die BOOTREPLY-Nachricht vom Server einen DHCP-Nachrichtentyp enthält. Ist dies nicht der Fall, nimmt er an, dass er mit einem BOOTP-Server kommuniziert. Antworten sowohl DHCP- als auch BOOTP-Server, sollte der DHCP-Client immer den DHCP-Server wählen.

7.2.7 DHCP-Adressbereiche

Im vorangegangenen Abschnitt zu BOOTP wurde das Format der BOOTP-Datenbankdatei vorgestellt. Auch der DHCP-Server verfügt über diese Funktion, die über einen bestimmten Client-Bezeichner eine Reihe von Parametern aus der Datenbank einem bestimmten Client zuweist. Darüber hinaus bietet DHCP die Möglichkeit, einen Adressbereich zu definieren, der *Adresspool* oder *Bereich* genannt wird.

Ein Bereich ist einfach ein Adressbereich, der für Client-Anforderungen benutzt werden kann. Dabei gibt es keine 1:1-Beziehung für die Zuweisung der Parameter an einen Client, vielmehr erfolgen die Adresszuweisungen in der Reihenfolge der Anfragen. Weist der Server Adressen zu, notiert er sich den Client, dem eine Adresse zugewiesen wurde und markiert diese als zugewiesen, damit sie nicht zweimal verwendet wird.

Neben den Adressen können für einen Adressbereich aber auch eine Reihe von Optionen konfiguriert werden, die bei den Adresszuweisungen an den Client übermittelt werden. Die Optionen können auf der Ebene des Bereichs festgelegt werden, sodass nicht für jeden Client ein Datensatz in der Datenbank angelegt werden muss und die Parameter für alle Clients gelten. Normalerweise handelt es sich bei den Parametern um die Subnet Mask, das Standard-Gateway, den DNS-Server usw.

Ein DHCP-Bereich kann bestimmte Adressen sperren, um doppelte Adresszuweisungen zu vermeiden, wenn bestimmte Hosts statisch konfiguriert werden oder die Adressen auf anderem Wege erhalten.

Ein DHCP-Server kann auch mehrere Bereiche unterhalten, für die unterschiedliche Optionen für bestimmte Subnets festgelegt werden. Mit Hilfe eines BOOTP Relay-Agenten kann ein DHCP-Server auch Clients aus mehreren Subnets bedienen. Er kann anhand des GIADDR-Feldes des BOOTREQUEST-Pakets feststellen, aus welchem Subnet die Anforderung stammt und mit den Informationen des entsprechenden Bereichs für dieses Subnet antworten.

Um zufällige Adresszuweisungen aus einem Adresspool zu vermeiden, kann eine Adresse des Pools über eine Reservierung für einen bestimmten Host ausgewählt werden. Diese Adresse für diesen Client ist dann festgelegt, gleichzeitig erhält er aber die allgemeinen Parameter, die für diesen Bereich definiert sind.

7.2.8 BOOTP und DHCP im Vergleich

BOOTP und DHCP verwenden einen Server für die automatische Konfiguration der IP-Adressen der Clients. Beide verwenden das gleiche Paketformat, das ursprünglich für BOOTP entwickelt und später in leicht veränderter Form von DHCP übernommen wurde. Beide Protokolle versorgen den Client mit einer IP-Adresse. Sie können einen Server und eine Datei angeben, die der Client für den Boot-Vorgang herunterladen kann. Ferner können beide Protokolle zusätzliche Parameter an den Client übermitteln, zum Beispiel die Gateway-Adresse oder die Adresse des DNS-Servers.

DHCP und BOOTP können Datenbanken benutzen, die über einen Client-Bezeichner wie etwa die Hardware-Adresse indiziert werden können. Stimmt der Client-Bezeichner mit einem Datensatz aus der Datenbank überein, kann der Server die vom Client angeforderten Informationen finden und mit der Antwort übertragen. DHCP und BOOTP können einen BOOTP Relay-Agenten benutzen, über den Clients und Server aus unterschiedlichen Subnets BOOTREQUEST- und BOOTREPLY-Nachrichten miteinander austauschen können.

Das DHCP-Protokoll ist eine Erweiterung des BOOTP-Protokolls und soll dieses ersetzen. DHCP macht intensiven Gebrauch vom VEND-Feld (das für DHCP in OPTIONS-Feld umbenannt wurde) des BOOTP-Pakets, um zusätzliche Informationen zwischen Client und Server auszutauschen. Zusätzlich zu der Fähigkeit von BOOTP Adressen und Informationen auf Grund von 1:1-Beziehungen in der Datenbank zuzuweisen, kann DHCP Adressen für einen statischen Adressbereich des *Adresspools* oder *Bereichs* zuweisen. Anders als bei BOOTP werden die Adressen auch nicht permanent zugewiesen. DHCP kann die Adressen auch für eine befristete Zeit zuweisen. Abgelaufene Adressen werden erneut verwendet, wenn der Client die Zuweisung nicht erneuert.

7.2.9 Die Funktionsweise von BOOTP

Der folgende Abschnitt gibt einen Überblick über die BOOTP-Transaktionen. Anschließend folgt eine Beschreibung der BOOTP-Paketstruktur. Die von Client und Server während der BOOTP-Kommunikation durchgeführten Prozeduren werden im Einzelnen vorgestellt. Zum Schluss wird ein Beispiel für eine BOOTP-Datenbankdatei erörtert.

BOOTP-Transaktionen im Überblick

Die BOOTP-Transaktionen verlaufen in zwei Phasen. In der ersten Phase werden die Adresse und die Parameter akquiriert. Dieser Vorgang steht im Mittelpunkt unseres Interesses. In der zweiten Phase wird auf einen Dateiserver zugegriffen (normalerweise auf einen TFTP-Server) und eine Datei für den Boot-Vorgang des Clients heruntergeladen. Die Funktionen des BOOTP-Client wurden für die Unterbringung in einem PROM-Chip entwickelt, der sich im Allgemeinen auf der Netzwerkkarte des Client befindet.

Client und Server benutzen für die Kommunikation das Standardpaketformat, das als BOOTP-Paket bezeichnet wird. Der Client sendet eine BOOTREQUEST-Nachricht, auf die der Server mit einer BOOTREPLY-Nachricht antwortet.

In den Paketfeldern kann der Client die ihm bereits bekannten Informationen angeben, beispielsweise seine IP-Adresse oder den Namen der Boot-Datei, die er benötigt. Benötigt er diese Informationen vom Server, dann bleiben diese Felder leer.

Ferner stellt BOOTP die Möglichkeit der Weiterleitung zur Verfügung, die von einem BOOTP Relay-Agenten ausgeführt wird. Bei diesem Agenten handelt es sich um einen Knoten aus dem gleichen Subnet wie dem des Client, der so konfiguriert ist, dass er Anfragen und Antworten zwischen Clients und Servern aus unterschiedlichen Subnets weiterleitet.

7.2.10 DHCP- und BOOTP-Optionen

Das letzte Feld der ursprünglichen BOOTP-Paketspezifikation war das VEND-Feld, mit dem die so genannten Herstellererweiterungen übermittelt wurden. Spätere RFCs änderten den Namen in OPTIONS-Feld und die feste Länge von 64 Byte in eine variable Länge. Dementsprechend wurden die mit diesem Feld übermittelten Informationen Optionen genannt.

Jede dieser Optionen wurde von der IANA überprüft (Internet Assigned Number Authority) und mit einem *Tag* genannten Code versehen. Mit einer Anforderung eines neuen Tag-Codes können neue Optionen vorgeschlagen und mit einer Beschreibung der Option zur Erprobung freigegeben werden.

Jede Option wird mit mehreren Bytes ausgedrückt und belegt den Speicherplatz des VEND- oder OPTIONS-Feldes des BOOTP-Pakets. Jede Option besitzt folgendes Format:

Erstes Byte	Zweites Byte	Folgende Bytes
Tag oder Optionscode	Länge des Datenteils	Daten

Alle ursprünglich als BOOTP-Herstellererweiterungen definierten Optionen wurden für DHCP übernommen. Daneben gibt es noch eine Reihe DHCP-spezifischer Optionen, die BOOTP nicht kennt. Diese Optionen für die DHCP-Transaktionen wurden im vorangegangenen Abschnitt erläutert und werden an dieser Stelle nicht noch einmal wiederholt. Aus Gründen der Übersichtlichkeit werden die Optionen mit ähnlicher Funktion in Abschnitten zusammengefasst.

Auf Grund der Vielzahl der Optionen, kann hier nicht jede Einzelne erklärt werden. Einige werden Ihnen vertraut sein, andere, die in der Zwischenzeit vielleicht veraltet sind oder sich auf spezielle Umgebungen aus der Zeit ihrer Entstehung beziehen, werden dagegen etwas unverständlich erscheinen. Aus Gründen der Vollständigkeit werden sie aber trotzdem aufgeführt.

BOOTP-Optionen aus dem RFC 1497

Die Quelle für die folgende Optionsliste ist das im März 1997 veröffentlichte RFC 2132, welches eine Reihe von Optionen früherer RFCs übernommen hat, einschließlich der RFCs 1497 und 1533. Der erste Abschnitt enthält die im RFC 1497 definierten Optionen. Die Gliederung des verbleibenden Teils dieses Abschnitts folgt der Gliederung des RFCs 2132, welches eine aufsteigende Reihenfolge einhält.

Füllung

Optionscode	Länge in Byte	Parameterwert
0	1	Anordnung nach Wortgrenzen (keine Daten)

Diese Option dient als Füllung zur Ausdehnung der Optionsfelder auf 32-Bit-Wortgrenzen oder zum Füllen des VEND-Feldes nach der Option ENDE.

Ende

Optionscode	Länge in Byte	Parameterwert
255	1	Ende der Daten des Feldes (keine Daten)

Dieser Code gibt das Ende der Informationen im VEND- bzw. OPTIONS-Feld an.

Subnet Mask

Optionscode	Länge in Byte	Parameterwert
1	4	Subnet Mask des Client

Dieser Code gibt die Subnet Mask des Client an.

Zeit-Offset

Optionscode	Länge in Byte	Parameterwert
2	4	Zeit-Offset für GMT

Mit diesem Code kann der Client seine Zeit in Relation zur GMT festlegen.

Router-Liste

Optionscode	Länge in Byte	Parameterwert
3	Ein Vielfaches von 4	Liste der Router-Adressen

Hiermit wird eine Liste der für den Client verfügbaren Router in der bevorzugten Reihenfolge angegeben.

Zeit-Serverliste

Optionscode	Länge in Byte	Parameterwert
4	Ein Vielfaches von 4	Liste der Zeit-Serveradressen

Hiermit wird eine Liste der für den Client verfügbaren Zeit-Server in der bevorzugten Reihenfolge angegeben.

Name-Serverliste

Optionscode	Länge in Byte	Parameterwert
5	Ein Vielfaches von 4	Liste der Name-Serveradressen

Hiermit wird eine Liste der für den Client verfügbaren IEN 116 Name Servers in der bevorzugten Reihenfolge angegeben.

DNS-Serverliste

Optionscode	Länge in Byte	Parameterwert
6	Ein Vielfaches von 4	Liste der DNS-Serveradressen

Hiermit wird eine Liste der für den Client verfügbaren DNS-Servers in der bevorzugten Reihenfolge angegeben.

Protokoll-Serverliste

Optionscode	Länge in Byte	Parameterwert
7	Ein Vielfaches von 4	Liste der Protokoll-Serveradressen

Hiermit wird eine Liste der für den Client verfügbaren MIT-LCS UDP Protokoll-Server in der bevorzugten Reihenfolge angegeben.

Cookie-Serverliste

Optionscode	Länge in Byte	Parameterwert
8	Ein Vielfaches von 4	Liste der Cookie-Serveradressen

Hiermit wird eine Liste der für den Client verfügbaren RFC 865-kompatiblen Cookie-Server in der bevorzugten Reihenfolge angegeben.

LPR Serverliste

Optionscode	Länge in Byte	Parameterwert
9	Ein Vielfaches von 4	Liste der LPR-Serveradressen

Hiermit wird eine Liste der für den Client verfügbaren LPR-Server (Line Printer Remote) in der bevorzugten Reihenfolge angegeben.

Impress-Serverliste

Optionscode	Länge in Byte	Parameterwert
10	Ein Vielfaches von 4	Liste der Impress-Serveradressen

Hiermit wird eine Liste der für den Client verfügbaren Imagen Impress-Server in der bevorzugten Reihenfolge angegeben.

Resource Location-Serverliste

Optionscode	Länge in Byte	Parameterwert
11	Ein Vielfaches von 4	Liste der Resource Location-Server

Hiermit wird eine Liste der für den Client verfügbaren RFC 887 Resource Location-Server in der bevorzugten Reihenfolge angegeben.

Host-Name

Optionscode	Länge in Byte	Parameterwert
12	Variabel	Host-Name des Client

Diese Option gibt den Client-Namen an, der den Domänennamen umfassen kann.

Größe der Boot-Datei

Optionscode	Länge in Byte	Parameterwert
13	2	Länge der Boot-Datei (512-KB-Blöcke)

Diese Option gibt die Größe der standardmäßigen Boot-Datei des Client an.

Datei für Speicherauszüge

Optionscode	Länge in Byte	Parameterwert
14	Variabel	Name der Datei für Speicherauszüge

Mit dieser Option wird der Pfad und Name der Datei für Speicherauszüge bei einem Systemausfall des Client angegeben.

Domänenname

Optionscode	Länge in Byte	Parameterwert
15	Variabel	Internet-Domänenname des Client

Diese Option nennt den DNS-Domänennamen für den Client.

Swap-Server

Optionscode	Länge in Byte	Parameterwert
16	4	IP-Adresse des Swap-Servers

Diese Option gibt die IP-Adresse des Swap-Servers für den Client an.

Root-Pfad

Optionscode	Länge in Byte	Parameterwert
17	Variabel	Pfad des Stammlaufwerks des Client

Diese Option legt den Pfad für das Stammlaufwerk des Client fest.

Erweiterungsdatei

Optionscode	Länge in Byte	Parameterwert
18	Variabel	Name der Erweiterungsdatei

Mit dieser Option kann der Name einer Datei angegeben werden, die als Erweiterung des VEND- oder OPTIONS-Feldes dient. Sie verwendet zum Aufführen der Optionen das gleiche Format und kann über TFTP heruntergeladen werden.

Parameter der IP-Schicht pro Host

Die Optionen des folgenden Abschnitts betreffen die globalen Parameter der IP- Netzwerkschicht des Host und nicht die Konfiguration einer bestimmten Schnittstelle.

IP-Weiterleitung aktiviert/deaktiviert

Optionscode	Länge in Byte	Parameterwert
19	1	IP-Weiterleitung (1 = aktiviert)

Diese Option gibt an, ob der Client seine IP-Schicht für die Paketweiterleitung einrichten soll. Der Wert 1 aktiviert die IP-Weiterleitung und der Wert 0 deaktiviert sie.

Nicht lokales Absender-Routing Aktiviert/deaktiviert

Optionscode	Länge in Byte	Parameterwert
20	4	Weiterleitung der Absenderroute (1 = aktiviert)

Diese Option legt das Verhalten des Client bezüglich der Weiterleitung von Paketen mit Absender-Routing-Informationen fest.

Richtlinienfilteroption

Optionscode	Länge in Byte	Parameterwert
21	Ein Vielfaches von 8	Paare zulässiger Absender-Routings IP-Adresse und Subnet Masks

Diese Option enthält eine Liste von IP-Adressen und Subnet Mask-Paaren, die eine Liste von Adressen für den nächsten Sprung des Absender-Routing festlegen. Diese Adressen werden dann zum Filtern verwendet. Jedes Datagramm des Absender-Routing, dessen nächste Sprungadresse nicht mit dem Filter übereinstimmt, wird vom Client aussortiert.

Maximale Größe für das Wiederzusammensetzen von Datagrammen

Optionscode	Länge in Byte	Parameterwert
22	2	Maximale Größe für das Wiederzusammensetzen von Datagrammen in Byte

Diese Option legt die maximal zulässige Größe für das Wiederzusammensetzen eines IP-Datagramms fest, welches während der Übertragung im Netzwerk fragmentiert wurde.

TTL-Standardwert

Optionscode	Länge in Byte	Parameterwert
23	1	TTL-Standardwert (1-255)

Der Wert dieser Option dient als Standardwert für das TTL-Feld im IP-Header ausgehender Datagramme.

Path MTU-Option

Optionscode	Länge in Byte	Parameterwert
24	4	Gültigkeitsdauer des MTU-Werts (in Sekunden)

Der MTU-Wert (Maximum Transmission Unit) gibt die maximale Paketgröße für ein Netzwerksegment an. Er wird regelmäßig mit dem Path MTU Discovery-Mechanismus überprüft. Mit dieser Option kann das Intervall für die Überprüfung angegeben werden.

Path MTU-Tabelle

Optionscode	Länge in Byte	Parameterwert
25	Ein Vielfaches von 2	Liste der zu prüfenden MTU-Größen

Der Path MTU Discovery-Mechanismus verwendet bei der Überprüfung vorgegebene MTU-Werte, um die passende Größe zu ermitteln. Diese Option gibt in aufsteigender Reihenfolge eine Reihe von MTU-Werten an, die dieser Mechanismus bei der Überprüfung verwenden soll.

Parameter der IP-Schicht pro Schnittstelle

Die in diesem Abschnitt aufgeführten Optionen beziehen sich auf eine bestimmte Schnittstelle des Client. Müssen mehrere Schnittstellen konfiguriert werden, sollte der Client für Schnittstelle eine separate Anforderung senden.

MTU-Schnittstellenoption

Optionscode	Länge in Byte	Parameterwert
26	2	MTU-Wert für die Schnittstelle (Byte)

Diese Option weist einer bestimmten Schnittstelle einen MTU-Wert zu.

Alle Subnets sind lokal

Optionscode	Länge in Byte	Parameterwert
27	1	Alle Subnet MTUs sind gleich (1 = Ja)

Diese Option teilt dem Client mit, ob alle Subnets, mit denen er verbunden ist, den gleichen MTU-Wert haben. Der Wert 0 gibt an, dass einige Subnets kleinere MTUs besitzen.

Rundsendungsadresse

Optionscode	Länge in Byte	Parameterwert
28	4	Rundsendungsadresse des Subnet

Diese Option gibt die Adresse für Subnet-Rundsendungen für die Schnittstelle an.

Subnet Mask-Erkennung

Optionscode	Länge in Byte	Parameterwert
29	1	Subnet Mask-Erkennung aktiviert (1 = Ja)

Diese Option legt fest, ob der Client eine ICMP Mask-Erkennung durchführt.

Subnet Mask-Lieferant

Optionscode	Länge in Byte	Parameterwert
30	1	Antwort auf Subnet Mask ICMP-Anfrage (1 = Ja)

Die ICMP Mask-Erkennung basiert darauf, dass ein Host auf die Anfrage nach der Subnet Mask reagiert. Mit dieser Option wird der Host veranlasst, auf eine Mask-Anfrage zu antworten.

Router-Erkennung

Optionscode	Länge in Byte	Parameterwert
31	1	Router-Erkennung durchführen (1 = Ja)

Diese Option legt fest, ob der Client eine Router-Erkennung durchführen soll (RFC1236).

Adresse für die Router-Erkennung

Optionscode	Länge in Byte	Parameterwert
32	4	Adresse des Servers für Router-Erkennungsanfragen

Diese Option gibt die Adresse des Knotens an, der Router-Erkennungsanfragen beantwortet.

Liste statischer Routen

Optionscode	Länge in Byte	Parameterwert
33	Ein Vielfaches von 8	Liste der Empfängeradressen statischer Routen, Router-Adressen für den nächsten Sprung

Diese Option gibt eine Liste der statischen Routen an. Zu jedem Eintrag gehört das Empfängernetzwerk und die Router-Adresse für den nächsten Sprung auf dem Weg zum Empfänger.

Parameter der Sicherungsschicht pro Schnittstelle

Die Optionen dieses Abschnitts gelten für bestimmte Schnittstellen und geben Parameter für die Sicherungsschicht an.

Trailer-Einkapselung

Optionscode	Länge in Byte	Parameterwert
34	1	Trailer für ARP verwenden (1 = Ja)

Diese Option legt fest, ob der Client Trailer für ARP verwenden möchte, wie dies im RFC 893 angegeben wird.

ARP-Cache-Timeout

Optionscode	Länge in Byte	Parameterwert
35	4	Timeout-Wert für ARP-Cache-Einträge (in Sekunden)

Diese Option gibt das maximale Alter für ARP-Cache-Einträge an.

Ethernet-Einkapselung

Optionscode	Länge in Byte	Parameterwert
36	1	Einkapselungstyp (Ethernet II = 0, 802.3 = 1)

Mit dieser Option wird der Ethernet-Einkapselungstyp angegeben. Gültige Typen sind Ethernet II oder 802.3 Ethernet.

TCP-Parameter

Dieser Abschnitt enthält die TCP-Parameter pro Schnittstelle.

TTL-Standardwert für TCP

Optionscode	Länge in Byte	Parameterwert
37	1	TTL-Standardwert für TCP

Ausgehende TCP-Pakete definieren mit dieser Option einen Wert für das TTL-Feld auf der IP-Schicht.

Keepalive-Intervall

Optionscode	Länge in Byte	Parameterwert
38	4	Keepalive-Intervall (in Sekunden)

Diese Option legt ein Intervall zwischen den Keepalive-Nachrichten der TCP-Verbindung fest. Der Wert 0 deaktiviert die regelmäßigen Keepalive-Nachrichten.

Keepalive-Füllung

Optionscode	Länge in Byte	Parameterwert
39	1	Oktett mit Füllung senden (1 = Ja)

Diese Option sorgt für die Kompatibilität zu älteren TCP-Implementierungen, die ein Oktett mit zufälligen Zeichen als Bestandteil der Keepalive-Nachricht erwarten.

Anwendungs- und Dienstparameter

Die Optionen in diesem Abschnitt betreffen verschiedene Parameter für Dienste und Anwendungen.

NIS-Domäne

Optionscode	Länge in Byte	Parameterwert
40	Variabel	Name der NIS Domäne des Client

Diese Option gibt die Network Information Service-Domäne (NIS-Domäne) des Client an.

NIS-Serverliste

Optionscode	Länge in Byte	Parameterwert
41	Ein Vielfaches von 4	Liste der NIS-Serveradressen

Diese Option gibt eine Liste der NIS-Serveradressen in der bevorzugten Reihenfolge an.

Network Time Protocol Serverliste

Optionscode	Länge in Byte	Parameterwert
42	Ein Vielfaches von 4	Liste der NTP-Serveradressen

Diese Option gibt eine Liste der NTP-Serveradressen (Network Time Protocol) für den Client in der bevorzugten Reihenfolge an.

Herstellerspezifische Informationen

Optionscode	Länge in Byte	Parameterwert
43	Variabel	Herstellerspezifische Informationen

Diese Option wird in Verbindung mit dem Optionscode 60, dem Bezeichner der Herstellerklasse, verwendet, um herstellerspezifische Parameter zu übermitteln. Diese Parameter verwenden die gleiche Anordnung für den Tag-Längenparameter Standardoptionscode.

Name-Serverliste für NetBIOS über TCP/IP

Optionscode	Länge in Byte	Parameterwert
44	Ein Vielfaches von 4	Liste der NBNS-Serveradressen

Diese Option enthält eine Liste der NetBIOS-Name-Server, die eine Umwandlung von NetBIOS-Namen in Adressen für den Client durchführen können.

Datagramm Distribution-Serverliste für NetBIOS über TCP/IP

Optionscode	Länge in Byte	Parameterwert
45	Ein Vielfaches von 4	Liste der NBDD-Serveradressen

Diese Option gibt eine Liste der für den Client verfügbaren NBDD-Serveradressen in der bevorzugten Reihenfolge an.

Knotentyp für NetBIOS über TCP/IP

Optionscode	Länge in Byte	Parameterwert
46	1	Code für den NetBIOS-Knotentyp

Diese Option legt den NBT-Knotentyp des Client fest. Dieser Knotentyp schreibt die Methoden vor, mit denen der Client NetBIOS-Namen umwandelt. Tabelle 7.7 führt die möglichen Werte und die verwendete Methode auf.

Hexadezimaler Wert	Knotentyp	Verwendete Methode
0x1	B-Knoten	Rundsendung
0x2	P-Knoten	Name-Server
0x4	M-Knoten	Rundsendung, anschließend Name-Server
0x8	H-Knoten	Name-Server, anschließend Rundsendung

Tab. 7.7: Codes für die Knotentypen für NetBIOS über TCP/IP

Bereich für NetBIOS über TCP/IP

Optionscode	Länge in Byte	Parameterwert
47	Variabel	NetBIOS-Bereichsname

Diese Option definiert den Client eines NetBIOS-Bereichs.

X Window Font-Serverliste

Optionscode	Länge in Byte	Parameterwert
48	Ein Vielfaches von 4	Liste der X-Windows Font-Servera-dressen

Diese Option gibt eine Liste der X-Windows Font-Serveradressen für den Client in der bevorzugten Reihenfolge an.

X Window Display Manager-Liste

Optionscode	Länge in Byte	Parameterwert
49	Ein Vielfaches von 4	Adressliste der Rechner, die den X Windows Display Manager ausführen

Diese Option gibt eine Liste der für den Client verfügbaren Rechner an, die den X Window System Display Manager ausführen.

NIS+-Domäne

Optionscode	Länge in Byte	Parameterwert
64	Variabel	Name NIS+-Domäne des Client

Diese Option gibt die NIS+-Domäne (Netzwerk Information Service Plus) des Client an.

NIS+-Serverliste

Optionscode	Länge in Byte	Parameterwert
65	Ein Vielfaches von 4	Liste der NIS+-Serveradressen

Diese Option gibt eine Liste der für den Client verfügbaren NIS+-Server in der bevorzugten Reihenfolge an.

Mobiler IP Home-Agent

Optionscode	Länge in Byte	Parameterwert
68	Ein Vielfaches von 4, normalerweise 4 oder 0	Liste der mobilen IP Home-Agenten-adressen

Diese Option gibt eine Liste der mobilen IP Home-Agenten für den Client in der bevorzugten Reihenfolge an. Normalerweise ist einer bzw. keiner vorhanden.

SMTP-Serverliste

Optionscode	Länge in Byte	Parameterwert
69	Ein Vielfaches von 4	Liste der SMTP-Serveradressen

Diese Option gibt eine Liste der SMTP Mail-Server für den Client in der bevorzugten Reihenfolge an.

POP3-Serverliste

Optionscode	Länge in Byte	Parameterwert
70	Ein Vielfaches von 4	Liste der POP3-Serveradressen

Diese Option führt eine Liste der POP3 Mail-Server für den Client in der bevorzugten Reihenfolge auf.

NNTP-Serverliste

Optionscode	Länge in Byte	Parameterwert
71	Ein Vielfaches von 4	Liste der NNTP-Serveradressen

Diese Option führt eine Liste der NNTP News-Server für den Client in der bevorzugten Reihenfolge auf.

WWW-Standardserver

Optionscode	Länge in Byte	Parameterwert
72	Ein Vielfaches von 4	Liste der WWW-Serveradressen

Diese Option bietet eine Liste der für den Client verfügbaren Web-Server in der bevorzugten Reihenfolge an.

Finger-Standardserver

Optionscode	Länge in Byte	Parameterwert
73	Ein Vielfaches von 4	Liste der Finger-Serveradressen

Diese Option gibt eine Liste der für den Client verfügbaren Finger-Server in der bevorzugten Reihenfolge an.

IRC-Standardserver

Optionscode	Länge in Byte	Parameterwert
74	Ein Vielfaches von 4	Liste der IRC-Serveradressen

Diese Option gibt eine Liste der für den Client verfügbaren IRC Chat-Server in der bevorzugten Reihenfolge an.

StreetTalk-Serverliste

Optionscode	Länge in Byte	Parameterwert
75	Ein Vielfaches von 4	Liste der StreetTalk-Serveradressen

Diese Option führt eine Liste der für den Client verfügbaren StreetTalk-Server in der bevorzugten Reihenfolge auf.

STDA-Serverliste

Optionscode	Länge in Byte	Parameterwert
76	Ein Vielfaches von 4	Liste der STDA-Serveradressen

Diese Option führt eine Liste der für den Client verfügbaren STDA-Server (StreetTalk Directory Assistance) in der bevorzugten Reihenfolge auf.

Das RFC 2132 vervollständigt diese Liste mit den bereits im vorangegangenen Abschnitt vorgestellten DHCP-spezifischen Optionscodes und mit Informationen darüber, wie neue Optionscodes vorgeschlagen werden.

7.3 BOOTP, DHCP und geroutete Netzwerke

Mit den ersten Definitionen des BOOTP-Protokolls wurde ein Mechanismus festgelegt, der es BOOTP-Clients und Servern aus unterschiedlichen Subnets erlaubt, BOOTP-Informationen auszutauschen. Dieser Mechanismus wurde anfangs BOOTP-Weiterleitungsagent genannt, der Name wurde aber später geändert, um Verwechslungen mit einem Router zu vermeiden, der eine Routine für die Paketweiterleitung bereitstellt. Er wird jetzt als BOOTP Relay-Agent bezeichnet.

Da DHCP als Erweiterung für BOOTP gedacht war, ist auch die Verwendung eines BOOTP Relay-Agenten eingeplant. Aus der Perspektive des Agenten spielt es keine Rolle, ob es sich um ein BOOTP-Standardpaket oder ein BOOTP-Paket mit Optionen für den DHCP-Nachrichtentyp im VEND- oder OPTIONS-Feld handelt. Der Ablauf ist in beiden Fällen der gleiche.

7.3.1 Der BOOTP Relay-Agent

Wenn ein BOOTP-Client ein BOOTREQUEST-Paket sendet, kennt er normalerweise die Adresse des antwortenden BOOTP-Servers nicht. Daher sendet er dieses Paket als lokale Rundsendung mit der Empfängeradresse 255.255.255.255. Da lokale Rundsendungen vom Router nicht zwischen den Subnets weitergeleitet werden, erreicht die Nachricht den Server nicht, wenn er sich im gleichen Subnet wie der Client befindet. Damit dieses Paket weitergeleitet werden kann, muss ein BOOTP Relay-Agent im Subnet des Client vorhanden sein. Der Relay-Agent erkennt anhand der UDP-Empfänger-Port-Nummer 67 (BOOTP-Server-Port), dass es sich bei der Rundsendung um eine BOOTREQUEST-Nachricht handelt. Der Agent gibt dieses Paket als Unicast mit der IP-Adresse des BOOTP-Servers als Empfängeradresse weiter. Er weiß, welche Adresse(n) er für die Weiterleitung dieser Pakete verwenden muss, weil die Adressen Teil seiner Konfiguration sind. Er nimmt anschließend die Unicast-Nachricht mit der Antwort vom Server entgegen und sendet sie an den Client des lokalen Subnet, normalerweise als lokale Rundsendung.

Bei der Definition des BOOTP Relay-Agenten wurde nicht angegeben, ob diese Funktion in einen Router (Gateway) oder einen anderen Host des gleichen Subnet wie dem des Client integriert werden soll. Beide Varianten sind möglich, da die folgenden Anforderungen erfüllt werden müssen:

- Der Agent muss ein Knoten im Subnet des Client sein.
- Er muss die Client-Anfrage erkennen und als Unicast-Nachricht an den Server senden.
- Er muss die Unicast-Antwort vom Server entgegennehmen und anschließend an den anfragenden Client im lokalen Subnet senden.

Obwohl Host oder Router die Aufgabe des Relay-Agenten übernehmen können, wurde in mehreren RFC-Diskussionen vorgeschlagen, einen Router an einer logischen Position mit dieser Aufgabe zu betrauen. In diesem Zusammenhang stößt man häufig auf den Begriff RFC 1542-kompatibler Router, womit die in einem Router untergebrachte Funktion des BOOTP Relay-Agenten gemeint ist (siehe Abbildung 7.3). Diese Formulierung ist zwar nicht falsch, sie hat aber zu der Verwirrung bezüglich des weiterleitenden Agenten und des Relay-Agenten sowie zu der damit verbundenen Verwirrung bezüglich der Bedeutung des GIADDR-Feldes im BOOTP-Paket beigetragen.

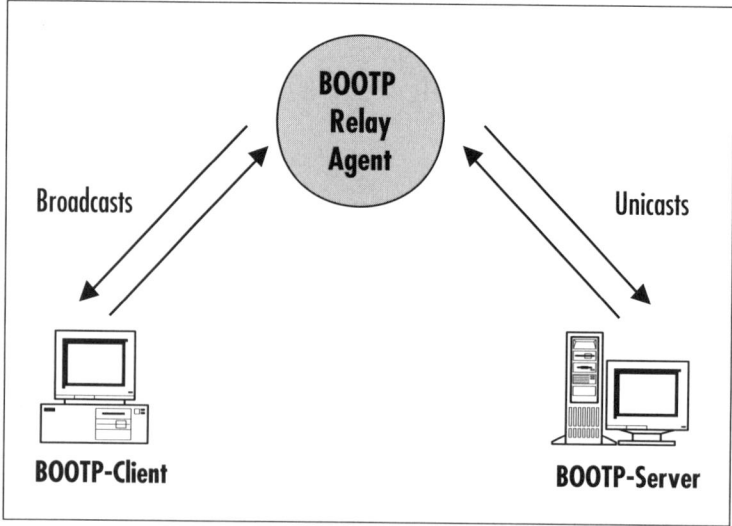

Abb. 7.3: Die Transaktionen des BOOTP Relay-Agenten

7.3.2 Das GIADDR-Feld

Das GIADDR-Feld des BOOTP-Pakets spielt eine wichtige Rolle für die richtige Funktion von BOOTP und DHCP in gerouteten Netzwerken. Es wird vom Client auf den Wert 0.0.0.0 gesetzt, wenn er eine BOOTREQUEST-Nachricht sendet. Empfängt der BOOTP/DHCP-Server eine BOOTREQUEST-

Nachricht, deren GIADDR-Feld nur Nullen enthält, weiß er, dass sich der Client im gleichen lokalen Subnet befindet und antwortet direkt über den UDP-Empfänger-Port 68 (BOOTP-Client).

Befinden sich Server und Client nicht im gleichen Subnet, wird ein BOOTP Relay-Agent im Subnet des Client für die Weiterleitung des Pakets benötigt. Dieser Agent überprüft das GIADDR-Feld der Anfrage. Enthält das Feld ausschließlich Nullen, setzt er in dieses Feld die eigene IP-Adresse ein. Auf diese Weise erhält er die Unicast-Antwort des Servers, die er mit einer BOOTREPLY-Nachricht an das Subnet des Client sendet. Ist das GIADDR-Feld ungleich Null, nimmt der Agent an, dass der Wert für einen Knoten im Subnet des Client steht und nimmt keine Veränderung vor.

Erhält ein BOOTP- oder DHCP-Server ein BOOTREQUEST-Paket, dessen GIADDR-Feld ungleich Null ist, dann erkennt er, dass das Paket von einem BOOTP Relay-Agenten weitergeleitet wurde. Daraufhin verändert er seine Antwort im BOOTREPLY-Paket und sendet es über den Port 67 (BOOTP-Server) an die im GIADDR-Feld angegebene Empfängeradresse, anstatt den Port 68 (BOOTP-Client) zu benutzen. Dies ist erforderlich, weil der Agent nur auf die Server-Port-Nummer reagiert, unabhängig davon, ob es sich um eine Client-Anfrage oder um eine Server-Antwort handelt.

Eine weitere Verwendung des GIADDR-Feldes ist DHCP-spezifisch: Der DHCP-Server benutzt die im GIADDR-Feld angegebene Adresse um das Subnet des Client zu ermitteln. Mit dieser Information kann der Server feststellen, welchen Adressbereich er für die Antwort an den Client benutzen muss, falls er über mehrere Adressbereiche verfügt.

7.3.3 Andere zu berücksichtigende Felder

Neben dem GIADDR-Feld gibt es eine Reihe weiterer Felder im BOOTP-Paket, die der BOOTP Relay-Agent verändern kann.

HOPS

Das HOPS-Feld des BOOTREQUEST-Pakets wird zu Beginn vom Client auf den Wert Null gesetzt. Jedes Mal, wenn dieses Paket die Grenze eines Routers überschreitet, muss es um den Wert Eins erhöht werden. Die RFCs legen nicht eindeutig fest, ob dies nur geschehen soll, wenn es sich bei dem Router um einen Agenten handelt, oder ob dies in jedem Fall durchgeführt werden soll. Es erscheint sinnvoll, dies dem Router zu überlassen, da ein richtig konfigurierter Relay-Agent und der Server die Unicast-Nachrichten direkt miteinander austauschen, ohne dass dafür weitere Agenten erforderlich sind.

Das HOPS-Feld sollte auch darüber informieren, wie weit ein Client vom Server entfernt ist, um einen Grenzwert festlegen zu können, nach dessen Überschreitung das Paket nicht mehr weitergeleitet wird.

CHADDR, YIADDR, HTYPE, HLEN und FLAG

Alle diese Felder unterstützen den Server und den Agenten bei der Entscheidung darüber, ob eine BOOTREPLY-Nachricht zurück an den Client gesendet werden soll. Im vorangegangenen Abschnitt dieses Kapitels wurden die verschiedenen Optionen vorgestellt, die dem BOOTP-Server bei der Antwort an den Client zur Verfügung stehen, je nachdem ob der Client Unicasts oder Rundsendungen empfangen kann. Da der BOOTP Relay-Agent stellvertretend für den BOOTP-Server agiert, führt er die gleichen Auswertungen dieser Felder durch, um zu entscheiden, ob er eine Unicast-Nachricht oder eine Rundsendung, als Antwort an den Client schicken muss.

SECS

Über dieses Feld kann der Client mitteilen, wie lange er bereits versucht zu booten. Muss der Client eine BOOTREQUEST-Nachricht erneut versenden, ist dieser Wert ungleich Null und kann eine bevorzugte Behandlung durch den Agenten und/oder den Server veranlassen.

UDP Port-Nummer

Normalerweise verwendet der Client als Empfänger-Port immer den UDP-Port 67 (BOOTP-Server) und der Server in der BOOTREPLY-Nachricht immer den UDP-Port 68 (BOOTP-Client). Ein BOOTP Relay-Agent antwortet aber nur auf Pakete, für die der UDP-Port auf 67 gesetzt ist. Sendet also der Server eine BOOTREPLY-Nachricht über einen Relay-Agenten zurück, muss er diese Nachricht an die Adresse des Agenten (im GIADDR-Feld) über den UDP-Empfänger-Port 67 und nicht über den Port 68 senden. Der Relay-Agent ändert die UDP-Empfänger-Port-Nummer in 68, bevor er das Paket an den Client weiterleitet.

TTL

Ein Relay-Agent setzt das TTL-Feld im IP-Datagramm-Header entweder auf einen festgelegten Standardwert oder übernimmt den empfangenen Wert und setzt diesen um den Wert 1 herab. Auch diese Spezifikation des RFC scheint mehr für einen auf einem Router basierenden Relay-Agenten als für einen Host geeignet zu sein, der die Funktion des Agenten ausführt.

Die übrigen Felder

Alle übrigen Felder des BOOTP-Pakets werden unverändert zwischen Server und Client ausgetauscht.

7.4 Checkliste für die BOOTP-Implementierung

Die folgende Liste skizziert die einzelnen Schritte für die Implementierung eines BOOTP-Servers:

1. Stellen Sie zuerst fest, ob Sie BOOTP benutzen müssen. Möchten Sie eine dynamische Adressierung einrichten, ist DHCP wahrscheinlich die bessere Lösung, da die Implementierung eines DHCP-Servers sowohl die älteren BOOTP-Clients als auch die neueren DHCP-Clients bedienen kann.

2. Legen Sie fest, welchen Adressbereich Sie verwenden wollen und welche BOOTP-Optionen bei der Adresszuweisung übermittelt werden sollen.

3. Stellen Sie eine Liste der Hardware-Adressen und der Adresstypen aller BOOTP-Clients zusammen.

4. Stellen Sie fest, ob Sie die Möglichkeiten von BOOTP für das Booten des Clients über einen Server, oder ob Sie nur die Phase der Adresszuweisung nutzen müssen. Für das Booten müssen Sie die entsprechenden Boot-Dateien vorbereiten und die Verzeichnisse für diese Dateien festlegen.

5. Erstellen Sie anhand der gesammelten Informationen eine BOOTP-Datenbankdatei.

6. Installieren und konfigurieren Sie den BOOTP-Server.

7. Richten Sie die Clients als BOOTP-Clients ein.

8. Testen Sie die Funktion des BOOTP-Servers.

9. Ist eine Kommunikation zwischen Clients und Servern aus unterschiedlichen Subnets erforderlich, dann richten Sie einen BOOTP Relay-Agenten an der entsprechenden Stelle ein und testen ihn.

7.5 Checkliste für die DHCP-Implementierung

Die folgende Liste skizziert die einzelnen Schritte für die Implementierung eines DHCP-Servers:

1. Bestimmen Sie die Clients, die DHCP benutzen sollen. Legen Sie außerdem fest, welche Hosts des Netzwerks statische oder reservierte Adressen erhalten werden. Überprüfen Sie, ob BOOTP-Clients vorhanden sind, und legen Sie eine Strategie für die Adresszuweisung durch DHCP fest.

2. Richten Sie gegebenenfalls eine BOOTP-Datenbankdatei für den DHCP-Server ein, der BOOTP-Clients bedient. Achten Sie darauf, dass die in dieser Datei angegebenen Adressen nicht zu einem DHCP-Adresspool gehören.

3. Legen Sie den Adressbereich für den Adresspool fest. Bedient der DHCP-Server mehrere Subnets, dann legen Sie für jedes einen entsprechenden Adressbereich und die gewünschten Optionen für die mit der Adresse übermittelten Parameter fest.

4. Installieren und konfigurieren Sie den oder die DHCP-Server für die Adressbereiche, die gesperrten und die reservierten Adressen sowie die Optionen für die einzelnen Adressbereiche. Legen Sie außerdem eine angemessene Zuweisungsdauer für die Adressen fest.

5. Werden mehrere Server eingesetzt, sollte jeder Adresspool für zwei Server partitioniert werden, um die Zuverlässigkeit zu erhöhen.

6. Müssen Clients und Server über die Grenzen von Subnets hinaus kommunizieren, dann konfigurieren Sie an den entsprechenden Standorten BOOTP Relay-Agenten.

7. Konfigurieren Sie die Clients für DHCP.

8. Testen Sie die Funktionalität des DHCP-Servers und der Relay-Agenten.

7.6 Zusammenfassung

In diesem Kapitel wurde die dynamische Zuweisung von IP-Adressen mit den Protokollen BOOTP und DHCP behandelt. Es wurden die Beweggründe für die Entwicklung dieser Protokolle sowie die geschichtlichen Hintergründe genannt und die Funktionsweise der Protokolle wurde detailliert erläutert.

BOOTP und DHCP stehen in enger Beziehung zueinander. Beide Protokolle benutzen ein speziell definiertes Paketformat für ein UDP-Datagramm, das an bestimmte UDP-Ports gerichtet ist, nämlich an die Ports 68 (BOOTP-Client) und 67 (BOOTP-Server). Die Nutzdaten des Pakets befinden sich in Feldern, mit denen Adresszuweisungen, Parameter und die vom Client für das Booten über das Netzwerk benötigten Informationen übermittelt werden. Clients leiten diesen Ablauf mit einer BOOTREQUEST-Anfrage an einen Server ein. Der Server antwortet anschließend mit einem BOOTREPLY-Paket. Das BOOTP-Paket enthält ein Feld für Herstellererweiterungen oder Optionen, mit dem zusätzliche Parameter an den Client übermittelt werden. BOOTP speichert Adresszuweisungen und andere Parameter in einer einfachen Datenbank, deren Datensätze über einen Client-Bezeichner (normalerweise ist dies die Hardware-Adresse) in der Datenbank gesuct werden. Die Konfiguration dieser Datei ist eine manuell durchzuführende Verwaltungsaufgabe.

DHCP wurde als Ergänzung zu BOOTP entwickelt. Es benutzt das gleiche Paketformat, die gleichen UDP-Ports und die gleichen BOOTREQUEST- und BOOTREPLY-Nachrichten. DHCP macht sehr starken Gebrauch von dem Feld für die Herstellererweiterungen, welches in OPTIONS-Feld umbenannt wurde. Jede DHCP-Nachricht verwendet einen Optionscode für den DHCP-Nachrichtentyp, um einen Teil der DHCP-Transaktion zu definieren, sowie andere Optionscodes für die Übergabe DHCP-spezifischer und reiner Client-Konfigurationsparameter.

DHCP bietet mehr Möglichkeiten für die Adresszuweisungen. Adressen können anhand einer BOOTP-ähnlichen Datenbankdatei oder entsprechend dem Eingang der Anfragen aus einem eingerichteten Adresspool oder Adressbereich zugewiesen werden. Die DHCP-Konfiguration kann wesentlich einfacher als die von BOOTP sein, weil nicht für jeden Client manuell eine Adresszuweisung erfolgen muss. Für einen Adressbereich können eine Reihe von Parametern definiert werden, beispielsweise die Subnet Mask, das Standard-Gateway, der DNS-Standardserver usw., die an alle DHCP-Clients dieses Bereichs weitergeleitet werden. DHCP kann auch mehrere Bereiche für unterschiedliche Subnets unterhalten, für die jeweils eigene Parameter festgelegt werden können.

Anders als BOOTP kann DHCP auch so eingerichtet werden, dass die Adressen für einen bestimmten Zeitraum zugewiesen werden. DHCP-Clients müssen die Adresszuweisungen regelmäßig erneuern lassen, sonst werden sie vom Server wieder aufgehoben und anderen Clients zugewiesen. Diese Eigenschaft ist sehr nützlich, wenn sich die Clients nur temporär mit einem Netzwerk verbinden oder wenn die verfügbaren IP-Adressen knapp sind.

DHCP-Server unterhalten eine Datenbank mit Informationen über alle zuge-wiesenen Adressen, die Clients und die Zuweisungsdauer. So kann der Server eine doppelte Adressvergabe verhindern.

Damit Client-Anforderungen über Subnet-Grenzen hinweg gesendet werden können, schreibt die BOOTP-Spezifikation die Definition eines BOOTP Relay-Agenten vor, der auf Client-Anfragen des lokalen Subnets reagiert und sie als Unicast-Nachrichten über Routergrenzen hinweg an den Server weiterleitet. Für den Server führt er anschließend den umgekehrten Vorgang durch. Sowohl BOOTP als auch DHCP können BOOTP Relay-Agenten einsetzen.

7.7 Häufig gestellte Fragen

Frage: Wie kann ich feststellen, ob sich mein Host als DHCP- oder BOOTP-Client eignet?

Antwort: Die Fähigkeit als DHCP- oder BOOTP-Client zu agieren, ist in den IP-Protokollstapel des Client eingebaut. Neben der normalen manuellen Einrichtung sollte der Protokollstapel in der Lage sein, sich selbst für die dynamische Adresszuweisung einzurichten. Ob der Client BOOTP oder DHCP verwendet, liegt oft daran, wie alt der Protokollstapel ist. Die meisten neueren Protokollstapel sind für DHCP geeignet, da DHCP als Ersatz für BOOTP entwickelt wurde. Die Dokumentation des Protokollstapels sollte Aufschluss darüber geben, welche Möglichkeiten der dynamischen Adressierung unterstützt werden.

Frage: Wann sollte BOOTP anstelle von DHCP eingesetzt werden?

Antwort: In den meisten Situationen ist DHCP gegenüber BOOTP vorzuziehen, wenn es von den Clients unterstützt wird. DHCP kann die gleichen Funktionen wie BOOTP übernehmen und bietet daneben noch weitere Möglichkeiten. Die BOOTP-Konfiguration ist ein ausschließlich manuell durchzuführender Vorgang, der bei großen Netzwerken erheblichen Arbeitsaufwand verursachen kann. Im Vergleich dazu ist DHCP auch in sehr großen Netzwerken einfach einzurichten, da Sie nur einen Adressbereich und allgemeine Parameter für jeden Adresspool festlegen müssen, um eine große Anzahl von Clients bedienen zu können.

Frage: Was ist ein RFC 1542-kompatibler Router?

Antwort: Dieser Begriff ist häufig in Beschreibungen für die Implementierung von DHCP und BOOTP zu finden. Er bezieht sich auf die Definition des

BOOTP Relay-Agenten und auf dessen Funktionen. Bei einem RFC 1542-kompatiblen Router handelt es sich einfach ausgedrückt um einen Router, der als BOOTP Relay-Agent eingerichtet wurde. Ein Relay-Agent muss aber nicht unbedingt ein Router sein, jeder Host, der sich im gleichen Subnet wie der Client befindet, kann diese Aufgabe ebenfalls übernehmen.

Frage: Wie kann der Server wissen, aus welchem Adresspool er eine Adresse für einen bestimmten Client wählen muss, wenn für den Server mehrere Pools eingerichtet wurden?

Antwort: Die Entscheidung des DHCP-Servers hängt davon ab, mit welchem Subnet der Client verbunden ist. Diese Information erhält der Server über das GIADDR-Feld des BOOTP-Pakets. Dieses Feld ist leer, wenn sich der Client im gleichen Subnet wie der Server befindet. Andernfalls enthält es die Adresse des BOOTP Relay-Agenten. Dieser Agent befindet sich im gleichen Subnet wie der Client, daher kann der Server diese Adresse lesen und feststellen, mit welchem Subnet der Client verbunden ist.

Frage: Wie arbeiten DNS und DHCP zusammen?

Antwort: Die kurze Antwort lautet: »Nicht sehr gut.« Solange für einen Client keine spezifische Adresse reserviert wurde, kann nicht festgestellt werden, welche IP-Adresse der Client besitzt. Da herkömmliche DNS-Server eine statische Datenbank benutzen, können sich daraus Probleme ergeben. Zur Vermeidung dieser Probleme gibt es mehre Lösungen. Bestimmte kommerzielle Produkte können DHCP- und DNS-Server verknüpfen, sodass bei einer Adresszuweisung die Datenbank des DNS-Servers aktualisiert wird. In Microsoft-Umgebungen steht der WINS-Server (Windows Internet Name Service) zur Verfügung. WINS-Clients registrieren sich automatisch am WINS-Server, nachdem sie eine DHCP-Adresszuweisung erhalten haben. Für die Namensumwandlung werden DNS- und WINS-Server verwendet. Solange derselbe Name als NetBIOS-Name und als Internet-Host-Name benutzt wird, wird die Umwandlung des Namens in die Adresse für beide Namenstypen durchgeführt.

Multicast-Adressierung   **8**

IP-Multicast ist ein hervorragendes Beispiel für die Verwendung von IP-Adressen für besondere Zwecke. Neben der umfangreichen Adressierungsstruktur von IPv6 bietet Multicast wahrscheinlich eine der außergewöhnlichsten Verwendungen von IP-Adressen.

In diesem Kapitel:

- Was ist Multicast?
- Multicast-Adressen
- IP-Stapel
- Warum wird Multicast eingesetzt?

8.1   Was ist Multicast?

Mit Multicast werden mehrere Hosts einer Gruppe adressiert. Bei Host-Multicasts wird ein IP-Paket über eine spezielle IP-Adresse an eine Gruppe von Hosts gesendet, der eine IP-Adresse zugewiesen wurde. Die IP-Adresse für eine Multicast-Gruppe ist eine Adresse der Klasse D, d.h. aus dem Bereich von 224.0.0.0 bis 239.255.255.255. Jede Gruppe besitzt eine bestimmte IP-Adresse in diesem Bereich, sodass viele Gruppen gleichzeitig unterschiedliche IP-Adressen benutzen können.

Die Mitgliedschaft in einer Gruppe ist dynamisch, weil die Hosts einer Gruppe nach Belieben beitreten oder diese wieder verlassen können. Die Norm für Multicast wird im RFC 1112 beschrieben.

Multicast ist vergleichbar mit Rundsendungen, da nur ein Paket an alle Hosts gesendet wird, wohingegen Unicast-Pakete nur an einen Host gesendet werden. Allerdings unterscheidet sich Multicast von Rundsendungen insofern, als bei Rundsendungen das Paket ausnahmslos an alle Hosts eines bestimmten Netzwerks gesendet wird, während Multicast ein Paket nur an eine Gruppe von Hosts sendet. Hosts, die nicht zur Gruppe gehören, verarbeiten das Multicast-Paket nicht, weil es nicht an sie adressiert ist.

Ein typisches Beispiel für Multicasting ist die Teilnahme an einer Videokonferenz über einen 2 MBit/sec-Kanal eines Netzwerks. Da nicht alle Benutzer des Netzwerks an der Videokonferenz teilnehmen, wird für die Videokonferenz eine Gruppe gebildet. Nehmen 10 Benutzer des gleichen physischen Netzwerks an dieser Videokonferenz teil, dann würde dies bei der Unicast-Technik bedeuten, dass 2MBit/sec x 10 Benutzer = 20 MBit/sec dafür beansprucht werden. Mehr Benutzer bedeuten mehr belegte Bandbreite. Bei der Multicast-Technik ist nur ein Kanal mit 2 MBit/sec erforderlich, egal, wie viele Benutzer sich an der Konferenz beteiligen: selbst bei 1.000 Benutzern werden lediglich 2MBit/sec benötigt.

Für Manager

Multicast spart Bandbreite

Ein Vorteil des IP-Multicasting ist eine bedeutende Einsparung von Bandbreite für Protokolle, die wie Rundsendungen arbeiten, wie dies zum Beispiel bei Videokonferenzen der Fall ist.

Multicast-Übertragungen sind bidirektional: ein Host kann Multicast-Pakete senden oder empfangen.

8.1.1 Zuordnung von IP-Multicast zur Datensicherungsschicht

IP-Multicast-Pakete werden wie andere IP-Pakete Adressen der Datensicherungsschicht zugeordnet. Multicast wurde für die Datensicherungsschichten von Ethernet, Token-Ring und ATM definiert. Bei Ethernet werden die 23 niederwertigen Bit der IP-Multicast-Adresse im unteren Teil der Ethernet-Multicast-Adresse 01-00-5E-00-00-00 platziert. Das RFC 1469 beschreibt Multicast über Token-Ring und RFC 2022 beschreibt Multicast für ATM-Netzwerke.

8.1.2 Gruppenmitgliedschaft

Ein Benutzer, der an einer Videokonferenz oder einer anderen Anwendung teilnehmen möchte, kann ganz leicht Mitglied einer Multicast-Gruppe werden: Der Kernel muss so konfiguriert werden, dass er die IP-Multicast-Adresse der Gruppe oder des Kanals verarbeiten kann. Anschließend werden alle Pakete mit der IP-Multicast-Adresse einer Gruppe als IP-Empfängeradresse vom Host verarbeitet und an die darüberliegende Anwendungsschicht gesendet.

Kommt der Multicast-Kanal jedoch aus großer Entfernung (also aus einem anderen Netzwerk), ist es durchaus möglich, dass dieser Kanal nicht als Multicast in das lokale Netzwerk des Host weitergeleitet wird. In diesem Fall muss der Host dem benachbarten Router mitteilen, dass er an dem Multicast-Kanal teilnehmen möchte. Dies geschieht mit Hilfe des Internet Group Management Protocol (IGMP), das im RFC 2236 beschrieben wird. Anschließend versucht der Router diesen Kanal vom Absender zu empfangen und die Multicast-Pakete dieses Kanals an das lokale Netzwerk zu senden. Für den gesamten Ablauf ist das Routing von Multicast-Paketen über das größere Netzwerk erforderlich.

8.1.3   IGMP

Wird ein Host Mitglied einer Multicast-Gruppe, sendet er einen Bericht an die Gruppe aller Hosts (224.0.0.1) seines lokalen Netzwerks. Die Router erfahren dadurch, wer welcher Gruppe beitritt. Verlässt ein Host eine Multicast-Gruppe, sendet er einen Bericht an die Gruppe aller Router (224.0.0.2) seines lokalen Netzwerks.

Auch die Router senden regelmäßig Anfragen an die Adresse der Gruppe aller Hosts, um Berichte über die Gruppenmitgliedschaft aller Hosts jedes angeschlossenen Multicast-Netzwerks zu erhalten. Auf diese Weise kennt ein Multicast-Router alle Mitglieder aller Gruppen für Multicast-Hosts.

Das RFC 2236 beschreibt alle Zustandsdiagramme und Veränderungen von IGMP für Hosts und Router im Einzelnen.

8.1.4   Multicast-Routing-Protokolle

Da Multicast-Pakete eine besondere Verarbeitung durch den Router verlangen, definiert die IETF Multicast-Routing-Protokolle, damit die Router das Routing dieser Multicast-Kanäle in den Netzwerken bewerkstelligen können. Das erste war das Distance Vector Multicast Routing Protocol (DVMRP), das sehr verbreitet war. Das entsprechende RFC (RFC 1075) hat inzwischen jedoch einen experimentellen Status; deshalb wird nicht zu einer Implementierung geraten. Dieses Multicast-Routing-Protokoll basierte auf dem Routing Information Protocol (RIP) und übernahm dessen Einfachheit. Für das Multicast-Routing wurden andere Protokolle wie Protocol Independent Multicast (PIM) und Multicast Extensions to OSPF (MOSPF) entwickelt.

Innerhalb der IETF gab es Bemühungen, das Multicast-Routing und damit verbundene Prozesse zu verbessern, meist in den Arbeitsgruppen mboned, idmr, pim und malloc.

Für Manager

Bleiben Sie auf dem neusten Stand

Obwohl Multicast-Routing nicht allzu kompliziert ist, wurden die Multicast-Routing-Protokolle von der IETF mehreren Revisionen unterzogen. Möchten Sie Multicast in Ihrem Netzwerk einsetzen, sollten Sie sich die aktuellsten Informationen über die neusten Entwicklungen beschaffen.

8.1.5 Mbone

Häufig ist es notwendig, Normen in einem realen Netzwerk mit realen Benutzern zu erproben. Mbone (Multicast backbone) ist eine Initiative Freiwilliger, die die Multicast-Technik im Internet testen. Bei Multicast-Ereignissen und beim Test neuer Protokolle oder Anwendungen kommt sie noch oft zum Einsatz.

Da nicht alle Internet-Dienstanbieter Multicast mit ihrer Infrastruktur und ihren Routern unterstützen, wurde Mbone aus einer Mischung von Tunneln und reinen Multicast-Verknüpfungen eingerichtet.

Für Manager

Praktische Erfahrungen mit Multicast

Wenn Sie mehr über Multicast-Netzwerke wissen möchten, können Sie Kontakt zu Mbone aufnehmen. So können sie auf einfache Weise diese großartige Technik ausprobieren. Auch wenn Sie feststellen werden, dass Mbone nicht so stabil ist wie ein produktives Netzwerk, erfüllt es doch seine ursprüngliche Aufgabe: den experimentellen Einsatz der neuen Technik in der Realität mit dem Ziel, den Entwicklern der IETF Feedback zu bieten.

8.2 Multicast-Adressen

Multicast-Adressen liegen im Bereich von 224.0.0.0 bis 239.255.255.255, was binär ausgedrückt heißt, dass die ersten vier höherwertigen Bits die Werte 1110 haben. Dies entspricht der Definition eines Netzwerks der Klasse D. Adressen der Klasse E, die im Bereich von 240.0.0.0 bis 255.255.255.255 liegen, sind für zukünftige Adressierungmodi reserviert.

8.2.1 Transiente und permanente Adressen

Man unterscheidet zwei Arten von Multicast-Adressen: permanente und transiente. Die permanenten Adressen für alle Hosts und alle Router werden vom Protokoll selbst definiert, wie im folgenden Abschnitt beschrieben. Permanente Adressen können von der IANA auch anderen Protokollen oder Benutzern zugewiesen werden.

Transiente Adressen werden eine bestimmte Zeit benutzt, beispielsweise für das Multicasting einer Videokonferenz anlässlich eines bestimmten Ereignisses. Ist das Ereignis vorüber, kann die transiente Adresse anderweitig genutzt werden. Dabei ist eine Koordination der verwendeten transienten Adressen erforderlich, um sicherzustellen, dass nicht zwei Personen oder Unternehmen die gleiche transiente Adresse für unterschiedliche Zwecke benutzen. Wie zu Zeiten von Mbone können Sie eine Vorankündigung über einen bestimmten Mbone-Kanal oder auf einer Web-Seite vornehmen. Zurzeit arbeiten IETF-Arbeitsgruppen an einer stärker protokollorientierten Herangehensweise.

8.2.2 Feste Zuweisungen

Mit der Protokolldefinition wurden einige Adressen bereits reserviert. Die Adresse 224.0.0.0 ist reserviert und wird keiner Gruppe zugewiesen. Die Adresse 224.0.0.1 ist allen IP-Hosts des direkt verbundenen Netzwerks zugewiesen. Es handelt sich also um eine lokal verknüpfte Adresse. Alle Hosts, einschließlich der Router, Drucker und ähnlicher Geräte sind Mitglieder dieser Gruppe. Sobald ein IP-Gerät für Multicast konfiguriert ist, wird es automatisch und statisch Mitglied dieser Gruppe. Die Adresse 224.0.0.2 wird allen IP-Routern des direkt verbundenen Netzwerks zugewiesen. Nur Router sind Mitglieder dieser Gruppe.

8.2.3 IANA-Zuweisungen

Im RFC 1112 wurde nur die Adresse für alle Hosts als permanente Adressen definiert. Die Zuweisung permanenter Multicast-Adressen wird von der Internet Assigned Numbers Authority (IANA) übernommen.

Die IANA weist Adressen im Bereich von 224.0.0.0 bis 224.0.0.255 »für die Verwendung durch Routing-Protokolle und andere Protokolle zur Erforschung der Topologie auf unterer Ebene oder zur Wartung zu, beispielsweise zur Gateway-Erkennung und für Berichte über Gruppenmitgliedschaften. Multicast-Router dürfen keine Multicast-Datagramme ohne eine Empfängeradresse aus diesem Bereich weiterleiten, unabhängig davon, welchen Wert das TTL-Feld hat.« Einige der Multicast-Adressen aus diesem Bereich wurden bestimmten Protokollen zugewiesen:

```
224.0.0.4  DVMRP     Router
224.0.0.5  OSPFIGP   OSPFIGP All Router
224.0.0.6  OSPFIGP   OSPFIGP Designated Router
224.0.0.9  RIP2 Router
224.0.0.12 DHCP Server / Relay Agent
224.0.0.13 All PIM Router
224.0.0.18 VRRP
224.0.0.22 IGMP
```

Im Bereich ab 224.0.1.0 werden Multicast-Adressen für Protokolle für die Weiterleitung durch bestimmte Router definiert:

```
224.0.1.1  NTP       Netzwerk Time Protocol
224.0.1.3  Rwhod
SUN NIS+ Information Service
224.0.1.22 SVRLOC Service Location Protocol
224.0.1.75 SIP Session Initiation Protocol
```

Die Adressen können bestimmten Konferenzen »permanent« zugewiesen werden, beispielsweise den IETF-Veranstaltungen:

```
224.0.1.10 IETF-1-LOW-AUDIO
224.0.1.11 IETF-1-AUDIO
224.0.1.12 IETF-1-VIDEO
224.0.1.13 IETF-2-LOW-AUDIO
224.0.1.14 IETF-2-AUDIO
224.0.1.15 IETF-2-VIDEO
```

Die ersten Zuweisungen für IPv6 wurden im RFC 2375 definiert. Weitere Zuweisungen werden von der IANA vorgenommen. Die aktuelle Zuweisungsliste steht unter der folgenden Adresse zur Verfügung: ftp://ftp.iana.org/in-notes/iana/assignments/Multicast-addresses.

8.2.4   Die Reichweite der Multicast-Adressen

Bei einer firmeninternen Videokonferenz muss sichergestellt werden, dass diese Konferenz nicht im Internet oder außerhalb der Firma zugänglich ist. Selbst innerhalb des Firmennetzwerks muss die Videokonferenz sich u.U. auf ein bestimmtes Subnet beschränken.

Die Begrenzung der Reichweite wird über das TTL-Feld im IP-Header realisiert. Hat dieses Feld den Wert 1, weiß jeder IP-Router, dass dieses Paket
nicht an ein anderes Netzwerk weitergeleitet werden darf, da jeder Router
das TTL-Feld um den Wert 1 verringern muss und ein Paket mit TTL = 0 nicht
weitergeleitet werden darf. Denn wie im vorangegangenen Kapitel beschrieben, dient der TTL-Wert zur Erkennung von Routing-Schleifen.

Bei Multicast-Paketen basiert der Bereich der Multicast-Adressen auf dem
TTL-Wert des IP-Pakets und wird so durch den Absender kontrolliert. Durch
Festlegung bestimmter Grenzwerte und durch Konfiguration der entspre-
chenden Multicast-Router waren die Mitarbeiter von Mbone in der Lage, die
Reichweite in vielen, aber nicht in allen Situationen einzugrenzen.

Das Eingrenzen der Reichweite über das TTL-Feld funktioniert nur mit einigen Einschränkungen, weil es auf der Anzahl der Router innerhalb der Netzwerktopologie beruht und nicht auf administrativen Grenzen. Außerdem
steht es in Konflikt mit einigen Routing-Funktionen, wie zum Beispiel dem
Pruning.

8.2.5 Administrative Bereiche

Eine neue Herangehensweise basiert auf speziellen Multicast-Adressen im
Bereich von 239.0.0.0 bis 239.255.255.255, der im RFC 2365 festgelegt wurde.
Sie stützt sich auf administrative Bereiche und nicht auf die Netzwerktopologie. Der Netzwerkverwalter kann die administrativen Bereiche nach Bedarf
einrichten, ohne die Netzwerktopologie berücksichtigen zu müssen.

Folgende Bereiche wurden definiert:

- Der lokale IPv4-Bereich 239.255.0.0/16 ist für alle lokalen Multicast-
  Kanäle vorgesehen. Die Lokalität ist standortabhängig; es können aber
  lokale Bereiche mit Standorten in unterschiedlichen Städten eingerichtet
  werden, indem der Grenz-Router des Standorts so konfiguriert wird, dass
  Multicast-Pakete des lokalen Bereichs nicht weitergeleitet werden.

- Der lokale IPv4-Organisationsbereich 239.192.0.0/14 ist für einen Organi-
  sationsbereich vorgesehen und kann mehrere Standorte umfassen.

- Der lokal verknüpfte Bereich umfasst die Adressen 224.0.0.0/24.

- Dem globalen Bereich (dem gesamten Internet) steht der Bereich von
  224.0.1.0 bis 238.255.255.255 zur Verfügung.

Für Manager

Multicast mit administrativen Bereichen

Mit Hilfe der administrativen Bereiche ist das Multicast-Routing wesentlich einfacher zu verwalten. Die Unternehmen haben die Möglichkeit, Multicast-Routing mit der erforderlichen Kontrolle durchzuführen.

8.3 IP-Stapel und Multicast

Die Mehrzahl der derzeitigen IP-Stapel unterstützt Multicast. Diese Eigenschaft ist entweder bereits installiert oder kann entsprechend eingerichtet werden. Es ist nicht einfach herauszufinden, ob der Kernel eines Rechners Multicast unterstützt. Am einfachsten ist, festzustellen, ob für den Host die Adresse für alle Hosts (224.0.0.1) konfiguriert ist, da gemäß der Definition bei einem multicastfähigen Host diese Adresse konfiguriert sein muss. Eine etwas aufwendigere Möglichkeit besteht darin, ein Paket im lokalen Netzwerk an die Adresse 224.0.0.1 (alle Hosts) zu senden und mit einem Sniffer zu kontrollieren, wer antwortet. Es können auch Befehle benutzt werden, die die Adresse 224.0.0.1 anzeigen. Unter Unix und NT zeigt der Befehl NETSTAT -RN die Route zur Multicast-Gruppe 224.0.0.1 an. Abbildung 8.1 zeigt ein Beispiel für den NETSTAT-Befehl auf einem Sun Solaris 2.6-Rechner.

```
Sun Microsystems Inc.    SunOS 5.6       Generic August 1997
host1% netstat -rn

Routing-Tabelle:
  Destination      Gateway        Flags   Ref      Use      Interface
-----------------  -------------  -------  ------   ------   -----------
198.202.48.128     198.202.48.134 U        3        9310     hme0
224.0.0.0          198.202.48.134 U        3        0        hme0
default            198.202.48.131 UG       0        153900
127.0.0.1          127.0.0.1      UH       0        0        lo0
```

Abb. 8.1: Der NETSTAT-Befehl unter Solaris

Die zweite Zeile der Routing-Tabelle zeigt die Verfügbarkeit des Netzwerks 224.0.0.0 an, was bedeutet, dass Multicast für diesen Rechner aktiviert ist.

8.4 Warum wird Multicast eingesetzt?

Der wichtigste und bekannteste Grund für den Einsatz von Multicast ist die Einsparung von Bandbreite bei Videokonferenzen mit vielen Benutzern. Multicast kann jedoch noch mehr leisten.

8.4.1 Weniger Bandbreite effektiver nutzen

Wie in diesem Kapitel bereits erwähnt wurde, wurde Multicast von Beginn an zur Einsparung von Bandbreite eingesetzt, insbesondere bei Inhalten, die für viele Benutzer bestimmt waren, wie etwa Audio- und Videoübertragungen. Andere Beispiele sind Netnews und Software-Upgrades für alle Hosts eines Netzwerks, die an viele Server gesendet werden. In all diesen Fällen wird Bandbreite dadurch eingespart, dass nur eine Kopie an eine beliebige Anzahl von Clients gesendet wird, anstatt auf herkömmlichem Wege jedem Client eine Kopie zu senden.

8.4.2 Erkennung

Viele Diskussionen über IP befassen sich damit, wie IP einfacher und selbstkonfigurierend gestaltet werden kann, sodass die Geräte Server, Dienste usw. »automatisch« erkennen. Beispiele hierfür sind drahtlose Geräte und kleinere Geräte, die keinen permanenten Speicher besitzen und erkennen müssen, wer sie sind, wo sie sich befinden und welche Dienste zur Verfügung stehen. Ein weiteres Beispiel ist die Plug-and-Play-Option, die IP so einfach im Umgang gestalten soll, dass selbst ein Laie ein IP-Netzwerk mit vielen Geräten betreiben kann, ohne einen Netzwerkadministrator zu benötigen. Obwohl IPv6 in dieser Richtung gute Dienste leistet und die Schlüsseltechnik für diese Anwendungen ist, ist Multicast nach wie vor äußerst interessant, weil Hosts über spezielle Kanäle Multicast-Anfragen zur Erkennung versenden können, um die Informationen von den antwortenden Servern zu erfragen. Diese Möglichkeiten werden mit dem im RFC 2608 beschriebenen Service Location Protocol (SLP) tatsächlich realisiert. IPv6 verwendet Multicast für die automatische Konfiguration und nummeriert mit Multicast sogar ein ganzes Netzwerk neu, wenn ein Unternehmen den Internet-Dienstanbieter wechselt und eine Umnummerierung erforderlich wird. Im Vergleich dazu ist die Neunummerierung mit IPv4 eine komplexe und sehr schwierige Aufgabe. IPv6 wird in den Kapiteln 9 und 10 behandelt.

8.4.3 Effiziente Kanäle

Ohne Multicast konnte ein Paket an Rechner mit den gleichen Eigenschaften (z.B. mit einem bestimmten Protokoll) oder an einen Router nur dann gesendet werden, wenn die Adresse bekannt war – eine schwierige Aufgabe, wenn die Nummer von Bedeutung ist. Daneben gab es nur die Möglichkeit einer Rundsendung. Werden für diese Zwecke Rundsendungen eingesetzt, müssen alle Rechner diese Pakete verarbeiten, auch wenn das Paket nicht für sie bestimmt ist. Darüber hinaus beschränken sich Rundsendungen auf lokal verknüpfte Netzwerke, während Multicast über mehrere Netzwerke hinweg eingesetzt werden kann. Multicast bietet also eine einfache Möglichkeit, Informationen an unbekannte Teilnehmer mit gleichen Eigenschaften zu senden, ohne dabei andere zu stören.

8.4.4 Hersteller

Die Geschichte von Multicast zeigt, dass die Hersteller keine große Unterstützung geboten haben. Inzwischen wurde von der Firma Stardust Inc. ein Industriekonsortium für IP-Multicast gebildet. Dadurch wird die Entwicklung und der Einsatz von Multicast und die Einführung von Produkten auf dem Markt gefördert. Informationen finden Sie unter der Adresse http://www.ipmulticast.com. Hier finden Sie reichhaltiges Material zu allen IP-Multicast-Themen sowie Hinweise auf Veranstaltungen und Treffen. Hervorragende technische Dokumentationen und Verweise stehen ebenfalls zur Verfügung.

8.5 Zusammenfassung

Multicast ist eine leistungsfähige Technik, mit der Gruppen von Rechnern eine Multicast-Adresse für die Kommunikation miteinander nutzen können. Für Multicast werden die IP-Adressen der Klasse D im Bereich von 224.0.0.0 bis 239.255.255.255 genutzt. Adressen der Klasse E sind für zukünftige Adressierungszwecke reserviert. Mit IGMP und Multicast-Routing-Protokollen kann ein Netzwerk mit Subnets sowie das Internet durch Mbone für die Verwendung und Weiterleitung von Multicast-Paketen konfiguriert werden. Über IGMP können Hosts mitteilen, wenn sie einer Gruppe beitreten oder diese wieder verlassen.

Einige wenige Adressen des lokalen Netzwerks wie die Adresse 224.0.0.1 für alle Hosts und 224.0.0.2 für alle Router werden über das Protokoll festgelegt, im Übrigen ist aber die IANA für die Zuweisung der Multicast-Adressen zuständig.

Die Eingrenzung des Übertragungsbereichs ist ein wichtiger Aspekt für Multicast-Übertragungen. Traditionell wird hierfür das TTL-Feld des IP-Headers verwendet, wobei es jedoch bestimmte Einschränkungen gibt. Ein neuer Bereich von Multicast-Adressen wurde festgelegt und als lokaler und organisatorischer Bereich definiert, womit den Anwendern bei der Eingrenzung der Multicast-Übertragungen geholfen werden soll.

Multicast kann für eine effektive Nutzung der Bandbreite, für die Erkennung von Adressen und effiziente Kanäle eingesetzt werden. IPv6 verwendet Multicast für seine zentralen Funktionen und auch die Hersteller unterstützen inzwischen Multicast. Wenn Sie praktische Erfahrungen sammeln möchten, können Sie sich an Mbone wenden.

8.6 Häufig gestellte Fragen

Frage: Wo finde ich Informationen zur Unterstützung von IP-Multicast durch die Hersteller?

Antwort: Bei der IP-Multicast-Initiative: `http://www.ipmulticast.com/`.

Frage: Welche IP-Multicast-Adressen wurden zugewiesen?

Antwort: Die Zuweisung von IP-Multicast-Adressen wird von der IANA durchgeführt (`http://www.iana.org`). Die aktuelle Liste der Zuweisungen finden Sie unter `ftp://ftp.iana.org/in-notes/iana/assignments/multicast-addresses`.

Frage: Wer befasst sich mit den Multicast-Protokollen und -Normen?

Antwort: Viele Arbeitsgruppen der IETF beschäftigen sich mit Multicast. Weitere Informationen hierzu finden Sie auf den Web-Seiten dieser Arbeitsgruppen (`http://www.ietf.org`).

8.7 Literaturangaben

[RFC 1075] Distance Vector Multicast-Routing-Protokoll. D. Waitzman, C. Partridge, S.E. Deering. 1.11.1988. (Status: experimentell)

[RFC 1112] Host extensions for IP-Multicasting. S.E. Deering. 1.8.1989. Veraltet: RFC 0988, RFC 1054, aktualisiert durch: RFC 2236 und STD0005. (Status: Norm)

[RFC 1469] IP-Multicast over Token-Ring Local Area Networks. T. Pusater. Juni 1993. (Status: vorgeschlagene Norm)

[RFC 2022] Support for Multicast over UNI 3.0/3.1 based ATM Networks. G. Armitage. November 1996. (Status: vorgeschlagene Norm)

[RFC 2236] Internet Group Management Protocol, version 2. W. Fenner. November 1997. Aktualisierungen RFC 1112. (Status: vorgeschlagene Norm)

[RFC 2608] Service Location Protocol, version 2. E. Guttman, C. Perkins, J. Veizades, M. Day. Juni 1999. Updates RFC 2165. (Status: vorgeschlagene Norm)

IPv6-Adressierung

9

In diesem Kapitel:

- Einführung in die IPv6-Adressierung
- Eigenschaften des IPv6-Adressierungsschemas
- Vorteile von IPv6
- Die Notwendigkeit weiterer Entwicklungen

Um verstehen zu können, wie IP Version 6 (IPv6) einige der aktuellen und zukünftigen Probleme von IP Version 4 (IPv4) lösen kann, muss man die Gründe für dessen Einführung kennen. Dieses Kapitel gibt eine kurze Einführung in die Geschichte und Entstehung des Protokolls IPv6 in seiner aktuellen Form.

Anschließend werden einige der Hauptunterscheidungsmerkmale von IPv6 gegenüber dem Protokoll IPv4 sowie die Vorteile von IPv6 und dessen Adressierungsschemata für überschaubare Netzwerke erörtert. Danach stellen wir einige realistische Beispiele für die Anwendung dieser Adressierungsmethode für Netzwerke dar, die über das Internet verbunden sind.

Abschließend werden einige von IPv6 und dessen Adressierungsschemata nicht gelöste Probleme und mögliche Lösungen behandelt. Außerdem bietet dieses Kapitel eine kurze Einführung in das IPv6-Testnetzwerk 6Bone.

9.1 Einführung in die IPv6-Adressierung

In den frühen 90er-Jahren war die stürmische Entwicklung des Internet absehbar. Die Durchschnittsbürger nahmen seine Existenz wahr und die Web-Browser wurden zu den am häufigsten verwendeten Anwendungen. Dieses dramatisch angewachsene Interesse am Internet ging über den Kreis der bisherigen Benutzer hinaus. Die Adresszuweisungen stiegen alarmierend an und es war absehbar, dass das Internet Protocol Version 4 die Obergrenze der weltweit zu vernetzenden Einheiten erreichen würde. Die Internet Engineering Task Force (IETF), eine treibende Kraft, von der viele der im Internet eingesetzten Techniken stammen, sah die Notwendigkeit, Maßnahmen zu ergreifen. Zurzeit vergeben die regionalen Vergabestellen (ARIN, RIPE,

APNIC usw.) Netzwerkadressen aus dem Block 216/8. Im Jahr 1996 vergab die ARIN noch Adressen aus dem Bereich 208/8. Das würde bedeuten, dass 150 Millionen Hosts innerhalb von drei Jahren hinzugekommen wären (wenn die Vergabe und die Adresszuweisungen effektiv vorgenommen wurden). Diese Zahl errechnet sich aus 2 hoch 24 (pro /8-Einheit) multipliziert mit 9.

Das Internet vergrößert sich zwar weiterhin in rasantem Tempo und wird langsam zu einem Bestandteil unseres alltäglichen Lebens, aber es ist offensichtlich, dass keine 150 Millionen Hosts hinzugekommen sind. Auch nach der Implementierung von CIDR (Classless Inter-Domain Routing) blieb die Zuweisung der IP-Adressen weiterhin ein heikles Thema und die Verschwendung von Adressbereichen wurde nicht verhindert. Zusätzlich wurden die Bereiche von 224/8 bis 239/8 (Multicast) und 240/8 bis 255/8 reserviert. Auch wenn einige Adressen aus dem mittleren Bereich von 64/8 bis 128/8 erst jetzt vergeben werden, ist die völlige Ausschöpfung der Adressen absehbar.

Inzwischen ist bekannt, dass die vorhandenen Adressen im neuen Jahrtausend nicht mehr allzu lange reichen werden und dass darüber hinaus Adressraum verschwendet wird. Zusätzlich wuchs das Bedürfnis nach neuen Eigenschaften für die Netzwerkschicht (Schicht 3 des OSI-Modells), beispielsweise für die Verschlüsselung, die Prüfung der Echtheit der Pakete, das Absender-Routing und die Dienstgüte. All diese Gründe machen deutlich, dass das Internet Protocol den zukünftigen Anforderungen des Internet angepasst werden muss.

Infolge dieser Erkenntnis wurden viele Vorschläge für ein neues Internet Protocol entwickelt. Der erste Entwurf, der breites Interesse fand, beruhte auf dem Connection-Less Network Protocol (CLNP), welches seinerseits auf dem OSI-Protokollstapel basiert. Dieser Protokollstapel wurde ursprünglich im Internet eingesetzt, aber sehr schnell durch IPv4 ersetzt, als das Internet größer wurde und an Beliebtheit zunahm. Dieser Entwurf wurde TUBA genannt (TCP/UDP over Bigger Addresses). CLNP stellt wesentlich größere Adressbereiche als das aktuelle IPv4 zur Verfügung. Die verwendete Network Service Access Point-Adresse (NSAP-Adresse) besteht aus 20 Oktetten und bietet adäquate Adressierungsmöglichkeiten für die absehbare Zukunft des Internet. Der Entwurf wurde jedoch abgelehnt, weil CLNP einige der nützlichen Eigenschaften fehlten, die für IP bereits zur Verfügung standen (Dienstgüte, Multicast usw.) und diese Eigenschaften als wichtig für das zukünftige Wachstum des Internet erachtet wurden.

Ein Vorschlag versuchte, ein mit IP, CLNP und IPX kompatibles Paketformat zu schaffen. Ein weiterer Vorschlag mit der Bezeichnung SIPP (Simple IP

Plus) vergrößerte einfach das derzeitige IP-Adressformat auf 64 Bit, nahm eine Verbesserung der Eigenschaften von IPv4 vor und entwickelte bessere Strategien für das Routing. SIPP stellte sich nach einigen Veränderungen als die beste Lösung für die Anforderungen des Internet heraus. Der Adressbereich wurde von 64 auf 128 Bit erweitert und der Vorschlag bekam den Namen IP Version 6 oder IPv6 (IPv5 wurde bereits für ein anderes Protokoll benutzt). Mit diesem Vorschlag sollten die Probleme der Anpassungsfähigkeit des Internet für den Übergang ins neue Jahrtausend und die absehbare Zukunft behoben werden.

Dieses Kapitel befasst sich mit den Spezifikationen für IPv6. Zu Beginn werden die IPv6-Adressierungschemata behandelt und erörtert, inwiefern diese die Stabilität und Effektivität des Routing steigern können. Anschließend werden die Eigenschaften des Protokolls für die Nummerierung und eine später eventuell erneut durchzuführende Nummerierung eines Netzwerks beschrieben. Abschließend werden einige Neuerungen von IPv6 und ihr Nutzen für einfache Benutzer und große Unternehmen im Internet beschrieben. Dabei werden auch einige Einzelheiten von 6Bone vorgestellt, der Testumgebung von IPv6, mit der Einsatzmöglichkeiten und Übergangsstrategien entwickelt und erprobt werden.

9.2   Das IPv6-Adressierungschema

Nach dem kurzen Überblick zur Entstehung von IPv6 und den Vorschlägen, auf Grund derer IPv6 zum neuen Internet-Standard erklärt wurde, wenden wir uns den Eigenschaften der IP-Version 6 zu. Eine vollständige Zusammenfassung der Diskussion über IPv6 finden Sie unter der Adresse `www.ietf.org/rfc/rfc2460.txt`. Abbildung 9.1 zeigt den in diesem RFC beschriebenen IPv6-Paket-Header.

Betrachten wir die einzelnen Felder etwas genauer (das nächste Kapitel enthält eine gründlichere Untersuchung der Besonderheiten des IPv6-Protokolls).

9.2.1   Version

Das `version`-Feld des IPv6-Headers zeigt den Routing-Mechanismen des Internet an, welches Routing-Protokoll verwendet wird. Beachten Sie hierbei die Ähnlichkeit mit IPv4. Bei IPv6 ist dieses Feld ein 4 Bit großer Integer-Wert, mit dem Wert 6 (binär 0110), der das Paket als IPv6-Paket kennzeichnet.

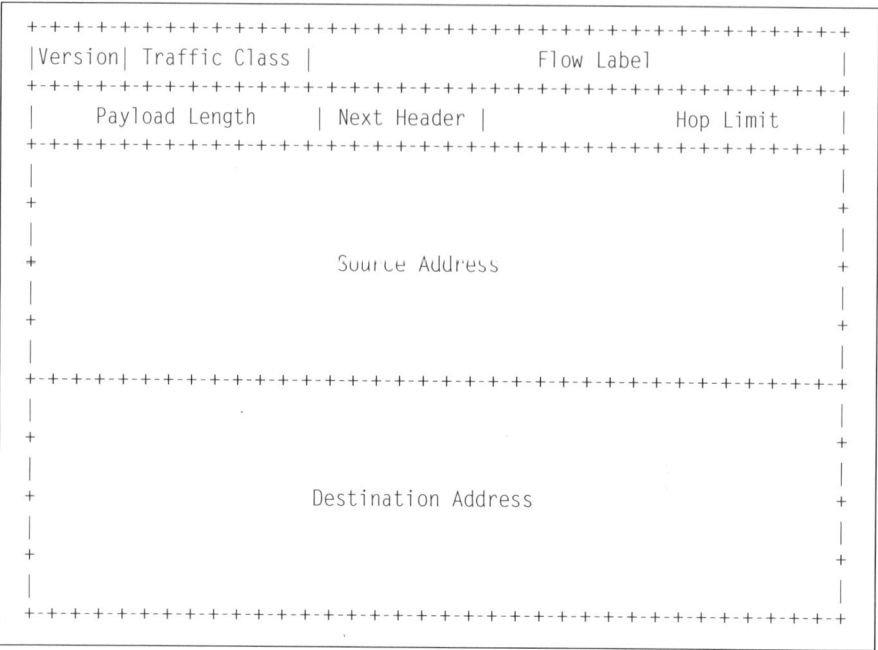

Abb. 9.1: Das Format des IPv6-Headers

9.2.2 Traffic Class

Das Feld `Traffic Class` ist 8 Bit groß und kann eine Kennzeichnung der Über-
tragungsart enthalten. Zurzeit sind viele der Arbeitsgruppen der IETF damit
beschäftigt, die beste Möglichkeit für den Einsatz einer Differenzierung zu
entwickeln (wenngleich auch derzeitig der Schwerpunkt noch auf IPv4 liegt).
Ein Beispiel für eine solche Arbeitsgruppe ist DiffServ (Differentiated Services). Die Mitglieder von DiffServ versuchen, wichtigeren Übertragungen
eine höhere Priorität für das Routing im Internet einzuräumen. Dieses Feld
ist für Dinge wie das IP Precedence-Bit vorgesehen (mit dem bestimmten
Werten dieses Feldes eine höhere Priorität eingeräumt wird und der Router
anschließend anhand differenzierter Warteschlangenstrategien entscheidet,
welches Paket zuerst weitergeleitet wird). Mehr über die Gruppe DiffServ
finden Sie im Web unter der Adresse `www.ietf.org/html.charters/diffserv-`
`charter.html`. Zur Implementierung einer solchen Richtlinie wurden viele
Entwürfe und RFCs veröffentlicht. Ein Liste der aktuellen Entwürfe und
RFCs finden Sie unter der angegebenen URL (diese Entwürfe bleiben nur
sechs Monate aktuell und müssen nach Ablauf dieser Zeit erneut veröffentlicht werden, um die Aktualität zu gewährleisten).

9.2.3 Flow Label

Dieses 20 Bit große Feld wird verwendet, wenn eine spezielle Behandlung des Pakets erforderlich ist. Nach allgemeiner Übereinkunft wird derzeit mit diesem Feld eine Flusskennzeichnung vorgenommen, um spezielle Behandlungsmuster in einem IPv6-Netzwerk zu unterscheiden. Die Schlüsselrolle für die Entwicklung dieser Eigenschaft spielt im Augenblick die Arbeitsgruppe MPLS (Multi-Protocol Label Switching), wobei auch hier der Schwerpunkt noch auf IPv4 liegt. Die Arbeitsergebnisse dieser Gruppe finden Sie unter www.ietf.org/html.charters/mpls-charter.html. Ihr Hauptziel ist die Entwicklung einer effektiven Möglichkeit für die Flusskennzeichnung und für die effiziente und anpassungsfähige Weiterleitung dieser Datenflüsse. Ein Datenfluss kann als eine beliebige Klasse von Übertragungen zwischen zwei Punkten definiert werden, wobei es sich um eine Punkt-zu-Punkt-Übertragung handeln kann oder um einen TCP-Datenfluss von einem Endgerät mit einem bestimmten Port an einen Empfänger mit einem bestimmten Port. Die Möglichkeit, einen Datenfluss zuordnen zu können, eröffnet viele interessante Perspektiven. Vielleicht kann die Dienstgüte (ein Schlüsselwort in den aktuellen Diskussionen) auf diese Weise angepasst werden. Viele Internet-Dienstanbieter beobachten die Ergebnisse dieser Arbeitsgruppe mit großem Interesse, weil verbesserte Dienste, welche die MPLS-Arbeitsgruppe für realisierbar hält, zu einem Durchbruch für neue Entwicklungen im Internet insgesamt führen könnten.

9.2.4 Payload Length

Mit diesem Integer-Wert im Umfang von 16 Bit wird die Länge der Nutzdaten eines IPv6-Pakets in Oktetten angegeben. Beachten Sie, dass die Länge von 16 Bit (2^{16}) 64.000 unterschiedliche Möglichkeiten zulässt, sodass IPv6 sehr große Pakete transportieren kann (über 64.000 Oktette). Große Pakete können die Effektivität des Internet insgesamt steigern. Werden die Pakete größer, nimmt die Anzahl der für eine bestimmte Datenmenge zu versendenden Pakete ab. Bewegen sich weniger Pakete über eine Route, steht dem Router mehr Zeit für die Weiterleitung anderer Pakete oder für die Durchführung zusätzlicher Aufgaben zur Verfügung (Unterhaltung der Routing-Tabelle, Cache-Aktualisierung usw.). Auf diese Weise wird die Effizienz des Internet als Ganzes verbessert. Beachten Sie außerdem, dass alle Erweiterungs-Header (die später noch behandelt werden) außerhalb dieses Headers in der Gesamtlänge des Pakets in diesem Fall enthalten sind. Das IPv4-Längenfeld enthält nur den eigentlichen IPv4-Header (siehe RFC 791).

9.2.5 Next Header

Dieses Feld teilt dem Router mit, ob weitere Header für die Weiterleitung des Pakets zu berücksichtigen sind. Dies ist ein gravierender Unterschied zu IPv4, wo es nur einen Header mit fester Länge gibt. Der eigentliche IPv6-Header besitzt ebenfalls eine feste Länge (damit der Router weiß, welchen Teil des Pakets er lesen muss), es besteht aber die Möglichkeit, weitere Header mit zusätzlichen Diensten hinzuzufügen. Das Feld ist 8 Bit lang und lässt somit 255 weitere Header-Typen zu. Zurzeit gibt es nur eine begrenzte Anzahl dieser Header-Typen:

1. Hop-by-Hop Options-Header

2. Destination Options-Header 1

3. Routing-Header

4. Fragmentation-Header

5. Authentication-Header

6. Encapsulating Security Payload-Header

7. Destination Options-Header 2

Diese Liste gibt die möglichen Erweiterungs-Header eines IPv6-Pakets an. Diese Header stehen in der Reihenfolge ihres möglichen Auftretens in einem IPv6-Paket, welches diese zusätzliche Funktion nutzt. Sie werden im nächsten Kapitel ausführlich behandelt, sodass an dieser Stelle nur eine kurze Vorstellung gegeben wird sowie die Erklärung, warum sie in einer bestimmten Reihenfolge stehen.

Hop-by-Hop Options-Header

Dieser Header gibt Optionen an, die jedes IPv6-Geräte entlang der Route verarbeiten muss.

Destination Options-Header I

Dieser Header ist für Optionen reserviert, die vom Empfänger bei der Behandlung des Pakets berücksichtigt werden müssen. Es gibt zwei Header mit dieser Bezeichnung. Bei IPv6-Paketen, die den Hop by Hop-Header benutzen, kann der Empfänger die nächste Station des Routers sein. Daher steht der Destination Options-Header direkt nach dem Hop by Hop-Header. Eine vollständige Beschreibung dieses Headers und seiner Optionen folgt. Die Protokollspezifikation finden Sie im RFC 2460.

Routing-Header

Der Routing-Header gibt eine Reihe von Zwischenstationen an, die ein Paket vor der Ankunft beim Empfänger passieren muss. Dies entspricht der für IPv4 als Loose Source Route and Record bezeichneten Funktion. Über diesen Header können Sie eine Reihe von Routing-Geräten angeben, die ein Paket auf seinem Weg zum Empfänger durchlaufen muss.

Für IT-Profis

Welche IPv6-Eigenschaften sollten genutzt werden?

Wer sich mit dem Internet-Backbone beschäftigt hat, erkennt sofort, dass es sich hier nicht um eine Eigenschaft handelt, die Internet-Dienstanbieter in ihren Netzwerken nutzen werden. Bedenken Sie die Folgen: Die Netzwerkstruktur spielt plötzlich keine Rolle mehr! Die Kunden können eine eigene Route wählen und einen Pfad durch das Netzwerk festlegen. Das kann schwer wiegende Folgen nach sich ziehen. Erfahrene Organisationen können so zwar problematische Bereiche im Internet umschiffen, aber es gibt sicher andere Überlegungen, die vor einer Anwendung dieser Möglichkeit für einen realen Backbone in Betracht gezogen werden sollten.

Fragmentation-Header

Diesen Header benutzt der Absender für Pakete, die größer als die Maximum Transmission Unit (MTU) des Pfades sind. Normalerweise können bei IPv4 die dazwischenliegenden Geräte Pakete fragmentieren, um sie den Normen der Übertragungsmedien anzupassen, die ein Paket passiert. Jedes Übertragungsmedium, sei es Ethernet, FDDI oder andere, verfügt über eine eigene MTU, die eine optimale Übertragungsgeschwindigkeit für dieses Medium gewährleisten soll. IPv6 lässt jedoch die Fragmentierung eines Pakets durch ein auf dem Pfad liegendes Gerät nicht zu, sondern unterzieht sich der Erkennung der MTU: Unter Verwendung von ICMPv6 (Internet Control and Message Protocol Version 6) sendet IPv6 die Pakete von Sprung zu Sprung auf ihrem Weg vom Absender zum Empfänger und meldet dabei jeweils die Größe der MTUs zwischen den Sprüngen. Der niedrigste MTU-Wert legt die maximale Paketgröße fest, die vom Absender gesendet wird (dadurch wird gleichfalls die Stabilität und Effektivität des Routing erhöht, da die Geräte weder Zeit noch CPU-Kapazität für die Fragmentierung der Pakete benötigen und sich auf das Routing konzentrieren können). Dieser Header wird verwendet, wenn der Absender ein Paket senden möchte oder muss, das größer als die größte ermittelte MTU ist.

Authentication-Header

Dieser Header wird verwendet, wenn eine Beglaubigung zwischen den Endpunkten erforderlich ist. Er enthält eine Authentifizierungsmethode, mit der ein Empfänger sicher sein kann, dass ein bestimmtes Paket tatsächlich vom angegebenen Absender stammt. Beachten Sie auch in diesem Fall die Reihenfolge der Header. Aus guten Gründen werden die bisher erläuterten Header vorangestellt: Verwenden Absender und Empfänger eine komplexe Authentifizierung und soll gleichzeitig der Hop by Hop-Header benutzt werden, müssen keine Authentifizierungsinformationen auf dem Weg zum Empfänger gelesen werden. Müssten alle Router vor der Weiterleitung der Pakete diese erst beglaubigen, würde das sehr viel zusätzliche CPU-Zeit in Anspruch nehmen. Die Header Hop-by-Hop Options oder Destination Options 1 (der Hop-by-Hop-Empfänger) können benutzt werden, ohne dass die Authentifizierungsoptionen geprüft und bearbeitet werden müssen.

Encrypted Security Payload-Header

Nachdem nun sichergestellt ist, dass die Pakete vom angegebenen Absender stammen, muss dafür gesorgt werden, dass die Nutzdaten der Pakete auf ihrem Weg zum Empfänger nicht gelesen werden können. Der Encrypted Security Payload-Header (ESP-Header) ermöglicht sowohl eine Verschlüsselung der Daten des Pakets sowie der dazugehörigen Header, damit die Daten geschützt sind. Einzelheiten zu diesem Header folgen im nächsten Kapitel und sind in den RFCs zu finden. Die Kombination dieses Headers mit dem Authentication-Header bildet IPSec (IP Security). IPSec wird zurzeit für IPv4 implementiert; da es aber nicht in das Protokoll integriert ist, ist die IETF bemüht, einen Weg zu finden, bei dem es nicht zu Leistungseinbußen kommt. IPv6 hat den Vorteil, dass IPSec bereits in das Protokoll integriert ist und dadurch größere Leistungsverluste vermieden werden.

Destination Options-Header 2

Im Unterschied zum Destination Options-Header 1 sind die Optionen dieses Headers nur für den endgültigen Empfänger bestimmt. ESP und Authentication-Header stehen in der Reihenfolge vor diesem Header. Auf diese Weise werden die Optionen gesichert weiter gereicht und es besteht keine Gefahr, dass während der Übertragung über das Internet vertrauliche Informationen über den Empfänger ermittelt werden können.

Das Next Header-Feld ist also sehr wichtig für die Sicherheit und die zusätzlichen Dienste von IPv6. Internet-Dienstanbieter werden nicht alle Next Header-Optionen in ihren Backbones berücksichtigen, da dies das Routing beeinträchtigen kann. Beachten Sie in diesem Zusammenhang VPN-Lösungen, die sich allein aus den Authentication- und ESP-Headern ergeben. Bedeutet das, dass die Internet-Daten jetzt sicher sind? Zu der Zeit, als dieses Buch geschrieben wurde, erschien IPv6 ein geeigneter Versuch zu sein, die Datensicherheit im Internet zu gewährleisten. Die Verästelungen beim Einsatz von IPv6 mit allen Funktionen könnten zu einem Zusammenbruch des »Intranet« (»sicheres« Internet) führen, das physisch getrennte Einrichtungen verwendet, um Daten oder Rechner vor Angriffen aus dem Internet zu schützen.

Hop Limit

Das Feld `Hop Limit` ist mit dem `TTL`-Feld von IPv4 vergleichbar. Es gibt die Anzahl der Sprünge auf der Schicht 3 (Netzwerkschicht) an, die ein Paket zurücklegen kann, bevor ein Routing-Gerät das Paket aussortiert. Eine solche Obergrenze ist von grundlegendem Interesse. Kommt es im Internet zu einer Routing-Schleife, was nach wie vor geschehen kann, dann zirkulieren die Pakete endlos im Netzwerk. Wird der Benutzer des Wartens überdrüssig und sendet weitere Pakete, wird der Bereich, in dem sich die Schleife befindet, sehr schnell lahm gelegt. IPv4 vermeidet dieses Problem mit dem `TTL`-Feld. Ursprünglich sollte dieses Feld die Lebensdauer eines Pakets in Sekunden angeben, um nach Ablauf der angegebenen Frist das Paket aussortieren zu können. Es stellte sich jedoch sehr bald heraus, dass diese Methode nicht sehr geeignet war. Deshalb wurde das Konzept der Sprunganzahl entwickelt. Bei jedem empfangenen Paket verringert der Router das `TTL`-Feld um den Wert 1. Hat das Paket den `TTL`-Wert 0 erreicht, wird es aussortiert. Dadurch können Pakete nicht unbegrenzt im Internet zirkulieren und kostbare CPU-Zyklen sowie Bandbreite blockieren. Das `Hop Limit`-Feld von IPv6 ist 8 Bit lang und lässt maximal 255 Routersprünge zwischen Absender und Empfänger zu. Heutzutage wäre es zwar schon sehr unbefriedigend, wenn auch nur 100 Sprünge zwischen Absender und Empfänger zu überwinden wären; der hohe Wert wurde jedoch gewählt, um sicherzugehen, dass zukünftige Routing-Anforderungen erfüllt werden können. Wer kann schon wissen, wie viele Sprünge der Kühlschrank vom Büro entfernt ist?

Absenderadresse

Dieses Feld gibt die IPv6-Adresse des Rechners an, von dem ein Paket stammt. Es wird später noch im Einzelnen erörtert.

Empfängeradresse

Dieses Feld gibt die 128 Bit große IPv6-Empfängeradresse des Pakets an (beachten Sie, dass nach der Option des `Next-Header`-Feldes hier die endgültige Empfängeradresse oder ein auf dem Wege liegender Empfänger, eingetragen werden kann).

9.2.6 Mehr Bits!

Internet Protocol Version 6 soll das Internet von den in der Einführung zu diesem Kapitel vorgestellten Problemen befreien. Das größte und schwer wiegendste dieser Probleme ist die Anpassungsfähigkeit der Internet-Adressen. Das aktuelle Adressfeld des Internet Protocol Version 4 besitzt nur eine Länge von 32 Bit (siehe Abbildung 9.2) und hat mit der augenblicklichen Zuwachsrate zunehmend Schwierigkeiten. Es ist offensichtlich, dass die Anzahl der über das Internet verbundenen Einheiten mit der Zeit zunimmt. Wenn eines Tages vielleicht jeder über einen Internet-Anschluss verfügt, dann lassen sich die Adressierungsprobleme bereits anhand der Bevölkerungswachstumsrate erahnen (ein 32-Bit-Adressefeld lässt ca. 4,2 Milliarden Adressen zu). Werden außerdem noch die bereits mit dem Internet verbundenen übrigen Geräte und die in Zukunft noch hinzukommenden berücksichtigt (Telefone, Fernseher, Router, Radios, Diagnosegeräte, Web-Server, Kühlschränke usw.), werden die Aussichten noch schlechter. Wird außerdem noch die Erblast der verschwendeten IP-Adressen (Zuweisung von mehr IP-Adressen als Internet-Geräte vorhanden sind) hinzugerechnet, wird klar, dass eine andere Lösung notwendig ist.

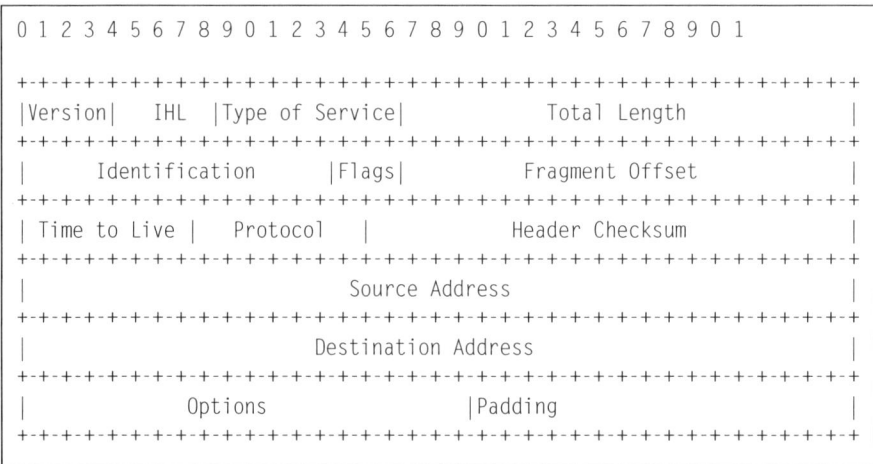

Abb. 9.2: Das IPv4-Paket-Headerformat

IPv6 bietet eine handliche Lösung für dieses Problem. An Stelle des 32-Bit-Adressfeldes von IPv4 verwendet IPv6 viermal so viel Bits für die Adressierung. Bei 128 Bit für die Adresse (siehe Abbildung 9.3) steht ein ausreichender Adressraum für das von der IETF veranschlagte zukünftige Wachstum zur Verfügung (128 Bit reichen für ungefähr 4,2 E37 (4,2 x 10^{37}) Internet-

Geräte). Dies entspricht ca. 8,27E+016 Unicast-Adressen im Internet für jeden Quadratmillimeter der Erdoberfläche. Diese Anzahl scheint die Zuwächse für eine sehr lange Zeit verarbeiten zu können.

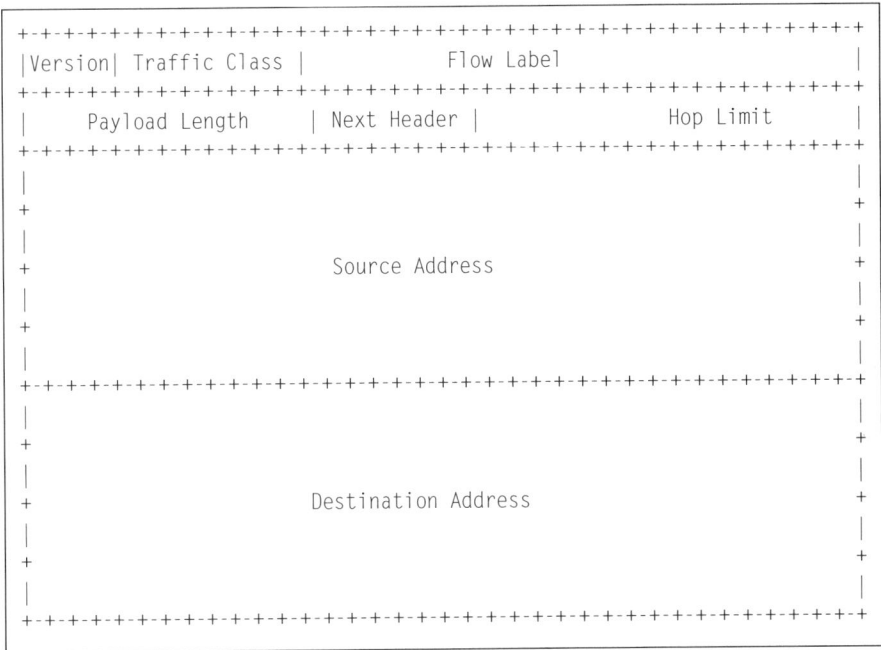

```
+-+-+-+-+-+-+-+-+-+-+-+-+-+-+-+-+-+-+-+-+-+-+-+-+-+-+-+-+-+-+-+-+
|Version| Traffic Class |                 Flow Label                  |
+-+-+-+-+-+-+-+-+-+-+-+-+-+-+-+-+-+-+-+-+-+-+-+-+-+-+-+-+-+-+-+-+
|     Payload Length      | Next Header |            Hop Limit        |
+-+-+-+-+-+-+-+-+-+-+-+-+-+-+-+-+-+-+-+-+-+-+-+-+-+-+-+-+-+-+-+-+
|                                                                 |
+                                                                 +
|                                                                 |
+                         Source Address                          +
|                                                                 |
+                                                                 +
|                                                                 |
+-+-+-+-+-+-+-+-+-+-+-+-+-+-+-+-+-+-+-+-+-+-+-+-+-+-+-+-+-+-+-+-+
|                                                                 |
+                                                                 +
|                                                                 |
+                       Destination Address                       +
|                                                                 |
+                                                                 +
|                                                                 |
+-+-+-+-+-+-+-+-+-+-+-+-+-+-+-+-+-+-+-+-+-+-+-+-+-+-+-+-+-+-+-+-+
```

Abb. 9.3: Das IPv6-Paket-Headerformat

Bevor wir uns eingehender mit den Adressierungsschemata von IPv6 befassen, werfen wir noch einen Blick auf die neue Schreibweise der IPv6-Adressen. Für IPv4 wurde die durch Punkte getrennte dezimale Schreibweise mit einer Zahl pro Oktett der 32-Bit-Adresse verwendet. IPv6 benutzt dagegen die hexadezimale Schreibweise. Für die relativ kurze IPv4-Host-Adresse war die dezimale Schreibweise hinreichend, was jedoch nicht für die 128 Bit große IPv6-Host-Adresse gilt (bei der durch Punkte getrennten dezimalen Schreibweise würden sich 16 Zahlen pro Host ergeben). Bei der hexadezimalen Schreibweise steht jede Zahl für 4 Bit des Adressraums, wodurch sich die ausgeschriebene Länge der Adresse wesentlich verringert. Tabelle 9.1 fasst die Unterschiede der hexadezimalen und der dezimalen Schreibweise zusammen. Beachten Sie, dass die hexadezimale Schreibweise 16 Ziffern anstatt der für das Dezimalsystem üblichen 10 Ziffern verwendet. Auf diese Weise kann ein Datenbyte mit zwei Ziffern zusammengefasst werden. Die IPv6-Adressen unterscheiden sich in ihrem Aussehen daher ein wenig von den bisherigen Adressen. Mit ein bisschen Übung ist die hexadezimale

Schreibweise jedoch schnell zu erlernen. Der IPv4-Adresse 24.172.96.240 entspricht zum Beispiel die hexadezimale Adresse 18.AC.60.F0 (die Punkte stehen an der gleichen Stelle).

Für IT-Profis

So geht's

Mit der Einführung von IPv6 müssen Sie auf eine Schwierigkeit gefasst sein: Die Unterteilung in Subnets, wie sie in diesem Buch bereits vorgestellt wurde, wird durch die hexadezimale Schreibweise sehr erschwert. Mit ein wenig Praxis und durch regelmäßige Anwendung wird diese Schwierigkeit jedoch schnell überwunden. Der Trick besteht darin, gar nicht erst zu versuchen, Dezimalzahlen in Hexadezimalzahlen umzuwandeln, sondern sich gleich daran zu gewöhnen, im Hexadezimalsystem zu denken. Wenn Ihnen das gelingt, wird alles sehr schnell viel einfacher.

Mit der hexadezimalen Schreibweise können umfangreiche numerische Ausdrücke komprimiert werden. Jede Ziffer steht für 4 Bit der Adresse. Im Unterschied zu IPv4 werden die Adressen in Gruppen von 16 Bit zusammengefasst. Ein Beispiel für eine IPv6-Adresse kann etwa so aussehen: 3FFE:2900:B002:CA96:85D1:109D:0002:00AD. Der Doppelpunkt unterteilt die IPv6-Adressen. Die meisten Implementierungen werden zwar auch die herkömmliche dezimale Notation unterstützen, um der Internet-Gemeinschaft einen sanften Übergang zu ermöglichen (bekanntlich ist es schwer, mit alten Gewohnheiten zu brechen), am Ende steht jedoch die Konvention der durch Doppelpunkte getrennten Hexadezimalzahlen.

Nachdem Sie nun wissen, wie IPv6-Adressen gebildet werden, stellen wir noch eine Reihe weiterer Konventionen für den Umgang mit IPv6-Adressen in hexadezimaler Schreibweise vor. Eine dieser Konventionen stammt von IPv4: Alle Nullen links von einem 16-Bit-Ausdruck können weggelassen werden. Die IPv6-Adresse 3FFE:2900:C005:001A:0000:0000:0AD0:0001 kann beispielsweise zu 3FFE:2900:C005:1A:0:0:AD01:1 verkürzt werden, was eine wesentliche Zeitersparnis bedeutet. Dieser Vorgang entspricht für IPv4 der Schreibweise von 199.0.55.85 für 199.000.055.085. Die zweite Konvention ist noch nützlicher. Sie legt fest, dass bei einer Folge von mehr als 16 binären Nullen in einer Zeile diese ausgelassen werden können. An Stelle der Nullfolge werden zwei Doppelpunkte gesetzt (::). Für die oben genannte Adresse können wir also auch 3FFE:2900:C005:1A::AD0:1 schreiben, wodurch der Ausdruck noch weiter verkürzt wird. Beachten Sie aber, dass der doppelte Doppelpunkt nur einmal pro Adresse benutzt werden darf. Da die Länge der Nullfolge unbekannt ist, kann ein IPv6-Knoten nicht entscheiden, mit wie vielen 16-Bit-Nullfolgen die Adresse gefüllt werden muss, wenn diese

Abkürzung mehr als einmal verwendet wird. Der Ausdruck 3FFE:2900:1::1::2 könnte zum Beispiel als 3FFE:2900:1:0:1:0:0:2 oder als 3FFE:2900:1:0:0:1:0:2 interpretiert werden.

Betrachten wir beide Abkürzungen im Einsatz, wird deutlich, dass Adressen sehr einfach auszudrücken sind. Die IPv6-Adresse von 6Bone lautet z. B. 3FFE:2900:0000:0000:0000:0000:0001 und kann als 3FFE:2900::1 geschrieben werden. Dadurch verringert sich die erforderliche Zeit zum Schreiben einer IPv6-Adressen erheblich und es muss nicht lange überlegt werden, ob alle 128 Bit erfasst wurden. Mit dem Wissen um diese Regeln können wir uns jetzt dem Adressierungsschema selbst zuwenden. Schauen Sie sich die Tabelle 9.1 an, bevor Sie zu den nächsten Abschnitten übergehen, in denen die IPv6-Adressen hexadezimal dargestellt werden.

Wert	Hexadezimale Schreibweise	Dezimale Schreibweise	Binär
0	0	0	00000000
1	1	1	00000001
2	2	2	00000010
3	3	3	00000011
4	4	4	00000100
5	5	5	00000101
6	6	6	00000110
7	7	7	00000111
8	8	8	00001000
9	9	9	00001001
10	a	10	00001010
11	b	11	00001011
12	c	12	00001100
13	d	13	00001101
14	e	14	00001110
15	f	15	0000111

Tab. 9.1: Übersicht für die Umwandlung von Hexadezimalzahlen in Dezimalzahlen

Da jetzt mehr Bits für die Adressierung von Internet-Einheiten zur Verfügung stehen, muss sichergestellt werden, dass alle diese Rechner miteinander kommunizieren können. Es müssen also für das neue Internet-Protokoll Wege für ein effektives Routing gefunden werden. Versuchen Sie sich vorzustellen, welche Verarbeitungskapazität Router im Internet-Backbone benötigen würden, um eine Liste aller IPv6-Hosts zu unterhalten und zu verarbeiten. Beim Erscheinen dieses Buches gab es ca. 62.000 bis 65.000 klassenlose Routing-Einträge in den standardfreien Backbone-Routing-Tabellen des Internet. Diese Zahl steigt weiter an, allerdings bedeutend langsamer als die der Adresszuweisungen. (Die Internet-Dienstanbieter vergeben Adressräume, die zu Supernets zusammengefasst werden können. Deshalb wächst die globale Routing-Tabelle langsamer als die Anzahl der mit dem Internet verbundenen Einheiten). Es muss dafür gesorgt werden, dass sich die Obergrenze für die Routing-Einträge bei IPv6 noch im Rahmen überschaubarer Grenzen bewegt, damit Backbone-Router sie noch aufnehmen und schnell verarbeiten können. In den folgenden Abschnitten beschreiben wir zuerst die Funktionsweise der IPv6-Adressierung und untersuchen anschließend, wie diese mit einem Adressierungsschema zufrieden stellend umgesetzt wird.

9.2.7 Eine flexiblere hierarchische Gliederung der Adressen

Es wurde bereits an anderer Stelle darauf hingewiesen, dass ein Protokoll, welches das derzeitige Internet-Protokoll ersetzen soll, nicht nur im Internet routingfähige Adressen sondern gleichzeitig auch einen integrierten Mechanismus für ein stabiles und effizientes Backbone-Routing-System zur Verfügung stellen muss. Würde ein Internet-Protokoll diesen Umstand nicht berücksichtigen, wäre zwar das Problem des Adressraums gelöst, aber es wäre sehr schwierig, über das Backbone-Routing-System von einem Punkt im Internet zu einem anderen zu gelangen, und das Internet würde insgesamt an Stabilität verlieren. Viele Internet-Fachleute stellen sich vor, dass das Internet alle bisherigen Kommunikationsmittel wie Telefon, Fernsehen, Radio usw. ersetzen wird; daher muss der Stabilität des Routing eine sehr hohe Priorität eingeräumt werden, wenn dieser Traum Wirklichkeit werden soll. In diesem Abschnitt stellen wir eine der wichtigsten Verbesserungen von IPv6 gegenüber IPv4 vor und untersuchen die möglichen Auswirkungen auf die Backbone-Routing-Tabellen.

Das Routing mit IPv4 wurde anfangs auf der Grundlage der Adressklassenblöcke A, B, und C durchgeführt, was für einen großflächigen Einsatz jedoch nicht ausreichend war. Daraufhin wurde das Konzept des Classless Inter Domain Routing entwickelt. Mit CIDR wurde das Konzept der Klassen abgelöst und kleinere Netzwerke konnten zu Supernets zusammengefasst werden, bzw. große Blöcke in kleine Subnets unterteilt werden. Die Effizienz der Netzwerkadressierung verbesserte sich, weil Netzwerke jetzt mit einem Netzwerkblock der angemessenen Größe adressiert werden konnten, unabhängig davon, zu welcher Klasse die Adresse gehört. Mit dieser neuen Entwicklung wurden die IPv4-Adressen wesentlich effizienter genutzt, allerdings wirkte sie sich auch auf die Backbone-Routing-Tabellen des Internet aus. Die ersten 128 Blöcke des im Netzwerk verfügbaren Speicherplatzes wurden nicht mehr mit 128 Einträgen zusammengefasst, statt dessen konnten sich diese Netzwerke über große, geografisch nicht zusammenhängende Flächen verteilen. Dadurch begannen die Routing-Tabellen sehr schnell anzuwachsen.

Dieser Punkt soll mit einem Gedankenspiel veranschaulicht werden. Nehmen wir an, für das mit dem Internet verbundene Netzwerk I gibt es die beiden Internet-Dienstanbieter A und B. Dem Netzwerk I wird vom Internet-Dienstanbieter A ein Subnet zugewiesen, über welches die mit dem Internet verbundenen Rechner adressiert werden, damit das Internet-Routing möglich ist. Führt dieser Dienstanbieter BGP aus, meldet er dieses Subnet beiden Dienstanbietern. An dieser Stelle entsteht das Problem. Entschließt sich der Dienstanbieter A, seinen Partnern nur den zusammengefassten Adressblock anzukündigen, von dem Netzwerk I ein Subnet erhalten hat, würden nur Übertragungen aus dem Netzwerk von Dienstanbieter A (und manchmal nicht einmal diese) die Verbindung vom Dienstanbieter A zum Netzwerk I nutzen, um zum Netzwerk I zu gelangen. Da der Dienstanbieter das von Netzwerk I weitergemeldete Subnet entgegennimmt und weiterreicht, verwenden alle Internet-Übertragungen die Verbindung vom Dienstanbieter B zum Netzwerk I als besten Pfad (gemäß der Routing-Regel für die längste Übereinstimmung). Dadurch werden Möglichkeiten zur Lastverteilung auf mehrere Dienstanbieter für nachfolgende Netzwerke eingeschränkt. Die einzige Lösung, mit der Netzwerk I die Übertragungslast für beide Verbindungen steuern kann, wäre die Berücksichtigung der externen Mitteilungen über den zusammengefassten Adressblock und das Subnet vom Dienstanbieter A an Internet-Partner.

Für IT-Profis

Die Funktionsweise von BGP

BGP4 (Border Gateway Protocol Version 4) tut dies automatisch, weil der Urheber des Subnet in unserem Beispiel das autonome System Netzwerk I ist. Die Route wird beiden Dienstanbietern mitgeteilt, es sei denn, einer von beiden setzt eine Richtlinie zum Filtern dieser Mitteilung ein. So regeln die Internet-Backbones heutzutage dieses Problem. Aus diesem Grund gestatten die meisten Tier 1-Dienstanbieter einem Kunden, wenn dieser über mehrere Internet-Dienstanbieter vernetzt ist, das statische Routing zwischen Dienstanbieter und Kunden nicht, weil dies dem Modell der Entflechtung durch BGP4 widerspricht.

Die Einführung von CIDR bot verbesserte Möglichkeiten zur Nutzung routingfähiger Adressen im Internet, hat aber gleichzeitig die Effektivität der Internet-Routing-Tabellen eingeschränkt. Wird dieses Beispiel auf das globale Internet ausgedehnt, wird deutlich, dass dies ein Problem darstellt. IPv6 nimmt einige geeignete Veränderungen vor, mit denen das Internet von beiden Problemen befreit wird.

Die IPv6-Adresse besteht aus 128 Bit. Ein Vorteil von IPv6 gegenüber CIDR sind eine Reihe eingebauter, fester Grenzen, innerhalb derer die Adressbereiche für die Weitergabe an denjenigen, der die Internet-Verbindung herstellt, festegelegt werden.

```
| 3 |  13  | 8  |  24  | 16  |              64 Bit                   |
+---+------+-----+------+-----+--------------------------------------+
|FP | TLA  | RES| NLA  | SLA |            Interface ID               |
|   | ID   |    | ID   | ID  |                                       |
+---+------+-----+------+-----+--------------------------------------+
```

Abb. 9.4: Der Aufbau der global routingfähigen IPv6-Adressierung

Beachten Sie in Abbildung 9.4, dass das global routingfähige Unicast-Präfix von IPv6 in sechs unterschiedliche Abschnitte unterteilt ist, die wir im nächsten Abschnitt untersuchen wollen.

FP: Format Prefix

Das Formatpräfix für global routingfähige Unicast-Präfixe besitzt immer die drei gleichen Bits (bei der Einführung von IPv6). Diese ersten drei Bits werden immer auf 001 gesetzt und kennzeichnen (für jedes Routing-Gerät im Internet) diese Adresse als global routingfähige Unicast-Adresse. Für jeden hier vorgestellten IPv6-Adresstyp ist das FP eindeutig, wodurch die Pakettypen für die Router einfacher zu erkennen sind und nach den entsprechenden Regeln für diesen Pakettyp behandelt werden können. Multicast- und Unicast-Pakete werden auf sehr unterschiedliche Weise weitergeleitet. Das Routing für Unicast-Pakete verläuft im Verhältnis 1:1 (ein Paket mit einer global routingfähigen Unicast-Adresse stammt von einem IPv6-Host und wird einem anderen IPv6-Host zugestellt). Multicast-Pakete entsprechen einer 1:x- (ein Multicast-Paket kann an x interessierte Empfänger ausgeliefert werden) oder einer x:x-Beziehung (x Absenderpakete werden an x Empfänger ausgeliefert). Diese Pakete müssen also in einem Internet-Backbone sehr unterschiedlich behandelt werden. Das FP dient als Bezeichner, über den ein Routing-Gerät eine schnelle Entscheidung bezüglich des eingehenden Pakets treffen und die richtige Behandlung gewährleisten kann. Es ist wesentlich sinnvoller, die ersten Bits einer Adresse für die Bezeichnung des Adresstyps zu verwenden, als diese Information anderswo im Paket zu platzieren, weil so mehr vom Paket für andere wichtige Eigenschaften genutzt werden kann, wie dies bereits an anderer Stelle ausgeführt wurde.

TLA ID

Die 13 Bit des Top Level Aggregator Identifier (TLA ID) geben an, zu welchem Top Level-Aggregator die jeweilige Adresse gehört. Ein Top Level-Aggregator ist ein Netzwerkanbieter auf der obersten Ebene der Akkumulation von Datenverkehr im Internet. Im Zusammenhang mit Unicast werden Top Level-Aggregatoren manchmal auch als Tier-1-Dienstanbieter bezeichnet. Dies sind die Internet-Provider, die den Kern des Internet-Backbone bilden. Sie unterhalten in der Regel gleichberechtigte Partnerschaften (es werden keine gegenseitigen Zahlungen geleistet, um die Routen des jeweils anderen Anbieters zu erhalten) zu anderen TLAs, umspannen einen großen Bereich des Erdballs mit Internet-Routern und bieten einen Hochgeschwindigkeitstransport, mit dem Pakete weltweit versendet werden. Ihre Backbones bestehen aus sehr leistungsfähigen Hochgeschwindigkeits-Routern, die vollständige Internet-Routen bilden. Beispiele für Top Level-Aggregatoren sind Sprint und WorldCom. Bei IPv6 erhalten Dienstanbieter dieser Größenordnung Blöcke global routingfähiger Unicast-Adressen (eine TLA-Zuweisung), von denen sie ihrerseits Teile an ihre Kunden abgeben.

RES

Diese Bits sind derzeit reserviert. Die IETF hat noch nicht festgelegt, für welche Funktion sie verwendet werden. In der augenblicklichen Phase können die TLAs ihre Zuweisungen mit diesen 8 Bit in Subnets unterteilen, um so den global routingfähigen Unicast-Adressbereich zu vergrößern, den ein TLA für seine Kunden oder seinen Backbone verwenden kann.

NLA ID

Diese 24 Bit bezeichnen den Next Level Aggregator Identifier. Einen Next Level-Aggregator kann man sich heute als einen Tier-2-Netzwerk- oder Internet-Dienstanbieter vorstellen. Ein NLA kann eine kleine Organisation mit einer TLA-Verbindung oder ein großer regionaler Anbieter mit vielen TLA-Verbindungen und komplexen Backbones sein. Ein NLA erhält eine NLA-ID vom übergeordneten TLA und unterteilt seinerseits die NLA-ID in Abschnitte, die er an seine Kunden weitergibt.

SLA ID

Ein Site Level Aggregator Identifier beschreibt eine Einheit, die keine weiteren Netzwerkanbieter als Abnehmer hat. Bei einem SLA kann es sich um kleinere und größere Unternehmen oder um einen kleinen Internet-Provider handeln, der keine Adressbereiche an seine Kunden weitergibt (die heutigen Anbieter von Kabelmodemzugängen in den USA könnten als SLA auftreten).

Interface ID

Die letzten 64 Bit der global routingfähigen IPv6-Unicast-Adresse sind für den Interface Identifier reserviert. In der IPv4-Terminlogie entspricht diese Schnittstellen-ID der Host-ID. Diese 64 Bit unterscheiden die Hosts eines Netzwerksegments. Jede Schnittstellen-ID eines bestimmten Netzwerksegments muss eindeutig sein. Es wird sich noch herausstellen, dass IPv6 hierfür eine intelligente Lösung parat hat.

Durchführung der Aggregation

Nach der Beschreibung des global routingfähigen IPv6-Unicast-Adressformats wollen wir untersuchen, wie bei diesem Format eine Aggregation vorgenommen werden kann. Abbildung 9.5 zeigt einen TLA mit einer Reihe von Kunden, für die Internet-Transitverbindungen zur Verfügung stehen. Durch Vergabe eines Teils des Adressbereichs (TLA-ID) an die einzelnen Kunden in einem Umfang, der von den Bedürfnissen der Kunden abhängt, ist sichergestellt, dass der den Kunden zugewiesene Adressbereich Bestandteil des eigenen Adressraums ist. Dies macht die politischen Veränderungen deutlich, die mit IPv6 im Zusammenhang stehen. Kleine oder regionale Netzwerkdienstanbieter sowie Endbenutzer erhalten den IPv6-Adressraum von regionalen Registrierungs- oder Vergabestellen. Die Top-Level-Aggregatoren erhalten Adressblöcke, die von ihnen verwaltet und an untergeordnete NLAs und SLAs weitergegeben werden. Diese Schichtung der Adressverwaltung soll effektiver sein als die derzeitigen Verwaltungsrichtlinien für das Internet. Wenn ein kleiner oder mittlerer Internet-Dienstanbieter keinen Adressraum mehr von den Vergabestellen erhält, müssen die großen TLAs des Backbone diese Routen als Durchgangsverkehr weiterleiten. Dadurch wird eine Form der Aggregation möglich, die über IPv4 hinausgeht. Im nächsten Abschnitt beschreiben wir die Funktion dieser Art der Aggregation und erklären, warum sie die Stabilität des Internet insgesamt erhöht.

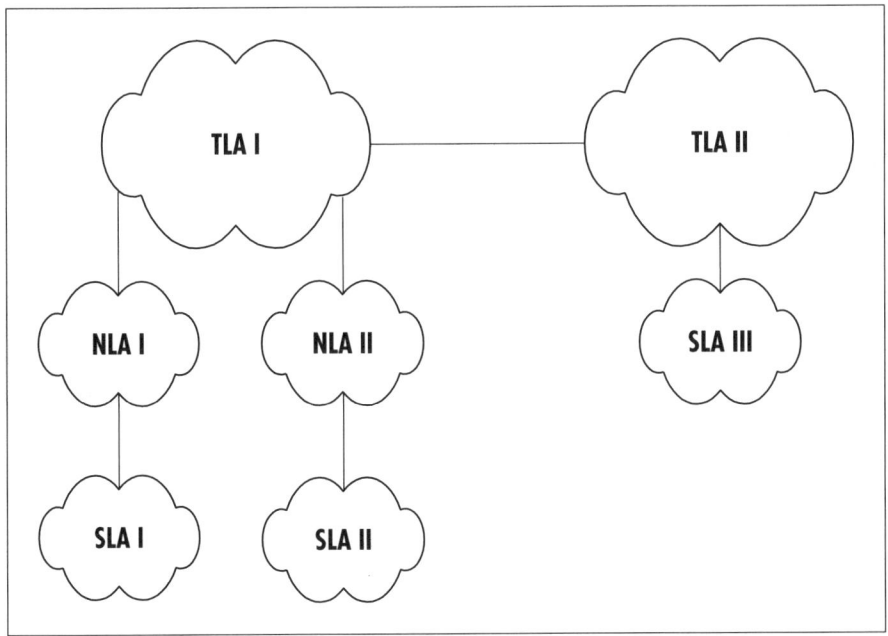

Abb. 9.5: Ein reines IPv6-Internet

9.2.8   Minimierung der Routing-Tabellen

IPv6 bietet einen großzügigen Adressraum für die Zukunft des Internet. Bei einer Adresslänge von 128 Bit sollten genügend Adressen für die zunehmende Anzahl der über das immer komplexer werdende Internet verbundenen Einheiten zur Verfügung stehen. Mit einem wohldefinierten Format für die IPv6-Adressierung ist die Adressierungsstruktur besser zu organisieren, als dies mit dem klassischen IPv4 möglich ist. Wir beschäftigen uns jetzt mit der Frage, wie das Adressierungsschema von IPv6 die Anzahl der zentralen Internet-Routing-Einträge verringert und dadurch die zukünftige Komplexität des Internet-Routing einschränken kann. Abbildung 9.6 zeigt zwei TLAs mit mehreren NLA- und SLA-Kunden. Betrachten wir die Routing-Mitteilungen, die in diesem Szenario für eine stabile und effektive Funktion erforderlich sind.

Abbildung 9.6 zeigt zwei TLAs (Tier 1-Netzwerkdienstanbieter) und eine Reihe von NLAs und SLAs mit unterschiedlichen Konfigurationen. TLA I und TLA II tauschen die TLA-Informationen partnerschaftlich aus. Beide kündigen ihre Routen über BGP an (an BGP werden zurzeit durch die IETF-Arbeitsgruppen Änderungen für die Unterstützung der unterschiedlichen

NLRI-Arten (Network Layer Reachability Information) vorgenommen, sodass zum Zeitpunkt der Einführung von IPv6 BGP4 unter Umständen nicht dem Standard entspricht; für dieses Beispiel reicht BGP4 jedoch aus). TLA I besitzt einen Top Level-Aggregatorenblock. In diesem Beispiel erhält TLA I den Block 3FFE:2900::/24 und TLA II den Block 3FFE:4200::/24 als TLA-Zuweisung. TLA I und TLA II benötigen also mindestens diese beiden Routen, um sich über ihre Routen informieren zu können, damit das Routing zwischen den Backbones TLA I und TLA II richtig funktioniert.

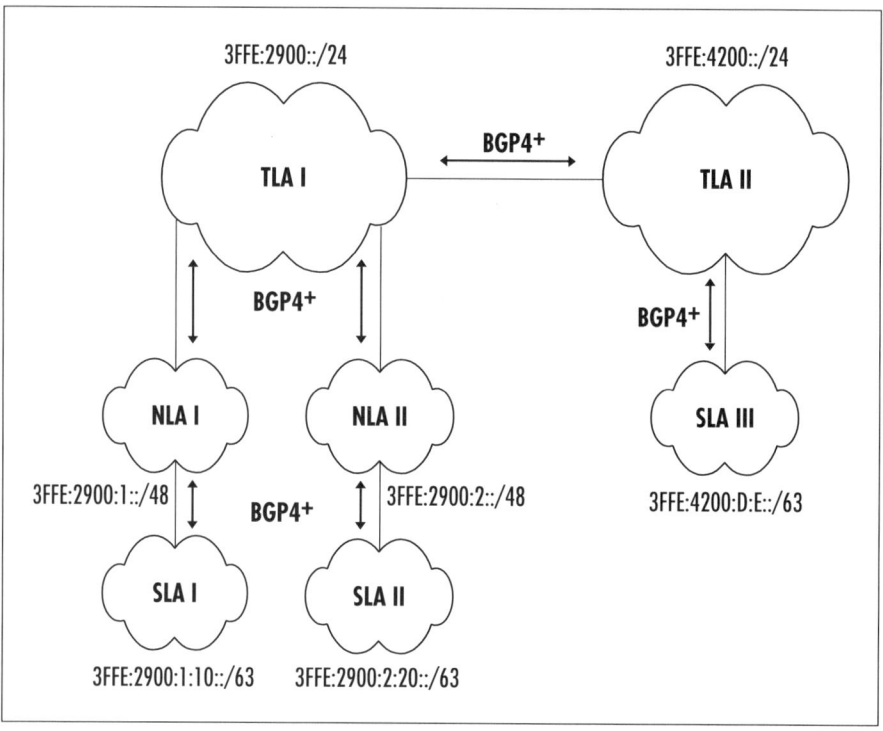

Abb. 9.6: Die Adressen in einem reinen IPv6-Internet

TLA I übergibt Teile seines Adressraums an die NLA- und SLA-Kunden. In diesem Beispiel werden dem NLA I der Block 3FFE:2900:1::/48 und dem NLA II der Block 3FFE:2900:2::/48 zugewiesen. Diese NLAs geben ihrerseits aus diesem Block Blöcke an ihre Kunden weiter. Der SLA I erhält beispielsweise den Block 3FFE:2900:1:10::/63, SLA II den Block 3FFE:2900:2:20::/63 und SLA III den Block 3FFE:4200:D:E::/63.

Beginnen wir mit den Aggregationen der unteren Ebene: SLA I muss seinen Block 3FFE:2900:1:10::/63 dem NLA I ankündigen. Da es sich um einen Unterbereich des Adressraums von NLA I handelt, muss NLA I den Adressblock des SLA I nicht an TLA I weitermelden. Bei NLA II ist die Situation ähnlich. TLA I muss nur NLA-Aggregationen kennen, die er seinen zwei NLAs zugewiesen hat, unabhängig davon, wie dieser NLA seinen Adressraum weitervergeben hat.

An dieser Stelle wird bereits deutlich, dass TLA I nur drei Ankündigungen für Bereiche außerhalb des Backbone unterhalten muss:

3FFE:2900:1::/48 (von NLA I)

3FFE:2900:2::/48 (von NLA II)

3FFE:4200::/24 (von TLA II)

Die ersten beiden Ankündigungen sind darüber hinaus nur eine Untermenge des dem TLA I zugewiesenen Blocks. Daher muss beim zweiseitigem Austausch zwischen TLA I und TLA II nur entlang einer Route ausgetauscht werden. Es handelt sich hier zwar um ein sehr kleines Beispiel, aber die Einfachheit des Routing, die sich als Ergebnis dieser Aggregation ergibt, wird dennoch deutlich. Dieses Ergebnis hat zwei Ursachen.

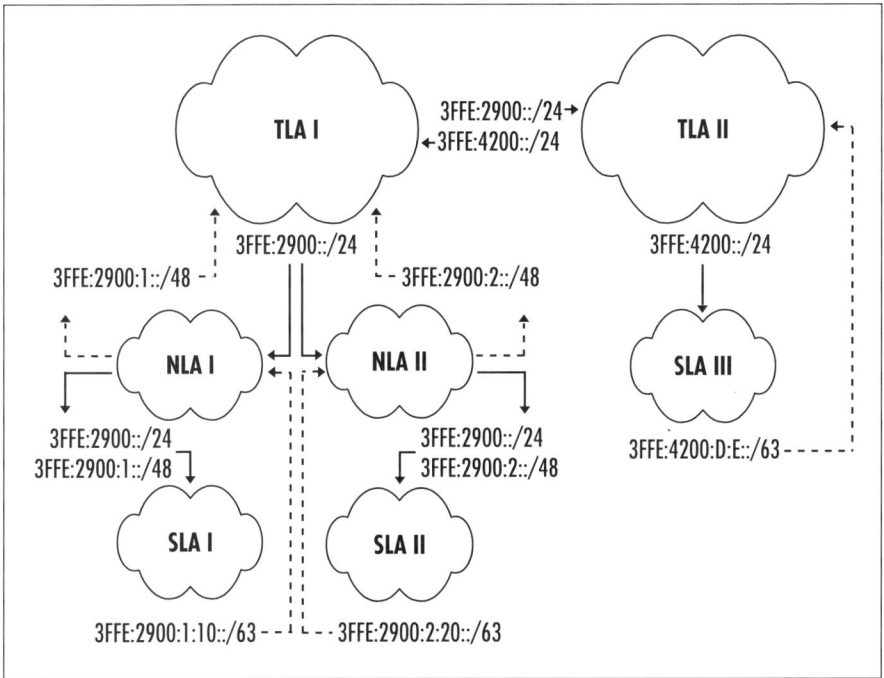

Abb. 9.7: Routing-Ankündigungen entlang der Aggregationspfade

Eine Ursache liegt darin, dass *Adressblöcke nicht mehr beweglich* sind. Zurzeit ist ein großer Teil des Adressraums der Internet-Dienstanbieter beweglich. Beweglichkeit heißt in diesem Zusammenhang, dass der Kunde beim Wechsel des Providers seinen Adressblock behalten kann. Das führt zu vielen zusätzlichen Ankündigungen im Internet-Backbone, da Netzwerkdienstanbieter keine aggregierten Adressblöcke mehr ankündigen können. Wurde einem Internet-Dienstanbieter der klassenlose Adressblock 71.16.0.0/16 zugewiesen und er verliert beispielsweise durch die Abwanderung eines Kunden den Adressblock 71.16.241.0/24, stellt sich die Situation für das Routing nicht mehr optimal dar:

1. Der Dienstanbieter muss den Block /16 den Partnern und Kunden als viele unterschiedliche Subnets ankündigen. In diesem Fall handelt es sich um sieben Ankündigungen: 71.16.0.0/17, 71.16.128.0/18, 71.16.224.0/19, 71.16.240.0/24, 71.16.242.0/23, 71.16,244.0/22 und 71.16.248.0/21.

2. Er muss seine Filter für die Partner so ändern, dass der verloren gegangene Block von ihnen über BPG erkannt werden kann. Normalerweise würde dies verweigert, um Routing-Schleifen zu vermeiden (beachten Sie die Anmerkung zu BGP im vorangegangenen Kapitel: der BGP4-Anbieter ist auf Grund der ursprünglichen Nummer des autonomen Systems eine kleine Hilfe). Diese Situation stellt nicht nur für den Provider einen administrativen Alptraum dar, sondern ist auch für das Internet insgesamt äußerst ineffektiv.

Die Aufhebung dieser Beweglichkeit erhöht langfristig die Effektivität der Routing-Tabellen des Internet-Backbone. Es stellt sich die Frage, warum dies nicht auch für IPv4 durchgeführt wird. In weiten Bereichen ist dies zwar geschehen, aber die überkommene Tradition hat Spuren hinterlassen. Außerdem besteht weiterhin der Druck von untergeordneten Internet-Einheiten. Das Argument der Befürworter der Beweglichkeit der IP-Blöcke ist die Gefahr, dass die Kunden gezwungen werden, den Internet-Dienstanbieter nicht zu wechseln, weil ein sehr großes Netzwerk nur sehr mühsam auf einen neuen IP-Adressbereich umgestellt werden kann (die DNS-Einträge und die Hosts müssen neu konfiguriert werden). IPv4 bietet keine sanfte Übergangslösung für den Wechsel von IPv4-Adressblöcken. IPv6 muss einen Mechanismus für die Migration vom Adressraum eines Dienstanbieters zu dem eines anderen bereitstellen, was auch der Fall ist. Der Einsatz der Anycast-Adressierung sowie die automatische Konfiguration der Schnittstellen helfen bei der mühevollen Umadressierung beim Wechsel des Dienstanbieters – oder wenn dies aus anderen Gründen erforderlich ist. Bevor wir uns diesem Thema zuwenden, wollen wir jedoch die Untersuchung der Routing-Tabellen abschließen. Strategien für eine Neuadressierung werden im nächsten Abschnitt vorgestellt.

Der zweite Vorteil der Aggregation ergibt sich aus der Tatsache, dass *nur* TLAs Adressräume von den zuständigen Stellen zugewiesen bekommen. Heute ist die IANA (Internet Assigned Numbers Authority) für die Vergabe der Adressen verantwortlich, die ihrerseits die Adressen regionalen Vergabestellen zur Vergabe zuweist (z.B. ARIN, RIPE und APNIC). Diese regionalen Vergabestellen weisen die IPv4-Adressen den Internet-Dienstanbietern oder den Unternehmen und Organisationen zu, wenn diese den Bedarf für eigene IP-Blöcke hinreichend begründen können. Auf diese Weise gelangen viele kleine Blöcke in Umlauf. All diese Umstände führen uns wieder zum Problem der Neuadressierung zurück. Wäre dies ein einfacher Vorgang, wäre die Zuweisung des IP-Adressraums direkt durch den übergeordneten Dienstanbieter eine einfache Angelegenheit. Ist der Kunde mit den Dienstleistungen unzufrieden, wechselt er einfach den Anbieter und führt eine Neuadressierung durch. Viele Unternehmen fühlen sich hierbei jedoch behindert, weil die Neuadressierung für IPv4 äußerst umständlich ist, und nehmen daher Abstand vom Wechsel zu einem anderen Internet-Dienstanbieter. Erhalten die Kunden jedoch ausschließlich von TLAs Adressbereiche, dann werden im Internet nur große Adressblöcke vergeben und Aggregationen sind immer durchführbar.

Für IT-Profis

Ausnahmen

Es muss darauf hingewiesen werden, dass die Zuweisungen nicht immer in der beschriebenen Art und Weise erfolgen (wie in dem Beispiel zum IPv6-Internet aus den Abbildungen 9.6 und 9.7). NLAs erhalten im Allgemeinen den Adressbereich, den sie benötigen. Sie sollten so viele Adressen erhalten, wie sie effektiv einsetzen oder an SLAs vergeben können. In der Realität gibt ein TLA daher ein /X-Präfix weiter, wobei je nach den Bedürfnissen des SLA für X gilt: 24 < X < 48. Es soll kein IPv6-Adressraum vergeudet werden, gleichzeitig dürfen aber auch die Möglichkeiten der Unternehmen und Internet-Benutzer nicht eingeschränkt werden.

9.2.9 Globale Adressen für das Internet und lokale Adressen für das Intranet

Nach der Aufzählung der Vorteile von IPv6 für das Internet und einiger Vorzüge für die Netzwerke der Endbenutzer wollen wir nun zeigen, wie ein typisches LAN adressiert wird und wie das Routing für zuverlässige und leicht zu verwaltende Verbindungen sorgt.

Wir haben bereits gesehen, dass die global routingfähigen Unicast-Adressen von IPv6 einem strengem Aggregationsschema folgen. Dabei stellt sich die Frage, ob tatsächlich jeder Rechner eine solche global routingfähige Unicast-Adresse benötigt. Die meisten der heutzutage mit dem Internet verbundenen Unternehmen besitzen eine Reihe von Rechnern, die IPv4 verstehen und weiterleiten können, deren Pakete aber nicht unbedingt über das Internet weitergeleitet werden müssen, so dass sie keine eigenen global routingfähigen Unicast-Adressen benötigen. Die Pakete bestimmter Rechner, wie zum Beispiel nur intern eingesetzter Server, Drucker und anderer Geräte müssen nur im Firmennetzwerk und nicht im Internet weitergeleitet werden. Ferner möchten viele Unternehmen, dass diese Systeme vor der Außenwelt verborgen bleiben. Heutzutage wird dies durch Sicherheitsvorkehrungen erreicht: Firewall und Paketfilter bieten die beste Möglichkeit sicherzustellen, dass auf zu schützende oder wichtige Rechner nicht von außerhalb zugegriffen werden kann. Die Sicherheit ist zwar von großer Bedeutung, woran auch die Einführung von IPv6 nichts ändert, aber es stehen noch andere Möglichkeiten zur Verfügung. IPv6 integriert das Konzept der Bereichsadressierung in den Protokollstapel. Die Bereichsadressierung bietet neben anderen Funktionen die Lösung für diese Probleme.

Bereichsadressen liegen für das Routing innerhalb definierter Grenzen. Sie werden außerhalb dieser Grenzen nicht weitergeleitet und besitzen auch keine Routing-Einträge, die über die Grenzen weitergereicht werden. Das einfache IPv6-Netzwerk in Abbildung 9.8 soll veranschaulichen, wie die Bereichsadressen dafür sorgen, dass die Rechner nur innerhalb des vorgeschriebenen Raumes operieren können.

Der als »sicher« bezeichnete Server kann keine Pakete über die Grenzen seines Netzwerks hinaus weiterleiten, weil er von der übrigen Welt nichts weiß (er besitzt keine Standardroute). Der Welt außerhalb des Netzwerks ist er auch nicht bekannt (anderen Routern werden keine Routing-Einträge angekündigt, die auf eine Existenz dieses Link-lokalen Netzwerks schließen lassen).

In diesem Netzwerk kann es Personen an anderen Stellen des Gebäudes geben, die Zugriff auf das Gerät A benötigen. Dieses Gerät kann umgekehrt mit anderen Teilen des Gebäudes kommunizieren. Nach wie vor können Filter und Firewalls eingesetzt oder ähnliche Sicherheitsmaßnahmen ergriffen werden, sodass dieser Rechner vor der Außenwelt verborgen bleibt. Dennoch bleibt dies eine klassische Schwachstelle, da hier den Netzwerkadministratoren unabhängig von ihrer Qualifikation Fehler unterlaufen können. Adressen, die der übrigen Welt nicht mitgeteilt werden sollen, können unter

Umständen doch weitergegeben werden, sei es aus Versehen oder nur für einen kurzen Augenblick, in dem ein Fehler unterläuft. Das RFC 1918 weist für IPv4 reservierte Adressbereiche zu (RFC 1918: Address Allocation for Private Internets, `www.ietf.org/rfc/rfc1918.txt`). Dabei bleibt es dem Netzwerkverwalter überlassen, diesen reservierten Adressraum nicht global mitzuteilen. Bei IPv6 kann davon ausgegangen werden, dass das Routing-System automatisch keine Link-lokalen oder Site-lokale Adressbereiche zwischen autonomen Systemen weiterleitet.

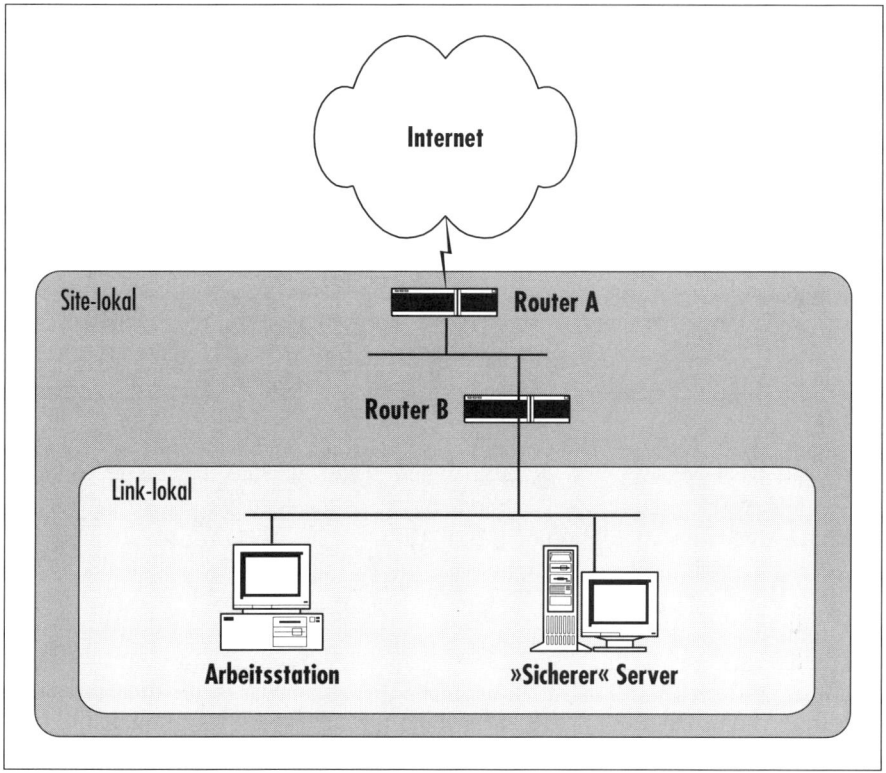

Abb. 9.8: Ein in Bereiche unterteiltes IPv6-Netzwerk

Hier wird mit IPv6 ein Problem gelöst, das IPv4 zu spät zu lösen versucht hat. IPv6 besitzt Adressraum, der für unterschiedliche Anwendungen in Bereiche unterteilt wird. Tabelle 9.2 fasst die Vergabe des IP-Adressraums zusammen.

Zuweisung	Präfix (binär)	Anteil am Adressraum
Reserviert	0000 0000	1/256
Nicht zugewiesen	0000 0001	1/256
Reserviert für NSAP-Zuweisung	0000 001	1/128
Reserviert für IPX-Zuweisung	0000 010	1/128
Nicht zugewiesen	0000 011	1/128
Nicht zugewiesen	0000 1	1/32
Nicht zugewiesen	0001	1/16
Zusammenfassbare globale Unicast-Adressen	001	1/8
Nicht zugewiesen	010	1/8
Nicht zugewiesen	011	1/8
Nicht zugewiesen	100	1/8
Nicht zugewiesen	101	1/8
Nicht zugewiesen	110	1/8
Nicht zugewiesen	1110	1/16
Nicht zugewiesen	1111 0	1/32
Nicht zugewiesen	1111 10	1/64
Nicht zugewiesen	1111 110	1/128
Nicht zugewiesen	1111 1110 0	1/512
Unicast-Adressen für Link-lokale Bereiche	1111 1110 10	1/1024
Site-lokale Unicast-Adressen	1111 1110 11	1/1024
Multicast-Adressen	1111 1111	1/256

Tab. 9.2: Standards für die ersten Bits der IPv6-AdresseStandards für die ersten Bits der IPv6-Adresse

Tabelle 9.2 fasst zusammen, wie die ersten Bits der IPv6-Adresse deren Typ angeben. Anhand von drei Bits kann erkannt werden, ob es sich bei einer Adresse um eine global routingfähige Unicast-Adresse handelt (hexadezimal 001, entweder 0010 (2) oder 0011 (3)). Für die Routing-Systeme ist das sehr hilfreich.

Es gibt also zwei Stufen für Unicast-Bereichsadressen. Der erste Adressbereichstyp von IPv6 ist die Unicast-Adresse für Link-lokale Bereiche, der nur in einem Medium auftritt, welches zwei oder mehr Geräte miteinander verbindet. Bei einer PPP-Verbindung (oder auch bei HDLC, Frame-Relay, Ethernet oder Token-Ring) gibt es einen speziell für diese Verbindung angelegten Adressbereich. Der Grund dafür liegt darin, dass über IPv6 kommunizierenden Rechnern eine Reihe von Adressen zur Verfügung stehen soll; so können Geräte zu Gruppen zusammengefasst werden, um Daten austauschen zu können, die für diese Verbindung spezifisch sind. Link-lokale Adressen können beispielsweise für die Nachbarerkennung oder für die automatische Konfiguration benutzt werden, auf die später noch genauer eingegangen wird. Allen Rechnern steht so eine Adresse zur Verfügung, über die sie direkt mit den übrigen verbundenen Rechnern kommunizieren können. (In diesem Fall besteht die direkte Verbindung über die Schicht 1 oder 2. Befinden sich zwei Rechner im gleichen Ethernet-Subnet, dann sind sie direkt miteinander verbunden). Dadurch wird auch eine neue Vergabe von IP-Adressen erleichtert. Wenn ein Netzwerkverwalter aus irgendwelchen Gründen ein Netzwerk neu nummeriert, können die Rechner zumindest außerhalb der global routingfähigen Unicast-Adresse weiterhin miteinander kommunizieren. Link-lokale Adressen werden nur über diese Verbindung weitergeleitet und an kein IGP (Interior Gateway Protocol) oder EGP (Exterior Gateway Protocol, also an andere Routing-Domänen) weitergeleitet, denn schließlich handelt es sich ja um eine lokale Verknüpfung. Bei den meisten Routing-Systemen für IPv6 ist diese Funktion in das Betriebssystem integriert (es ist zurzeit unklar, ob diese Funktion automatisch in die Routing-Systeme integriert werden muss; dies scheint aber die sinnvollste Lösung zu sein).

Die zweite Art von Bereichsadressen sind die Site-lokalen Adressen. Diese Adressen kennzeichnen eine Routing-Domäne oder den Unterbereich einer Routing-Domäne. Rechner, die Site-lokal adressiert werden, können mit anderen nach diesem Adressierungsschema bezeichneten Subnets kommunizieren, ohne dass die Informationen global weitergeleitet werden. Das kann gewisse Vorteile mit sich bringen. Vielleicht muss ein Rechner mit anderen internen Rechnern des Büros kommunizieren, wobei der Netzwerkadministrator sicherstellen möchte, dass dieser bestimmte Rechner (etwa ein Rechner aus der Buchhaltung der Firma) seine Informationen nicht ins Internet weitergibt. Durch die Verwendung der Site-lokalen Adressierung kann dies erreicht werden, ohne dass dafür umfangreiche Sicherheitsvorkehrungen erforderlich sind, die diesen Rechner vor Übeltätern verbergen, um Schaden abzuwenden (dies ist zwar kein Ersatz für eine Sicherung des Netzwerks, sorgt aber dafür, dass die Pakete des Hosts das globale Internet nicht erreichen können). Die Grundlagen des Routing Site-lokaler Adressen sind einfacher Art. Eine Site-lokale Adresse kann mit einem IGP weitergeleitet werden, darf aber an kein EGP weitergereicht werden. Auch hier gilt, dass ein intelligentes Routing-System in der Lage ist, diese Routen an ihrer eindeutigen Adressierung zu erkennen, und dafür sorgt, dass sie nicht ins Internet gelangen können.

IPv6 unternimmt einen geeigneten Versuch zur Abkopplung der internen Adressen einer Routing-Domäne, eines Netzwerks oder eines Link-lokalen Bereichs und stellt sicher, dass die Integrität der Internet-Routing-Tabelle erhalten bleibt. Nach dem wir uns mit den unterschiedlichen Arten der lokalen Adressierung von IPv6 befasst haben, wollen wir einige Vorteile der Bereichsadressen erörtern. Abbildung 9.9 zeigt Hosts, denen Adressen des Site-lokalen, des Link-lokalen und des global routingfähigen Unicast-Bereichs zugewiesen wurden.

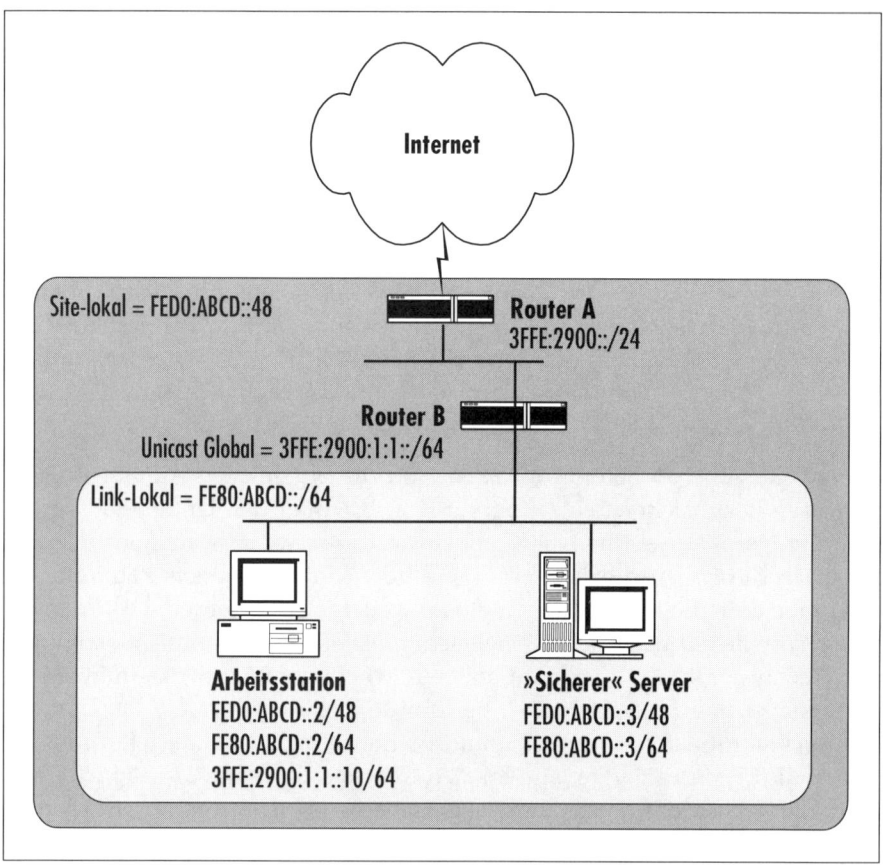

Abb. 9.9: Adressbereiche eines LAN

Die Rechner können jetzt untereinander im LAN oder im Link-lokalen Bereich über bekannte Adressen aus immer gleichen Bereichen kommunizieren. Daraus ergeben sich einige Vorteile. Es wurde bereits darauf hingewiesen, dass eine Neuadressierung für IPv4 Probleme bereitet. Die Neuadressierung eines

IPv4-Netzwerks ist nicht nur deshalb so schwierig, weil für jeden einzelnen Rechner (oder zumindest für jeden DHCP-Server) des LANs eine Neukonfiguration für die neuen IPv4-Adressen durchgeführt werden muss, sondern auch, weil dies zu beträchtlichen Ausfallzeiten führt. Darüber hinaus kann der Vorgang drastische Auswirkungen auf Dienste wie DNS haben, weil die Zonendateien hinsichtlich der DNS-Einträge der Rechner geändert werden müssen. Sind Sie im Internet geschäftlich tätig, müssen Ihre Dienste und Informationen jederzeit für die Kunden erreichbar sein, da sonst finanzielle Verluste entstehen können. Ausfallzeiten werden immer kostspieliger, da geschäftliche Anwendungen immer mehr von der Verfügbarkeit des Internet abhängen. In den folgenden Abschnitten wird gezeigt, wie IP Version 6 Ausfallzeiten verkürzen und Netzwerkadministratoren helfen kann, Änderungen im Netzwerk wie beispielsweise eine Neuadressierung effektiver zu gestalten.

 Bei der Site-lokalen Adressierung reicht es nicht aus, wenn als einzige Sicherheitsmaßnahme darauf geachtet wird, dass es sich um einen sicheren Rechner handelt. Möchte jemand auf die Informationen dieses Rechners zugreifen, kann er sich die Kontrolle über einen Rechner verschaffen, der sich am gleichen Standort befindet, aber über eine global routingfähige Unicast-Adresse verfügt. Anschließend kann er den Site-lokal adressierten Rechner attackieren. Die Gefahren für die Sicherheit werden nicht weniger, vielmehr nimmt die Unüberschaubarkeit zu.

9.3 Die Verbesserungen von IPv6

Nachdem wir die für IPv6 angekündigten Vorteile für das zukünftige Internet vorgestellt haben, betrachten wir nun einige dieser Verbesserungen etwas genauer, um zu untersuchen, wie dieses Protokoll die heutigen Probleme des Internet und der Netzwerke löst. Dabei wenden wir uns den beiden Hauptproblemen zu, die IPv6 löst: der Verknappung der Adressen und die Anpassungsfähigkeit des Routing. Anschließend erörtern wir weitere Vorteile, die IPv6 den Planern und Verwaltern von Netzwerken bietet.

9.3.1 Die vergrößerte IP-Adresse

Mit IPv6 stehen 128 Bit für die Adresse zur Verfügung, wodurch sich der Adressraum wesentlich erweitert. 128 Bit bedeuten, dass 2^{128} unterschiedliche Adressen möglich sind. Wie bereits erwähnt, ist der Wert 001 in den ersten drei

Bits für die global routingfähigen Unicast-Adressen reserviert, sodass noch 125 Bit übrig bleiben (128 – 3 = 125). Der global routingfähige Unicast-Adressraum ist also erst erschöpft, wenn 2^{125} Adressen vergeben wurden, was ca. 4,25E+037 Adressen entspricht. Vergleichen wir dies mit IPv4 und seinem Adressraum von 0.0.0.0 bis 223.255.255.255 für das Unicast-Routing (dabei lassen wir die mit dem RFC 1918 für nicht routingfähige Adressen reservierten Adressen außer Acht), ergeben sich ca. 2,15E+09 Adressen (3 mal 2^{29}, da es drei mögliche Positionen für die ersten drei Bits gibt: 000, 100, 110 und 101). Daraus folgt, dass mit IPv6 2^{31} weitere Adressen zur Verfügung stehen. 128 Bit sichern also einen hinreichend großen Adressraum für die absehbare Entwicklung des Internet, der sogar beinahe unerschöpflich erscheinen mag. Obwohl dieser Wert sehr hoch ist, zeigt eine Untersuchung der Einzelheiten bei der Konfiguration eines LAN oder WAN, dass dies nicht unbedingt zutrifft; dennoch steht ein Vielfaches der Adressen von IPv4 zur Verfügung.

Für eine richtige Einschätzung des IPv6-Adressraums muss die Anzahl der *Netzwerke* berücksichtigt werden, die IPv6 unterstützen kann. In dem bereits vorgestellten Format der IPv6-Adresse beschreiben die letzen 64 Bit die Host-ID eines Rechners aus einem Netzwerk. Das mag etwas verwirrend sein. IPv6 benutzt diese 64 Bit einer Adresse tatsächlich, um die einzelnen Hosts zu unterscheiden. Diese 64 Bit für die Adresse eines Rechners sind für das Linklokale, das Site-lokale oder das global routingfähige Unicast-Adressformat gleich, weil IPv6 die MAC-Adresse der Schicht 2 als Host-ID des Rechners verwendet. Diese Adresse ist unveränderlicher Bestandteil aller Hardware für die Schicht 2 (z.B. bei Ethernet- oder anderen Netzwerkkarten). Daher ist die Anzahl der zu verwendenden Adressen tatsächlich eingeschränkt, denn 2^{64} Adressen in einem normalen Ethernet-LAN sind eine unwahrscheinliche Anzahl (2^{64} sind in einem LAN nicht denkbar, schon gar nicht in einem 10 oder 100 MB Ethernet). Daher wird ein gewisser Teil des Adressraums definitiv vergeudet. Ziehen Sie jedoch die 64 Bit für die Host-ID und die ersten 3 Bit für die global routingfähige Unicast-Adresse ab, bleiben 2^{61} mögliche (2,31E+018) Netzwerke übrig, im Gegensatz zu den 1,07E+09 möglichen Netzwerken bei IPv4. (Dabei wird vorausgesetzt, dass es sich *immer* um /28-Netzwerke handelt, was meist nicht zutrifft. Diese Zahl ergibt sich durch Multiplikation der ersten 28 Bit des Adressbereichs mit 4.) Es stehen also immerhin 2,1 Milliarden Mal so viel Netzwerke zur Verfügung wie bei IPv4. Darüber hinaus unterliegt IPv6 nicht der für IPv4 angenommenen Einschränkung (die Anzahl der hier zugrunde gelegten IPv4-Netzwerke entspricht der Anzahl der LANs, wenn alle /28-Netzwerke in Subnets unterteilt werden, was jeweils 13 Hosts, einem Standard-Router, einer reservierten und einer Rundsendungsadresse für das Netzwerk entspricht). Weiterhin umfassen die IPv6-Netzwerke bis zu 1,8E+19 Hosts pro Netzwerk (minus einen Standard-

Router). Selbst wenn nicht alle möglichen IPv6-Adressen verwendet werden, liegt die Anpassungsfähigkeit weit über dem, was IPv4 für die Zukunft bieten kann. Mit IPv6 kann eine effektive Adressierung durchgeführt werden ohne die Gefahr, dass der Adressvorrat erschöpft wird – was allerdings nicht heißt, dass mit dem Adressraum sorglos umgegangen werden soll. Denn gerade dieser zu großzügige Umgang mit den Adressen ist einer der Gründe, warum IPv4 nur eine kurze Lebensdauer beschieden war.

9.3.2 Verbesserte Gliederungsmöglichkeiten

Zu Beginn dieses Kapitels wurde erwähnt, dass bei der IPv6-Adressierung die Adressblöcke auf eine neue Art und Weise vergeben werden. Während IPv4 anfangs die Regeln für die klassenorientierte IP-Adresszuweisung verwendete und anschließend zum CIDR wechselte, korrigiert IPv6 die sich daraus ergebende Zersplitterung des Adressraums durch Aufteilung des IPv6-Adressraums mittels fester Abgrenzungen, innerhalb derer IPv6-Adressen vergeben werden.

Das Formatpräfix gibt an, ob es sich um eine global routingfähige Unicast-Adresse oder um einen anderen Adresstyp handelt, und hat immer den gleichen Wert. So können die Routing-Systeme schnell entscheiden, ob es sich bei einem Paket um ein global routingfähiges Unicast-Paket handelt oder nicht. Aufgrund dieser schnellen Erkennung kann das Routing-Gerät das Paket für die richtige Behandlung wesentlich schneller an die Routing-Subsysteme weiterleiten.

Die Top Level Aggregator-ID hat zwei Aufgaben. Zum einen bezeichnet sie einen großen Adressblock, der in kleinere Adressblöcke unterteilt wird, um auf untergeordneter Ebene Verbindungen zum Internet zu ermöglichen. Zum anderen kann an ihr erkannt werden, woher eine Route stammt. Werden große Adressblöcke nur den Providern zugewiesen, die ihrerseits diese Blöcke an ihre Kunden weitergeben, ist leichter zu erkennen, welches Transitnetzwerk ein Route passiert hat oder aus welchem Transitnetzwerk die Route ursprünglich stammt. Bei IPv4, wo auf Grund der geschichtlichen Entwicklung viele Adressen beweglich waren und die Vergabe auch an kleine Firmen erfolgte, war nicht zu erkennen, woher eine Route stammte, ohne dass das Paket bis zum Absender zurückverfolgt wurde. Mit IPv6 kann der Absender einer Route wesentlich einfacher ermittelt werden. Stellen Sie sich ein Internet mit 500 Tier 1-Anbietern vor. In einer solchen Situation (die in naher Zukunft denkbar ist, wenngleich auch noch nicht geklärt ist, was eigentlich einen Tier 1-Anbieter ausmacht) kann anhand der Übereinstimmung der TLA-ID der längsten Route über eine einfache Suche in einer Textdatei der

Ausgangspunkt der Route ermittelt werden. Diese Möglichkeit kann sogar in die Software integriert werden. (Solche Lösungen gibt es zurzeit aber noch nicht und wahrscheinlich wäre ein solches Programm sehr schnell veraltet, wenn neue Vergaben durchgeführt werden.)

Untersuchen wir die Größe der TLAs etwas genauer. Es wurde bereits ausgeführt, dass der Adressraum nur an Provider oder an diejenigen vergeben wird, die eigenen IPv6-Adressraum benötigen (die Formulierung »benötigen« ist in diesem Zusammenhang mit Vorsicht zu verwenden, da noch keine Maßstäbe oder Voraussetzungen für die Vergabe der Adressen festlegt wurden). Auf diese Weise können die Präfixe ausreichend in großen Internet-Adressblöcken zusammengefasst werden, sodass weniger Routen zwischen den Routing-Domänen oder intern ausgetauscht werden müssen, wodurch das Internet in seinem Kern effektiver gestaltet wird.

Betrachten wir als Beispiel die Vergabe des Adressblocks 3D00::B234::/24. Setzen wir ferner voraus, alle Kunden hätten das berechtigte Bedürfnis für die Vergabe von /48-Blöcken für ihre Netzwerke. In diesem Fall bleiben 24 Bit für die Vergabe, was einen sehr großen Adressraum entspricht. Die Anzahl der *Netzwerke*, die dieses Schema unterstützt, entspricht der Anzahl der *Hosts*, die in einem Netzwerk der IPv4-Klasse A möglich wäre. Daran wird deutlich, dass der Druck für einen Tier 1-Dienstanbieter, die Vergabe des Adressraums zu verfolgen, wesentlich größer ist. Heutzutage erhält ein Tier 1-Dienstanbieter Adressblöcke in der Größe /16 oder kleiner. Wenn wir davon ausgehen, dass heute ein Internet-Dienstanbieter Adressen nur in der Größe /24 vergibt, dann bleiben nur 256 Zuweisungen (8 Bit), die der Anbieter vor der Anlage weiterer Adressraums vergeben kann. Die meisten Tier-1-Dienstanbieter müssen ihre Vergaben in /28 Subnets unterteilen, um größere Adressbereiche zu erhalten. Dieses Beispiel mag vielleicht nicht ganz realistisch sein; es macht aber deutlich, dass der Umfang einer TLA im Vergleich mit den heutigen Zuweisungen enorme Ausmaße annimmt.

Für IT-Profis

Schauen Sie in die Zukunft

Diese großen Adressbereiche stellen hohe Anforderungen an die Infrastruktur. Internet-Dienstanbieter, die heute ihren Kunden DNS-Dienste anbieten, werden lange und genaue Überlegungen anstellen müssen, wie diese Strukturen eingerichtet werden müssen, bevor sie sich im IPv6-Markt engagieren.

Wie das vorangegangene Beispiel zeigt, müssen die Tier 1-Dienstanbieter extrem große Adressbereiche unterhalten. Dadurch werden zwar frühere Probleme bei der Adressvergabe und für die Beschaffung weiterer Adressblöcke beseitigt, gleichzeitig sind aber umfangreiche Aufrüstungen der Infrastruktur für die Dienste durch die Anbieter erforderlich. Vielen Internet-Dienstanbietern bereitet die Aufrüstung ihrer Dienstleistungsstruktur aufgrund der ineinander greifenden Funktionen und der gegenseitigen Abhängigkeiten der vielen nebeneinander installierten Dienste Schwierigkeiten. IPv6 ist eine große Herausforderung und bietet viele Möglichkeiten für die Gestaltung der Netzwerkarchitektur sowie für die Entwicklung und Integration der Informationstechnologien. Der Übergang von den alten zu den neuen Techniken muss als ein Neuanfang verstanden werden, bei dem die daraus resultierenden Probleme nicht im Vordergrund stehen dürfen.

Die nächste Stufe bei der Aggregation von Adressblöcken bilden die aus den TLA-Blöcken an die untergeordneten Abnehmer (NLA) zugewiesenen Blöcke. Diese Adressen müssen so weit wie möglich zu größeren TLA-Blöcken zusammengefasst werden, wenn sie zwischen den Anbietern ausgetauscht werden. Betrachten wir die Vorteile dieser Adressierungsstruktur aus der Sicht des NLA.

Die von einem Provider zugewiesenen Adressräume bieten zwei wesentliche Vorteile. Der erste Vorteil beruht auf der individuellen Stabilität des Backbone-Routing. Ein NLA möchte seinen Kunden umfangreiche und zuverlässige Dienste anbieten, um sich so seinen Marktanteil zu sichern. Unter Umständen gestattet er seinen Kunden, von unterschiedlichen Standorten aus eine Verbindung herzustellen, wenn der NLA seine Dienst in einer größeren Region anbietet und viele Verbindungen zu übergeordneten Tier-1-Anbietern hat. Außerdem sollten die Kunden auf Wunsch eine vollständige Routing-Tabelle erhalten, wenn diese explizite Routen für ihre Routing-Richtlinien benötigen. Vielleicht soll auch ein Lastenausgleich zwischen zwei Verbindungen stattfinden, wobei für bestimmte Empfänger die eine Verbindung und für die übrigen eine andere Verbindung bevorzugt wird. Hierfür sind vollständige Routen im Backbone erforderlich, die an die Kunden weitergereicht werden können. Der Kern des Internet verwendet in der Regel moderne, zuverlässige Routing-Geräte, aber ein Tier-2-Anbieter ist vielleicht nicht in der Lage, die Geräte seines Backbone ständig der aktuellsten Technik oder den wachsenden Routing-Tabellen anzupassen. Die Leistungsfähigkeit stellt aber im Zusammenhang mit IPv6 kein so großes Problem dar. Da der eigentliche Kern des Internet insgesamt effektiv zusammengefasst wird, müssen wesentlich kleinere Routing-Tabellen unterhalten werden. Dem Kunden können vollständige Routen zur Verfügung gestellt werden, deren Umfang sich auf ein handliches Format beschränkt. Wenn jeder sich an die Spielregeln hält und die Aggregationsstrategien beachtet, können die Vorteile der verkleinerten Routing-Tabellen des Internet im eigenen Backbone genutzt werden.

Der zweite Vorteil der NLA-Aggregation steht in Zusammenhang mit der Stabilität der Routen im globalen Internet. Um dies verstehen zu können, ist ein wenig Hintergrundwissen erforderlich. Als die explosionsartige Entwicklung des Internet begann, war das Internet noch nicht sehr stabil. Bei der BGP-Kommunikation gingen Routen verloren, weil Backbone-Verbindungen ausfielen, die Software noch nicht ausgereift war oder ähnliche Probleme auftraten. Daher wurden beständig Routen angekündigt und wegen Unerreichbarkeit wieder zurückgezogen, was den zentralen Routern einen wesentlich höheren Bearbeitungsaufwand bescherte, da sie ständig die Internet-Routen auf den aktuellsten Stand bringen mussten. Zur Bekämpfung dieser BGP-Instabilität wurde das Konzept des *Route Dampening* eingeführt. Dieses Konzept funktioniert nach folgendem Prinzip: Jedes Mal, wenn eine Route zurückgenommen oder neu angekündigt wird, erhält sie einen Strafpunkt, der am Ort des Auftretens der Instabilität aufgezeichnet wird (normalerweise handelt es sich hier um eine EBGP-Sitzung). Je öfter die Route ausfällt, umso mehr Strafpunkte sammeln sich an. Wird eine bestimmte Anzahl von Strafpunkten überschritten, wird die Route aus dem Verkehr gezogen und für eine bestimmte Zeit nicht mehr angekündigt. Die Route ist dann vorübergehend still gelegt. Nach einer bestimmten Zeit ohne Ausfälle (und weitere Strafpunkte) kann sie wieder in die Tabelle eines BGP-Routers aufgenommen werden. Kommt es bei der Route über einen längeren Zeitraum nicht zu Ausfällen (die Strafpunkte nehmen mit der Zeit ab), wird die Route wieder zugelassen, in die Tabelle des BGP-Routers eingetragen und wieder wie alle anderen Routen behandelt. Auf diese Weise konnten die Instabilitäten im Internet behandelt und der Aufwand für die Verarbeitung verringert werden.

Dieser Vorgang der Stilllegung einer Route veranschaulicht den zweiten Vorteil der Aggregation. Wenn der übergeordnete Dienstanbieter diese Route mit anderen zusammenfasst und seinen Partnern nur die zusammengefasste Route ankündigt, dann bleibt diese Zusammenfassung aller Wahrscheinlichkeit nach stabil, unabhängig von der Stabilität des untergeordneten Netzwerks. Daher ist auszuschließen, dass ein anderer Dienstanbieter diese Routen an anderer Stelle im Internet stilllegt. Keine der besonderen Routen muss im Internet oder außerhalb des übergeordneten Dienstanbieters angekündigt werden. Die verbesserte Routing-Stabilität ist insgesamt einer der Hauptvorteile der Aggregation, sowohl für IPv4 als auch für IPv6. Für IPv6 ist diese Aggregation jedoch vorgeschrieben und nicht nur empfohlen. Zu einer Stilllegung kann es jetzt nur noch im Netzwerk des übergeordneten Dienstanbieters kommen. Da der übergeordnete Dienstanbieter für die Verbindung bezahlt wird, ist er daran interessiert, Strafpunkte für stillgelegte Routen zu vermeiden, was im Fall von unentgeltlichen Dienstleistungen nicht der Fall sein muss.

Somit bringt also die IPv6-Aggregation neben der vergrößerten Adresse und den kleineren Routing-Tabellen noch weitere Fortschritte mit sich, die nicht auf den ersten Blick zu erkennen sind.

Der Site Level-Aggregator (SLA) kann mit Ausnahme der Größe gleichfalls die meisten der Vorteile nutzen, die sich für den NLA ergeben. Bei den SLAs handelt es sich normalerweise um ein Netzwerk oder Netzwerkanbieter mit wesentlich geringerem Umfang. Daher ist auch nur die Vergabe eines kleinen Adressraums erforderlich. Der Nutzen der Aggregationen bleibt erhalten, da die Routing-Tabellen klein gehalten werden, selbst wenn eine vollständige Internet-Routing-Tabelle vom übergeordneten Anbieter bereitgestellt wird. Auch die Vorteile der globalen Routenstabilität wirken sich aus, da die übergeordneten Dienstanbieter, sei es ein NLA oder ein TLA, die Aggregationen nach den IPv6-Modell durchführen.

9.3.3 Vereinfachte Host-Adressierung

Das IPv6-Modell beruht auf einer 128 Bit großen Adresse. Die ersten 64 Bit werden für die Netzwerknummerierung und die letzten 64 Bit für die Host-Nummerierung verwendet. Die letzten 64 Bit der Host-ID entsprechen der MAC-Adresse der Netzwerkkarte des Rechners. Dabei stellt sich die Frage, wie eine 64 Bit große Adresse aus einer MAC-Adresse gebildet wird, die traditionell nur 48 Bit groß ist. Die Ableitung dieser Adresse und mögliche Auswirkungen der IPv6-Adressierung auf zukünftige Entwicklungen sind Gegenstand dieses Abschnitts.

Nach den Konventionen für IPv4 wird die IP-Adresse in den Subnet- und Host-Anteil unterteilt und dem Host eine der verfügbaren Adressen zugewiesen. Ferner legen diese Konventionen fest, dass der zugewiesene Router die erste Adresse erhält und die Hosts des Subnet die übrigen Adressen erhalten, wobei die letzte Adresse als Rundsendungsadresse für dieses Subnet reserviert ist. Bei IPv6 sieht die Situation etwas anders aus, weil die Host-ID eine 64 Bit große Adresse ist, die sich aus der MAC-Adresse ergibt. Traditionell ist die MAC-Adresse aber nur 48 Bit groß, daher muss die Host-ID in irgendeiner Weise zu 64 Bit erweitert werden. Hierfür wird die MAC-Adresse mit einer bestimmten Bitfolge ergänzt, die dem Routing-System des Subnet bekannt ist. Zurzeit werden die Zeichenfolgen 0xFF und 0xFE (:FF:FE: in IPv6-Notation) zwischen der MAC-Adresse und der Firmen-ID sowie der herstellerspezifischen ID der MAC-Adresse eingefügt (MAC-Adressen werden auf ähnliche Weise vergeben wie zurzeit die IP-Adressen zugewiesen werden; im Unterschied zur IP-Adresszuweisung erhalten die Herstellerfirmen der Netzwerkkarten einen bestimmten Teil des MAC-Adressraums, während die IPv4-Adressen den Internet-Dienstanbietern zugewiesen werden). So besitzt jeder Host eine 64 Bit große Host-ID, die in einem Netzwerk einmalig ist, da jede Netzwerkkarte eine eindeutige MAC-Adresse besitzt. Durch die festgelegten Füllmuster können die IPv6-Adressen (oder zumindest die Host-IDs) jedes Rechners eines Subnet einfach an der MAC-Information der Schicht 2 erkannt werden.

Eine interessante Diskussion ergibt sich hinsichtlich der Frage, ob die MAC-Adressen vor der breiten Einführung von IPv6 auf 64 Bit erweitert werden sollten. Müssen die MAC-Adressen verlängert werden (weil alle MAC-Adressen vergeben sind), wäre die nächste Länge wahrscheinlich 64 Bit, weil damit 1.8E019 weitere MAC-Adressen zur Verfügung stünden ($2^{64} - 2^{48}$). In diesem Fall könnte auf die Füllzeichen verzichtet und alle 64 Bit der MAC-Adresse als Host-ID benutzt werden.

Nachdem wir den Ursprung der Host-ID erläutert haben, wollen wir uns einer der für die Netzwerkadministratoren angenehmsten Eigenschaften von IPv6 zuwenden. Die Host-ID steht bereits vor der Konfiguration eines IPv6-Rechners fest, aber darüber hinaus kann auch das Netzwerk abgeleitet werden, in dem sich der Rechner befindet.

9.3.4 Einfache automatische Adresskonfiguration

Eine der herausragendsten Eigenschaften von IPv6 ist die Möglichkeit zur Durchführung einer automatischen Konfiguration. Bevor wir die Einzelheiten dieser automatischen Adresskonfiguration erläutern, muss noch ein neuer Adresstyp vorgestellt werden, nämlich die Multicast-Adresse.

Eine Multicast-Adresse kann mehreren Rechnern gleichzeitig zugewiesen werden. Sie unterscheidet sich von einer Anycast-Adresse insofern, als Anycast-Pakete an den am nächsten liegenden Empfänger weitergeleitet werden (an einen der Rechner mit der gleichen Adresse), während Multicast-Pakete an *alle* Rechner weitergeleitet werden, denen diese Adresse zugewiesen wurde. Dies unterscheidet sich grundsätzlich von einer global routingfähigen Unicast-Adresse, da mehr als ein Host mit der gleichen Adresse adressiert wird, sodass die einem Host zugewiesene Adresse im Bereich der Multicast-Adresse nicht unbedingt eindeutig sein muss. Alle Rechner, denen diese Multicast-Adresse zugewiesen wurde, gehören zur gleichen Multicast-Gruppe, deren Adresse der verwendeten Multicast-Adresse entspricht. Multicast-Nachrichten austauschende Rechner senden und empfangen Daten von mehr als nur einem Host, da alle Rechner der Multicast-Gruppe mit einbezogen werden. Diese Art der Adressierung und des Routing ist ein klassisches Beispiel für Internet-Transaktionen im Verhältnis 1:n oder m:n, bei denen ein oder mehrere Absender die gleiche Information an mehr als einen Empfänger senden müssen. Multicast bietet eine effektive Methode für solche Transaktionen.

Wenn das Konzept des Multicasting mit dem Konzept für die Host-ID verknüpft wird, welche auf der Hardware des Rechners basiert, dann wird eine automatische Konfiguration realisierbar. Wird ein IPv6-fähiger Rechner zum ersten Mal in einem Netzwerk gestartet und dabei festgestellt, dass er mit einem Netzwerk verbunden ist, sendet er ein bestimmtes standardisiertes Multicast-Paket in das LAN-Segment, mit dem er verbunden ist. Dieses Paket ist an eine Multicast-Adresse des lokalen Bereichs gerichtet, die als Solicited Node Multicast-Adresse bezeichnet wird. Erkennt der Router dieses Paket, antwortet er in den Nutzdaten des Antwortpakets mit der Netzwerkadresse, mit der der Rechner adressiert werden soll. Der Rechner nimmt das Paket entgegen und liest die vom Router gesendete Netzwerknummer. Anschließend weist er sich selbst die IPv6-Adresse zu, hängt an diese Netzwerknummer die Host-ID (die er über die MAC-Adresse der Netzwerkkarte ermittelt, die mit diesem Subnet verbunden ist) an und bildet so seine IPv6-Adresse. Für die Konfiguration ist weder der manuelle Eingriff durch den Netzwerkadministrator erforderlich (was für den Router des Subnet jedoch notwendig sein kann), noch muss für die Eindeutigkeit der Adresse gesorgt werden: Dass der Rechner eine eindeutige Adresse besitzt, ist dadurch garantiert, dass die durch den Router des Netzwerks zugewiesene Netzwerknummer eindeutig ist. Die Host-ID ist auf Grund der MAC-Adresse der Netzwerkkarte, über die der Rechner angeschlossen ist, ebenfalls eindeutig. Außerdem kann er die erforderliche Standardroute zum Verlassen des Subnet ermitteln, da er eine routingfähige Adresse besitzt. Beachten Sie, wie einfach die Konfiguration jetzt wird, wenn ein Wechsel von einem Netzwerkdienstanbieter zu einem anderen durchgeführt wird. Die Rechner müssen nicht mehr manuell neu konfiguriert und in den meisten Fällen anschließend neu gestartet werden. Die Unterstützung durch den viel beschäftigten Netzwerkadministrator muss ebenfalls nicht mehr in Anspruch genommen werden, um sicher zu stellen, dass die zugewiesene Adresse eindeutig ist. Ferner muss der Netzwerkadministrator nicht mehr die bereits zugewiesenen Adressen überwachen und feststellen, welche Adressen noch zur Verfügung stehen. Dadurch bleibt ihm der Papierkram zur Aufzeichnung der Adressen erspart und der gesamte Vorgang der Neuadressierung vereinfacht sich entscheidend. Die Zeit, die bisher für die Überwachung und Pflege der IP-Adressen und der Netzwerknummern aufgebracht werden musste, kann nun wesentlich sinnvoller verwendet werden. Der nächste Abschnitt befasst sich eingehender mit dem Konzept der Multicast-Adresse und deren Verwendungsmöglichkeiten. Abbildung 9.10 soll die Autokonfiguration veranschaulichen.

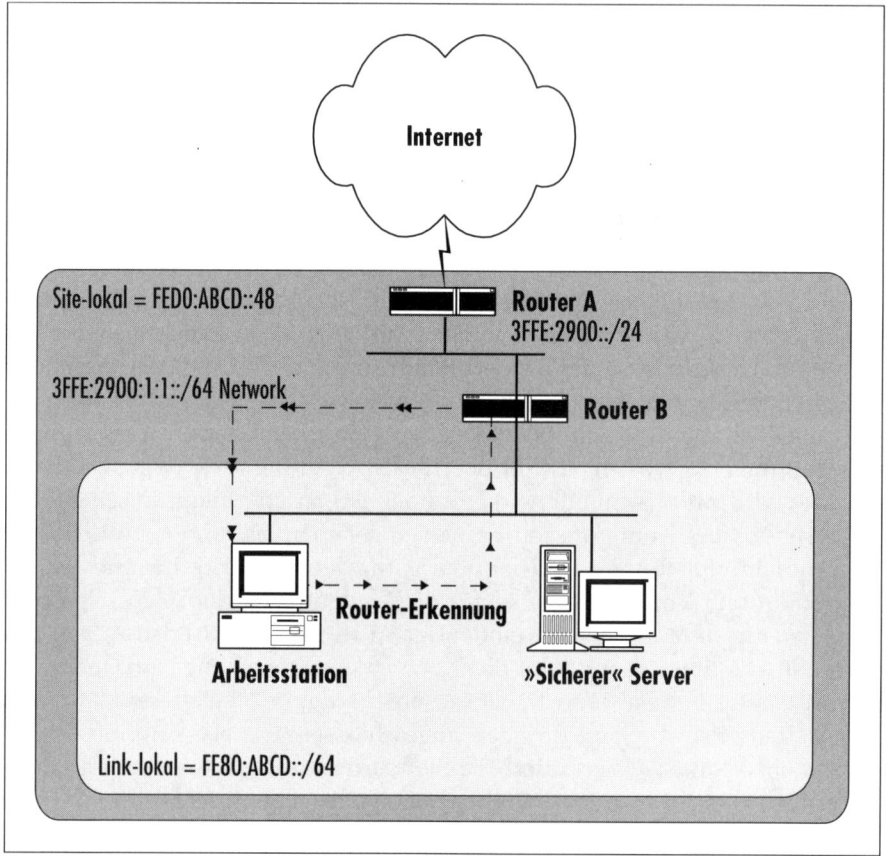

Abb. 9.10: Mechanismen zur Erkennung des LAN

9.3.5 Verbesserte Skalierbarkeit des Multicast-Routing

Nach der Beschreibung der Unicast-Adressierung, der Vorteile der Multicast-Adressierung und der Möglichkeiten zur Anpassung der Größe der Routing-Tabelle mit Hilfe von IPv6 soll nun die Multicast-Adresse etwas genauer untersucht werden. Die Multicast-Server sind wahrscheinlich die am häufigsten missverstandenen IPv6-Komponenten.

Zu Beginn diente das Internet in erster Linie zu Forschungszwecken. Über das Netzwerk wurden Forschungsergebnisse zwischen den Universitäten ausgetauscht. Da keine kommerzielle Nutzung stattfand, konnten Verzögerungen und Stauungen bei den Übertragungen toleriert werden. Die übertragenen Daten waren nicht zeitkritisch und erforderten keine Übertragungen unter Echtzeitbedingungen. Heute wird das Internet dagegen von vielen kommerziellen Unternehmen und Kunden mit vielfältigen Anwendungen genutzt. Es dient als Übertragungsmedium für immer vielfältigere Arten von Information, unter anderem für Börsenkurse, Telefongespräche oder Fernsehübertragungen. Dabei müssen diese Übertragungen nicht nur schnell durchgeführt, sondern auch einer zunehmenden Teilnehmerzahl übermittelt werden. Allein die Newsgroups senden täglich Informationen an Millionen von Empfängern.

Dieser Trend zu Übertragungen in Form einer 1:n-Beziehung machen neue Übertragungsmethoden erforderlich, bei denen eine Person eine Information vielen Leuten senden kann. Sollte in der Vergangenheit eine Information an zehn unterschiedliche Empfänger gesendet werden, wurden zehn Kopien erstellt und nacheinander versendet. Mit der Zunahme dieser Art von Übertragungen müssen jedoch einige Anpassungen vorgenommen werden. Wenn Sie beispielsweise ein Video oder einen Rundfunkbeitrag über das Internet an 10.000 Empfänger senden möchten und alle Empfänger diesen Beitrag möglichst unter Echtzeitbedingungen empfangen sollen, ergibt sich ein Problem. Sie müssen dafür sorgen, dass die Bandbreite der Verbindung die 10.000-fache Übertragungsrate bewältigen kann. Die Kosten für die erforderliche Bandbreite steigen deutlich an, wenn die Kunden (die Zuschauer und Zuhörer) mit den Übertragungen zufrieden sein sollen. Hier kann das vor einiger Zeit entwickelte Konzept des Multicasting helfen, welches bereits einige Zeit getestet wurde. Die Anforderung, eine Information auf effektive Weise an viele Interessenten auf einmal zu versenden, wird zu einem größeren Problem für das Routing, insbesondere dann, wenn nur die gewohnten Unicast-Sendungen zur Verfügung stehen. Das Konzept des Multicasting löst dieses Problem.

Beim Multicasting liegt eine 1:n-Beziehung (oder m:n-Beziehung) zwischen Absender und Empfänger vor. Anstatt eine Unicast-Adresse für den Empfang einer Multicast-Sendung anzugeben, wird eine Multicast-Adresse benutzt. Für IPv4 wird eine Multicast-Adresse normalerweise als Gruppenadresse bezeichnet. Diese Gruppenadresse eines Rechners oder einer Anwendung des Rechners zeigt an, dass Interesse am Empfang aller Daten besteht, die an diese Adresse gesendet werden. Unter IPv4 ist der Adressbereich von 224.0.0.0 bis 239.255.255.255 für Multicast-Gruppenadressen vorgesehen. Möchte jemand

Multicast-Übertragungen empfangen, adressiert er sich selbst (je nach Bedarf vorübergehend oder dauerhaft) mit dieser Adresse und erwartet Pakete mit dieser Multicast-Adresse als Empfängeradresse. Das Routing für Multicast-Pakete ist wesentlich aufwendiger und wird in diesem Zusammenhang nicht behandelt. Bei Bedarf finden Sie weitere Informationen zu diesem Thema auf der Homepage des Multicast-Forums unter der Adresse `http://www.IPmulti-cast.com` oder bei den IETF-Arbeitsgruppen zum Thema Multicast. Zu den interessanten Arbeitsgruppen gehören die Mbone Deployment Working Group (`www.ietf.org/html.charters/mboned-charter.html`) oder die Inter-Domain Multicast Routing Working Group (`www.ietf.org/html.charters/idmr-charter.html`). Daneben gibt es noch eine Reihe von IETF-Arbeitsgruppen zu bestimmten Protokollen wie z.B. die Multicast Source Discovery Protocol Working Group (MSDP) und die Protocol Independent Multicast Working Group (PIM). Mit Hilfe dieser Quellen können Sie sich über den aktuellsten Entwicklungsstand des Multicast-Routing informieren. Im Zusammenhang mit der Thematik dieses Buches genügt es, davon auszugehen, dass das Multicasting funktioniert und dabei hilft, Bandbreite einzusparen, da über die Internet-Verbindung nur ein Datenstrom gesendet wird und der Backbone dafür sorgt, dass er den interessierten Empfänger erreicht.

Das Konzept des Multicasting ist in IPv6 integriert und lässt sich in Firmennetzwerken sinnvoll einsetzen, beispielsweise für Kurzmitteilungen an die Arbeitsstationen aller Mitarbeiter oder für die Live-Übertragung einer Videokonferenz über das Firmennetzwerk für alle Angestellten. In einem Firmennetzwerk können viele Kosten für die erforderliche Bandbreite eingespart werden, wenn eine effektive Routing-Struktur eingerichtet wird. Hier leistet das Multicasting gute Dienste. Meist sollen Multicast-Informationen (so genannte Streams) aber nur an dafür vorgesehene Empfänger versendet werden – es muss nicht das gesamte Internet zuhören, wenn der Firmenchef die neuesten geheimen Strategien zur Gewinnung neuer Marktanteile vorstellt. Dafür stellt IPv6 das Konzept der Multicast-Bereiche bereit. Mit diesem Konzept wird erreicht, dass bestimmte Multicast-Streams nur innerhalb festgelegter Bereiche weitergeleitet werden und aus Gründen der Geheimhaltung diesen Bereich niemals verlassen können. Die Routing-Geräte kennen diesen Bereich sehr genau und können mit minimalem Konfigurationsaufwand sicherstellen, dass die Multicast-Daten und -Routen die vorgesehene Routing-Domäne nicht verlassen. Abbildung 9.11 zeigt das Format der Multicast-Adressierung.

```
|    8    |  4  |  4  |                112 Bit                          |
+--------+----+----+-----------------------------------------------+
|11111111|flgs|scop|                group ID                        |
+--------+----+----+-----------------------------------------------+
```

Abb. 9.11: Das Format der IPv6 Multicast-Adresse

Dieses Format der Multicast-Adresse unterscheidet sich ein wenig von dem Format der global routingfähigen Unicast-Adresse. Die ersten 8 Bit sind auf 1 gesetzt, woran ein Routing-Gerät sofort erkennt, dass es sich um ein Multicast-Paket handelt, das eine entsprechende Sonderbehandlung erfahren muss. Die nächsten 4 Bit dienen als Flags. Zurzeit sind die ersten 3 Bit des flgs-Feldes reserviert und nicht definiert, daher sollten sie immer auf den Wert 0 gesetzt werden. (In einigen Fällen werden diese Bits auch fälschlicherweise für eigene Kennzeichnungen benutzt. Das geht solange gut, bis diese Bits einmal standardisiert werden und dadurch Kompatibilitätsprobleme entstehen.) Das vierte Bit wird als T-Bit bezeichnet (siehe RFC 2460) und gibt an, ob es sich bei der Multicast-Adresse um eine permanent oder temporär zugewiesene Adresse handelt. An diesem Feld lässt sich also ablesen, ob es sich bei der Multicast-Adresse um eine Standardadresse handelt (eventuell kann dies eine Gruppenadresse für den Kontakt zu allen Knoten einer Routing-Domäne sein) oder um eine temporäre Adresse (etwa für den Empfang einer Fußballübertragung via Internet). Das nächste Feld legt fest, wohin und an welche Routing-Domänen das Multicast-Paket geleitet werden kann und wie die Gruppenadresse lautet. Das Bereichsfeld kann die Werte aus Tabelle 9.3 annehmen.

0	reserviert
1	Knoten-lokaler Bereich
2	Link-lokaler Bereich
3	(nicht zugewiesen)
4	(nicht zugewiesen)
5	Site-lokaler Bereich
6	(nicht zugewiesen)
7	(nicht zugewiesen)
8	Organisations-lokaler Bereich
9	(nicht zugewiesen)

Tab. 9.3: Bereichfelder

A	(nicht zugewiesen)
B	(nicht zugewiesen)
C	(nicht zugewiesen)
D	(nicht zugewiesen)
E	globaler Bereich
F	reserviert

Tab. 9.3: Bereichfelder (Forts.)

Anhand der Zuweisung der Multicast-Adresse kann kontrolliert werden, wie weit die Multicast-Pakete gesendet und wie weit die Routing-Ankündigungen der Multicast-Gruppe weitergereicht werden. Möchten Sie beispielsweise der gesamten Welt eine Multicast-Sitzung ankündigen, müssen Sie den Bereich E (binär 1110) wählen. Möchten Sie jedoch eine Multicast-Gruppe zur Teilnahme Ihrer Mitarbeiter an eine Videokonferenz im firmeneigenen Netzwerk einrichten, dann müssten Sie dieser Adresse den Bereich 5 (binär 0101) oder den Bereich 2 zuweisen, wenn sich alle Teilnehmer im gleichen LAN wie Sie befinden (binär 0010). Sie können auf diese Weise sehr einfach steuern, wie weit Ihre Informationen verbreitet werden. Um den Datenverkehr auf einen bestimmten Bereich einzuschränken, muss der Netzwerkadministrator keine Filter an den Grenzen jeder Routing-Domäne mehr einrichten. Diese Aufgabe kann der Software überlassen werden, die sich im Allgemeinen nicht so leicht durch zufällige Veränderungen im Netzwerk beeindrucken lässt. Die erforderliche Geheimhaltung kann so wesentlich einfacher gewährleistet werden, was ein weiterer Vorteil von IPv6 ist. Die Multicast-Grenzen sind klar definiert und leicht zu verwalten.

9.3.6 Die Anycast-Adresse

IPv6 definiert einen neuen Adresstyp, der als Anycast-Adresse bezeichnet wird. Diese Adressen werden für IPv4 bereits in geringem Umfang eingesetzt, IPv6 integriert diesen Adresstyp in seine Funktionen und verbessert damit die Effektivität des Routing. Dieser Abschnitt erläutert einige Eigenschaften der Anycast-Adresse in Einzelheiten und stellt interessante Anwendungen der Anycast-Adresse im zukünftigen IPv6-Internet vor.

Eine Anycast-Adresse ist eine IPv6-Adresse, die einer Gruppe aus einem oder mehreren Hosts zugewiesen wird, die einem allgemeinen Zweck dienen. Werden Pakete an die IPv6-Anycast-Adresse gesendet, legt das Routing über den dem Absender am nächsten gelegenen Rechner fest, welches Mitglied der Gruppe das Paket erhält. Dies geschieht mit Hilfe des IGP-Protokolls des betreffenden Netzwerks (IGP = Interior Gateway Protocol ist das Routing-Protokoll Ihrer Routing-Domäne, z. B. RIP, EIGRP, IS-IS). So kann die Funktionalität geografisch über das Netzwerk verteilt werden, was der Effektivität in zweifacher Hinsicht dient. Die Funktion unterscheidet sich klar von der Multicast-Adresse. Zwar werden beide Adressen mehr als einem Host zugewiesen, die Anycast-Adresse wird jedoch für Datenübertragungen im Verhältnis 1:1 verwendet, während die Multicast-Adressierung für Datenübertragungen an mehrere Empfänger benutzt wird. Untersuchen wird die beiden Vorteile des Anycast-Adressierungsschemas.

Zum einen wird der nächstgelegene Rechner der Gruppe gewählt und daher ist irrelevant, mit welchem Gruppenmitglied der Anycast-Gruppe Informationen ausgetauscht werden. Durch die Auswahl des nächsten Gruppenmitglieds wird in der Regel Zeit eingespart. Zum anderen wird Bandbreite gespart, wenn die Übertragung an das nächstgelegene Mitglied der Anycast-Gruppe erfolgt, weil auf diese Weise der Gesamtweg, den ein Paket zurücklegen muss, in den meisten Fällen verkürzt wird. Sie sparen mit Anycast also nicht nur Zeit, sondern auch Geld (denn Bandbreite kostet Geld).

Für die Anycast-Adresse können keine eigenen Bits gesetzt werden, da die Anycast-Adressierung aus den Bereichsadressen oder den global routingfähigen Unicast-Adressen abgeleitet wird. Aus Sicht eines IPv6-fähigen Rechners unterscheidet sich die Anycast-Adresse nicht von einer Unicast-Adresse. Es ist lediglich möglich, dass andere Rechner innerhalb der gleichen Region, für die der Bereich definiert ist, mit dem gleichen Bereich der Unicast-Adresse nummeriert sind (z. B. kann es mehr als einen Rechner einer Site-lokalen Anycast-Adresse an einem Standort geben).

Nachdem wir die Unterschiede zwischen Anycast- und Multicast-Adresse erläutert haben, stellen wir nun einige mögliche Anwendungen der Anycast-Adresse vor. Sehr nützlich kann Anycast beispielsweise für DNS (Domain Name Service) sein. Wird DNS vielen Benutzern oder Kunden angeboten, wie dies bei den meisten Tier 1-Dienstanbietern der Fall ist, muss es so eingerichtet werden, dass eine große Anzahl von Anfragen aus allen Bereichen, für die der Dienst angeboten wird, bearbeitet werden kann. Es ist daher meist sinnvoller, mehrere DNS-Server einzusetzen und diese geografisch zu verteilen. Dadurch wird die Verfügbarkeit gewährleistet, wenn ein DNS-Server ausfällt und im Netzwerk nicht mehr erreichbar ist; außerdem kann die Last gleichmäßig auf die Server verteilt werden. Allerdings dürfen den Benutzern nicht zu viele IP-Adressen von DNS-Servern für die Namensumwandlung zugewiesen werden, da ein oder zwei ausreichend sind. Ferner werden eine oder zwei IP-Adressen für den gesamten geografischen Bereich benötigt, um bei Ausfällen geschützt zu sein.

Eine mögliche Vorgehensweise dabei ist, dass DNS-Servern mit identischer Konfiguration und gleichen Vertrauensstellungen die gleiche IP-Adresse zugewiesen wird. Werden anschließend die Routen für jeden dieser DNS-Server in die Backbone Routing-Tabelle eingetragen, wird eine Anfrage an das DNS-System immer an den geografisch nächsten DNS-Server gesendet. So wird die Last auf beide DNS-Server verteilt und gleichzeitig die Belastung durch DNS-Anfragen für den Backbone verringert. Durch diese Methode sparen die Benutzer Zeit (da die DNS-Server in der Nähe liegen und die Übertragungen weniger Zeit beanspruchen) und die Betreiber Geld (Bandbreite verursacht Kosten). Da DNS auf UDP und nicht auf TCP basiert, verlaufen die Transaktionen zwischen dem DNS-Server und den Benutzern schnell, benötigen wenig Zeit und erfordern keine Sequenzierung, Fehlerprüfung oder Ähnliches. Soll ein Host-Name umgewandelt werden, wird ein Paket mit einer Anfrage nach der Adresse eines bestimmten Internet-Domänennamens an den DNS-Server gesendet und diese daraufhin beantwortet. Auf Grund dieses Ablaufs eignet sich das Anycast-Adressierungsmodell für diese Zwecke. Weitere Informationen hierzu finden Sie in `draft-catalone-rockell-hadns.00.txt`.

Für IT-Profis

Welche Anwendungen eignen sich für Anycast?

Einige Anwendungen eignen sich nicht für den Einsatz von Anycast. Auf TCP basierende Anwendungen, die die Anycast-Adressierung verwenden, bieten nicht die Ausfallsicherheit, die im letzten Beispiel gewährleistet war. Bei einer auf UDP basierenden Anwendung müssen keine Informationen über die Paketreihenfolge aufgezeichnet werden. Bei TCP entsteht hier ein Problem: Kommt es im Netzwerk zu einer Störung und die Benutzer befinden sich mitten in einer TCP-Sitzung mit einem Anycast-Rechner, dann sind TCP-Sequenzinformationen falsch, wenn die Übertragungen an den nächstgelegenen Anycast-Server umgeleitet werden. Bei Übertragungen im Web, das weitgehend auf TCP beruht, müsste der Benutzer zumindest die letzte Web-Seite noch einmal laden, um an den Punkt zurückzukehren, an dem er sich vor dem Ausfall befand. Für andere Anwendungen könnten sich noch schwerer wiegende Folgen durch das geänderte Routing ergeben, sodass genaue Überlegungen erforderlich sind, bevor das Anycast-Modell für bestimmte Anwendungen eingesetzt wird.

9.4 Die Notwendigkeit weiterer Entwicklungen

Obwohl IPv6 bereits sehr viele neue und nützliche Konzepte für ein effektiveres und einfacheres Routing und die Konfiguration enthält, muss vor einer allgemeinen Einführung von IPv6 im Internet noch einige Arbeit geleistet werden. In diesem Abschnitt werden Probleme vorgestellt, die im Augenblick Gegenstand der Bemühungen der IETF-Arbeitsgruppe IPNGWG sind (Internet Protocol, Next-Generation Working Group; weitere Informationen zu den Zielen und dem aktuellen Stand finden Sie unter `http://www.ietf.org/html.charters/IPngwg-charter.html`).

9.4.1 Das Problem der Mehrfachvernetzung

Nach der Beschreibung der IPv6-Adressierung und des Routing, wenden wir uns den Problemen zu, die sich möglicherweise aus dem IPv6-Routing ergeben können. Wie bereits mehrfach erwähnt wurde, erhalten die Tier 1-Dienstanbieter große Blöcke des Adressraums, von denen sie kleinere Teile an ihre Kunden weitergeben, mit denen diese dann ihre Netzwerke nummerieren. IPv6 beruht auf dem Fundament der unbedingten Aggregation der Routen, bei dem der Tier 1-Dienstanbieter lediglich das Aggregat seines Adressraums den anderen Tier 1-Partnern mitteilen muss. Dadurch nimmt die Routing-Tabelle nur einen geringen Umfang an, was ohne Aggregation nicht möglich wäre. Die Stabilität der Routen wird optimiert, da bei Veränderungen in kleineren Bereichen der Netzwerke die Routen nicht global widerrufen werden müssen. So beeinflusst eine Routenstillegung die Erreichbarkeit nur, wenn es zu einem Ausfall eines Netzwerks kommt, der wieder behoben wird.

Was geschieht jedoch, wenn beispielsweise das kleinere Netzwerk eines Internet-Dienstanbieters oder eines Unternehmens über mehrere Dienstanbieter eine Verbindung zum Internet herstellt? Traditionell setzt IPv4 in diesen Fällen zwischen den übergeordneten Anbietern und diesen Internet-Dienstanbietern oder dem Unternehmen BGP ein, um den von anderen Anbietern bereitgestellten IP-Adressraum anzukündigen. Diese Ankündigungen müssen wiederum allgemein weitergeleitet werden, damit die Netzwerkverwalter dieses kleinen Internet-Dienstanbieters oder Unternehmens in der Lage sind, die Last über beide Verbindungen zum Internet zu verteilen. Das zugewiesene Subnet muss jetzt in der globalen Routentabelle aufgenommen werden. Für IPv6 stellt eine solche Situation eine grobe Verletzung des zugrunde liegenden Prinzips der Aggregation dar. Betrachten wir das früher in diesem Kapitel vorgestellte IPv4-Szenario noch einmal und übertragen wir es auf IPv6-Adressen, dann ergeben sich die gleichen Probleme. Der Dienstanbieter (der dem Kunden den Adressblock zuweist) muss nicht nur zulassen, dass der kleinere Block seines Kunden weitergemeldet wird und seinen Partner erreicht (derjenige, zu dem der Kunde ebenfalls eine Verbindung unterhält); er muss diese spezielle Route darüber hinaus auch allen anderen Partnern mitteilen, damit sie nicht automatisch den anderen Anbieter wählen (der den Adressblock nicht zugewiesen hat), weil es sich um eine spezifischere Routenankündigung handelt, die sich dadurch als der beste Weg zum Kunden darstellt. Die Arbeitsgruppen IPNGWG und NGTRANSWG (Next-Generation TRANSition Working Group) befassen sich mit diesem Problem. Zurzeit liegen einige Lösungsvorschläge vor, die aber gleichzeitig andere Probleme aufwerfen.

Der erste Lösungsvorschlag ist im RFC 2260 enthalten. Er sieht vor, die in diesem Kapitel vorgestellten Prinzipien der Aggregation solange beizubehalten, bis es zu einem Netzwerkfehler kommt. Wenn alles funktioniert, sendet der Grenz-Router zum übergeordneten TLA 1 nur das Präfix, welches vom übergeordneten TLA 1 zugewiesen wurde. Umgekehrt kündigt der mit dem übergeordneten TLA 2 verbundene Grenz-Router nur das Präfix, welches der übergeordnete TLA 2 zugewiesen hat, dem TLA 2 an. Tritt ein Fehler auf, meldet der Grenz-Router, bei dem der Fehler nicht auftritt, beide Präfixe an den übergeordneten TLA, der noch funktioniert. Wurde der Fehler behoben, wird das ungültige Präfix widerrufen und die Situation ist wieder normal. Dieser Vorschlag ist zwar nicht schlecht, da er einen Fehler bei einem untergeordneten, mehrfach vernetztem Anbieter, der in seinem Netzwerk Adressen von beiden Anbietern zuweist, erlaubt, er wirft jedoch einige verwaltungstechnische Probleme für den übergeordneten Anbieter auf. Unterhält der übergeordnete Provider eine effektive Routing-Richtlinie für die untergeordneten Kunden, dann gehört dazu in der Regel ein Filter für die BGP-Sitzung, der nur Routen zulässt, die dem übergeordneten Anbieter vom untergeordneten Kunden angekündigt wurden. In diesem Fall muss er aber sowohl die Route, die er selbst vergeben hat, als auch die Route des anderen übergeordneten Anbieters zulassen. Ferner kann der übergeordnete Anbieter, der beide Präfixe erhält, nicht wissen, wann oder ob überhaupt ein Netzwerkfehler zwischen seinem untergeordneten Kunden und dem anderen Dienstanbieter aufgetreten ist. Der übergeordnete Anbieter kann auch nicht feststellen, wann die Verbindung seines Kunden zum anderen Anbieter wiederhergestellt ist und die Route widerrufen werden muss. Er kann dies nur erfahren, wenn er sich darauf verlässt, dass der Kunde eine korrekte Konfiguration unterhält, bei der nicht beide Routen angekündigt werden, obwohl alles funktioniert. Zusätzlich muss eine Software-Lösung implementiert werden, die die ungültige Route automatisch widerruft, wenn der Fehler behoben ist. Es kann leicht geschehen, dass der Kunde die Richtlinie falsch konfiguriert und unzulässiger Weise beide Routen angekündigt werden, obwohl kein Fehler vorliegt. Zusammenfassend lässt sich also feststellen, dass dieser Vorschlag einige positive Seiten hat, aber insgesamt nicht annähernd so gut zu kontrollieren ist, wie sich dies ein übergeordneter Anbieter wünscht.

Der zweite Vorschlag wird zurzeit im IPv6-Testnetzwerk 6Bone erprobt. Nach diesem Vorschlag wird jedem mehrfach vernetzten Host eine Adresse für jede übergeordnete Verbindung zugewiesen, sodass es sich um eine IPv6-Zuweisung für den untergeordneten Kunden handelt. Wenn Ihnen beispielsweise vom Anbieter A und vom Anbieter B jeweils ein Präfix zugewiesen wurde, muss jedem Rechner, der die Vorteile der Mehrfachvernetzung nutzen will, ein Präfix aus den Zuweisungen des Anbieters A und B zugeordnet werden (nennen wir sie Präfix A und Präfix B). Jeder Host besitzt jetzt zwei global routingfähige Unicast-Adressen, eine über das Präfix A und eine zweite über das Präfix B. Jeder Grenz-Router, der mit den übergeordneten Anbietern kommuniziert, kann jeweils nur das Präfix weitermelden, das vom jeweiligen Anbieter zugewiesen wurde, sodass die Stabilität des Routing gewährleistet ist. Kommt es zu einem Netzwerkfehler, infolge dessen ein Anbieter nicht mehr erreichbar ist, können die Rechner, die diese Adresse benutzt haben, zur Adresse des anderen Anbieters wechseln, damit wieder eine Verbindung besteht.

Aber auch diese Lösung ist mit einer Reihe von Problemen verbunden. Zum einen ist diese Methode hinsichtlich einer effektiven Zuweisung des IPv6-Adressraums nicht optimal. Jedem Netzwerk mit n übergeordneten Anbietern werden n Adressen zugewiesen. Aber vielleicht noch wichtiger ist die Tatsache, dass TCP zurzeit keinen Wechsel der Adresse während einer TCP-Sitzung zulässt. Es bleibt daher nur die Möglichkeit, TCP dieser Situation anzupassen, was an sich einfach erscheinen mag; allerdings verbergen sich dahinter sehr weitreichende Verästelungen. Die meisten TCP-Anwendungen sind so aufgebaut, dass Veränderungen an TCP eine Veränderung der Anwendung verlangen würden. Das könnte zur Folge haben, dass viel Netzwerk-Software für eine solche Veränderung umgeschrieben werden müsste. Außerdem kann es erforderlich werden, dass die Betriebssysteme angepasst werden müssen, um Absenderadressen beim Ausfall eines Netzwerks dynamisch umzuschalten. Wie erfährt der Absender, dass es zu einem Netzwerkausfall gekommen ist? Was geschieht, wenn das Problem auf Seiten des Empfängers aufgetreten ist? Woran erkennt der Absender, dass eine

Umschaltung der IPv6-Absenderadresse das Problem beseitigen kann? All diese Überlegungen führen zu dem Schluss, dass es sich hier nicht um eine langfristig geeignete Lösung handelt.

Die Mehrfachvernetzung bereitet IPv6 noch einige Schwierigkeiten. Sie bildet im Augenblick den Schwerpunkt der Bemühungen der IETF-Arbeitsgruppe IPNGWG. Hoffentlich wird ihre Arbeit von Erfolg gekrönt sein und eine anpassungsfähige Lösung bieten, die nicht mehr die Schwächen der beiden vorgestellten Vorschläge aufweist.

9.4.2 Bone

Vor dem Hintergrund der beschriebenen elementaren Grundlagen der IPv6-Adressierung und des IPv6-Routings wollen wir einen Blick auf den derzeitigen Einsatz von IPv6 werfen und seine Erfolge wie auch Probleme beschreiben. Das wichtigste Beispiel für den Einsatz von IPv6 ist das 6Bone-Netzwerk der IETF-Arbeitsgruppe Next-Generation Transition Working Group (NGTRANSWG). Dieses Netzwerk besteht aus IPv6-fähigen Geräten, die über das herkömmliche IPv4-Internet miteinander verbunden sind. Dabei werden im Netzwerk beide Varianten eingesetzt: IPv6 ohne Tunnelung durch ein anderes Protokoll der Schicht 3 und IPv4-Tunnel zwischen unterschiedlichen IPv6-fähigen Geräten. Dieses Netzwerk dient zwei Zielen. Zum einen soll 6Bone den Entwicklern eine Möglichkeit bieten, ihre IPv6-Implementierungen in einem großen Netzwerk zu testen, in dem unterschiedliche Hersteller eigene IPv6-Implementierungen einsetzen. So kann festgestellt werden, ob diese IPv6-Implementierungen zusammenarbeiten können. Die Protokollentwickler können dafür sorgen, dass die Protokollspezifikationen den Implementierern eindeutige Vorgaben für die Entwicklung IPv6-fähiger Rechner an die Hand geben. Außerdem soll 6Bone den Netzwerkoperatoren Gelegenheit bieten, Netzwerke zu entwerfen und praktische Erfahrungen mit den neuen Protokollen zu sammeln. Ferner können sie Probleme mit dem IPv6-Protokoll erkennen (wie beispielsweise die Probleme der Mehrfachvernetzung), die übersehen wurden oder die unvorhersehbar waren, als die Protokolle entwickelt wurden.

Die Väter des IPv6-Protokolls sind bei der Planung des Protokolls zwar sehr pedantisch vorgegangen, es kann aber nicht schaden, wenn die neue Technologie unter realen Bedingungen in einem Netzwerk getestet wird, bevor eine Implementierung in größerem Maßstab durchgeführt wird. 6Bone hilft bei der Ausarbeitung aller Details und beim Test neuer Eigenschaften, bevor diese in einem großen multinationalen Zusammenhang eingesetzt werden. Die von der IETF definierten Routing-Praktiken werden dabei eingehalten. Informationen zu den aktuellen IPv6-Routing-Praktiken im 6Bone-Netzwerk finden Sie unter der Adresse `www.ietf.org/internet-drafts/draft-ietf-ngtrans-harden-02.txt`. (Hinweis: Dies ist ein so genanntes Internet Draft. Als dieses Buch geschrieben wurde, stand es kurz vor der Veröffentlichung als RFC.) Informationen zu 6Bone finden Sie unter `http://www.6bone.net`.

9.5 Zusammenfassung

IPv6 bietet viele der dringend erforderlichen Verbesserungen, die das Internet in naher Zukunft realisieren muss. IPv6 löst das Problem der Verknappung der IPv4-Adressen und sorgt für eine bessere Anpassungsfähigkeit der Kernbereiche des Internet, wodurch die Effizienz des Routing im Internet insgesamt verbessert wird. Die 128 Bit großen Adressen bieten einen angemessenen Adressraum für die Zukunft. Durch die effektive Aggregation des Adressraums kann eine feste Grenze für die Größe der Routing-Tabelle im Kern des Internet gesorgt werden. Auf diese Weise kann die zukünftige Ausdehnung des Internet gesichert werden.

Auch wenn IPv6 die beiden Hauptprobleme des Internet lösen kann, sind weitere Verbesserungen des Protokolls erforderlich. Das IPv6-Protokoll bietet Möglichkeiten für das Hop-by-Hop-Routing, die Authentifizierung der Pakete, verschlüsselte Pakete, Tag-Umschaltung, Dienstgüte (QoS, Quality of Service) und weitere Eigenschaften, die das Protokoll vielseitiger als den Vorgänger IPv4 machen. IPv6 integriert die Möglichkeit zum Einsatz von Multicast- und Unicast-Routing im Rahmen festgelegter Grenzen und Bereiche, die verhindern, dass Daten an nicht erwünschte Orte gelangen. Mit IPv6 wird auch eine Anycast-Adresse eingeführt, die für Anwendungen vorgesehen ist, die von mehreren Rechnern bedient werden und deren Dienste in einer skalierbaren Weise verteilt werden müssen.

IPv6 befindet sich bereits in einer Testphase und wird über das 6Bone-Netzwerk unter realen Bedingungen eingesetzt. Der virtuelle Backbone lässt den Test von IPv6-Implementierung und dem Protokoll selbst zu. IPv6 wird immer stärker beachtet und scheint eine Lösung für die Zukunft des Internet zu bieten.

9.6   Häufig gestellte Fragen

Frage: Wie kann ich Verbindung zu 6Bone herstellen?

Antwort: 6Bone unterhält eine Mailing-Liste, über die Fragen und Diskussionen zum Netzwerkbetrieb sowie Vorschläge für Übergangsstrategien veröffentlicht werden. Wenn Sie an die Adresse `majordomo@isi.edu` eine E-Mail mit dem Inhalt »subscribe 6bone« senden, wird Ihnen die Mailing-Liste zugeschickt. Die Mitglieder der Mailing-Liste werden dazu aufgefordert, an der IPv6-Kommunikation teilzunehmen. Informationen darüber, wie eine Verbindung hergestellt werden kann, finden Sie auf der Web-Seite `www.6bone.net.doc`. Dort erfahren Sie auch, über welchen Internet-Dienstanbieter sie einen Tunnel erhalten können.

Frage: Von wem erhalte ich eine IPv6-Adresse?

Antwort: IPv6-Adressen werden von Internet-Providern vergeben, die welche besitzen. Wenn Sie sich an 6Bone oder einem anderen IPv6-Netzwerk beteiligen, ist Ihr Provider für die Bereitstellung der entsprechenden IPv6-Adresse verantwortlich.

Frage: Wo finde ich weitere Einzelheiten zu den IPv6-Protokollspezifikationen?

Antwort: Sie finden alle Protokollspezifikationen in den RFCs (Requests for Comments) der IETF unter der Adresse `www.ietf.org`. Dort steht Ihnen eine Suchmaschine zur Verfügung, die alle aktuellen IPv6-RFCs und Internet Drafts bereitstellt.

Der IPv6-Header

10

10.1 Einführung

IPv4 hat in den vergangenen Jahrzehnten gute Dienste geleistet; aber einige der in der Vergangenheit gewählten Lösungen besitzen große Nachteile für den aktuellen und zukünftigen Betrieb des Internet. IPv6 ist das neue IP-Protokoll, das für die zukünftigen Anforderungen an das Netzwerk entwickelt wurde und mit dem aktuellen IPv4-Protokoll zusammenarbeitet.

Mit der wachsenden Beliebtheit des Internet wurde absehbar, dass die zu erwartende Anzahl der Internet-Knoten mit der 32-Bit-Adresse von IPv4 nicht mehr adressiert werden kann. Gleichzeitig mit dem Anstieg der adressierten Knoten nimmt auch der Umfang der Routing-Tabelle zu und diese umfangreichere Routing-Tabelle schwächt die Leistungen des IP-Netzwerks. Diese Tatsachen lassen den weiteren Einsatz von IPv4 problematisch erscheinen.

So entstand IPv6 aus dem Bedürfnis für ein neues IP-Protokoll. Neben der Lösung der erwähnten Probleme verfügt IPv6 über weitere Eigenschaften zur Erweiterung des IP-Netzwerks.

Die Fortschritte bei der Entwicklung der Hardware haben neue Anwendungen entstehen lassen, für deren Einsatz im Internet besondere Vorkehrungen getroffen werden müssen. Das verbindungslose und auf Anfragen ausgerichtete IPv4 bietet keine Unterstützung für verbindungsorientierte Anwendungen. IPv6 setzt hierfür die Flusskennzeichnung ein.

Für eine erfolgreiche Arbeit mit IP-Netzwerken sind Plug-and-Play-Eigenschaften, wie sie in Telefonanlagen eingesetzt werden, eine wichtige Voraussetzung. Um das Plug-and-Play-Konzept in einem IP-Netzwerk realisieren zu können, muss die Konfiguration eines IP-Rechners einfach oder am besten automatisch durchzuführen sein. Trotz der Bemühungen für die Realisierung automatischer Konfigurationen (z.B. mit dem Dynamic Host Configuration Protocol) ist die Konfiguration eines IPv4-Rechners nach wie vor nicht einfach. IPv6 soll die automatische Konfiguration der IPv6-Rechner unterstützen.

In den letzten Jahren wurde das Internet immer mehr für kommerzielle Zwecke eingesetzt und die Abwicklung von Geschäften über das Internet ist immer beliebter geworden. Das führte aber auch zu erhöhten Anforderungen an die Sicherheit und Geheimhaltung. Sicherheitsvorkehrungen sind für IPv6 zwingend erforderlich, damit das IPv6-Netzwerk diesen Anforderungen gerecht wird.

Sehr wichtig sind auch die Maßnahmen, die IPv6 für den Übergang von IPv4 zu IPv6 bereitstellt. Dieser Übergang kann nicht schlagartig erfolgen; daher wurde IPv6 so entworfen, dass IPv4- und IPv6-Netzwerke lange Zeit nebeneinander bestehen können. Der Entwurf für IPv6 berücksichtigt viele Möglichkeiten für die Zusammenarbeit mit IPv4-Rechnern. In die Infrastruktur der IPv4-Netzwerke wurde sehr viel investiert. Besteht keine Möglichkeit mit vorhandenen Netzwerken zu kommunizieren, dann besteht auch keine Aussicht für das neue Protokoll, die derzeitige Internet-Infrastruktur erfolgreich zu ersetzen, egal welche Vorteile es sonst zu bieten hat.

Die Planung für IPv6 wurde von den Nachteilen und Schwächen von IPv4 beeinflusst. Dieses Kapitel behandelt zuerst die Veränderungen von IPv6 gegenüber IPv4. Diese Veränderungen betreffen die vergrößerte Adresse, den vereinfachten Header, die verbesserte Unterstützung von Erweiterungen und Optionen, die Möglichkeiten zur Flusskennzeichnung, für die Beglaubigung und die Geheimhaltung. Die ersten drei Verbesserungen werden durch eine Veränderung der Grundlagen von IPv4 erreicht, zum Beispiel durch die Entscheidung für eine 128 Bit große Adresse anstelle der bisherigen 32-Bit-Adresse oder dadurch, dass den zwischen Absender und Empfänger liegenden Geräten keine Fragmentierung der Pakete mehr gestattet wird. Auch das Einfügen optionaler Informationen in den Erweiterungs-Header anstatt in den IP-Header gehört zu diesen Verbesserungen. Die beiden zuletzt genannten Änderungen erweitern IPv6 um zusätzliche Funktionen, die das Netzwerk zur Unterstützung der derzeitigen Anwendungen und der Anwendungen der nahen Zukunft benötigt.

In diesem Kapitel wird auch des Format des IPv6-Headers und des Erweiterungs-Headers erörtert. Die Felder des IPv6-Headers werden vorgestellt und mit denen des IPv4-Headers verglichen. Das Format der Erweiterungs-Header wird anhand eines Beispiels für jeden einzelnen Erweiterungs-Header erläutert.

Abschließend werden Auswirkungen von IPv6 auf Protokolle der oberen Schicht behandelt.

10.2 Die erweiterte Adressierung

IPv4 verwendet 32-Bit-Adressen, mit denen bis zu 2^{32} Knoten adressiert werden können. Durch die Kombination von Netzwerk- und lokaler Adresse und auf Grund des für besondere Fälle reservierten Adressraums (z.B. für die Behandlung der Loopbacks und der Rundsendungen) verringert sich die Anzahl der adressierbaren Knoten. Mit dem expotenzialen Wachstum der Rechnernetzwerke in den vergangenen Jahren wurde absehbar, dass die Anzahl der mit 32-Bit-Adressen zu adressierenden Knoten in der Zukunft überschritten wird.

Darüber hinaus führte die Hierarchie aus Netzwerk- und lokaler Adresse bei den IPv4-Adressen zu einer ineffektiven Nutzung der Adressbereiche. Ein Unternehmen, welches beispielsweise weit weniger als 2^{16}, aber mehr als 2^8 Hosts adressieren muss, verschwendet viel Adressraum, wenn 2 Oktette für die Netzwerkadresse und 2 Oktette für die lokale Adresse benutzt werden.

Neben der Ineffektivität der Hierarchie der Netzwerkadressen ist diese sequenzielle Adresszuweisung auch deshalb nicht geeignet, weil sie ein effektives Routing unmöglich macht. Bei einer sequenziellen Adresszuweisung ist der Umfang der Routing-Tabellen nicht mehr zu bewältigen und das Routing wird sehr langsam, weil sehr viele Informationen durchsucht werden müssen.

Die IPv6-Adresse wurde auf 128 Bit vergrößert. Mit dieser vergrößerten Adresse können zum einen mehr Knoten adressiert und zum anderen mehrere Stufen für die Adressierungshierarchie gebildet werden. Eine bessere Adressierungshierarchie führt zu effektiveren Operationen im Netzwerk und zu einer Skalierbarkeit des Netzwerks. Werden weitere Netzwerke hinzugefügt, vergrößert sich die Routing-Tabelle und der Vorgang des Routing dauert wesentlich länger. Eine sorgfältige Planung der Adressierungshierarchie und der Größe der Routing-Tabelle kann die Weiterleitung der Pakete effektiver gestalten. Eine organisatorische Veränderung ist häufig mit einer Änderung der Konfiguration der davon betroffenen Geräte verbunden. Wird beispielsweise der Internet Service Provider gewechselt, ist dies meist mit einer Veränderung der Netzwerkadresse verbunden. Daher muss jeder Knoten neu konfiguriert werden, um diesem Umstand Rechnung zu tragen. Trotz der anhaltenden Bemühungen für die Entwicklung von Autokonfigurationsmechanismen, wie zum Beispiel dem Dynamic Host Configuration Protocol, muss die Konfiguration häufig manuell geändert werden.

IPv6 verwendet keine Rundsendungsadresse, sondern benutzt statt dessen die Anycast-Adresse, mit der ein Paket an jedes Mitglied einer Gruppe von Knoten gesendet wird.

10.3 Vereinfachte Header

IPv6 baut auf IPv4 auf und berücksichtigt die im Umgang mit IPv4 gesammelten Erfahrungen. Die Länge des IPv4-Headers kann zwischen 20 und 60 Byte liegen. Er enthält 11 Felder in den ersten 20 Byte des IPv4-Headers. Die Komplexität von IPv4 kann zu ineffektiven Routeroperationen führen. Durch Einführung eines einfacheren Headers mit 8 Feldern in 40 Byte und einer festen Header-Länge kann IPv6 die Leistungsfähigkeit der Router steigern.

Einige Felder des IPv4-Headers wurden entfernt oder in die Erweiterungs-Header eingebettet. Da Optionen in den Erweiterungs-Header eingebettet werden, ist die Länge des IPv6-Headers nicht mehr variabel, sodass der IPv6-Header kein Feld für die Länge des Headers benötigt. Bei IPv6 können nur die Absenderknoten eine Fragmentierung durchführen, daher wurden die Felder mit den Informationen für die Fragmentierung und das Wiederzusammensetzen der Pakete aus dem IP-Header entfernt. Da Protokolle der oberen Schicht wie zum Beispiel TCP und UDP die Prüfsumme für das gesamte Paket berechnen, ist auch das Prüfsummenfeld im IP-Header überflüssig.

10.4 Verbesserte Unterstützung für Erweiterungen und Optionen

Da die Gesamtlänge des IPv4-Headers variabel ist, wird die Länge des Headers im Längenfeld angegeben. Die Anzahl der Bits in diesem Feld (4 Bit) legt die maximale Länge des IPv4-Headers fest. Die Header-Länge wird in Einheiten von vier Oktetten angegeben, daher kann der IPv4-Header 60 Byte groß sein. Da der feste Anteil des IPv4-Headers 20 Byte beträgt, ist die Länge der Optionen stark eingeschränkt.

Für Manager

Länge der Adressierungsoptionen bei IPv4

Diese Beschränkung der Länge der Optionen hat einige Optionen eliminiert (z.B. die Routing-Option), die in einem IPv4-Netzwerk nicht sinnvoll sind.

Unabhängig von ihrer Länge werden alle angegebenen Optionen von jedem Router entlang des Weges überprüft. Häufig enthalten sie aber Informationen, die nur für den Empfänger von Nutzen sind. Die Aufnahme dieser Optionen in den IPv4-Header zwingt jeden Router, das Paket zu untersuchen, was zu überflüssigen Routeroperationen führt.

Durch Einbetten der Optionen in den Erweiterungs-Header können die Optionen wesentlich umfangreicher sein und von IPv6 besser genutzt werden. Bei Verwendung eines korrekten Erweiterungs-Headers für IPv6 kann ein Paket optionale Informationen transportieren, die nur für den Empfänger oder auch für dazwischenliegende Router bestimmt sind. Außerdem ist eine Suche im Speicher der Hardware einfacher, da die Header eine feste Länge haben.

10.5 Datenfluss und Flusskennzeichnung

IPv4 wurde als verbindungsloses oder zustandsloses Protokoll entwickelt, was bedeutet, dass jedes Paket einer Sitzung unabhängig von den übrigen Paketen und über unterschiedliche Routen weitergeleitet werden kann.

Dieses Verfahren funktioniert in fehleranfälligen Netzwerken, wie sie zur Zeit der Entwicklung von IPv4 sehr verbreitet waren, sehr gut. Leider summiert sich bei diesem Verfahren die Verarbeitungszeit für jedes Paket bei jedem Routersprung zu einer Verzögerung, sodass bestimmte Dienste für die Kommunikation zwischen ausgewählten Absendern und Empfängern nur schwer einzurichten sind.

Mit den Fortschritten bei der Entwicklung der Netzwerktechnik wurden Netzwerkfehler, insbesondere Hardware-Fehler, in den letzten Jahren drastisch reduziert. Ferner sind neuere Anwendungen gegenüber Fehlern toleranter, reagieren aber sensibler auf Schwankungen bei den Verzögerungen. Netzwerke müssen solche Anwendungen aber auf jeden Fall unterstützen. Mit IPv6 wurde die Flusskennzeichnung eingeführt, die eine spezielle Behandlung der Daten von Anwendungen mit besonderen Anforderungen erlaubt.

Das RFC 1883 definiert einen Datenfluss als eine Folge von Paketen, die von einem bestimmten Absender an einen bestimmten Empfänger gesendet werden und für die der Absender eine besondere Behandlung durch die dazwischen liegenden Router wünscht. IPv6 stellt einen Rahmen zur Verfügung, der eine einfachere Behandlung bestimmter Datenflüsse ermöglicht. Die Vorteile des Datenflusses und der Flusskennzeichnung von IPv6 können zum

Beispiel von einer Videoanwendung genutzt werden, die strenge Anforderungen an die maximale Zeitverzögerung stellt. Die Anwendung nimmt für jedes Paket eine Flusskennzeichnung vor und die Router auf dem Weg zum Empfänger berücksichtigen den Zustand der Paketübertragungen dieses Datenflusses. Diese Zustandsinformationen zeigen dem Router an, welches Paket als nächstes bearbeitet werden muss. Ein Router kann beispielsweise zuerst das Paket weiterleiten, seit dessen vorangegangenem Paket die meiste Zeit verstrichen ist.

10.6 Beglaubigung und Geheimhaltung

IPv4 besitzt keine wirklichen Sicherheitsvorkehrungen. Mit der weiten Verbreitung der IP-Netzwerke wurde diese jedoch in zunehmendem Maße für die Abwicklung von Geschäften erforderlich und daher beim Entwurf von IPv6 berücksichtigt. Das RFC 2001 definiert die Sicherheitsrichtlinien für ein IP-Netzwerk. IPv6 verwendet die Erweiterungs-Header AUTHENTICATION und ENCAPSULATING SECURITY PAYLOAD für die Implementierung von Sicherheitseigenschaften.

Der AUTHENTICATION-Header und der ENCAPSULATING SECURITY PAYLOAD-Header können einzeln oder in Kombination vom Absender und Empfänger oder zweier Security Gateways verwendet werden. Die erste Methode nennt sich Transportmodus, die zweite wird als Tunnelmodus bezeichnet.

Im Transportmodus sind der Absender und Empfänger eines Pakets auch Absender und Empfänger des AUTHENTICATION-Headers. Im Tunnelmodus ist dagegen das Security Gateway des Paketabsenders der Absender des AUTHENTICATION-Headers und das Security Gateway des Paketempfängers ist der Empfänger des AUTHENTICATION-Headers.

Der Absender berechnet eine sichere und zuverlässige Prüfsumme (Message Digest) der Pakete und platziert sie im AUTHENTICATION-Header. Der Empfänger wiederholt die Berechnung und vergleicht das Ergebnis mit dem Wert aus dem AUTHENTICATION-Header. Weichen die Werte voneinander ab, wird angenommen, dass das Paket während der Übertragung beschädigt wurde.

Bei Verwendung des ENCAPSULATING SECURITY PAYLOAD-Headers können die Nutzdaten eines Pakets oder das gesamte IP-Paket im Tunnelmodus über ein Security Gateway verschlüsselt werden. Bei der Verschlüsselung in Tunnelmodus können der tatsächliche Absender und Empfänger sowie einige IP-Header-Informationen verborgen werden, was ein höheres Maß an Sicherheit bietet.

10.7 IPv6-Header

Der IPv6-Header besitzt eine feste Länge und ist in Einheiten von jeweils 8 Oktetten unterteilt. Der IPv4-Header besitzt im Vergleich dazu eine variable Länge und ist in Einheiten von jeweils 4 Oktetten unterteilt. Zurzeit sind die meisten modernen Rechner in der Lage, acht Oktette auf einmal einzulesen. Die Länge des IPv6- oder des Erweiterungs-Headers ist also ein Vielfaches dieser Einheit von 8 Oktetten. Auf Grund der festen Länge des IPv6-Headers kann ein Router die Pakete effizient verarbeiten. Bei einem IPv4-Paket muss der Router dagegen zuerst das Feld für die Länge des Headers lesen, um entscheiden zu können, ob Optionen angegeben wurden. Die Verarbeitung eines Headers mit variabler Länge ist für einen Router wesentlich umständlicher als die eines Headers mit fester Länge.

Die Unterschiede zwischen IPv4- und IPv6-Header werden in den folgenden Abschnitten behandelt. In diesem Abschnitt wird jedes Feld des IPv6-Headers und dessen Funktion vorgestellt. Abbildung 10.1 zeigt das Format des IPv6-Headers.

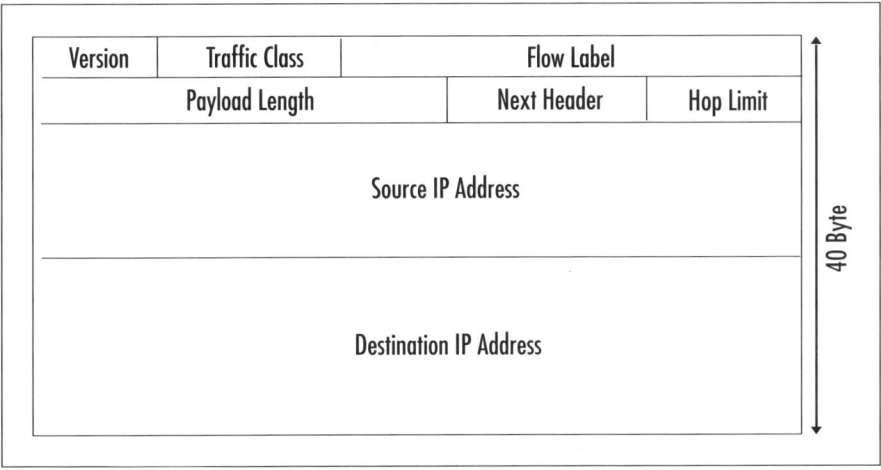

Abb. 10.1: Das Format des IPv6-Headers

Der IPv6-Header speichert die erforderlichen Informationen für die Weiterleitung und Auslieferung der Pakete an die Empfänger. Die Header werden von jedem Knoten auf dem Weg des Pakets bearbeitet. Das erste 4-Bit-Feld gibt die Version des verwendeten Internet-Protokolls an. Für IPv6 hat es den Wert 6. Dieses Feld ist notwendig, weil es beiden Protokollen ermöglicht, nebeneinander im gleichen Segment ohne Konflikte benutzt zu werden. Die nächsten zwei Felder (Traffic Class und Flow Label) werden für die Bereitstellung bestimmter Dienste und zur Unterstützung von Anwendungen benutzt, deren Datenfluss in besonderer Weise behandelt werden muss. Das 8 Bit große Traffic Class-Feld kann den Einsatz besonderer Dienste für unterschiedliche Arten von Daten veranlassen. Dieses Feld dient einem ähnlichen Zweck wie das Type of Service-Feld des IPv4-Headers. Ein Unternehmen kann sein Netzwerk zum Beispiel so konfigurieren, dass Übertragungen auf Grund bestimmter Informationen über die Anwendung, den Empfänger und Absender usw. bevorzugt behandelt werden. Die Hosts und/oder Router ermitteln diese Priorität über das Traffic Class-Feld. Die Werte und die genaue Verwendung dieses Feldes wurde noch nicht festgelegt. Das Flow Label-Feld kann in Kombination mit der Absender- und Empfängeradresse den Datenfluss eindeutig bezeichnen, der eine besondere Behandlung durch die dazwischenliegenden Router benötigt. Erkennt ein Router einen neuen Datenfluss, dann merkt er sich diesen und die dafür erforderlichen speziellen Maßnahmen. Wurde die besondere Behandlung des Datenflusses einmal eingerichtet, kann die Verarbeitung der folgenden Pakete dieses Datenflusses schneller vor sich gehen, als dies bei individuellen Paketen möglich ist. Das 16 Bit große Payload Length-Feld ist mit dem Total Length-Feld des IPv4-Headers vergleichbar. Es gibt die Länge des Pakets ohne den IPv6-Header an. Das 8 Bit große Next Header-Feld gibt den auf den IPv6-Header folgenden Header an. Sein Verwendungszweck ist der gleiche wie der des Protocol-Felds im IPv4-Header. Das Hop Limit-Feld legt die Anzahl der für das Paket zulässigen Sprünge fest und kann Routing-Schleifen im Netzwerk abbrechen. IPv4 verwendet hierfür das TTL(»time to live«)-Feld. Der Name dieses Feldes soll dessen Verwendungszweck widerspiegeln. IPv6-Header enthalten wie die IPv4-Header IP-Absender- und IP-Empfängeradressen, allerdings benutzen IPv6-Rechner die 128-Bit-Adressen.

10.8 IPv4-Header

Abbildung 10.2 zeigt das Format des IPv4-Headers.

Das erste 4 Bit große Feld des IPv4-Headers ist das Version-Feld. Es gibt die Version des verwendeten Internet-Protokolls an. Das Feld hat die gleiche Funktion wie im IPv6-Header und ist für die Kompatibilität beider Protokolle erforderlich.

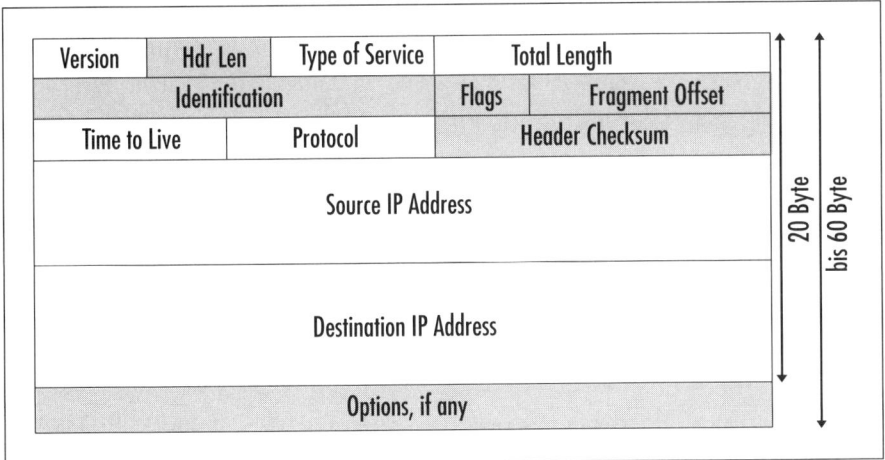

Version	Hdr Len	Type of Service	Total Length	
Identification			Flags	Fragment Offset
Time to Live		Protocol	Header Checksum	
Source IP Address				
Destination IP Address				
Options, if any				

Abb. 10.2: IPv4-Header

Das 4 Bit große Header Length-Feld im IPv4-Header wird benötigt, um die Länge des Headers angeben zu können, da der gesamte Header eine variable Länge von 20 bis 64 Byte haben kann, je nach der Länge der Optionen im Options-Feld. Im IPv6-Header wird dieses Feld nicht benötigt, weil der IPv6-Header eine feste Länge von 40 Byte hat.

Der Zweck des Type of Service-Felds von IPv4 ist mit dem Traffic Class-Feld des IPv6-Headers vergleichbar. Von den IPv4-Implementierungen wurde dieses Feld allerdings nicht in größerem Umfang verwendet.

Als Nächstes folgen im IPv4-Header die Felder Flags und Fragmentation Offset, die sich auf die Fragmentierung und das Wiederzusammensetzen der IPv4-Pakete beziehen. Ein IPv4-Router kann ein Paket fragmentieren, wenn die Größe der maximalen Übertragungseinheit (MTU) bei der ausgehenden Verbindung kleiner ist als die der eingehenden Verbindung. IPv6 lässt dagegen nur eine Fragmentierung durch den Absender zu und verwendet eine konstante MTU für den gesamten Pfad. Weitere Informationen zur Fragmentierung werden im Fragmentation-Header des IPv6-Pakets codiert. Daher benötigt der IPv6-Header die Felder Identification, Flags und Fragmentation Offset nicht.

Im ursprünglichen Entwurf von IPv4 gibt das Time to Live-Feld die Zeit in Sekunden an, die ein Paket im Netzwerk zirkulieren darf. Damit sollen Schleifen bei der Weiterleitung abgebrochen werden. Die Implementierungen benutzen dieses Feld jedoch zur Beschränkung der Anzahl der Routersprünge, die für ein Paket zulässig sind. Bei jedem Sprung verringert der

Router den Wert des Feldes um 1. Ist der Wert 0 erreicht, wird das Paket aus dem Netzwerk entfernt. Bei IPv6 heißt diese Feld Hop Limit, was die Verwendung des Feldes etwas genauer beschreibt.

Das Protocol-Feld gibt das auf den IPv4-Header folgende Protokoll (Header) an und hat eine ähnliche Aufgabe wie das Next Header-Feld im IPv6-Header.

Das Header Checksum-Feld sorgt für die Integrität des IPv4-Headers. Die höhere Schicht berechnet aber trotzdem noch eine Prüfsumme für das gesamte Paket, sodass dieses Feld überflüssig ist und deshalb auch nicht in den IPv6-Header übernommen wurde. Benötigen Anwendungen ein höheres Maß an Integrität, kann diese über die Erweiterungs-Header Authentication und Encapsulating Security Payload erreicht werden.

Die Felder für die IP-Absender- und IP-Empfängeradresse des IPv4-Headers haben die gleiche Aufgabe wie bei IPv6; die IPv4-Rechner benutzen aber nicht 128 Bit, sondern nur 32 Bit.

Der Verwendung des Options-Felds von IPv4 erfordert, dass jeder zwischen dem Absender und dem Empfänger liegende Knoten dieses Feld des IPv4-Headers überprüft, selbst wenn die Optionen nur den Empfänger betreffen. Das schmälert beim Einsatz von Optionen die Leistungen der Router. IPv6 enthält optionale Informationen im Erweiterungs-Header.

10.9 Erweiterungs-Header

Erweiterungs-Header befinden sich zwischen dem IPv6-Header und dem Protokoll-Header der übergeordneten Schicht (z.B. zwischen IPv6- und TCP-Header) und transportieren optionale Internet-Schichtinformationen. Ein IPv6-Paket kann keinen, einen oder mehrere Erweiterungs-Header enthalten. Das Next Header-Feld des IPv6-Headers und der Erweiterungs-Header gibt an, welcher Erweiterungs-Header oder welcher Protokoll-Header der übergeordneten Schicht auf den aktuellen Header folgt.

Für IT-Profis

Die Wert im Next Header**-Feld und die dazugehörigen Header**

Tabelle 10.1 gibt die Werte des Next Header-Feldes und die dazugehörigen Header an. Mit Ausnahme des Hop-by-Hop Options-Headers erscheint der Wert des Next Header-Feldes im unmittelbar vorangehenden Header. Wird der Hop-by-Hop Options-Header benutzt, muss er unmittelbar auf den IPv6-Header folgen. Daher kann der Wert 0 nur im Next Header-Feld des IPv6-Headers stehen.

Next Header-Wert	Nächster Header
0	Hop-by-Hop Options-Header
4	Internet Protocol
6	Transmission Control Protocol
17	User Datagram Protocol
43	Routing-Header
44	Fragmentation-Header
45	Inter Domain Routing Protocol
46	Resource Reservation Protocol
50	Encapsulating Security Payload
51	Authentication-Header
58	Internet Control Message Protocol
59	Es folgt kein Header
60	Destination Options-Header

Tab. 10.1: Werte für das Next Header-Feld

Folgt ein TCP-Header ohne einen weiteren Erweiterungs-Header unmittelbar auf den IPv6-Header, gibt der Wert im Next Header-Feld des IPv6-Headers an, dass es sich bei dem folgenden Header um einen TCP-Header handelt. Benutzt ein Paket TCP als Protokoll der übergeordneten Schicht und verwendet gleichzeitig einen Erweiterungs-Header, steht dieser Routing-Header zwischen dem IPv6- und dem TCP-Header. Das Next Header-Feld des IPv6-Headers gibt als Nachfolger für den IPv6-Header den Routing-Header an und das Next Header-Feld des Routing-Headers gibt als nächsten Header den TCP-Header an. Der Next Header-Wert 59 besagt, dass auf den aktuellen Header keine Erweiterungs- oder Protokoll-Header der übergeordneten Schicht mehr folgen.

Eine IPv6-konforme Implementierung umfasst die folgenden Erweiterungs-Header: Hop-by-Hop Options, Routing (Type 0), Fragment, Destination Options, Authentication und Encapsulating Security Payload. Werden mehrere Erweiterungs-Header verwendet, sollten diese in der folgenden Reihenfolge stehen werden:

- IPv6-Header
- Hop-by-Hop Options-Header
- Destination Options-Header (muss von allen im Routing-Header genannten Empfängerknoten berücksichtigt werden)

- Routing-Header
- Fragmentation-Header
- Authentication-Header
- Encapsulating Security Payload-Header
- Destination Options-Header (muss nur vom endgültigen Empfänger des Pakets berücksichtigt werden)
- Protokoll-Header der übergeordneten Schicht

Mit Ausnahme des Destination Options-Headers darf jeder Erweiterungs-Header nur einmal im Paket benutzt werden. Der zweite Destination Options-Header enthält Informationen für den endgültigen Empfängerknoten. Wird der Routing-Header verwendet, kann ein zusätzlicher Destination Options-Header mit Optionen für alle Routing-Header im aufgeführten Knoten verwendet werden. In diesem Fall taucht der Destination Options-Header zweimal in einem IPv6-Paket auf.

Enthält ein IPv4-Paket eine nur für den Empfängerknoten bestimmte Option, müssen alle dazwischenliegenden Knoten diese überprüfen und das Paket vor der Weiterleitung verarbeiten, was die Leistungsfähigkeit der Knoten beeinträchtigt.

Für Manager

Sollten in IPv4-Netzwerken Optionen verwendet werden?

Router sind häufig so konfiguriert, dass Pakete mit Optionen nach den Paketen ohne Optionen verarbeitet werden. Daher ist die Verwendung von Optionen in IPv4-Netzwerken nicht ratsam.

Bis auf den Hop-by-Hop Options-Header werden Erweiterungs-Header von allen oder nur vom Empfängerknoten verarbeitet (oder im Fall eines Multicast-Pakets von mehreren Empfängerknoten). Deshalb kann ein IPv6-Paket Informationen transportieren, die nur für den Empfängerknoten bestimmt sind, ohne die Leistungen aller dazwischenliegenden Knoten zu beeinträchtigen. Der Hop-by-Hop Options-Header kann optionale Informationen enthalten, die von allen dazwischenliegenden Knoten überprüft bzw. verarbeitet werden müssen.

Der Wert des Next Header-Felds im aktuellen Header legt die als Nächstes durchzuführende Aktion fest und die Semantik des Erweiterungs-Headers bestimmt, ob mit dem nächsten Header fortgefahren werden soll. Die Erweiterungs-Header müssen also in der Reihenfolge überprüft werden, in der sie in einem Paket erscheinen. Kennt ein Knoten den Next Header-Wert eines Pakets nicht, sortiert er das Paket aus, sendet eine ICMP-Nachricht mit dem

IMCP-Code 1 für einen nicht erkannten Next Header-Wert an den Absender des Pakets und meldet so das Parameterproblem. Da der Hop-by-Hop Options-Header direkt auf den IPv6-Header folgen muss, wird der Wert 0 im Next Header-Feld eines Headers, der kein IPv6-Header ist, wie ein Paket mit einem nicht erkannten Next Header-Wert behandelt.

Zurzeit enthalten der Hop-by-Hop Options- und der Destination Options-Header eine variable Anzahl von Optionen, die im Type-Length-Value-Format (TLV-Format) codiert werden, wie in Abbildung 10.3 dargestellt ist.

Option Type	Opt Data Len	Option Data

Option Type   8-Bit-Bezeichner für den Optionstyp

Opt Data Len   8-Bit-Integer-Wert ohne Vorzeichen, gibt die Länge des Option Data-Feld in Oktetten an.

Option Data   Feld variabler Länge, enthält die für den Optionstyp spezifischen Daten.

Abb. 10.3: Das TLV-Format

Die Option Type-Bezeichner sind so codiert, dass die beiden höherwertigen Bits die Operation angeben, die durchgeführt wird, wenn der verarbeitende Knoten den Optionstyp erkennt. Das dritte höherwertige Bit gibt an, ob die Optionsdaten dieser Option auf dem Weg zum endgültigen Empfänger des Pakets verändert werden dürfen. Stößt ein Knoten auf einen nicht bekannten Optionstyp, der beispielsweise den Wert 130 (1000 0010) hat, geben die beiden höherwertigen Bits an, dass der Knoten das Paket aussortieren und dem Absender des Pakets mit dem Code 2 ein ICMP-Parameterproblem melden muss. Tabelle 10.2 beschreibt die Codierung des Optionstyps und die Behandlung nicht erkannter Optionstypen.

Die ersten beiden höherwertigen Bits	Behandlung
00	Die Option wird übersprungen und mit der Verarbeitung des Headers fortgefahren.
01	Das Paket wird aussortiert.

Tab. 10.2: Codierung des Optionstyps

Die ersten beiden höherwertigen Bits	Behandlung
10	Das Paket wird aussortiert und unabhängig davon, ob es sich bei der Empfängeradresse um eine Multicast-Adresse handelt oder nicht, eine Nachricht mit dem Code 2, der auf einen nicht erkannten Optionstyp aufmerksam macht, für ein ICMP-Parameterproblem an die Absenderadresse des Pakets geschickt.
11	Das Paket wird aussortiert und wenn die Empfängeradresse des Pakets keine Multicast-Adresse war, wird eine Nachricht mit dem Code 2, der auf einen nicht erkannten Optionstyp aufmerksam macht, für ein ICMP-Parameterproblem an die Absenderadresse des Pakets geschickt.

Tab. 10.2: Codierung des Optionstyps

Die Werte einiger Optionstypen können sich auf dem Weg zum Empfänger verändern. Das dritte höherwertige Bit des Optionstyps gibt an, ob die Optionsdaten auf dem Weg geändert werden dürfen. Wird der Authentication-Header benutzt, berechnet der Absender des Pakets den Wert für die Beglaubigung und setzt ihn in den Authentication-Header. Bei Optionstypen, deren Optionsdaten unterwegs nicht verändert werden dürfen, werden die Optionsdaten bei der Berechnung des Beglaubigungswertes für das Paket wie Oktette mit dem Wert null behandelt.

Wie bereits erwähnt, haben die Erweiterungs-Header die Länge eine Vielfachen von acht Oktetten. Um sicherzustellen, dass das Ende des `Option Data`-Felds mit einer 8-Oktettgrenze zusammenfällt, kann für bestimmte Optionstypen vorgeschrieben werden, dass sie die Form xn + y haben müssen; dies bedeutet, dass der Optionstyp ein Integer-Wert sein muss, der ein Vielfaches von x Oktetten vom Beginn des Headers an plus y Oktette ist. Die Vorschrift 4n + 2 gibt beispielsweise an, dass der Optionstyp mit einem 4-Oktett-Offset vom Anfang des Headers angerechnet beginnt und hierzu 2 weitere Oktette wie etwa 2, 6, 10, 14 usw. kommen.

Damit die Header mit Optionen eine Länge erhalten, die ein Vielfaches von 8 Oktetten ist, können zwei Fülloptionen benutzt werden: `Pad1` und `PadN`. Die Option `Pad1` ist ein Oktett mit dem Wert 0 und fügt ein Oktett als Füllung ein. Die Option `PadN` wird benutzt, um mehr als ein Oktett einzufügen. Das Format der Option `PadN` ist in Abbildung 10.4 zu sehen. Um Füllung von 2 Oktetten einzufügen (`Pad2`), kann ein Oktett mit dem Wert 1 und ein Oktett (`Opt`

Data Len-Feld) mit dem Wert 0 verwendet werden. Die Option Pad2 ist insofern ein Sonderfall, da keine Optionsdaten vorhanden sind oder ein Option Data-Feld der Länge 0 verwendet wird.

1	Opt Data Len	Option Data

Opt Data Len	Für n Oktette zur Füllung, n-2
Option Data	Für n Oktette zur Füllung, n-2 Oktette mit dem Wert 0

Abb. 10.4: Das Format der Option PadN

10.9.1 Hop-by-Hop Options-Header

Der Hop-by-Hop Options-Header wird mit dem Next Header-Wert 0 im IPv6-Header angekündigt und enthält optionale Informationen, die von jedem Knoten auf dem Weg des Pakets zum Empfänger verarbeitet werden müssen. Es kann zum Beispiel erforderlich sein, dass ein Router ein Paket mit Kontrollnachrichten für neue Protokolle wie etwa RSVP überprüft und verarbeitet. Bei Verwendung des Hop-by-Hop Options-Headers können Router gegebenenfalls Pakete selektiv bezüglich einer besonderen Behandlung untersuchen. Abbildung 10.5 zeigt das Format des Hop-by-Hop Options-Headers. Beachten Sie, dass das Feld Hdr Ext Len der Länge des Hop-by-Hop Options-Headers in Einheiten von acht Oktetten entspricht, wobei die ersten 8 Oktette nicht mitgerechnet werden. Ist die Länge der codierten TLV-Option(en) kleiner oder gleich 6 Oktetten, dann hat das Feld Header Extension Length den Wert 0. Beispiele für die Hop-by-Hop-Optionen sind die Optionen Router Alert und Jumbo Payload.

Eine Call Set-up-Kontrollnachricht über das RSVP-Protokoll verlangt besondere Maßnahmen jedes Routers der Verbindung. Durch Verwendung der Hop-by-Hop-Option Router Alert kann der Router eine spezielle Behandlung durchführen. Die Verarbeitung einer Hop-by-Hop-Option kann die Verarbeitung durch ein Protokoll der übergeordneten Schicht wie etwa durch RSVP bewirken.

Der Optionstyp der Option Router Alert hat den Wert 5 (00000101) und gibt an, dass Knoten, die diese Option nicht kennen, diese überspringen und mit der Verarbeitung des Headers fortfahren sollen. Außerdem dürfen die Optionsdaten unterwegs ihren Wert nicht verändern. Die Optionslänge der Router Alert-Option beträgt 2, sodass der gültige Bereich für die Optionsdaten zwischen 0 und 65.535 liegt. Zurzeit sind nur die Werte 0, 1 und 2 definiert, um anzuzeigen, dass ein Paket eine ICMPv6-Nachricht zur Gruppenmitglied-schaft, eine RSVP-Nachricht bzw. eine Active Network-Nachricht enthält. Für die Größenausrichtung dieser Option gibt es keine Vorschriften.

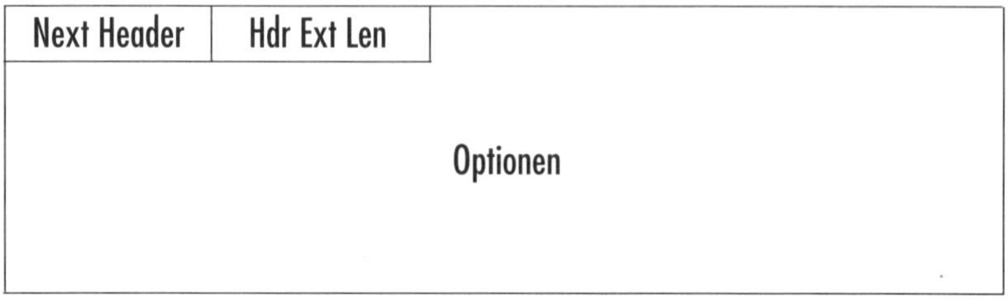

Next Header	Hdr Ext Len

Optionen

Next Header	8 Bit zur Bezeichnung des Header-Typs, der unmittelbar auf den Hop-by-Hop Options-Header folgt. Die Werte entsprechen denen des Protocol-Feldes von IPv4 (RFC 1700).
Hdr Ext Len	Ein 8 Bit großer vorzeichenloser Integer-Wert, der die Länge des Hop-by-Hop Options-Headers in Einheiten von acht Oktetten ohne die ersten 8 Oktetten angibt.
Options	Feld mit einer variablen Länge, die so lang ist, dass die Länge des Hop-by-Hop Options-Headers insgesamt einem Vielfachen von 8 Oktetten entspricht. Es enthält eine oder mehrere Optionen im TLV-Format.

Abb. 10.5: Hop-by-Hop Options-Header

Abbildung 10.6 (a) zeigt ein Paket mit einer Router Alert-Option des Hop-by-Hop Option-Headers. Der Wert des Next Header-Felds im IPv6-Header ist 0 und weist damit auf einen folgenden Hop-by-Hop Options-Header hin. Alle Knoten auf der Route müssen diese Paket überprüfen und verarbeiten. Das Next Header-Feld des Hop-by-Hop Options-Headers gibt in diesem Beispiel an, dass als nächster Header ein TCP-Header folgt. Das Length-Feld des Erweiterungs-Header hat den Wert 0, da als einzige Option die Router Alert-Option zur Verfügung steht. Die Gesamtlänge der TLV-Codierung dieser Option beträgt 4 Oktette. Da keine Größenausrichtung für diese Option vor-geschrieben ist, steht die TLV-codierte Option an erster Stelle und die Pad2-Option sorgt dafür, dass der Hop-by-Hop Options-Header genau 8 Oktette lang ist.

Das `Payload Length`-Feld des IPv6-Header ist 16 Bit groß, wodurch die maximale Länge eines Pakets auf 65.536 Bit begrenzt ist. Die Fortschritte der Hardware-Entwicklung lassen jedoch die Übertragung von so genannten Jumbogrammen zu, bei denen es sich um Pakete mit Nutzdaten im Umfang von mehr als 65.536 Oktetten handelt. Diese Option unterstützt Jumbogramme mit bis zu 4.294.967.296 Oktetten. Wenn die MTU der Route Nutzdaten im Umfang von mehr als 65.535 Bits unterstützt, kann diese Option zur Übertragung von Jumbogrammen verwendet werden.

Der Optionstyp der Option `Jumbo Payload` lautet 192 (1100 0010) und gibt an, dass Knoten, die diese Option nicht erkennen, dieses Paket aussortieren und eine ICMP-Nachricht mit dem Code 2 für ein Parameterproblem nur dann an den Absender schicken sollen, wenn es sich nicht um einen Multicast-Empfänger handelt und die Optionsdaten auf ihrem Weg nicht verändert werden dürfen. Das `Option Length`-Feld für diese Option beträgt 4 Oktette und die Optionsdaten entsprechen der Länge des IPv6-Jumbogramms ohne den IPv6-Header. Wird diese Option benutzt, erhält das `Payload Length`-Feld bei IPv6 den Wert 0. Diese Option hat die Größenausrichtung 4n + 2.

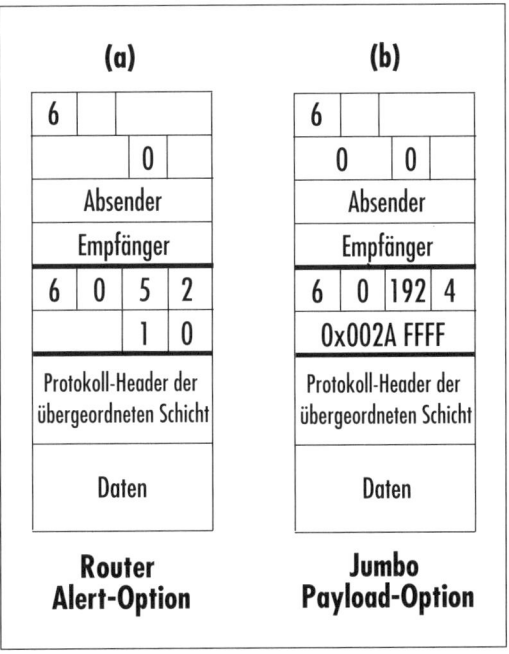

Abb. 10.6: Pakete mit dem Hop-by-Hop Options-Header

Abbildung 10.6 (b) zeigt ein Paket mit der Jumbo Payload-Option des Hop-by-Hop Option-Headers. Das Next Header-Feld im IPv6-Header verweist auf den folgenden Hop-by-Hop Options-Header. Beachten Sie, dass das Payload Length-Feld im IPv6-Header in diesem Beispiel auf den Wert 0 gesetzt wurde. Das Next Header-Feld in diesem Hop-by-Hop Options-Header verweist auf einen folgenden TCP-Header. Das Feld Hdr Ext Len hat den Wert 0, weil die Gesamtlänge der TLV-codierten Jumbo Payload-Option 6 Oktette beträgt. Der Wert des Option Data-Felds gibt an, dass die Nutzdaten dieses Paket 2.818.048 Oktette (0x002A FFFF) beträgt. Da das Ende der Optionsdaten nach der 8-Oktettgrenze ausgerichtet sind, ist in diesem Beispiel keine Füllung erforderlich.

Bei der Verarbeitung einer Jumbo Payload-Option müssen verschiedene Formatfehler erkannt und eine entsprechende ICMP-Nachricht gesendet werden. Zu diesen Formatfehlern gehört das Fehlen der Jumbo Payload-Option, wenn die IPv6-Nutzdaten den Wert 0 haben und das Next Header-Feld des IPv6-Headers auf 0 gesetzt ist, die Benutzung der Jumbo Payload-Option, wenn die IPv6-Nutzdaten nicht den Wert 0 haben, die Verwendung der Jumbo Payload-Option, wenn die aktuellen Nutzdaten weniger als 65.535 Bit umfassen, und die Benutzung der Jumbo Payload-Option, wenn ein Fragmentation-Header vorhanden ist.

Für Manager

Benutzen Sie die Jumbo Payload**-Option und den Fragmentation-Header niemals gleichzeitig**

Der Fragmentation-Header verwendet das 13 Bit große Fragment Offset-Feld mit Einheiten von 8 Oktetten, um das Offset der fragmentierten Daten in Relation zum Originalpaket anzugeben. Das Offset kann also maximal das 65.536-ste Oktett sein. Daher macht es wenig oder gar keinen Sinn, die Jumbo Payload-Option und den Fragmentation-Header gleichzeitig zu benutzen.

10.9.2 Routing-Header

Der Routing-Header wird mit dem Wert 43 im Next Header-Feld des unmittelbar vorangehenden Headers angegeben. Anhand dieses Headers kann ein IPv6-Absender Routen für den Weg zum Empfänger festlegen, indem er einen oder mehrere dazwischenliegende Knoten angibt (diese Möglichkeit ist vergleichbar mit der Loose Source- und Record Route-Option von IPv4). Das Format des Routing-Headers ist in Abbildung 10.7 zu sehen.

Next Header	Hdr Ext Len	Routing Type	Segments Left
Typspezifische Daten			

Next Header	Ein 8 Bit großer Wert, der den auf den Routing-Header unmittelbar folgenden Header angibt. Es werden die gleichen Werte wie bei IPv4 ver-wendet (RFC 1700).
Hdr Ext Len	Ein 8 Bit großer, vorzeichenloser Integer-Wert, der die Länge des Routing-Headers in Einheiten von 8 Oktetten ohne Berücksichtigung der ersten 8 Oktette angibt.
Routing Type	Ein 8 Bit großer Bezeichner für eine bestimmte Variante des Routing-Headers.
Segments Left	Ein 8 Bit großer, vorzeichenloser Integer-Wert, der die Anzahl der verbleibenden Routensegmente angibt, d.$%$h. die Anzahl der explizit aufgeführten Knoten, die noch auf dem Weg zum Empfänger liegen.
Typspezifische Daten	Ein Feld variabler Länge, dessen Format durch den Routing-Typ festgelegt wird und dessen Länge den vollständigen Routing-Header zu einer Länge ergänzt, die ein ganzzahliges Vielfaches der Länge von 8 Oktetten ist.

Abb. 10.7: Der Routing-Header

Stößt ein Knoten auf einen unbekannten Routing-Typ und hat das Feld Segment Left den Wert 0, wird der Routing-Header ignoriert und mit der Verarbeitung des nächsten Headers fortgefahren. Hat das Segment Left-Feld jedoch einen Wert ungleich 0, verwirft der Knoten das Paket und sendet eine ICMP-Nachricht mit dem Code 0 für das Parameterproblem. Bisher wurde nur der Routing-Header Typ 0 definiert, dessen Format in Abbildung 10.8 zu sehen ist.

Ein Beispiel für die Verwendung des Routing-Headers vom Typ 0 ist die Unterstützung neuer Protokolle wie etwa RSVP. RSVP kann einen Pfad für die Verbindung einrichten und alle Pakete dieser Verbindung über diesen Pfad an den Empfänger senden. Hierfür benutzt der Absender den Typ 0 des Routing-Headers und gibt den Pfad zum Empfänger an.

Next Header	Hdr Ext Len	Routing Type=0	Segments Left
Reserviert			
Adresse [1]			

.
.
.

Adresse [n]

Next Header	Ein 8 Bit großer Wert, der den auf den Routing-Header unmittelbar folgenden Header angibt. Es werden die gleichen Werte wie bei IPv4 verwendet (RFC 1700).
Hdr Ext Len	Ein 8 Bit großer, vorzeichenloser Integer-Wert, der die Länge des Routing-Headers in Einheiten von 8 Oktetten ohne Berücksichtigung der ersten 8 Oktette angibt. Für den Routing-Header-Typ 0 beträgt der Wert von Hdr Ext Len das Zweifache der Anzahl der Adressen im Header.
Routing Type	0
Segments Left	Ein 8 Bit großer, vorzeichenloser Integer-Wert, der die Anzahl der verbleibenden Routensegmente angibt, d.$%$h. die Anzahl der explizit aufgeführten Knoten, die noch auf dem Weg zum Empfänger liegen.
Reserviert	Ein 32 Bit großes, reserviertes Feld. Für die Übertragung wird es auf null gesetzt und vom Empfänger ignoriert.
Adresse [1...n]	Ein Vektor mit 128-Bit-Adressen, nummeriert von 1 bis n.

Abb. 10.8: Der Routing-Header vom Typ 0

Mit Hilfe des Routing-Headers kann auch mit einem mobilen Knoten kommuniziert werden, der sich nicht an seinem Heimatstandort befindet, ohne dass die Pakete im Dreieck weitergeleitet werden müssen. Ohne die Routenoptimierung, die nicht in allen Fällen unterstützt wird, müssten die Pakete an das Heimatnetzwerk des mobilen Knotens gesendet und dort von einem Agenten weitergeleitet werden, so dass bei Abwesenheit des mobilen Knotens die Pakete im Dreieck gelenkt würden. Der Absender der Verbindung kann den Pfad über den Routing-Header vom Typ 0 angeben und eine Umleitung vermeiden.

Für die Verbindung zwischen Absender A und Empfänger E über die Router r1 und r2 erstellt der Absender ein IPv6-Paket mit dem in Abbildung 10.9 (a) gezeigten Routing-Header. Der Empfänger des Pakets ist der erste Router des Pfads (r1) und nicht der endgültige Empfängerknoten. Hierbei ist die Regel zu beachten, dass außer beim Hop-by-Hop Options-Header alle anderen Erweiterungs-Header nur vom Empfängerknoten des Pakets überprüft werden. Da Router r1 der Empfänger dieses Pakets ist, verarbeitet er nach dem IPv6-Header den im `Next Header`-Feld des IPv6-Headers angegebenen Erweiterungs-Header. In diesem Beispiel wird also der Routing-Header von Router r1 verarbeitet.

Das `Length`-Feld des Erweiterungs-Headers hat den Wert 4, was bedeutet, dass die Länge des Routing-Headers 4 mal 8 Oktette beträgt, wobei die ersten 8 Oktette nicht mitgerechnet werden. Der Wert 4 entspricht gleichzeitig der doppelten Anzahl der Adressen (`Segments Left = 2`) dieses Routing-Headers. Die erste Adresse im Routing-Header ist die des nächsten Routers des Pfades (r2), auf den der Empfängerknoten d folgt.

Router r1 erniedrigt das `Segments Left`-Feld um 1 und tauscht die Werte des Empfängerfelds aus dem IPv6-Header und die erste Adresse aus dem Routing-Header aus. Abbildung 10.9 (b) zeigt das vom Router r1 an den Router r2 geschickte Paket. Nach Überprüfung des IPv6-Headers fährt Router r2 in gleicher Weise mit der Verarbeitung des Routing-Headers fort, da er jetzt der Empfänger des IPv6-Pakets ist. Router r2 setzt den Wert des `Segment Left`-Felds ebenfalls um 1 herunter und tauscht die Werte für den Empfänger aus dem IPv6-Header und die zweite Adresse aus dem Routing-Header aus. Bei der Verarbeitung des Routing-Headers kann der Index der Adresse über die Felder `Length` und `Segment Left` des Erweiterungs-Headers berechnet werden (`Hdr Ext Len/2 - Segment Left + 1`). Hat `Segment Left` den Wert 0, fährt der Knoten, der den Routing-Header verarbeitet, mit dem nächsten Header des Pakets fort, dessen Typ im `Next Header`-Feld des Routing-Headers angegeben wird.

Bei der Verarbeitung eines Routing-Headers vom Typ 0 wird das Format überprüft. Berücksichtigen Sie dabei, dass der Wert für `Hdr Ext Len` doppelt so groß ist wie die Anzahl der Adressen im Routing-Header und daher nicht ungerade sein kann. Ist dies der Fall, wird das Paket aussortiert und eine ICMP-Nachricht mit dem Code 0 an den Absender gesendet. Da der Wert von `Hdr Ext Len` doppelt so groß ist wie die Anzahl der Adressen im Routing-Header, beträgt der größte Wert im Feld `Segment Left` maximal die Hälfte des Feldes `Hdr Ext Len`. Ist der Wert von `Segment Left` größer als die Hälfte von `Hdr Ext Len`, sortiert der Knoten das Paket ebenfalls aus und sendet eine ICMP-Nachricht mit dem Code 0 für ein Parameterproblem an den Absender.

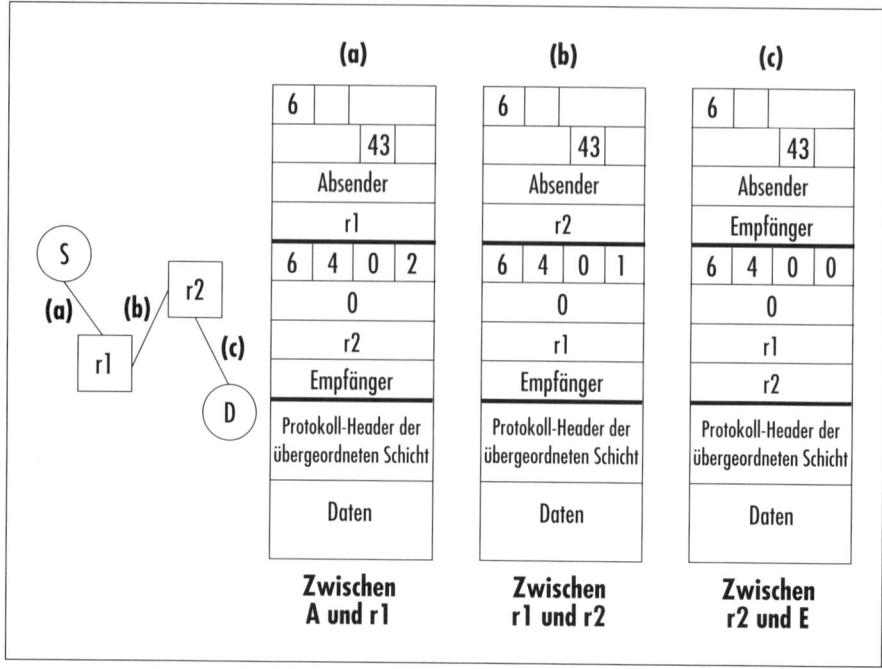

Abb. 10.9: Pakete mit einem Routing-Header

Routing-Header Typ 0

Für IT-Profis

Der Routing-Header vom Typ 0 wird von allen im Adressfeld genannten Knoten verarbeitet, wobei jeder Knoten das Feld `Segment Left` um den Wert 1 verringert und die Werte für den Empfänger aus dem IPv6-Header und die Adresse aus dem Routing-Header austauscht. Daher dürfen keine Multicast-Adressen unter den Adressen des Routing-Headers vom Typ 0 oder im Empfängerfeld des IPv6-Headers auftauchen.

10.9.3 Fragmentation-Header

Das 16 Bit große `Total Length`-Feld des IPv4-Headers legt die maximale Größe eines Pakets auf 64 KB fest. Je nach der Verbindungstechnik kann die tatsächliche Größe eines Pakets aber noch weiter eingeschränkt werden. Bei der IPv4-Paketübertragung ist jede IP-Schicht für die erforderliche Fragmentierung der Pakete selbst verantwortlich und muss dafür sorgen, dass die Paketgröße nicht die MTU (Maximum Transfer Unit) überschreitet. Daher ist es möglich, dass die vom Absender mit einem Paket abgeschickten Daten beim

Empfängerknoten in mehreren Paketen eintreffen, wenn auf dem Weg eine Verbindung liegt, deren MTU-Wert niedriger als der des Absenderknotens ist. Dies stellt aber nicht unbedingt eine optimale Lösung dar.

Für IT-Profis

Zusätzliche Belastungen durch die Paketfragmentierung

Nehmen wir eine Anwendung als Beispiel, die in regelmäßigen Abständen Segmente mit einer Größe von 3.000 Byte sendet und deren MTU-Wert für den Absender bei 3.000 Byte liegt. Liegt der MTU-Wert der nächsten Verbindung bei 1.500 Bytes müssen die Pakete in zwei Pakete mit jeweils 1.500 Byte zerlegt werden. Beträgt der MTU-Wert der folgenden Verbindung nur 1.000 Byte, ist eine weitere Fragmentierung in Pakete von jeweils 1.000 bzw. 500 Byte erforderlich. Wäre der kleinste MTU-Wert dem Absender bekannt gewesen, hätte er die Pakete mit einer Größe von 1.000 Byte gesendet. Für die Übertragung von 3.000 Byte sind allein für den IP-Header ohne Optionen zusätzliche 20 Byte erforderlich. Diese Belastung ist noch größer, wenn der Protokoll-Header der übergeordneten Schicht mit berücksichtigt wird.

Im Allgemeinen bringt die Fragmentierung eine große zusätzliche Belastung mit sich und sollte daher vermieden werden. Verbindungen mit konfigurierbarer MTU-Größe (z.B. PPP-Verbindungen) sollten den MTU-Wert auf mindestens 1.280 Oktette oder einen höheren Wert einstellen, was dem MTU-Wert von IPv6 entspricht.

Bei IPv6 führen nur die Absenderknoten eine Fragmentierung durch. Der Absender ermittelt zuerst die MTU-Größe und segmentiert anschließend die fragmentierbaren Teile des Ausgangspakets so, dass die Länge der Fragmente nicht die Größe der MTU des Pfades übersteigt. Das Ausgangspaket besteht vor der Fragmentierung aus zwei Bestandteilen: einem nicht fragmentierbaren und einem fragmentierbaren Teil. Der IPv6-Header und alle Erweiterungs-Header, die bei jedem Sprung auf dem Weg zum endgültigen Empfänger (bzw. zu den Empfängern, wenn es sich um eine Multicast-Adresse handelt) verarbeitet werden müssen, sind nicht fragmentierbar.

Ist ein Hop-by-Hop Options-Header, aber kein Routing-Header vorhanden, gehören der IPv6- und der Hop-by-Hop Options-Header zum nicht fragmentierbaren Teil des Ausgangspakets. Ist ein Routing-Header sowie ein Hop-by-Hop Options- und der Destination Options-Header vorhanden, gehören der IPv6-, der Hop-by-Hop Options-, der Destination Options- und der Routing-Header zum nicht fragmentierbaren Teil des Ausgangspakets.

Der Fragmentation-Header wird mit dem Next Header-Wert 44 im unmittelbar vorausgehenden Header angekündigt. Abbildung 10.10 zeigt das Format des Fragmentation-Headers. Der Absenderknoten erzeugt einen eindeutigen 32-Bit-Bezeichner für jedes an den gleichen Empfänger gesendete fragmentierte Paket. Bis auf das letzte fragmentierte Paket wird der fragmentierbare Teil des Ausgangspakets so unterteilt, dass die Länge jedes Fragments ein ganzzahliges Vielfaches der Länge von 8 Oktetten ist. Das Fragment Offset-Feld gibt das Offset für die auf diesen Fragmentation-Header folgenden Daten in Bezug auf den Beginn des fragmentierbaren Teils des Ausgangspakets an.

Next Header	Reserviert	Fragment Offset	Res	M
Identification				

Next Header	Ein 8 Bit großer Wert, der den anfänglichen Header-Typ des fragmen-tierbaren Teils des Ausgangspakets angibt. Es werden die gleichen Werte wie bei IPv4 verwendet (RFC 1700).
Reserviert	Ein 8 Bit großes, reserviertes Feld. Für die Übertragung wird es auf null gesetzt und beim Empfang ignoriert.
Fragment Offset	Ein 13 Bit großer, vorzeichenloser Integer-Wert, der das Offset in Einheiten von 8 Oktetten für die auf diesen Header folgenden Daten in Bezug zum Beginn des fragmentierbaren Teils des Ausgangspakets angibt.
Res	Ein 2 Bit großes, reserviertes Feld. Für die Übertragung wird es auf null gesetzt und beim Empfang ignoriert.
M flag	1 = weitere Fragmente, 0 = letztes Fragment.
Identification	Ein 32 Bit großer Bezeichner.

Abb. 10.10: Der Fragmentation-Header

Betrachten Sie das Paket in Abbildung 10.11 (a). Dieses Paket muss vom Absenderknoten fragmentiert werden, da der MTU-Wert für den Pfad bei 1.514 Byte liegt. Der nicht fragmentierbare Teil des Ausgangspakets dieses Beispiels enthält den IPv6- und den Routing-Header (der Next Header-Wert des IPv6-Headers gibt 43 an). Das Ausgangspaket wird in drei Teile unterteilt. Der Ethernet-Header umfasst 14 Byte, daher kann das IPv6-Paket einschließlich des IPv6-Headers nicht länger als 1.500 Byte sein. Da der Routing-Header zum nicht fragmentierbaren Teil gehört, enthält jedes Fragment den Routing-Header. Des weiteren wird der Fragmentation-Header (8 Oktette) hinzugefügt, so dass 1.412 Byte für Benutzerdaten übrig bleiben. Das Fragmentation Offset-Feld im Fragmentation-Header verwendet aber 8 Oktette als Einheit. Die maximale Größe des fragmentierbaren Teils des Ausgangspakets liegt somit bei 1.408 Byte. Dieser Umstand erklärt den Wert von 1.456 im Payload Length-Feld des IPv6-Headers des ersten Fragments (siehe Abbildung 10.11 (b)).

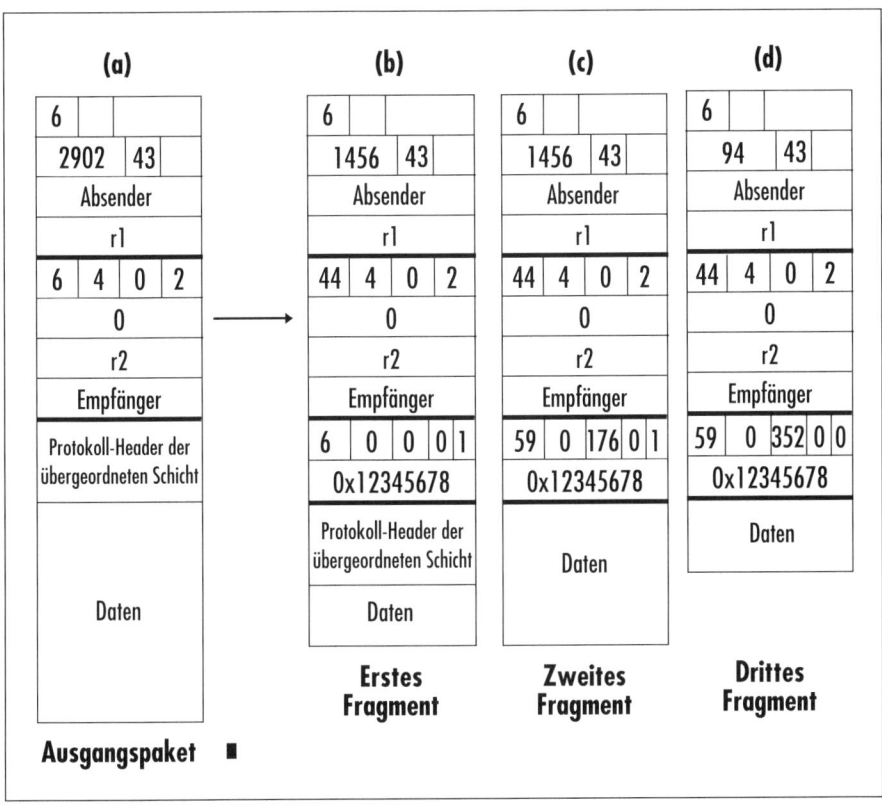

Abb. 10.11: Ein Beispiel für die Fragmentierung

Die Next Header-Felder in den Routing-Headern aller drei Fragmente (Abbildung 10.11 (b), (c) und (d)) geben mit dem Wert 44 an, dass der auf diesen Routing-Header folgende Header der Fragmentation-Header ist. Das Next Header-Feld des ersten Fragments hat den Wert 6 und gibt damit an, dass auf diesen Fragmentation-Header der Protokoll-Header der übergeordneten Schicht folgt. Die Next Header-Felder der übrigen Fragmente haben jedoch den Wert 59 und weisen damit darauf hin, dass noch weitere Header auf diesen Fragmentation-Header folgen. In diesem Beispiel dient der hexadezimale

Wert 0x12345678 als Bezeichner für alle Fragmente. Das Fragmentation Offset-Feld gibt das Offset in Einheiten von 8 Oktetten für die auf diesen Header folgenden Daten in Bezug zum Beginn des fragmentierbaren Teils des Ausgangspakets an. Das Fragmentierungsoffset in Abbildung 10.11 (c) gibt für das Zusammenfügen der Fragmente durch den Empfänger also an, dass die auf diesen Fragmentation-Header folgenden Daten im Byte 176 x 8 im fragmentierbaren Teil beginnen.

10.9.4 Authentication-Header

In einem IPv4- oder IPv6-Netzwerk soll der Authentication-Header Integrität und die Echtheit der IP-Pakete gewährleisten und so vor Verfälschungen schützen. Die in diesem Abschnitt erläuterten Begriffe beziehen sich jedoch ausschließlich auf IPv6-Netzwerke. Der Authentication-Header sorgt für die Echtheit der Felder des IPv6- und des Erweiterungs-Headers, die während der Weiterleitung nicht verändert werden dürfen. Das Feld mit der Empfängeradresse aus dem IPv6-Header ändert sich beispielsweise mit jedem Sprung, wenn der Routing-Header vom Typ 0 verwendet wird. In diesem Fall kann der Authentication-Header keine Echtheit der Empfängeradresse garantieren. Abbildung 10.12 zeigt das Format des Authentication-Headers.

Das Payload Length-Feld verwendet als Einheit 4 Oktette (ein 32-Bit-Wort) ohne die ersten acht Oktette (bzw. zwei 4-Oktett-Einheiten).

Bei einem Wert von 96 Bit für Authentication Data hat Payload Length daher den Wert 4. Für die Fehlersuche kann der Null-Authentication-Algorithmus verwendet werden. In diesem Fall hat Payload Length den Wert 2.

Das Sequence Number-Feld soll Schutz vor Wiederholungen bieten. Wenn eine Security Association-Option zwischen Absender und Empfänger eingerichtet wird, wird auf beiden Seiten ein Zähler mit dem Wert 0 initialisiert. Der Absender muss dieses Feld bei jeder Übertragung um den Wert 1 erhöhen. Der Empfänger muss diesen Zähler allerdings nicht berücksichtigen. Diese Funktion ist nur dann wirksam, wenn der Empfänger dieses Feld auch verarbeitet.

Das Authentication Data-Feld enthält den Integrity Check Value (ICV) für dieses Paket. Der Authentication-Algorithmus, der gewählt wird, wenn die Option Security Association für die Kommunikation zwischen Sender und Empfänger eingerichtet ist, legt die Länge des ICV-Werts, die Vergleichsregeln und die erforderlichen Verarbeitungsschritte fest. Dieser Wert für das Paket wird vom Absenderknoten berechnet und vom Empfängerknoten mit dem neu berechneten Wert verglichen.

Next Header	Payload Len	Reserviert
Security Parameters Index (SPI)		
Sequence Number Field		
Authentication Data (variabel)		

Next Header	Ein 8 Bit großer Wert, der den Header angibt, der auf den Authentication-Header unmittelbar folgt.
Payload Len	Ein 8 Bit großer, vorzeichenloser Integer-Wert, der die Länge des Authentication-Headers in Einheiten von 8 Oktetten ohne Berücksichtigung der ersten 8 Oktette angibt.
Reserviert	Ein 16 Bit großes, reserviertes Feld. Für die Übertragung wird es auf null gesetzt und beim Empfang ignoriert.
Security Parameter Index	Ein 32 Bit großer, vorzeichenloser Integer-Wert. Die Kombination dieses Felds, der Empfängeradresse und des Sicherheitsprotokolls (ESP) gibt die Security Association-Optionen für dieses Paket an.
Sequence Number	Ein 32 Bit großer, vorzeichenloser Integer-Wert für einen kontinuierlich ansteigenden Zähler.
Authentication Data	Ein Feld variabler Länge mit dem Integrity Check Value (ICL) für dieses Paket. Dieses Feld muss eine Länge haben, die einem Vielfachen der Länge von 8 Oktetten entspricht.

Abb. 10.12: Der Authentication-Header

Der Authentication-Header kann im Transport- oder Tunnelmodus verwendet werden. Der in den Hosts implementierte Authentication-Header für den Transportmodus schützt den Protokoll-Header der übergeordneten Schicht sowie die Felder im IPv6- und Erweiterungs-Header, die sich während der Weiterleitung nicht ändern. Der Authentication-Header für den Tunnelmodus wird für das ursprüngliche IPv6-Paket verwendet. Er kapselt dieses Paket in ein neues IPv6-Paket mit einer bestimmten IPv6-Adresse ein, beispielsweise mit der eines Security-Gateways.

Im Transportmodus wird der Authentication-Header wie die Nutzdaten betrachtet, die von einem Punkt an einen anderen zu transportieren sind, und hinter den IPv6-Header, die Hop-by-Hop-, Routing- und Fragmentation-Header gesetzt. Beachten Sie, dass der Destination Options-Header einmal vor dem Routing-Header auftauchen darf und für im Routing-Header angegebene dazwischen liegende Knoten angewendet wird. In diesem Fall steht der Authentication-Header nach dem Destination Options-Header (siehe Abbildung 10.13).

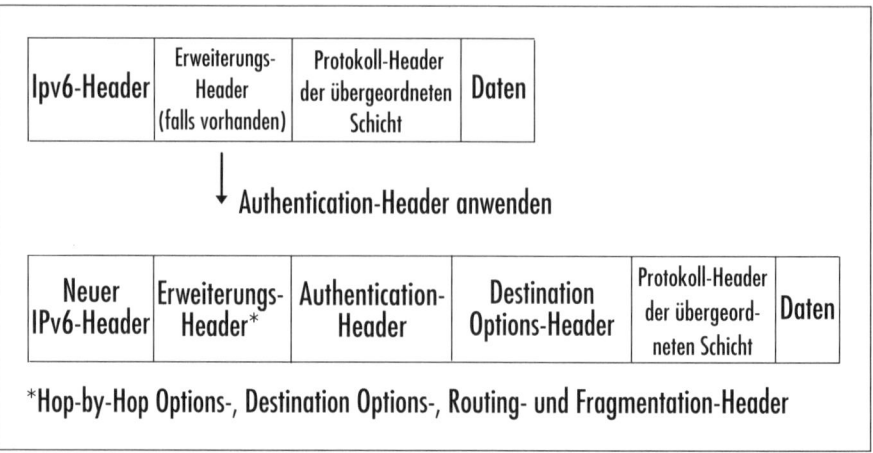

Abb. 10.13: Reihenfolge der Header beim Authentication-Header im Transportmodus

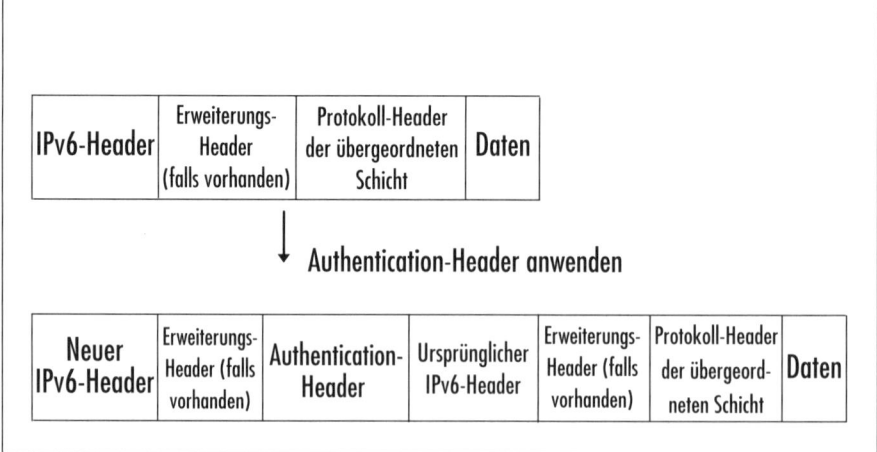

Abb. 10.14: Die Reihenfolge der Header beim Authentication-Header im Tunnelmodus

Im Tunnelmodus wird der Authentication-Header für das ursprüngliche IPv6-Paket mit bestimmten IPv6-Adressen als Kommunikationsendpunkte angewendet (z.B. mit den Adressen von Security-Gateways). Mit den Adressen der Security-Gateways als Absender- und Empfängeradresse wird ein neuer IPv6-Header gebildet. Nach der Anwendung des Authentication-Headers kann eine Fragmentierung erforderlich sein, so dass ein neu gebildetes IPv6-Paket gegebenenfalls noch einer weiteren Verarbeitung unterzogen werden muss. Abbildung 10.14 zeigt die Reihenfolge der Header nach der Anwendung des Authentication-Headers im Tunnelmodus.

10.9.5 Encapsulating Security Payload

Der Encapsulating Security Payload-Header kann im Transportmodus oder im Tunnelmodus verwendet werden. Er stellt ebenfalls Sicherheitsdienste für IPv4- und IPv6-Netzwerke zur Verfügung. Zu den von diesem Header bereitgestellten Sicherheitsfunktionen gehört die Vertrauenswürdigkeit, die Echtheitsprüfung (Beglaubigung des Datenursprungs und verbindungslose Integrität), Schutz vor Übertragungswiederholungen und der auf vertrauenswürdige Teilnetze beschränkte Datenfluss. Die während der Implementierung und bei der Einrichtung der Security Association gewählten Optionen legen die zur Verfügung stehenden Sicherheitsmaßnahmen fest.

Wie beim Schutz vor Übertragungswiederholungen durch den Authentication-Header erhöht der Absender das Sequence Number-Feld, allerdings muss der Empfängerknoten dieses Feld für die Aktivierung des Schutzes vor Wiederholungen auch tatsächlich überprüfen. Um einen auf vertrauenswürdige Teilnetze beschränkten Datenfluss zu gewährleisten, müssen die eigentlichen Absender- und Empfängerinformationen verborgen werden. Hierfür ist die Verwendung des Encapsulating Security Payload-Headers im Tunnelmodus erforderlich.

Abbildung 10.15 zeigt das Format des Encapsulating Security Payload-Headers. Der Next Header-Wert 50 im unmittelbar vorausgehenden Header gibt an, dass die Verarbeitung des Encapsulating Security Payload-Headers erforderlich ist.

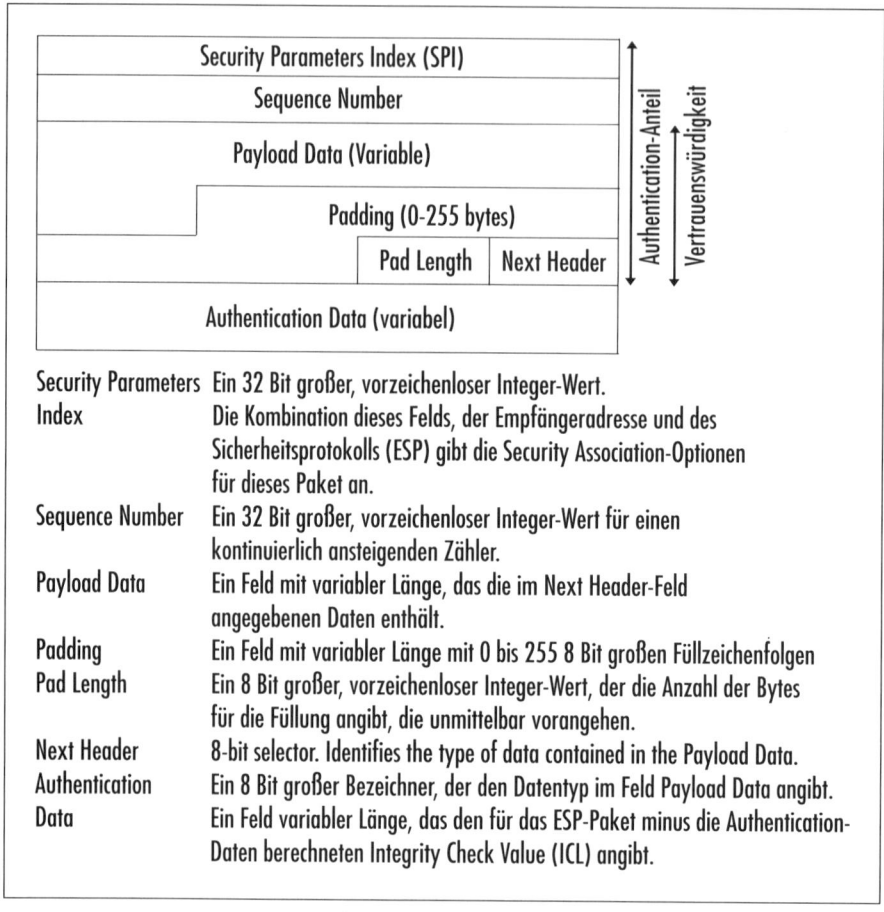

Abb. 10.15: Der Encapsulating Security Payload-Header

Das vorgeschriebene `Payload Data`-Feld enthält die im `Next Header`-Feld angegebenen verschlüsselten Daten. Der verwendete Verschlüsselungsalgorithmus gibt die Länge und den Standort der Datenstruktur im `Payload Data`-Feld an. Um die Anforderung des Verschlüsselungsalgorithmus an die Länge des Volltextes oder an die Größenausrichtung auf 4-Oktett-Einheiten des `Payload Data`-Felds zu erfüllen, können Füllzeichen erforderlich sein.

Die Abbildungen 10.16 und 10.17 veranschaulichen die Reihenfolge der Header in einem IPv6-Paket mit verschlüsselten Daten, wenn die Encapsulating Security Payload-Header im Transportmodus bzw. im Tunnelmodus verwendet werden.

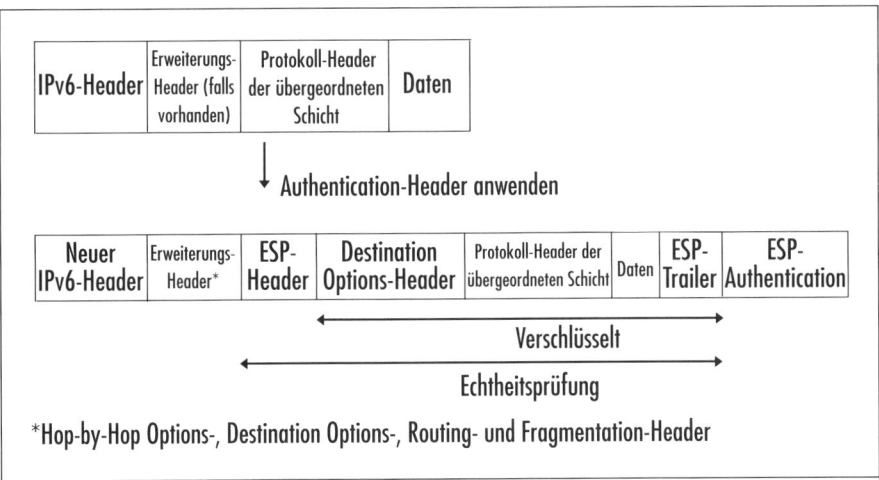

Abb. 10.16: *Header-Reihenfolge beim Encapsulating Security Payload-Header im Transport-modus*

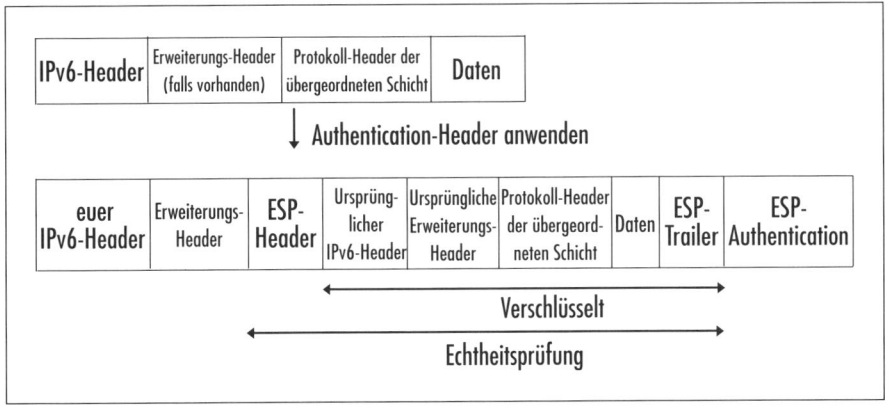

Abb. 10.17: *Header-Reihenfolge beim Encapsulating Security Payload-Header im Tunnelmo-dus.*

10.9.6 Destination Options-Header

Es ist möglich, dass ein Absenderknoten optionale Informationen weiterge-ben muss, die für den Empfängerknoten bestimmt sind. Befindet sich ein mobiler Knoten beispielsweise nicht an seinem Heimatstandort, kann es sich bei dem Home-Agenten (ein Router des Heimatstandorts) um einen Proxy handeln, der Pakete an den mobilen Knoten weiterleitet. Ein mobiler Knoten fern vom Heimatstandort muss Kontrollnachrichten an seinen Home-Agen-ten senden, damit dieser den Proxy-Dienst und die Weiterleitung der für den mobilen Knoten bestimmten Pakete an dessen augenblickliche Adresse einrichten kann. In einem IPv4-Netzwerk wird ein Paket mit Optionen im IPv4-Header bei jedem Sprung überprüft.

In einem IPv6-Netzwerk können solche optionalen Informationen effektiver behandelt werden, wenn entweder ein Erweiterungs-Header für die spezifischen optionalen Informationen oder der Destination Options-Header verwendet werden. Die Behandlung der Paketfragmentierung oder der Beglaubigungsinformationen wurde bereits beschrieben. Das IPv6 Mobility Support Internet-Draft schlägt vier Typen für den Destination Options-Header für mobiles IPv6 vor.

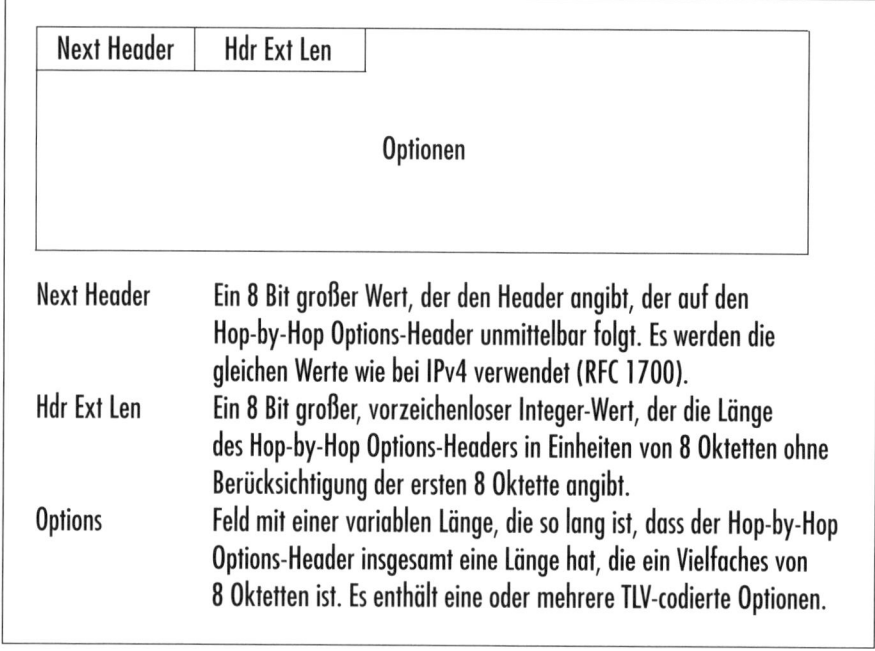

Next Header	Hdr Ext Len
Optionen	

Next Header	Ein 8 Bit großer Wert, der den Header angibt, der auf den Hop-by-Hop Options-Header unmittelbar folgt. Es werden die gleichen Werte wie bei IPv4 verwendet (RFC 1700).
Hdr Ext Len	Ein 8 Bit großer, vorzeichenloser Integer-Wert, der die Länge des Hop-by-Hop Options-Headers in Einheiten von 8 Oktetten ohne Berücksichtigung der ersten 8 Oktette angibt.
Options	Feld mit einer variablen Länge, die so lang ist, dass der Hop-by-Hop Options-Header insgesamt eine Länge hat, die ein Vielfaches von 8 Oktetten ist. Es enthält eine oder mehrere TLV-codierte Optionen.

Abb. 10.18: Der Destination Options-Header

Die optionalen Informationen können entweder in einem separaten Erweiterungs-Header oder im Destination Options-Header codiert werden, je nach der beim Nichterkennen der Option vom Empfängerknoten durchzuführenden Operation. Optionale Informationen, die nur wenige Oktette beanspruchen und die eine ICMP-Nachricht bezüglich des nicht erkannten Typs an den Absender auslösen, können in einem eigenen Erweiterungs-Header codiert werden, wenn es sich bei Empfängerknoten nicht um eine Multicast-Adresse handelt.

Der im unmittelbar vorangegangenen Header mit dem Next Header-Wert 60 angegebene Destination Options-Header transportiert optionale Informationen, die nur vom Empfänger (oder bei Multicast-Paketen von den Empfängern) geprüft und verarbeitet werden müssen. Abbildung 10.18 zeigt das Format dieses Headers.

10.10 Protokolle höherer Schichten

Auf Grund des Schichtenmodells sind die Protokolle der höheren Schichten im Allgemeinen von den Veränderungen in der Netzwerkschicht abgeschirmt. Einige Dinge müssen dabei aber beachtet werden. Protokolle höherer Schichten, die Prüfsummen für ein Paket berechnen, müssen einige Veränderungen von IPv6 berücksichtigen, wenn der Routing-Header verwendet wird, unter anderem auch die neuen 128-Bit-Adressen sowie die endgültigen Empfänger und nicht die dazwischen liegenden usw.

Es wurde bereits darauf hingewiesen, dass das TTL-Feld, das anders als nach der ursprünglichen Definition benutzt wird, umbenannt wurde zu Hop Limit. Jedes Protokoll einer höheren Schicht, das auf der ursprünglichen Bedeutung dieses Felds aufbaut, muss entsprechend angepasst werden. Auch der maximale Umfang der Nutzdaten der höheren Schicht muss so eingerichtet werden, dass die Länge des IPv6-Headers von 40 Byte berücksichtigt wird.

10.11 Zusammenfassung

Alle Eigenschaften von IPv6 heben Einschränkungen von IPv4 auf oder erweitern die Möglichkeiten. Die Ineffektivität von IPv4 wurde überwunden, und zusätzliche Fähigkeiten machen IPv6 zum Internet-Protokoll der Zukunft.

IPv6 benutzt 128-Bit-Adressen, die eine größere Anzahl adressierbarer Knoten zulassen, eine zustandslose automatische Konfiguration vereinfachen und eine geeignetere Adresshierarchie zulassen, die ihrerseits das Routing erleichtert. Durch Einbettung optionaler Informationen in Erweiterungs-Header sind wirkungsvolle Router-Implementierungen möglich. Zusätzlich können auch optionale Informationen an die Router gerichtet und von diesen berücksichtigt werden. Die Verwendung von Erweiterungs-Headern zum Übertragen optionaler Informationen ermöglicht einen IPv6-Header mit fester Länge. In Verbindung mit dem Grundsatz, Fragmentierungen nur durch den Absender zuzulassen, wird so der IPv6-Header vereinfacht und die Effektivität der Router gesteigert. Die Einschränkungen für die Optionen wurden weitgehend aufgehoben, und über die Erweiterungs-Header ist es wesentlich einfacher, neue Optionen hinzuzufügen.

Für IPv6 wurde das Konzept des Datenflusses und der Flusskennzeichnung mit Hilfe von Absender- und Empfängerinformationen entwickelt, bei dem Router Zustandsinformationen über den Datenfluss unterhalten und, falls erforderlich, besondere Maßnahmen durchführen. IPv6 verfügt über Eigenschaften, die Sicherheit und Geheimhaltung gewährleisten.

10.12 Häufig gestellte Fragen

Frage: Wo kann ich weitere Informationen zu IPv6 finden?

Antwort: Viele Web-Sites im Internet bieten Informationen zu IPv6, von denen die folgenden besonders zu empfehlen sind:

```
http://www.ietf.org/html.charters/ipngwg-charter.html
http://www.playground.sun.com/pub/ipng/html/ipng-main.html
```

Frage: Welche RFCs spezifizieren die IPv6- und die Erweiterungs-Header?

Antwort: Die meisten Informationen in diesem Kapitel beruhen auf den folgenden RFCs, die im Laufe der Zeit durch aktuellere ersetzt werden können:

- RFC 2460 – IPv6, Hop-by-Hop Options, Routing, Fragment und Destination Options
- RFC 2402 – IP Authentication Header
- RFC 2406 – IP Encapsulating Security Payload Header

Frage: Wie weit ist die Implementierung von IPv6 fortgeschritten?

Antwort: IPv6 wurde für viele Rechnersysteme und Router implementiert, unter anderem für Produkte der Firmen 3Com, Cisco Systems, Digital, IBM. Die Web-Seite `http://www.playground.sun.com/pub/ipng/html/ipng-main.html` enthält weitere Informationen und Verknüpfungen zu Web-Seiten mit weiteren Einzelheiten.

10.13 Literaturangaben

[1] S. Thompson und T. Narten, IPv6 Stateless Address Autoconfiguration, RFC 2462, Dezember 1998.

[2] S. Kent und R. Atkinson, Security Architecture for the Internet Protocol, RFC 2401.

[3] C. Perkins und D. Johnson, Route Optimization in Mobile IP, Internet-Draft, draft-ieft-mobileip-optim-07.txt, November 1997. In Arbeit.

[4] S. Kent und R. Atkinson, IP Authentication Header, RFC 2402.

Index

i